L'allemand
Collection Sans Peine

par Bettina Schödel

Illustrations de Nicolas Sautel

94430 Chennevières-sur-Marne
FRANCE

© ASSIMIL 2021
ISBN 978-2-7005-0809-3

Nos méthodes

sont accompagnées d'enregistrements sur CD audio, clé USB ou téléchargement, et existent désormais en version numérique*.

*e-méthode disponible sur le site www.assimil.com, Google Play et App Store

Sans Peine

L'allemand
L'anglais
L'anglais d'Amérique
L'arabe
Le bulgare
Le chinois
Le coréen
Le croate
L'égyptien hiéroglyphique
L'espagnol
Le finnois
Le grec
Le grec ancien
L'hébreu
Le hindi
Le hongrois
L'indonésien
L'italien
Le japonais
Le japonais l'écriture kanji
Le khmer
Le latin
Le malgache
Le néerlandais
Le norvégien
Le persan
Le polonais
Le portugais
Le portugais du Brésil
Le roumain
Le russe
Le sanskrit
Le suédois
Le swahili
Le thaï
Le turc
L'ukrainien
Le vietnamien

Perfectionnement

Allemand
Anglais
Espagnol
Italien
Russe

Langues régionales

Le breton
Le catalan
Le corse
L'occitan

Affaires

L'anglais des affaires

Objectif langues

Apprendre l'allemand
Apprendre l'anglais
Apprendre l'arabe
Apprendre le chinois
Apprendre le coréen
Apprendre le créole guadeloupéen
Apprendre le danois
Apprendre l'espagnol
Apprendre l'islandais
Apprendre l'italien
Apprendre le japonais
Apprendre le néerlandais
Apprendre le portugais
Apprendre le russe
Apprendre le serbe
Apprendre le tchèque
Apprendre le wolof

Sommaire

Introduction VII
Apprendre l'allemand avec Assimil : mode d'emploi VIII
L'alphabet allemand et la prononciation IX

Leçons 1 à 100 ....

1	Deutsch lernen	1
2	Die neue Russischlehrerin	3
3	Ruhe!	7
4	Das ist das neue Haus	11
5	Sie oder du?	15
6	Schöne Ferien!	17
7	Wiederholung – Révision	21
8	Wie ist dein Name?	25
9	Was macht ihr?	27
10	Bitte kommen Sie herein!	31
11	Können wir bitte anfangen?	35
12	Ein gutes Essen	37
13	Alle aufstehen!	41
14	Wiederholung – Révision	45
15	Mist!	49
16	Seid ihr sicher	55
17	Hallo!	59
18	Gesund essen	63
19	Wie spät ist es?	67
20	Wann hast du Zeit?	71
21	Wiederholung – Révision	75
22	Die Überraschung	81
23	Hier darf man nicht parken!	85
24	Der 40. Geburtstag	89
25	Hundertfünfundvierzig Stundenkilometer	93
26	Der Reisepass	97
27	Alles hat ein Ende	101
28	Wiederholung – Révision	103
29	Gratuliere!	109
30	Liebe Hannah, lieber Thomas	113

31	Das ist so schwer!	117
32	Der Wetterbericht	121
33	Schnell, schnell!	125
34	Ein gutes Gehalt	129
35	Wiederholung – Révision	133
36	Die Bikini Diät	137
37	Meine Heimat	141
38	Beim Ausverkauf	145
39	Die Auktion	149
40	Abi und was dann?	153
41	Ich sterbe vor Hunger!	157
42	Wiederholung – Révision	161
43	Der Mauerfall	167
44	Die Jugend von heute	171
45	Ein neues Leben	175
46	Wussten Sie das?	179
47	Freddy und Pünktlichkeit	185
48	Schneewittchen (Sneewittchen) (ein Märchen von den Brüdern Grimm)	189
49	Wiederholung – Révision	193
50	Wir gratulieren!	201
51	Guten Abend, liebe Zuschauerinnen und Zuschauer!	205
52	Liebe Kinder, Enkelkinder und Urenkelkinder	209
53	Die Vernissage	213
54	Deutsches Bier	217
55	Zu vermieten	223
56	Wiederholung – Révision	227
57	Guten Appetit!	233
58	Der Schmeichler	237
59	Eine Tischreservierung	241
60	Schatz, es geht los!	245
61	Glück in der Liebe!	249
62	Eine Margerite	255
63	Wiederholung – Révision	259
64	Ein verständnisvolles Management	267
65	Es regnet wie aus Kübeln	271
66	Liebe Sabine	275
67	Schloss Neuschwanstein	279
68	Der Chef ist schlecht gelaunt	283

69	Schwäbische Maultaschen	287
70	Wiederholung – Révision	293
71	Das Tagesgericht	299
72	Der Glückstag	303
73	Wie viele Wörter brauchen Sie, um Deutsch zu sprechen?	307
74	Hightech	313
75	Willkommen in Madrid	317
76	Das Vorstellungsgespräch	321
77	Wiederholung – Révision	325
78	Testen Sie Ihr Wissen	333
79	Gespräch mit einem Außerirdischen	339
80	Eine gewagte Antwort	343
81	Das Wunderkind	349
82	In der Weihnachtsbäckerei	353
83	Die gute Nachricht	359
84	Wiederholung – Révision	363
85	Aprilwetter	371
86	Der unerwartete Gast	375
87	Die Nachrichten heute	379
88	Der Rabe und der Fuchs (von Jean de La Fontaine)	385
89	Zurück nach Hause	389
90	Fit, schön und gesund	393
91	Wiederholung – Révision	397
92	Ich verstehe nichts	403
93	Weg mit dem Handy!	407
94	Liebes Tagebuch	411
95	Leise bitte!	415
96	Die Kündigung	419
97	In einer Studentenkneipe	423
98	Wiederholung – Révision	427
99	Fleißig lernen	435
100	Letzter Tag, letzte Lektion	439

Appendice grammatical 446
Index grammatical et lexical 459
Bibliographie 465
Lexique allemand-français 472
Lexique français-allemand 513

Introduction

La langue allemande

L'allemand est la langue officielle en Allemagne, en Autriche, au Liechtenstein ainsi qu'en Suisse alémanique, mais saviez-vous que l'allemand est également reconnu comme langue minoritaire dans une dizaine d'autres pays ? C'est le cas pour la Belgique, avec sa communauté germanophone dans l'Est du pays, ainsi qu'en Italie, dans la région du Trentin-Haut-Adige, pour ne citer que ces exemples.

Comme presque toutes les langues vivantes, l'allemand bouge avec le monde qu'il décrit. La mondialisation, les réseaux sociaux, la prépondérance de l'anglais dans la communication ainsi que les changements des habitudes de vie sont autant de facteurs qui influencent l'évolution d'une langue. Avec cette nouvelle version de la méthode, nous avons pour objectif de vous enseigner non seulement le vocabulaire de base et les règles de grammaire mais aussi de vous familiariser aux "nouveautés" de l'allemand d'aujourd'hui telles que la simplification de la grammaire, l'emploi de plus en plus fréquent de mots anglais ainsi que du **Denglisch**. Il s'agit de mots empruntés à l'anglais et adaptés à l'allemand, **Denglisch** signifiant **Deutsch** (*allemand*) et **Englisch** (*anglais*).

En cent leçons très progressives, cet ouvrage vous permettra d'acquérir les compétences requises pour le niveau B2. Les dialogues sont tirés de la vie quotidienne et ont comme matière de base la langue parlée. Vous aurez également l'occasion d'apprendre plusieurs tournures idiomatiques et quelques mots du langage familier faisant partie de la conversation de tous les jours. De plus, étant donné qu'apprendre une langue, c'est aussi découvrir une culture, nous avons ajouté plusieurs petites notes culturelles sur l'Allemagne et l'Autriche.

Avant de commencer, lisez nos conseils pour bien employer notre méthode d'apprentissage ainsi que les explications accompagnées de tableaux concernant la prononciation de l'allemand.

Apprendre l'allemand avec Assimil : mode d'emploi

Le principe de la méthode Assimil se base sur la régularité. Prenez dès aujourd'hui la décision de travailler régulièrement. Consacrez une demi-heure par jour à votre apprentissage et ne manquez pas ce rendez-vous quotidien car votre assiduité assurera votre immersion dans la langue et donc votre réussite.

La première vague

Elle correspond à la "phase d'imprégnation" de votre apprentissage. Voici comment procéder :
- Si vous disposez des enregistrements, ce que nous recommandons, commencez par écouter le dialogue de la leçon afin de vous mettre la "musique" de la langue dans l'oreille. Vous serez aidé par notre transcription phonétique. Lisez bien également la partie "Prononciation" de cette introduction qui vous donnera de précieuses clés pour vous familiariser avec la prononciation allemande.
- Lisez ensuite le dialogue de la leçon en vous reportant à la traduction française. Nous incluons une traduction mot à mot sur une grande partie de l'ouvrage de façon à vous aider à assimiler les particularités idiomatiques de l'allemand comme la structure de la phrase et l'emploi des déclinaisons.
- Les notes ont pour but d'attirer votre attention sur certains points, de décortiquer les termes et expressions, et enfin d'analyser ce que vous avez acquis spontanément.
- Une fois le texte compris, répétez le dialogue phrase par phrase. L'essentiel est que la phrase sorte naturellement, comme si l'allemand était votre langue maternelle.
- À la fin de chaque leçon, faites les exercices proposés : ils constituent les applications directes de ce que vous venez d'apprendre.
- Une fois par semaine, les leçons de révision font la synthèse de vos acquis grammaticaux, qu'elles complètent et systématisent. Attention ! Ces leçons font partie intégrante de votre apprentissage ; consacrez-leur autant de temps que pour toute nouvelle leçon.

La deuxième vague

Vous procéderez ainsi jusqu'à la 49e leçon. À partir de la 50e leçon, vous passerez à la "phase d'activation" ou "deuxième vague", c'est-à-dire que tout en continuant à avancer comme précédemment dans les nouvelles leçons, vous reprendrez une à une celles que vous avez déjà apprises, en commençant par la première et à raison d'une par jour. Nous vous demanderons alors de traduire les textes français de chaque leçon en allemand. Cette "deuxième vague" vous permettra de constater tous les progrès que vous avez faits tout en vous aidant à les consolider. Nous vous en reparlerons le moment voulu.

Les enregistrements

Réalisés par des locuteurs natifs de langue allemande, ils vous permettront de vous familiariser avec la musique de la langue.
Pour vous permettre de vous accoutumer à la langue en douceur, les leçons 1 à 6 et 8 à 13 sont enregistrées deux fois : une première fois entièrement, une seconde fois phrase à phrase, chacune suivies d'un blanc vous permettant de répéter. Le reste de la méthode est enregistré une seule fois ; à vous d'appuyer sur la touche "pause" si vous souhaitez prendre le temps de répéter.

L'alphabet allemand et la prononciation

Même si certains sons n'existent pas en français, l'allemand n'est pas une langue très compliquée à prononcer pour un francophone. Il n'y a que très peu d'exceptions aux règles établies et avec un peu d'entraînement, vous réussirez rapidement à lire des mots et des phrases en allemand avec un accent correct.
• Commençons par le commencement : l'alphabet. Dans les cas où la prononciation d'une lettre n'est pas la même qu'en français, nous indiquons sa transcription phonétique entre crochets en italique : **a**, **b**, **c** *[tsé]*, **d**, **e** *[é]*, **f**, **g** *[gué]*, **h** *[ha]*, **i**, **j** *[yo't]*, **k**, **l**, **m**, **n**, **o**, **p**, **q** *[kou]*, **r**, **s**, **t**, **u** *[ou]*, **v** *[faou]*, **w** *[vé:]*, **x**, **y** *[upsilo'n]*, **z** *[tsèt]*. Voici aussi une lettre inconnue dans l'alphabet français et l'emploi du **Umlaut** l'*inflexion* : **ß** *[ès-tsè't]*, **ä** *[è]*, **ö** *[eu]*, **ü** *[u]*.

• Dans un mot, toutes les lettres se prononcent, même si certaines d'entre elles se prononcent à peine. De ce fait, il n'y a pas de nasales comme en français : *an*, *am*, *en*, *em*, *on*, *un* etc. La voyelle, et la consonne qui la suit, se prononcent séparément, exemple : **an** se prononce *[a'n]* comme le prénom *Anne*.

• Voyons maintenant les particularités auxquelles vous devrez prêter attention. Vous remarquerez que certaines lettres se prononcent différemment selon la place qu'elles occupent au sein du mot. Attention ! Seuls les lettres / groupes de lettres dont la prononciation diffère du français sont indiqués dans les tableaux qui suivent. Notez également qu'il s'agit d'une transcription "à la française" de la prononciation.

1 Les diphtongues

Diphtongue	Prononciation	Exemples
au	*[aou]* : prononcez le *a* puis un *[ou]* bref	**Raus!** *[raouss]*, *Dehors !*
äu/eu	*[oï]* : comme *oïl* dans la *langue d'oïl*	**Räume** *[roïmë]*, *salles* ; **Euro** *[oïro]*, *euro*
ai*/ei	*[aï]* : comme *Aïe !*	**Mai** *[maï]*, *mai* ; **leise** *[laïzë]*, *silencieux*

Attention ! Selon les locuteurs/régions, la prononciation n'est pas toujours exactement la même.

* Il n'existe que très peu de mots avec la diphtongue **ai**.

2 Les voyelles

Elles peuvent être longues ou brèves. En règle générale, quand une voyelle est suivie d'une seule consonne ou d'un **h**, elle est longue. Quand elle est suivie de plusieurs consonnes, elle est brève.

Voyelle(s)	Prononciation	Exemples
ä	*[è]* : prononcez comme un *e* avec accent grave *[è]* : prononcez comme un *e* avec accent grave allongé	**Kälte** *[kèltë]*, *froid* ; **erzählen** *[èrtsè:lën]*, *raconter*

e/ee	[é] : prononcez comme un e avec accent aigu allongé	**lesen** [**lé**:zën], lire ; **sehen** [**zé**:ën], voir ; **Tee** [té:], thé
e	[è] : prononcez comme un e avec accent grave	**essen** [**è**ssën], manger
e final / en	[ë] : ressemble à un souffle que l'on entend à peine	**bitte** [**bi**të], s'il vous plaît ; **kommen** [**ko**mën], venir
ie	[i:] : comme un i allongé	**lieb** [li:p], gentil
ö	[eu] : comme la syllabe eu, prononcée brève [eu] : comme la syllabe eu, prononcée allongée	**plötzlich** [**pleuts**liçh], soudainement **schön** [cheu:n], beau ; **Söhne** [**zeu**:në], fils (pl.)
u	[ou] : comme dans loup	**Ruhe!** [**rou**:ë], Silence !
ü	[u] : comme dans dur [u] : comme un u allongé	**müssen** [**mu**ssën], devoir **Gemüse** [gué**mu**:zë], légumes ; **früher** [**fru**:ᵃ], auparavant

3 Les consonnes

Consonne(s), associations	Prononciation	Exemples
b/d/g en fin de mot	[p] / [t] / [k] : prononcez comme un léger p/t/k	**lieb** [li:p], gentil ; **Lied** [li:t], chanson ; **weg** [vèk], parti
a/au/o/u + ch	[cH] : son guttural raclé du fond de la gorge comme la **jota** en espagnol	**Ach!** [acH], Ah ! ; **auch** [aoucH], aussi
ä/e/ei/eu/ i/ie/ö/ü + ch	[çh] : ressemble à un souffle avec la langue en arrière de la cavité buccale	**leicht** [laïçht], léger ; **Licht** [liçht], lumière
dt	[t] : comme dans table	**Stadt** [chtat], ville

• XI

ge/gi	*[gue] / [gui]* : le **g** est toujours dur comme dans *gagner*	**geben** *[gué:bën]*, *donner* ; **du gibst** *[dou:guipst]*, *tu donnes*
h	*[H]* : placé en début de mot, il est aspiré comme dans **hello** (*bonjour*) en anglais	**Hallo!** *[Halo]*, *Salut !*
	placé après une voyelle, il sert à allonger celle-ci et ne se prononce pas	**wohnen** *[vo:nën]*, *habiter*
j	*[y]* : comme dans *yacht*	**ja** *[ya]*, *oui*
ng/nk	*[ñg] / [ñk]* : comme dans **p**ing-**p**ong et **p**ink (*rose*) en anglais	**Ausgang** *[aoussgañg]*, *sortie* ; **danke** *[dañkë]*, *merci*
r/er en fin de mot	*[ᵃ]* : comme un léger *a* à peine prononcé	**Bier** *[bi:ᵃ]*, *bière* ; **Lehrer** *[lé:rᵃ]*, *professeur*
q	*[kv]* : se prononce comme un *k* suivi d'un *v*	**Quatsch!** *[kvatch]*, *N'importe quoi !*
s + voyelle	*[z]* : comme dans *zoo*	**suchen** *[zou:cHën]*, *chercher* ; **lesen** *[lé:zën]*, *lire*
sp/st	*[chp] / [cht]* : prononcez *ch* de *chic* puis *p* ou *t*	**spielen** *[chpi:lën]*, *jouer* ; **Stuhl** *[chtou:l]*, *chaise*
sch	*[ch]* : comme dans *chouette*	**schwarz** *[chvarts]*, *noir*
β	*[ss]* : comme dans *laisser*	**Straße** *[chtra:ssë]*, *rue/route*
v	*[f]* : comme dans *four*	**viel** *[fi:l]*, *beaucoup*
w	*[v]* : comme dans *vacances*	**warum** *[varoum]*, *pourquoi*
z/tz	*[ts]* : comme le *ts* dans mouche *tsé-tsé*	**Zeit** *[tsaït]*, *temps* ; **putzen** *[poutsën]*, *nettoyer*

L'accent tonique est bien marqué en allemand. Il arrive que certains mots composés portent un deuxième accent tonique, moins fortement marqué. Dans notre transcription phonétique ainsi que dans nos dialogues, nous n'indiquons que l'accent tonique principal. Celui-ci apparaît en caractères gras.

En règle générale, il porte sur la première syllabe d'un mot simple, c'est-à-dire sans préfixe ni suffixe. L'ajout d'un préfixe ou d'un suffixe peut modifier la place de l'accent. Vous trouverez dans certaines leçons quelques explications sommaires à ce sujet. Mieux vaut que vous assimiliez les mots naturellement sans entrer dans trop de détails. Pour cela, vous avez les supports écrits ainsi que les enregistrements à votre disposition. N'hésitez pas à écouter d'autres vidéos, lisez des dialogues et à partir de la deuxième vague, des articles également que vous trouverez facilement sur Internet. Soyez curieux ! Tout complément est un plus pour votre apprentissage.

Suivez scrupuleusement nos conseils et ne vous laissez surtout pas décourager si vous avez l'impression de ne pas avoir tout compris. Continuez à avancer. Vous trouverez certainement des réponses à vos questions par la suite et remarquerez vos progrès. À vous de jouer maintenant. Nous vous souhaitons **Viel Spaß!** (littéralement, "beaucoup amusement"), *Amusez-vous bien !*

1 / Erste Lektion

Avant d'entamer votre première leçon, veillez à bien lire les pages qui précèdent. Vous y trouverez toutes les explications préliminaires indispensables à un apprentissage efficace.

Erste Lektion [è:ªstë lèktsyo:n]

Deutsch lernen [1]

1 – **Ha**llo **Pier**re! Lernst du [2] Deutsch [3]? [4]
2 – Ja.
3 – Und?
4 – Ich ver**ste**he nichts.
5 – Mmh … Kennst du „Deutsch **Oh**ne **Mü**he"? ☐

Prononciation
doïtch **lèr**nën **1** Halo: pierre! **lèr**nst dou: doïtch **2** ya **3** ount **4** iç̌h fèr**chté**:ë niç̌hts **5** mh… kènst dou: doïtch **o**:në **mu:**ë

Remarques de prononciation
Les numéros en marge indiquent la phrase du dialogue dans laquelle se trouve le mot concerné par les remarques.

(Titre), (1), (5) Deutsch : le groupe **eu** se prononce *[oï]* comme dans *langue d'oïl* → *[doïtch]*.

(Titre), (4), (5) Le **e** final *[ë]* ainsi que le **e** de la terminaison **en** *[ën]* ne se prononcent que légèrement comme le font les Marseillais → **lernen** *[lèrnën]* ; verstehe *[fèrchté:ë]* ; Mühe *[mu:ë]*.

(1) En début de mot ou de syllabe, le **h** *[H]* est aspiré comme dans **Hello!** en anglais → Hallo *[Halo:]*. Ne désespérez pas si vous n'y arrivez pas tout de suite. Ceci demande généralement un peu de pratique.

(1), (2) Allongez légèrement les voyelles **a**, **o** et **u** lorsqu'elles sont en fin de mot → Hallo *[Halo:]* ; du *[dou:]* ; ja *[ya:]*. Par ailleurs, **Hallo** peut aussi se prononcer avec un **o** bref *[Halo]*.

(1), (5) Notez que **u** se prononce *[ou]* comme dans **du** *[dou:]* et que **ü** se prononce *[u]* comme dans **Mühe** *[mu:ë]*.

(4) Le **ch** *[çh]* de **ich** se prononce chuinté comme pour sourire → ich *[içh]* ; nichts *[niçhts]*. Là aussi, il vous faudra un peu de patience.

(4), (5) Le **h** placé derrière une voyelle est généralement muet et sert à allonger celle-ci : verstehe *[fèrchté:ë]* ; ohne *[o:në]* ; Mühe *[mu:ë]*.

1 • eins *[aïns]*

Dans les traductions françaises, les mots entre parenthèses ( ) correspondent à une traduction littérale de l'allemand. Les mots entre crochets [ ] n'apparaissent pas en allemand mais sont nécessaires en français.

Première leçon

Apprendre [l']allemand
(allemand apprendre)

- **1** – Salut Pierre ! Tu apprends *(apprends tu)* [l']allemand ?
- **2** – Oui.
- **3** – Et ?
- **4** – Je [ne] comprends rien.
- **5** – Mmm… Tu connais *(connais tu)* [l']*Allemand Sans Peine* ?

Notes

1 **Deutsch lernen**, *apprendre l'allemand*. Attention ! Dans un groupe infinitif, on indique, contrairement au français, d'abord le(s) complément(s) puis l'infinitif. Notez aussi que **-en** est la terminaison infinitive de presque tous les verbes : **lern**en, *apprendre* ; **versteh**en, *comprendre* ; **kenn**en, *connaître*.

2 Les pronoms personnels sujets **ich** et **du** correspondent à *je* et *tu* en français. Au présent de l'indicatif, les verbes prennent généralement un **-e** à la première personne du singulier et un **-st** à la deuxième personne du singulier : **ich verstehe**, *je comprends* (phrase 4) ; **du lernst**, *tu apprends* ; **du kennst**, *tu connais* (ph. 5).

3 Comme vous aurez pu le remarquer, le nom **Deutsch** ne prend pas d'article. Ceci vaut pour toutes les langues.

4 Dans une question sans pronom interrogatif, le verbe conjugué est généralement en tête suivi du sujet sans tiret devant : **Lernst du Deutsch? Kennst du Deutsch Ohne Mühe?** Mais on peut aussi ne pas faire l'inversion sujet-verbe. Dans ce cas, la question laisse sous-entendre un certain étonnement de la part de l'interlocuteur : **Du lernst Deutsch?**, *Tu apprends l'allemand ?* sous-entendu *Quelle surprise !*

2 / Zweite Lektion

Übung 1 – Übersetzen Sie bitte!
Exercice 1 – Traduisez SVP !
❶ Hallo! ❷ Ich kenne „Deutsch Ohne Mühe". ❸ Verstehst du? ❹ Ja! Und? ❺ Ich lerne nichts.

***

Übung 2 – Ergänzen Sie bitte!
Exercice 2 – Complétez SVP !

❶ Tu apprends l'allemand ?
.... Deutsch?

❷ Oui, je connais l'*Allemand Sans Peine*.
..., ... „Deutsch Ohne Mühe".

❸ Tu ne comprends rien.
Du ....

❹ apprendre et comprendre
lernen ... .

❺ Oui, je comprends.
Ja, ...

2

Zweite Lektion [tsvaïtë lèktsyo:n]

Die neue ¹ Russischlehrerin ²

1 – Oh! Wer ist das ³?
2 – Das ist Anastasia, die **neu**e **Ru**ssischlehrerin.
3 – Wo**her** ⁴ kommt sie ⁵?
4 – Aus Sankt **Pe**tersburg.
5 – **Schö**ne Frau! Ist sie neu hier? □

Prononciation
*di: no̊ïë **rou**ssich-lé:rëri'n **1** o: vé:ᵃ ist dass **2** dass ist anas**sta**:zia di: no̊ïë **rou**ssichlé:rëri'n **3** vo**Hé**:ᵃ ko:mt zi: **4** aous za'ñkt **pé**:tᵃs-bour'k **5** cheu:në fraou! ist zi: no̊ï Hi:ᵃ*

3 • drei [draï]

Corrigé de l'exercice 1
❶ Salut ! ❷ Je connais l'*Allemand Sans Peine*. ❸ Tu comprends ? ❹ Oui ! Et ? ❺ Je n'apprends rien.

***

Corrigé de l'exercice 2
❶ Lernst du – ❷ Ja, ich kenne – ❸ – verstehst nichts ❹ – und verstehen ❺ – ich verstehe

Deuxième leçon

La nouvelle professeure de russe
(russe-professeure)

1 – Oh ! Qui est-ce ? *(qui est ce)*
2 – C'est Anastasia, la nouvelle professeure de russe *(russe-professeure)*.
3 – D'où vient-elle ? *(d'où vient elle)*
4 – De Saint-Pétersbourg.
5 – Belle femme ! Elle est *(est elle)* nouvelle ici ?

Remarques de prononciation

(Titre), (1), (3) Faites bien la différence entre le **i** long *[i:]* comme **die** ou **sie** et le **i** court *[i]* qui est moins prononcé/pure comme **ist** ou **Russischlehrerin**.

(Titre), (5) Le groupe **sch** équivaut au *[ch]* français : **Russischlehrerin** *[rou**ss**ich-lé:rëri'n]* ; **schöne** *[**cheu**:në]*.

(1), (3) Attention ! En allemand, **w** se prononce comme *v* en français : **wer** *[vé:ᵃ]* ; **woher** *[vo**Hé**:ᵃ]*. Pour les mots d'origine étrangère par contre, **w** et **v** gardent leur prononciation d'origine.

(1), (3), (4) Dans les finales en **-er**, on entend souvent comme un **a** bref que nous transcrivons *[ᵃ]* : **wer** *[vé:ᵃ]* ; **woher** *[vo**Hé**:ᵃ]* ; **Sankt Petersburg** *[za'ñkt pé:tᵃs-bour'k]*.

(3) Le **h** de **woher** est aspiré. Il s'agit d'un son difficile pour un francophone. N'hésitez pas à le répéter plusieurs fois de suite : **woher** ainsi que **Hallo** (avec pour mémoire ***hello*** en anglais à titre de référence).

(4) **-nk** sont des consonnes nasales. Dans le cas de **Sankt**, prononcez d'abord **Sa** puis nasalisez le groupe **-nk**. Nous le transcrivons *[ñk]*.

(5) Pensez à prononcer toutes les lettres ! Dans le mot **Frau** articulez légèrement chaque lettre et dissociez bien les voyelles **a** et **u** les unes des autres : **Fra-u**.

Notes

1 De même qu'en français, l'adjectif épithète s'accorde en genre et en nombre. Pour connaître les différents accords (ils sont nombreux !), il faut les mémoriser. En guise de démarrage, notez qu'au féminin singulier l'adjectif épithète prend un **-e** : **neu** → **die neue Russischlehrerin** ; **schön** → **schöne Frau** (ph. 5). Notez aussi que **die** correspond à *la* (article défini féminin singulier). Par contre, et c'est là une bonne nouvelle, l'adjectif attribut est invariable quel que soit le genre et le nombre : **verheiratet** *[fèr**Haï**ratët]* → **Sie ist verheiratet**, *Elle est mariée* ; **Pierre ist verheiratet**, *Pierre est marié*.

***

Übung 1 – Übersetzen Sie bitte!
Exercice 1 – Traduisez SVP !

❶ Woher kommt die Russischlehrerin? **❷** Sie ist verheiratet. **❸** Sie ist schön. **❹** Ich komme aus Sankt Petersburg. **❺** Das ist die neue Russischlehrerin.

5 • fünf *[fu'nf]*

2 Notez bien ce point concernant l'écriture de l'allemand : les noms communs prennent une majuscule. Mettre une minuscule est considéré comme une faute d'orthographe. Et comme en français, les noms propres et les mots en début de phrase s'écrivent aussi avec une majuscule.

3 Pour désigner expressément une personne ou une chose, on emploie **das ist**, *c'est* (ph. 2) ou **ist das**, *est-ce*, dans une interrogative. Notez que **das** est employé ici comme pronom démonstratif = *ce* et **ist** = *est*, 3ᵉ personne du singulier du verbe **sein**, *être*, au présent de l'indicatif.

4 Le pronom interrogatif **woher**, *d'où*, sert à interroger sur le lieu d'où l'on vient et la préposition **aus**, *de* (ph. 4), sert à indiquer le lieu d'où l'on vient : Woher kommt sie? – Aus Sankt Petersburg, *D'où vient-elle ? – De Saint-Pétersbourg*.

5 Cette leçon introduit le présent de l'indicatif à la 3ᵉ personne du singulier avec le pronom personnel féminin sujet **sie**, *elle*. Les verbes prennent en général la marque **-t** exceptés certains verbes très irréguliers comme **sein** pour lesquels le radical change : **kommen**, *venir* → **sie kommt**, *elle vient* ; **sein**, *être* → **sie ist**, *elle est* (ph. 5). Par ailleurs, **sein** est un des rares verbes dont l'infinitif ne se termine pas par **-en**.

Corrigé de l'exercice 1

❶ D'où vient la professeure de russe ? ❷ Elle est mariée. ❸ Elle est belle. ❹ Je viens de Saint-Pétersbourg. ❺ C'est la nouvelle professeure de russe.

3 / Dritte Lektion

Übung 2 – Ergänzen Sie bitte!
Exercice 2 – Complétez SVP !

❶ Qui est-ce ?
   … ist das?

❷ D'où viens-tu ?
   ….. kommst du?

❸ La professeure de russe vient de Saint-Pétersbourg.
   Die Russischlehrerin …… … Sankt Petersburg.

❹ La nouvelle professeure de russe est belle.
   Die neue Russischlehrerin … ……. .

❺ Est-elle mariée ?
   Ist … ………… ?

Dritte Lektion [dritë lèk**tsyo:**n]

Ruhe!

1 – Pst! Ich **schla**fe [1].
2 – Paul, du schläfst zu viel.
3   Und du **ar**beitest [2] zu **we**nig.
4 – Ich bin [3] aber **mü**de [4].
5 – Bist du **mü**de **o**der faul?

Prononciation
rou:ë **1** pst! iç̌ **chla:**fë **2** paoul dou: chlè:fst tsou: fi:l **3** ount dou: **ar**baïtëst tsou: **vé:**nik **4** iç̌ bi'n **a:**bªr **mu:**dë **5** bist dou: **mu:**dë **o:**dªr faoul

Corrigé de l'exercice 2
❶ Wer – ❷ Woher – ❸ – kommt aus – ❹ – ist schön ❺ – sie verheiratet

*Cette leçon vous donne un avant-goût des mots composés allemands qui peuvent être longs, très longs : **die Russischlehrerin**, composé de **Russisch**, russe, et de **die Lehrerin**, la professeure, comporte 16 lettres. Dans la transcription phonétique, ces mots sont séparés par un tiret. Notez que le genre est déterminé par le dernier terme, en l'occurrence par **die Lehrerin**. Parmi les records de longueur enregistrés, il y a des mots avoisinant les 90 lettres. Mais rassurez-vous, nous n'irons pas si loin.*

Troisième leçon

Silence !

1 – Chut ! Je dors.
2 – Paul, tu dors trop *(trop beaucoup)*.
3 Et tu travailles trop peu.
4 – Mais je suis *(je suis mais)* fatigué.
5 – Tu es *(es tu)* fatigué ou paresseux ?

Remarques de prononciation
(Titre), (1), (2), (4) Faites bien la différence entre le **u** qui se prononce comme le *[ou]* français et le **u** + Umlaut, *tréma* → **ü** qui se prononce comme le *[u]* français : **Ruhe** *[rou:ë]* ; **du** *[dou:]* et à l'inverse **müde** *[mu:dë]*. Dans le même registre, le **a** + Umlaut → **ä** se prononce *[è]* ; le **a** quant à lui se prononce comme en français : **ich schlafe** *[chla:fë]* et du **schläfst** *[chlè:fst]*.
(2), (3) Pour le **z** *[ts]*, pensez à la *mouche tsé-tsé* : **zu** *[tsou:]*.
(3) Le **-ig** final se prononce généralement comme **ich** *[içh]* : **wenig** *[vé:niçh]*, mais dans certaines régions d'Allemagne il se prononce aussi *[ik]*.

3 / Dritte Lektion

Notes

1. Certains verbes (pas tous !) ayant un radical de l'infinitif en **a** changent de voyelle à la 2ᵉ et 3ᵉ personnes du singulier du présent de l'indicatif ; le **a** devient **ä**. Les autres personnes ont par contre une conjugaison régulière : **schlafen**, *dormir* → **ich schlafe**, *je dors* ; **du schläfst**, *tu dors* (ph. 2) ; **sie schläft**, *elle dort*.

2. Les verbes dont le radical se termine par **-t** prennent généralement un **e** aux 2ᵉ et 3ᵉ personnes du singulier du présent de l'indicatif pour faciliter la prononciation. Il vient s'intercaler entre le radical du verbe et la terminaison : **arbeiten**, *travailler* → **du arbeitest**, *tu travailles* ; sie

***

Übung 1 – Übersetzen Sie bitte!
❶ Ruhe! Ich schlafe. ❷ Arbeitest du? ❸ Ich arbeite zu viel. ❹ Schläfst du? ❺ Du bist faul.

***

Übung 2 – Ergänzen Sie bitte!

❶ Tu travailles trop.
   Du arbeitest . . . .

❷ Je dors trop peu.
   Ich schlafe . . . .

❸ Tu es fatigué ?
   . . . . . . müde?

❹ Silence ! Je travaille.
   Ruhe! . . . .

❺ Tu es paresseux.
   Du . . . .

arbeitet, *elle travaille*. Comme nous verrons par la suite, cette particularité concerne aussi la 2ᵉ personne du pluriel.

3 Le verbe **sein**, *être*, verbe très irrégulier rencontré déjà en leçon 2, se conjugue comme suit aux 1ʳᵉ et 2ᵉ personnes du singulier du présent de l'indicatif : **ich bin**, *je suis* ; **du bist**, *tu es* (ph. 5).

4 L'adverbe **aber**, *mais*, peut occuper plusieurs places au sein de la phrase : au début (comme en français) ou au milieu afin d'accentuer le mot qui le suit : **Ich bin aber müde**, *Mais je suis fatigué*. Ici, l'interlocuteur met l'accent sur **müde**, *fatigué*.

***

Corrigé de l'exercice 1
❶ Silence ! Je dors. ❷ Tu travailles ? ❸ Je travaille trop. ❹ Tu dors ? ❺ Tu es paresseux.

***

Corrigé de l'exercice 2
❶ – zu viel ❷ – zu wenig ❸ Bist du – ❹ – Ich arbeite ❺ – bist faul

4

Vierte Lektion [fi:ªtë lèktsyo:n]

Das ist das [1] neue Haus [2]

1 – Das sind [3] die **Schlaf**zimmer.
2   Das ist die **Kü**che, das ist der **Ga**rten.
3 – **Schö**nes Haus, **a**ber wie viel **kos**tet es [4]?
4 – **Vier**hundertfünfzigtausend **Eu**ro [5].
5 – **Vier**hundertfünfzigtausend **Eu**ro! Das ist das Pro**blem**.

Prononciation
*dass ist dass **noï**ë Haouss **1** dass zi'nt di: **chla:f**-tsimª **2** dass ist di: **ku**çhë dass ist dé:ª **gar**tën **3** **cheu:**nëss Haouss **a**:bª vi: fi:l **kos**tët èss **4** **fi:ª**-Hou'ndªt-fu'nfziçh-taouzënt **oï**ro **5** **fi:ª**-Hou'ndªt-fu'nfziçh-taouzënt **oï**ro! dass ist dass pro**blé:m***

Remarques de prononciation
(Titre) Le **a** et le **u** du mot **Haus** doivent être dissociés l'un de l'autre et légèrement articulés comme dans le mot **Frau** rencontré en leçon 2. Là aussi, vous pouvez vous entraîner en répétant plusieurs fois : **Ha-us**, **Fra-u**.
(Titre), (1), (3), (4) Attention aux différentes prononciations du **s** : le **s** final *[ss]* se prononce de la même manière que le *s* de *autobus* ; le **s** avant voyelle est doux comme le *z* français de *zone* : **das** *[dass]* ; **Haus** *[haouss]* ; **es** *[èss]* mais **sind** *[zi'nt]* et **tausend** *[taouzënt]*.
(1), (4) Le **d** final se prononce *[t]* : **sind** *[zi'nt]* ; **tausend** *[taouzënt]*.
(4), (5) Placé en fin de mot après une voyelle allongée et porteuse d'accent, le **r** se prononce également comme un **a** bref comme **vier** *[fi:ª]* dans **vierhundertfünfzigtausend**.

Notes
1   Cette leçon est une introduction aux articles définis et par la même occasion aux trois genres en allemand : **der**, *le* (ph. 2) = masculin singulier → **der Garten**, *le jardin* ; **die**, *la* (ph. 2) = féminin singulier → **die Küche**, *la cuisine*, et **das** = neutre singulier et troisième genre qui n'existe pas en

Quatrième leçon

C'est la nouvelle maison

1 – Voici *(ce sont)* les chambres à coucher *(dormir-chambres)*.
2 Voici *(ce est)* la cuisine, voici *(ce est)* le jardin.
3 – Belle maison mais combien *(comment beaucoup)* coûte[-t-]elle ?
4 – 450 000 euros.
5 – 450 000 euros ! C'est le problème.

---

français → **das Haus**, *la maison*. Au pluriel, par contre, il n'y a qu'un seul article défini pour les trois genres = **die**, *les* → **die Schlafzimmer**, *les chambres à coucher* (ph. 1), singulier **das Schlafzimmer**, et **der Garten** = **die Gärten** ; **die Küche** = **die Küchen** et **das Haus** = **die Häuser** au pluriel. Au début, il est important d'apprendre les noms avec leur article ainsi que leur terminaison au pluriel. La correspondance avec les noms français est un hasard. Notez toutefois que le genre des noms désignant des personnes et de nombreux animaux suit le sexe ; pour les petits/jeunes, on emploie le neutre, ex. : **die Frau**, *la femme*. Attention ! Il s'agit des articles définis dans un groupe nominal sujet ou attribut du sujet. Comme nous verrons par la suite, les articles peuvent varier (= ils se déclinent) selon la fonction du groupe nominal.

2 Dans un groupe nominal construit avec l'adjectif défini **das**, l'adjectif épithète prend un **-e**, et dans un groupe nominal sans article, l'adjectif épithète prend la terminaison **-es** : **das neue Haus** → **neues Haus**, *(la) nouvelle maison* / **das schöne Haus** → **schönes Haus**, *(la) belle maison* (ph. 3).

3 Nous avons déjà vu plusieurs exemples avec la tournure **das ist**, *c'est*, qui dans ce cas peut se traduire par *voici* étant donné que le locuteur montre les différentes pièces de la maison. Comme en français, elle se construit avec un sujet au singulier. Avec un sujet au pluriel, on emploie la tournure **das sind** qui équivaut mot pour mot à *ce sont* : **Das sind die Schlafzimmer**, *Voici les chambres à coucher*.

4 Voici un nouveau pronom personnel sujet, **es**, qui correspond à la 3ᵉ personne du singulier au neutre. Dans cette phrase, **es** se réfère à **das Haus**. Il se traduit par *il* ou *elle* selon le genre du nom français ; dans ce cas il se traduit par *elle* vu qu'il s'agit de *la maison*.

5 Le terme **Euro** est invariable lorsqu'il est précédé d'un chiffre/nombre. Par contre, il prend un **-s** lorsqu'il se construit avec l'article défini pluriel **die** : **1 Euro → 450 000 Euro** mais **der Euro**, *l'euro* → **die Euros**, *les euros*. Cette particularité vaut pour toutes les monnaies.

***

Übung 1 – Übersetzen Sie bitte!

❶ Das ist der Garten. ❷ Das sind die Schlafzimmer. ❸ Die Schlafzimmer sind schön. ❹ Wie viel kostet das Haus? ❺ Ist das Haus schön?

***

Übung 2 – Ergänzen Sie bitte!

❶ Voici *(c'est)* la cuisine.
 … … die Küche.

❷ Le jardin est beau.
 … … … ist schön.

❸ Voici *(ce sont)* les chambres à coucher.
 … … die Schlafzimmer.

❹ C'est la maison ?
 Ist das … … … ?

❺ La cuisine est nouvelle.
 Die Küche … … .

Quatrième leçon / 4

***

Corrigé de l'exercice 1
❶ Voici le jardin. ❷ Voici les chambres à coucher. ❸ Les chambres à coucher sont belles. ❹ Combien coûte la maison ? ❺ La maison est belle ?

***

Corrigé de l'exercice 2
❶ Das ist – ❷ Der Garten – ❸ Das sind – ❹ – das Haus ❺ – ist neu

En allemand, les nombres s'écrivent attachés jusqu'à 999 999 et vous serez sûrement surpris par la longueur de certains. Avec ses 25 lettres, 450 000 est loin de battre le record. Plusieurs nombres avoisinent les 55/60 lettres, voire plus comme par exemple 777 777 : **siebenhundertsiebenundsiebzigtausendsiebenhundertsiebenundsiebzig**. *À vous de faire le compte !*

5

Fünfte Lektion [fu'nftë lèktsyo:n]

À partir de maintenant, nous n'indiquerons plus la traduction littérale si la différence ne concerne que le tiret.

Sie [1] oder du?

1 – **Gu**ten Tag! Wie [2] **hei**ßen [3] Sie?
2 – **Ro**bert Braun und du [4]... und Sie?
3   Ent**schul**digung! Ich **sa**ge **i**mmer du.
4 – Kein Pro**blem** [5].
5   Wir **kö**nnen uns [6] **du**zen.

Prononciation

zi: o:dᵃ dou: **1** gou:tën ta:k! vi: **Haï**ssën zi: **2** ro:bᵃt braoun ount dou: ... ount zi: **3** èntchouldigouñg! iç̌h **za**:guë **i**'mᵃ dou: **4** kaïn pro**blé**:m **5** vi:ᵃ **keu**nën ounss **dou**:tsën

Remarques de prononciation

(Titre), (1), (2), (3), (5) Le groupe **ie** *[i:]* se prononce comme un **i** allongé : **sie** *[si:]* ; **wie** *[vi:]* ; le **i** quant à lui peut être long comme dans **wir** *[vi:ᵃ]* ou court comme dans **Entschuldigung** *[èntchouldigouñg]*. Par contre, il est toujours court quand il est suivi d'une double consonne : **immer** *[i'mᵃ]*.
(1) Voici une lettre qui n'existe pas en français : le **ß** *[èsstsèt]* qui correspond à un double **ss** : **heißen** *[Haïssën]*. Il s'emploie après les diphtongues comme **ei** ou après une voyelle longue.
(1), (4) **ei** se prononce *[aï]* comme dans *Aïe !* : **heißen** *[Haïssën]* ; **kein** *[kaïn]*.
(3) **Entschuldigung** : prononcez **gu** *[gou]* puis nasalisez **-ng**. Même principe que le groupe **-nk** du mot **Sankt**, *Saint* (voir leçon 2).

Notes

1   Vous venez de voir deux nouveaux pronoms personnels sujets : **Sie** avec majuscule qui correspond au *vous* de politesse (ne pas confondre avec **sie**, *elle* !) et qui s'emploie pour vouvoyer une ou plusieurs per-

Cinquième leçon

Vous ou tu ?

1 – Bonjour *(bon jour)* ! Comment [vous] appelez-vous ?
2 – Robert Braun et toi *(tu)*... et vous ?
3 Pardon ! Je dis toujours tu.
4 – Pas de *(pas-de)* problème.
5 Nous pouvons nous tutoyer.

sonnes, ainsi que **wir** qui équivaut à *nous*. Le présent de l'indicatif des verbes conjugués avec **wir** (ph. 5) ou **Sie** est semblable à l'infinitif : **heißen**, *s'appeler* → **wir heißen**, *nous nous appelons* / **Sie heißen**, *vous vous appelez* ; **können**, *pouvoir* → **wir können**, *nous pouvons* / **Sie können**, *vous pouvez*. Le seul verbe faisant exception est le verbe **sein**, *être*, qui donne **wir sind**, *nous sommes* ; **Sie sind**, *vous êtes*.

2 Cette leçon introduit un nouveau pronom interrogatif : **wie**, *comment*. La leçon précédente introduit **wie viel** ("comment beaucoup"), *combien*.

3 Contrairement au verbe *s'appeler*, **heißen** n'est pas un verbe pronominal. Inversement, nous verrons aussi des verbes qui sont pronominaux en allemand mais pas en français.

4 Les pronoms toniques *moi, toi, ... vous...* n'existent pas en allemand. Ils se traduisent par les pronoms personnels **ich, du, ... Sie ...** : **Robert Braun und du ... und Sie?**, *Robert Braun et toi... et vous ?* La question sous-entend **Robert Braun und wie heißt du ... wie heißen Sie?**

5 **Kein Problem** : **kein** est une négation. Elle équivaut à *pas de* en français. Son emploi et ses formes déclinées seront vus par la suite.

6 Le pronom réciproque **uns** est une forme déclinée de **wir**, *nous*, et se traduit aussi par *nous*. Ce point sera étudié par la suite.

sechzehn *[zèch-tsé:n]* • 16

Übung 1 – Übersetzen Sie bitte!
❶ Wie heißt sie? ❷ Ich heiße Anastasia. ❸ Entschuldigung! ❹ Kein Problem. ❺ Heißen Sie Robert?

***

Übung 2 – Ergänzen Sie bitte!
❶ Comment vous appelez-vous ?
   Wie ....?

❷ Pardon. Qui est-ce ?
   .... Wer ist das?

❸ Elle s'appelle Anastasia.
   .... Anastasia.

❹ Tu dis oui ?
   .... ja?

❺ Je ne dis rien.
   .... nichts.

Sechste Lektion [zèkstë lèktsyo:n]

Schöne Ferien!

1 – Hi! Wie geht es dir? [1]
2 – Gut, da**n**ke. Und dir?
3 – **Su**per! Ich **fah**re [2] **heu**te in **Ur**laub [3].
4 – Du **Glück**spilz! [4] Wo**hi**n [5] fährst du?
5 – Nach **Ca**pri! Ciao!

Prononciation
cheu:në **fé:**riën **1** Haï! vi: gué:t èss di:ª **2** gou:t *dañ*kë. ount di:ª **3** *zou:*pª! içh **fa:**rë Hoïtë i'n **ou:**ªlaoup **4** dou: **gluks**-pilts! vo**Hi'n** fè:rst dou: **5** na:cH **ca:**pri! tchao

17 • siebzehn [zi:p-tsé:n]

Sixième leçon / 6

Corrigé de l'exercice 1
❶ Comment s'appelle-t-elle ? ❷ Je m'appelle Anastasia. ❸ Pardon !
❹ Pas de problème. ❺ Vous vous appelez Robert ?

***

Corrigé de l'exercice 2
❶ – heißen Sie ❷ Entschuldigung – ❸ Sie heißt – ❹ Sagst du – ❺ Ich sage –

Sixième leçon

Bonnes (belles) vacances !

1 – Salut ! Comment vas-tu *(va ça à-toi)* ?
2 – Bien, merci. Et *(à-)*toi ?
3 – Super ! Je pars *(roule)* aujourd'hui en vacances.
4 – Quel veinard ! *(tu chance-champignon)* Tu vas où ?
   (vers-où roules tu)
5 – À *(vers)* Capri. Ciao !

Remarques de prononciation

(Titre), (4) Faites bien la différence entre le **o** prononcé *[o]* en français et **o + Umlaut**, *inflexion* → **ö** prononcé *[eu]* : **wo**hin *[vo**hi'n**]* mais **schöne** *[cheu:në]*.
(1) Le groupe **ge** se prononce *[gué]* et dans ce cas *[gué:]* à cause du **h** qui allonge la voyelle : **geht** *[gué:t]*.
(2) Pour le mot **danke**, n'oubliez pas de prononcer d'abord le **da** puis de nasaliser **nk**.
(3) Le **b** final se prononce comme un léger *[p]* : **Urlaub** *[ou:ªlaoup]*.
(5) Le **ch** précédé de **a** est guttural et se prononce dans la gorge. C'est un son qui ressemble à un court raclement de gorge.

Notes

1 **Wie geht es dir? – Gut und dir?** (ph. 1 et 2) Cette tournure, à retenir, signifie littéralement "comment va ça à-toi ? – bien et à-toi". Notez bien que dans cette phrase **es** a la valeur de pronom impersonnel et se traduit par *ça*. Dans la langue parlée, il est souvent élidé : **Wie geht's dir?** Le pronom personnel **dir**, *à toi*, est quant à lui une forme déclinée de **du**. Nous y reviendrons par la suite.

***

Übung 1 – Übersetzen Sie bitte!

❶ Wohin fährst du? ❷ Ich fahre nach Capri. ❸ Wie geht's dir? ❹ Gut und dir? ❺ Du Glückspilz!

***

Übung 2 – Ergänzen Sie bitte!

❶ Je pars en vacances.
Ich fahre . . . .

❷ Comment vas-tu ?
. . . . es dir?

❸ Elle va à Capri. *(sous-entendu, en voiture/train)*
. . . . nach Capri.

❹ Comment vas-tu ? Bien et toi ?
Wie geht's dir? . . . . ?

❺ Où vas-tu ?
. . . . . fährst du?

Sixième leçon / 6

2 Le verbe **fahren** signifie *aller avec un véhicule à roues* et selon la phrase / le contexte, il se traduit par *partir/aller* et aussi *rouler/conduire*. Par ailleurs, **fahren** présente la même irrégularité que **schlafen**, le **a** devient **ä** aux 2e et 3e personnes du singulier : **ich fahre, du fährst, sie fährt**. Notez au passage que pour *aller (en avion) / voler*, on emploie le verbe **fliegen** : **Ich fliege nach Capri**, *Je vais à Capri*.

3 **die Ferien** = *les vacances*, **der Urlaub** = *les congés* et dans certaines tournures, on les emploie presque indifféremment : **in Urlaub / in die Ferien fahren**, *partir en congés/vacances*.

4 **Du Glückspilz!** Cette expression idiomatique (littéralement "tu chance-champignon") vaut aussi bien pour le masculin que pour le féminin. *Quel veinard ! / Quelle veinarde !*

5 Le pronom interrogatif **wohin**, *où*, sous-entendu *vers où*, pose la question sur le lieu où l'on va : **Wohin fährst du?**, *Où vas-tu ?* La préposition **nach** + nom de pays (ph. 5), ville ou région se traduit par *à/aux/en* et indique le lieu où l'on va : **Nach Capri**, *À Capri*.

***

Corrigé de l'exercice 1
❶ Où vas-tu ? ❷ Je vais à Capri. ❸ Comment vas-tu ? ❹ Bien et toi ?
❺ Quel(le) veinard(e) !

Corrigé de l'exercice 2
❶ – in Urlaub ❷ Wie geht – ❸ Sie fährt – ❹ Gut und dir – ❺ Wohin –

*L'allemand est particulièrement perméable à l'intrusion de mots étrangers. Ils proviennent avant tout de l'anglais comme **Hi!** employé à la place de **Hallo!** et quelquefois d'autres langues comme **Ciao!** en italien ou **Tschau!** (orthographe allemande) qui remplace **Tschüs!** [tchu:ss] ou **Tschüss!** [tchuss], salut (deux orthographes possibles). Concernant les anglicismes, certains d'entre eux vont jusqu'à être insérés dans la structure grammaticale allemande. Ce phénomène est appelé le **Denglisch** : Deutsch Englisch. En voici deux exemples : les verbes **to update**, mettre à jour (des données) et **to download**, télécharger, perdent le **to** et prennent la terminaison infinitive **-en** pour donner les verbes **updaten** et **downloaden**.*

Siebte Lektion [zi:ptë lèktsyo:n]

Wiederholung – Révision

Vous voici arrivé à la leçon 7. C'est le moment de revoir les points de grammaire étudiés aux cours des six dernières leçons. L'objectif est que vous consolidiez vos connaissances avant de vous lancer dans une nouvelle série de leçons. N'hésitez pas à revenir en arrière si quelque chose ne vous semble pas clair.

1 Les pronoms personnels et le pronom impersonnel

Jusqu'ici, nous avons vu :
- les pronoms personnels sujets suivants :
– **ich** correspond à *je*, **du** à *tu* et **wir** à *nous* ;
– **sie** (avec un **s** minuscule) correspond à *elle* et **es** équivaut à la 3ᵉ personne du neutre. Selon le genre du substantif français, il se traduit par *il* ou *elle* → **das Haus**, *la maison* = *elle* ; **das Problem**, *le problème* = *il* ;
– **Sie** (avec un **S** majuscule) est la forme de politesse et s'emploie pour vouvoyer une ou plusieurs personnes ;
– **es** peut aussi avoir la valeur de pronom impersonnel. Il correspond à *ça* ou *ce / il* en français. Mais attention ! Certaines tournures peuvent être impersonnelles en allemand mais personnelles en français et vice-versa d'où l'importance de les assimiler sans chercher à faire de rapprochement avec le français comme pour **Wie geht es dir?** ou **Wie geht's dir?**, *Comment vas-tu ?* littéralement "comment va ça à-toi ?" ;
- les formes déclinées **wir** → **uns**, *nous* et **du** → **dir**, *tu/(à) toi*.

Vous commencez à mémoriser plusieurs mots, petites phrases et aussi tournures idiomatiques ? C'est très bien. N'hésitez pas à répéter les dialogues à haute voix et à réécouter les enregistrements pour bien vous laisser imprégner par le son de la langue. En abordant la grammaire par petites touches vous verrez que vous acquerrez des automatismes tout naturellement. L'idée est que vous assimiliez l'allemand intuitivement, un peu comme une langue maternelle.

Septième leçon

2 Les verbes à l'infinitif et au présent de l'indicatif

À l'infinitif, la grande majorité des verbes prend la marque **-en** comme **lernen**, *apprendre* ; **kennen**, *connaître* ; **verstehen**, *comprendre* etc. Au niveau de la conjugaison, nous avons abordé les verbes suivants :
• les verbes réguliers ;
• les verbes dont le **a** du radical devient **ä** à la 2ᵉ personne et à la 3ᵉ personne du singulier. Rappel : Il ne s'agit que d'une partie des verbes en **a** !
• Les verbes avec une particularité phonétique comme les verbes ayant un radical se terminant par **-t** et prenant un **e** phonétique à la 2ᵉ et 3ᵉ personnes du singulier ainsi qu'à la 2ᵉ personne du pluriel.
• Le verbe **sein**, *être*, dont l'infinitif et la conjugaison sont très irréguliers.

	Verbe régulier **lernen**	Verbe **a → ä** **fahren**	Verbe avec particularité phonétique **arbeiten**	Verbe **sein**
ich	lerne	fahre	arbeite	bin
du	lernst	fährst	arbeitest	bist
sie, es	lernt	fährt	arbeitet	ist
wir	lernen	fahren	arbeiten	sind
Sie	lernen	fahren	arbeiten	sind

Le tableau se limite aux pronoms personnels et donc à la conjugaison étudiés jusqu'ici.

3 Les articles définis

Au singulier, il existe un article défini pour chaque genre ; au pluriel par contre, il n'existe qu'un seul et même article pour les trois genres. Attention ! Ce tableau se réfère à des groupes nominaux sujets ou attributs du sujet.

	Masculin	Féminin	Neutre
Singulier	der Garten	die Küche	das Haus
Pluriel	die Gärten	die Küchen	die Häuser

4 *das ist* et *das sind*

das ist et **das sind** correspondent à *c'est* et *ce sont* et se traduisent quelquefois par *voici*. Ils s'emploient comme suit : **das ist** + sujet au singulier et **das sind** + sujet au pluriel :
Das ist das Problem, *C'est le problème*.
Das sind die Schlafzimmer, *Voici les chambres à coucher*.

5 Deux pronoms interrogatifs et deux prépositions de lieu

- Le pronom interrogatif **wohin** sert à demander où l'on va :
Wohin fährst du?, *Où vas-tu ?*
- La préposition **nach** répond à la question de la destination :
Ich fahre nach Capri, *Je vais à Capri*.
- Le pronom interrogatif **woher** sert demander d'où l'on vient :
Woher kommt sie?, *D'où vient-elle ?*
- La préposition **aus** répond à la question d'où l'on vient :
Sie kommt aus Sankt Petersburg, *Elle vient de Saint-Pétersbourg*.
Attention ! Cette règle vaut pour les noms géographiques qui ne prennent pas d'article. Pour les noms géographiques prenant un article et autres compléments de lieu désignant une personne, un lieu public etc., la règle varie.

Septième leçon / 7

Wiederholungsdialog – Dialogue de révision

(Traduisez)
Et pour finir, voici un petit dialogue ne reprenant que des points connus. Lisez le texte à haute voix, traduisez-le en français et avant tout abordez-le comme un moment de récréation.

1 – Hallo! Wie geht's dir?
2 – Ruhe, ich arbeite.
3 – Du arbeitest? Das ist aber neu!
4 – Ich lerne Russisch.
5 – Oh, wer ist das? Sie ist schön.
6 – Guten Tag!
7 – Guten Tag! Wie heißen Sie?
8 – Anastasia. Ich bin die neue Russischlehrerin.
9 – Russischlehrerin! Ich verstehe.

Traduction
1 Salut ! Comment vas-tu ? **2** Silence, je travaille. **3** Tu travailles ? Mais c'est nouveau ! **4** J'apprends le russe. **5** Oh, qui est-ce ? Elle est belle. **6** Bonjour ! **7** Bonjour ! Comment vous appelez-vous ? **8** Anastasia. Je suis la nouvelle professeure de russe. **9** Professeure de russe ! Je comprends.

Übersetzen Sie bitte!
Exercice – Traduisez !

À la fin des leçons de révision, nous vous proposons un exercice grammatical guidé simple qui vous aidera à mémoriser les structures de base de la grammaire de l'allemand.

❶ ich lerne, du lernst, sie lernt ❷ ich schlafe, du schläfst, sie schläft ❸ ich bin, du bist, sie ist ❹ Wie geht es dir? ❺ Gut und dir?

Corrigé
❶ j'apprends, tu apprends, elle apprend ❷ je dors, tu dors, elle dort ❸ je suis, tu es, elle est ❹ Comment vas-tu ? ❺ Bien et toi ?

vierundzwanzig *[fi:ᵃ-ount-tsva'ntsiçh]*

Achte Lektion [acHtë lèktsyo:n]

Wie ist dein [1] Name? [2]

1 – Wie heißt [3] du?
2 – **Pa**trick **Pe**ter. **Pa**trick ist mein **Vor**name [4]
3 und **Pe**ter mein **Nach**name.
4 – **Wirk**lich! Ich **hei**ße **Pe**ter **Pa**trick.
5 Ge**nau um**gekehrt.

Prononciation
*vi: ist daïn **na:**më **1** vi: Haïsst dou: **2** patrik pé:tᵃ. patrik ist maïn **fo:**ᵃ-na:më **3** ount pé:tᵃ main **na:cH**-na:më **4** virkliçh! içh **Haï**ssë pé:tᵃ patrik **5** guénaou oumguéké:ᵃt*

Remarques de prononciation
(Titre), (1), (4) Rappel : En allemand, **w** se prononce comme *v* en français → wie *[vi:]* ; wirklich *[virkliçh]*.
(Titre), (2), (3) Name, Vorname, Nachname : L'accent tonique est sur la première syllabe du mot *[na:më]* mais quand celui-ci est précédé d'un préfixe comme **vor** ou **nach**, l'accent tonique vient se placer sur le préfixe : *[**fo:**ᵃ-na:më]* et *[**na:cH**-na:më]*.
(5) Prononcez bien les **a** et **u** du mot **genau** sans oublier que le **u** se prononce *[ou]* → gena-u *[gué**naou**]*.

Notes

1 Cette leçon introduit les déterminants possessifs (appelés aussi adjectifs possessifs) **mein**, *mon*, et **dein**, *ton*. der Name, *le nom* → **dein Name**, *ton nom* ; der Vorname, *le prénom* → **mein Vorname**, *mon prénom* (ph. 2) ; der Nachname, *le nom de famille* → **mein Nachname**, *mon nom de famille* (ph. 3). Nous y reviendrons.

2 Notez ces deux tournures pour demander son nom à une personne : **Wie ist dein Name?**, *Quel est ton nom ?* ; **Wie heißt du?**, *Comment t'appelles-tu ?* (ph. 1). Dans ces exemples, on tutoie la personne. Souvenez-

Huitième leçon

Quel est ton nom ?
(comment est ton nom)

1 – Comment [t']appelles-tu ?
2 – Patrick Peter. Patrick est mon prénom *(avant/devant-nom)*
3 et Peter mon nom de famille *(après-nom)*.
4 – Vraiment ! [Moi] je [m']appelle Peter Patrick.
5 Exactement l'inverse *(inversé)*.

vous que dans la leçon 5, nous avons vu la forme de politesse avec **Wie heißen Sie?** *Comment vous appelez-vous ?* ; *Quel est votre nom ?* se dit **Wie ist Ihr Name?**

3 Attention aux verbes dont le radical se termine par **-ß, -(s)s, -(t)z**. Ceux-ci prennent juste un **-t** et non **-st** à la 2ᵉ personne du singulier : **heißen**, *s'appeler* → **du heißt**, *tu t'appelles* ; **reisen** *[raïzën]*, *voyager* → **du reist**, *tu voyages*. Même conjugaison qu'à la 3ᵉ personne du singulier (*cf.* tableau L14, §4).

4 En allemand, il existe de nombreux noms composés de différentes catégories de mots (adjectif, nom, préposition, verbe…) + le dernier mot qui est obligatoirement un nom et qui détermine le genre ! Par exemple, **die Russischlehrerin**, *la professeure de russe*, est composé de deux noms : **Russisch**, *(le) russe* (la langue) + **die Lehrerin**, *la professeure* ; **das Schlafzimmer**, *la chambre à coucher*, est composé du verbe **schlafen**, *dormir* + du nom **das Zimmer**, *la chambre*. Dans le cas de **der Vorname**, *le prénom*, et **der Nachname**, *le nom de famille* (ph. 3), il s'agit d'une préposition + un nom → **vor**, *avant/devant* et **nach**, *après* + **der Name**, *le nom*. (Attention : **nach** signifie aussi *à* (direction) ! Voir leçon 6 : **Nach Capri**, *À Capri*.) Et pour finir, notez un autre nom composé et synonyme de **der Nachname** : **der Familienname**, *le nom de famille* → **die Familie**, *la famille* + **n** + **der Name**, *le nom*. Dans certains cas, on ajoute ou supprime une lettre ou deux.

9 / Neunte Lektion

Übung 1 – Übersetzen Sie bitte!
❶ Wie ist dein Vorname? ❷ Mein Name ist Anna Schmidt.
❸ Heißt du Peter? ❹ Woher kommt dein Nachname?
❺ Genau umgekehrt!

***

Übung 2 – Ergänzen Sie bitte!
❶ Comment t'appelles-tu ?
Wie ..... du?

❷ Salut ! Mon nom est Peter Patrick.
Hallo! Mein .... Peter Patrick.

❸ Quel est ton nom ?
... ist .... Name?

❹ Mon nom de famille est Peter.
............./............ ist Peter.

❺ Vraiment !
........!

Neunte Lektion [noïntë lèktsyo:n]

Was ¹ macht ihr ²?

1 – Es ³ ist schon spät!
2 – Wir **ko**mmen ⁴ so**fort**.
3 – **End**lich seid ihr da! ⁵
4   Habt ⁶ ihr auch **al**les da**bei**?
5 – Ja, wir **kö**nnen los ⁷!

Prononciation
*vass macHt i:ª 1 èss ist cho:n chpè:t 2 vi:ª **ko**mën zo**fort** 3 **ènt**liçh zaït i:ª da: 4 Hapt i:ª aoucH **al**èss da**baï** 5 ya: vi:ª **keu**nën lo:ss*

27 • siebenundzwanzig [zi:bën-ount-tsva'ntsiçh]

Corrigé de l'exercice 1

❶ Quel est ton prénom ? ❷ Mon nom est Anna Schmidt. ❸ Tu t'appelles Peter ? ❹ D'où vient ton nom de famille ? ❺ Exactement l'inverse !

***

Corrigé de l'exercice 2

❶ – heißt – ❷ – Name ist – ❸ Wie – dein – ❹ Mein Nachname/Familienname – ❺ Wirklich

Neuvième leçon

Que faites-vous ?

1 – Il est déjà tard !
2 – Nous arrivons tout de suite *(tout-de-suite)*.
3 – Enfin vous voilà ! *(enfin êtes vous là)*
4   Vous avez bien tout avec vous ? *(avez vous aussi tout là-avec)*
5 – Oui, nous pouvons y aller *(nous pouvons partir)* !

Remarques de prononciation

(Titre) N'oubliez pas que le **ch** précédé de **a** est guttural : **macht** *[macHt]*.
(1) Pour prononcer le mot **spät** *[chpè:t]*, ouvrez bien la bouche en grand. Le groupe **sp** se prononce *[chp]* et le **ä** est une voyelle allongée et ouverte : *[è:]*.

9 / Neunte Lektion

(3) En fin de syllabe, tout comme en fin de mot (voir L4), le **d** se prononce comme un léger **t** : endlich *[èntlich]*.
(4) Et le **b** se prononce comme un léger **p** : habt *[Hapt]*.

Notes

1. Voici un nouveau pronom interrogatif, **was**, qui correspond à *que/quoi*. Il peut avoir la fonction de complément d'objet, comme dans notre exemple, ou de sujet : **Was ist das?**, *Qu'est-ce que c'est ?*

2. Cette leçon introduit le pronom personnel sujet **ihr**, *vous*, 2e personne du pluriel, qui s'emploie lorsque l'on tutoie plusieurs personnes. Ne pas confondre avec le pronom personnel **Sie**, *vous* de politesse ! Pour la conjugaison au présent de l'indicatif, les verbes prennent la marque **-t** ou **-et** si leur radical se termine entre autres, par **-t** : **machen**, *faire* → **ihr macht**, *vous faites* ; **arbeiten**, *travailler* → **ihr arbeitet**, *vous travaillez*. Exception : **sein**, *être* → **ihr seid**, *vous êtes* (ph. 3).

3. **es** s'emploie également pour les tournures impersonnelles et se traduit par *il, ce, ça* ou *cela* : **Es ist sehr** *[zè:ª]* **früh** *[fru:]*, *Il est très tôt*.

***

Übung 1 – Übersetzen Sie bitte!

❶ Was macht ihr? ❷ Seid ihr da? ❸ Kommt ihr sofort? ❹ Endlich! ❺ Wir können los!

***

Übung 2 – Ergänzen Sie bitte!

❶ Vous avez bien tout avec vous ?
 ……… auch alles dabei?

❷ Il est déjà tard.
 ….. schon spät.

❸ Enfin les voilà !
 Endlich ……… da!

❹ Elle vient tout de suite.
 Sie kommt …….

❺ Vous êtes déjà là ?
 ……… schon da?

4 **kommen** se traduit, selon le contexte, par *arriver* ou *venir* (L2) et dans certains cas, les deux traductions se valent.

5 La syntaxe allemande est assez complexe et présente plusieurs différences par rapport au français. Nous l'aborderons par petites touches. Voici le premier point à noter : lorsqu'une phrase simple (sujet + verbe + complément(s)) commence par un complément circonstanciel (de temps, de lieu…), le verbe conjugué reste en deuxième position et le sujet se place derrière celui-ci : **Endlich seid ihr da!** littéralement "enfin êtes vous là !". Observez la même phrase avec le sujet en tête : **Ihr seid endlich da**, *Vous êtes enfin là*.

6 Le verbe/auxiliaire **haben** équivaut à *avoir*. Sa conjugaison est régulière à la 2ᵉ personne du pluriel du présent de l'indicatif → **ihr habt**, *vous avez*. Mais, comme nous verrons par la suite, certaines personnes ont une conjugaison irrégulière. Mémorisez également la tournure : **dabeihaben**, *avoir sur/avec soi* → **Habt ihr alles dabei?**, *Vous avez tout sur vous ?*

7 Employée avec un verbe de modalité comme **können**, *pouvoir*, la particule **los** signifie *partir/y aller* → **Wir können los!** *Nous pouvons y aller !* Cette tournure n'a pas d'équivalent grammatical en français et est à mémoriser.

***

Corrigé de l'exercice 1

❶ Que faites-vous ? ❷ Vous êtes là ? ❸ Vous venez tout de suite ? ❹ Enfin ! ❺ Nous pouvons y aller !

Corrigé de l'exercice 2

❶ Habt ihr – ❷ Es ist – ❸ – sind sie – ❹ – sofort ❺ Seid ihr –

10

Zehnte Lektion *[tsè:ntë lèktsyo:n]*

Bitte ¹ kommen Sie ² herein ³!

1 – **Bi**tte **neh**men ⁴ Sie Platz!
2 Wie ist Ihr ⁵ **Na**me?
3 – **E**va **Schnei**der.
4 – Wo ⁶ **woh**nen Sie?
5 – **Rhein**straße 9 (neun) in **Kons**tanz.
6 – Und wie alt sind Sie? ⁷
7 – Das ist aber eine indiskrete Frage ⁸.

Prononciation

bitë komën zi: hèraïn 1 bitë né:mën zi: plats 2 vi: ist i:ᵃ na:më 3 é:fa chnaïdᵃ 4 vo: vo:nën zi: 5 raïn-chtra:ssë noïn i'n konsta'nts 6 ount vi: alt zi'nt zi: 7 dass ist a:bᵃ aïnë i'ndiskré:të fra:guë

Remarques de prononciation

Voici l'occasion de pratiquer les voyelles !

(Titre) Dans la terminaison -men, le e se prononce *[ë]* comme le e final ou dans la terminaison -nen : kommen *[komën]*, nehmen *[né:mën]*.

(Titre), (1), (5), (7) Une voyelle suivie d'une double consonne ou de plusieurs consonnes est courte et fermée, ex. : bitte *[bitë]*, kommen *[komën]*, Platz *[plats]*, Konstanz *[konstan'ts]*, indiskrete *[i'ndiskré:të]*. Notez que le i de in est également bref : *[i'n]*.

(1), (2), (3), (4), (7) Une voyelle suivie d'un h ou placée en fin de syllabe est allongée, ex. : nehmen *[né:mën]*, wohnen *[vo:nën]*, le E de Eva *[é:fa]* ou le a de Name *[na:më]*, aber *[a:bᵃ]* et Frage *[fra:guë]*.

(3), (4) Une voyelle placée en fin de mot peut être longue wo *[vo:]* ou brève : Eva *[é:fa]*.

(5) En début de mot ou syllabe, st se prononce *[cht]* : Rheinstraße *[raïn-chtra:ssë]*.

Notes

1 bitte s'emploie aussi bien pour le tutoiement que pour le vouvoiement : *je t'en prie / s'il te plaît* et *je vous en prie / s'il vous plaît*.

Dixième leçon

Entrez je vous en prie !
(s'il-vous-plaît venez vous dedans)

1 – Prenez place, je vous en prie ! *(s'il-vous-plaît prenez vous place)*
2 Quel *(comment)* est votre nom ?
3 – Eva Schneider.
4 – Où habitez-vous ?
5 – 9 rue du Rhin *(9 Rhin-rue)* à Constance.
6 – Et quel âge avez-vous *(comment vieille êtes vous)* ?
7 – Ça c'est vraiment une question indiscrète. *(ça est mais une indiscrète question)*

---

2 Voici deux exemples à l'impératif. À la forme de politesse, la conjugaison est la même qu'au présent de l'indicatif sauf que le pronom personnel **Sie**, *vous*, se place derrière le verbe : **Sie kommen herein**, *Vous entrez* → ... **kommen Sie herein!**, *Entrez… !* ; **Sie nehmen Platz**, *Vous prenez place* → ... **nehmen Sie Platz!**, *Prenez place… !* (ph. 1). Attention à la conjugaison de **sein**, *être* : **Sie sind**, *Vous êtes* → **Seien Sie …!**, *Soyez… !*

3 **hereinkommen**, *entrer*, est un des nombreux verbes allemands composés d'une particule séparable (appelée aussi "préverbe séparable") : **herein** est la particule séparable qui signifie *dedans* et **kommen** *venir/aller*, le verbe. Dans le cas d'un temps simple comme l'impératif, la particule séparable se détache du verbe pour se placer en fin de phrase : **Bitte kommen Sie herein!** Notez que l'on peut aussi juste dire **Herein!**, *Entre ! / Entrez !* et laisser le verbe **kommen** sous-entendu.

4 En plus de changer de voyelle aux 2ᵉ et 3ᵉ personnes du singulier (**e → i**), **nehmen**, *prendre*, prend un double **m** : **du nimmst**, *tu prends*, et **er/sie/es nimmt**, *il/elle prend*.

5 **Ihr** est un nouveau déterminant possessif. Il correspond à *votre* (forme de politesse) et se réfère, entre autres, à un nom masculin sujet ou

zweiunddreißig *[tsvaï-ount-draïssiçh]* • 32

10 / Zehnte Lektion

attribut du sujet : **der Name**, *le nom* → **Ihr Name**, *votre nom*. Notez la majuscule, **I**, tout comme le **S** majuscule de **Sie**, *vous* de politesse.

6 Le pronom interrogatif **wo**, *où*, s'utilise pour savoir où l'on/qqn se trouve ; à ne pas confondre avec **wohin**, *où*, qui pose la question de l'endroit où l'on se rend. Si la réponse indique un lieu géographique (ville, pays, région), celui-ci se construit avec la préposition **in**, *à/en* : **Wo wohnen Sie?**, *Où habitez-vous ?* – ... **in Konstanz** (ph. 5), ... *à Constance*. Les noms de rues quant à eux s'indiquent comme suit : nom de la rue, ici **Rhein**, *Rhin*, auquel on attache le mot **-straße**, *rue*, suivi du numéro. Par ailleurs, **die Straße(n)** signifie *la rue* et *la route* à la fois.

***

▶ Übung 1 – Übersetzen Sie bitte!

❶ Kommen Sie herein! ❷ Wie alt ist Eva? ❸ Wo wohnt Eva? ❹ Wohnen Sie in Konstanz? ❺ Ich wohne in Konstanz.

***

Übung 2 – Ergänzen Sie bitte!

❶ Où habitez-vous ?
.. wohnen Sie?

❷ Quel est votre nom ?
Wie ist ... . ?

❸ Quel âge avez-vous ?
... ... sind Sie?

❹ Entrez je vous en prie !
Bitte ... ... herein!

❺ Prenez place, je vous en prie !
Bitte ... ... Platz!

***

Parmi les noms de famille allemands les plus courants, une grande majorité désigne des métiers. Ceci remonte au XIIe siècle où le nom de famille correspondait à l'activité exercée. En voici plusieurs exemples : **Schneider** *désigne le* tailleur, **Müller** *le* meunier, **Koch** *le* cuisinier, **Fischer** *le* pêcheur. *Parmi ces métiers, certains se font*

Dixième leçon / 10

7 Pour demander l'âge, on emploie la construction **wie alt** + le verbe **sein** : **Wie alt sind Sie?** ("comment vieille êtes-vous"), *Quel âge avez-vous ?*

8 **eine**, *une*, est l'article indéfini au féminin singulier. Il s'emploie, entre autres, dans un groupe nominal sujet ou attribut du sujet ; l'adjectif épithète prend quant à lui la terminaison **-e** : **eine indiskrete Frage**, *une question indiscrète*. Un point important : en allemand l'adjectif épithète se place toujours entre le déterminant, ici **eine** et le nom, ici **Frage**, et jamais derrière comme c'est quelques fois le cas en français. Comme quoi, certaines règles de grammaire sont plus faciles en allemand qu'en français !

***

Corrigé de l'exercice 1
❶ Entrez ! ❷ Quel âge a Eva ? ❸ Où habite Eva ? ❹ Vous habitez à Constance ? ❺ J'habite à Constance.

***

Corrigé de l'exercice 2
❶ Wo – ❷ – Ihr Name ❸ Wie alt – ❹ – kommen Sie – ❺ – nehmen Sie –

***

de plus en plus rares, voire n'existent plus comme **Müller** *pour le meunier,* **Wagner** *pour le charron (artisan qui fabriquait et entretenait les carrosses, charrettes et autres véhicules de ce genre) ou bien encore* **Pfeiffer** *qui désignait le joueur de fifre.*

11

Elfte Lektion [èlftë lèktsyo:n]

Können wir bitte anfangen?

1 – Sind **a**lle da?
2 – Nein, Paul und sein **Bru**der [1] **ko**mmen [2] **et**was sp**ä**ter [3]
3   und auch **A**nna und **ih**re **Schwes**ter.
4 – Ach Mensch [4]! Sie [5] **ko**mmen **i**mmer zu spät.
5 – Da hast du [6] recht!
6 – **Al**so! Was **ma**chen wir jetzt?
7 – Wir **blei**ben cool.

Prononciation

keunën vi:ᵃ bitë **a'n**fañguën **1** zi'nt **a**lë da: **2** naïn paoul ount zaïn **brou**:dᵃ **ko**mën **èt**vass **chpè**:tᵃ **3** ount aoucH ana ount i:rë **chvèst**ᵃ **4** acH mènch! zi: **ko**mën im**ᵃ** tsou: chpè:t **5** da: Hast dou: règht **6** alzo:! vass ma**cH**ën vi:ᵃ yètst **7** vi:ᵃ **blaï**bën coul

Remarque de prononciation

(Titre) anfangen : Prononcez fa *[fa]* puis nasalisez -ng transcrit *[ñg]*. Même principe que le groupe **ank** ou **ung** vus dans les leçons 2 et 5.
(5) Le groupe **ch** précédé d'un **e** est chuinté comme dans *ich, je*. Écoutez bien les enregistrements (si vous les avez), ce son n'est pas évident à reproduire. Il se prononce avec la partie arrière de la langue collée au palais : recht *[règHt]*.

Notes

1   Vous venez d'aborder les déterminants possessifs de la 3ᵉ personne du singulier. Faites attention à la subtilité suivante : lorsque le possesseur est masculin, on emploie **sein** et lorsqu'il est féminin, on emploie **ihr** : **Paul und sein Bruder … und auch Anna und ihre Schwester** (ph. 3), *Paul et son frère… et aussi Anna et sa sœur*. Si le possédé est féminin – en l'occurrence ici **die Schwester**, *la sœur* – le déterminant prend la terminaison **-e**. Observez bien la phrase suivante, où il s'agit de *Paul et sa sœur et Anna et son frère* → **Paul und seine Schwester und Anna und ihr Bruder**. Comme toujours jusqu'ici, ces exemples se réfèrent à des groupes nominaux sujet ou attribut du sujet.

35 • fünfunddreißig *[fu'nf-ount-draïssiçh]*

Onzième leçon

On commence s'il vous plaît ?
(pouvons nous s'il-vous-plaît commencer)

1 – Ils sont tous là ? *(sont tous là)*
2 – Non, Paul et son frère vont arriver *(arrivent)* un peu plus tard *(un-peu plus-tard)*
3   et aussi Anna et sa sœur.
4 – Ah mince *(homme/humain)* ! Ils arrivent toujours trop tard.
5 – Là, tu as *(as tu)* raison.
6 – Alors ! Qu'est-ce qu'on fait maintenant *(que faisons nous maintenant)* ?
7 – Nous restons zen.

---

2 Si le futur est déjà indiqué par un complément de temps comme ici **etwas später**, *un peu plus tard*, le verbe est alors généralement conjugué au présent.

3 En règle générale, le comparatif de supériorité des adjectifs qualificatifs se forme avec le suffixe **-er** : **spät**, *tard* → **später**, *plus tard*. Pour certains adjectifs, on ajoute un **Umlaut**, *tréma* : **alt**, *vieux/âgé* → **älter**, *plus vieux/âgé* ; **jung**, *jeune* → **jünger**, *plus jeune*.

4 **Mensch**, littéralement "homme/humain", est une interjection familière très répandue qui permet d'exprimer différents sentiments selon la tonalité que l'on y met. Ici, il exprime un mécontentement/agacement traduit en français par *Mince !*

5 Le pronom personnel **sie** (avec un **s** minuscule) correspond non seulement au pronom personnel *elle* mais aussi à *ils* et à *elles*. Rappelez-vous qu'au pluriel on ne distingue pas les genres ! Dans le dialogue, **sie** prend une majuscule car il est en début de phrase et il est traduit par *ils* car il se réfère à Paul et son frère et Anna et sa sœur. **Sie kommen** …, *Ils viennent*… Concernant la conjugaison, les verbes prennent la terminaison **-en** au présent de l'indicatif excepté **sein**, *être* : **sie sind**, *ils/elles sont*.

6 Le verbe **haben**, *avoir*, est irrégulier à la 2ᵉ personne du singulier : **du hast**, *tu as*.

12 / Zwölfte Lektion

Übung 1 – Übersetzen Sie bitte!
❶ Anna und ihr Bruder sind nicht da. ❷ Sind Paul und seine Schwester da? ❸ Sie kommen später. ❹ Du hast recht. ❺ Wo sind Paul und sein Bruder?

***

Übung 2 – Ergänzen Sie bitte!
❶ Ils sont tous là ?
   .... alle da?

❷ Anna et son frère sont là.
   Anna und .... sind da.

❸ Anna et sa sœur arrivent tout de suite.
   Anna und .... kommen sofort.

❹ Tu as toujours raison.
   ...... immer recht.

❺ Nous pouvons commencer.
   Wir können ....

---

12 Zwölfte Lektion [tsveulftë lèktsyo:n]

Ein ¹ gutes Essen ²

1 – Wer ³ kocht denn da?
2 – Mein Mann. Pro**bier** ⁴ mal ⁵!
3 – Mmh! Es schmeckt gut. ⁶
4   Kocht er oft?
5 – Ja, sehr oft.
6 – Was für ein Glück! ⁷ Man ⁸ sagt ja ⁹:
7   „Ein **gu**ter Koch ist ein **gu**ter Arzt."

Prononciation
*aïn **gou:**tëss **è**ssën 1 vè:ᵃ kocHt dèn da: 2 maïn ma'n. pro**bi:**ᵃ ma:l 3 mh! èss chmëkt gou:t 4 kocHt è:ᵃ oft 5 ya: zè:ᵃ oft 6 vass fu:ᵃ aïn gluk! ma'n za:gt ya: 7 aïn **gou:**tᵃ kocH ist aïn **gou:**tᵃ artst*

Corrigé de l'exercice 1

❶ Anna et son frère ne sont pas là. ❷ Est-ce que Paul et sa sœur sont là ? ❸ Ils arrivent plus tard. ❹ Tu as raison. ❺ Où sont Paul et son frère ?

Corrigé de l'exercice 2

❶ Sind – ❷ – ihr Bruder – ❸ – ihre Schwester – ❹ Du hast – ❺ – anfangen

La ponctualité allemande : mythe ou réalité ? Les mentalités changent, tout comme les défauts et les vertus. Somme toute, les Allemands restent assez ponctuels et les retardataires sont conscients d'avoir été impolis, ce qui n'est pas le cas dans tous les pays.

Douzième leçon

Un bon repas *(manger)*

1 – Qui est-ce qui cuisine ? *(qui cuisine donc là)*
2 – Mon mari. Goûte voir ! *(essaie fois)*
3 – Mmm ! C'est bon ! *(ça goûte bon)*
4   Il cuisine *(cuisine il)* souvent ?
5 – Oui, très souvent.
6 – Quelle *(que pour une)* chance ! On dit bien *(oui)* :
7   "Un bon cuisinier est un bon médecin."

12 / Zwölfte Lektion

Remarques de prononciation

(1), (2), (4), (5), (7) Voici l'occasion de vous exercer avec la prononciation du **r** final qui se prononce comme un **a** bref et soufflé, transcrit *[ᵃ]* dans notre paragraphe de prononciation : **wer** *[vè:ᵃ]*, **probier** *[probi:ᵃ]*, **er** *[è:ᵃ]*, **sehr** *[zè:ᵃ]*, **guter** *[**gou**:tᵃ]*.

(4), (7) Dans le groupe **och** *[ocH]*, le **ch** est guttural comme **ach!** : **kocht** *[kocHt]*, **Koch** *[kocH]*.

(7) **Arzt** peut se prononcer avec un **a** bref ou allongé : *[a:rtst]*. Méfiez-vous aussi de l'orthographe ! Même si on prononce *[tst]*, on écrit un seul **t** à la fin. Le premier **t** est inclus dans la prononciation du **z** *[ts]*.

Notes

1 L'article indéfini **ein** s'emploie aussi bien pour le neutre singulier que pour le masculin singulier : **ein gutes Essen**, *un bon repas*, et **ein guter Koch**, *un bon cuisinier* (ph. 7) ; **ein guter Arzt**, *un bon médecin* (ph. 7) → **das Essen** est un nom neutre et **der Koch**, *le cuisinier*, et **der Arzt**, *le médecin*, sont des noms masculins. Dans un groupe nominal indéfini, l'adjectif épithète prend les terminaisons suivantes : **-es** pour le neutre singulier et **-er** pour le masculin singulier. Pour l'instant, nous nous limitons à des groupes nominaux sujets ou attributs du sujet.

2 En allemand, beaucoup de verbes à l'infinitif peuvent être utilisés comme nom/substantif, d'où le terme "infinitif substantivé" : **das Essen**, *le repas*, est dérivé du verbe **essen**, *manger*. Les infinitifs substantivés sont toujours neutres, prennent une majuscule, n'ont pas de pluriel et se traduisent en français par un nom, un infinitif (ou un gérondif)..

3 **wer**, déjà rencontré dans la leçon 2, correspond à *qui* sujet ou attribut du sujet : **Wer ist das?**, *Qui est-ce ?* ; **Wer kocht denn da?**, *Qui est-ce qui cuisine ?*

4 **Probier …!**, *Goûte… !* correspond à l'impératif de la 2ᵉ personne du singulier **du**, *tu*. Pour la grande majorité des verbes, il se forme à partir

***

▶ Übung 1 – Übersetzen Sie bitte!

❶ Er kocht sehr oft. ❷ Mein Mann ist Koch. ❸ Wer ist ein guter Arzt? ❹ Wie schmeckt's? ❺ Ein guter Koch ist ein guter Arzt.

Douzième leçon / 12

du présent de l'indicatif de la 2ᵉ personne du singulier sans le pronom personnel **du**, *tu*, et sans la terminaison **-st** : **probieren**, *goûter* → **du probierst**, *tu goûtes* → **Probier mal!**, *Goûte voir !*

5 La particule modale **mal**, forme abrégée de **einmal**, *une fois*, s'emploie fréquemment dans le langage parlé et se traduit différemment selon le cas, par *voir* dans cet exemple, d'autres fois par *donc*… ou ne se traduit pas.

6 Le verbe **schmecken** s'emploie pour un plat, un aliment et signifie *être bon*, *avoir bon goût*. Souvent, on ajoute **gut**, *bon* ; **sehr gut**, *très bon* ; **nicht gut**, *pas bon*, etc. : **Es schmeckt gut!**, *C'est bon !* Pour savoir si quelqu'un apprécie ce qu'il mange, vous demanderez : **Schmeckt's?**/ **Wie schmeckt's?**, *C'est bon ?* littéralement "goûte ça" / "comment goûte ça", **'s** étant la contraction de **es**, *ce/ça*.

7 **Was für ein(e) …** (littéralement "que pour un(e)"), *Quel(le)…* + nom s'emploie fréquemment pour les exclamations comme **Was für ein Glück!**, *Quelle chance !*

8 **man** correspond au pronom indéfini *on*. En allemand et en français, il se réfère à un sujet indéfini. **Man sagt ja …**, *On dit bien…* Mais contrairement au français, **man** ne s'emploie pas à la place de **wir** : **Was machen wir jetzt?**, *Qu'est-ce qu'on fait maintenant ?* (L11).

9 **ja** n'est pas seulement employé dans le sens de *oui*. Intégré dans une phrase, il sert à renforcer une affirmation ou exclamation et se traduit selon le cas par *bien*, *vraiment* ou *mais* : **Man sagt ja …**, *On dit bien…*

Corrigé de l'exercice 1

❶ Il cuisine très souvent. ❷ Mon mari est cuisinier. ❸ Qui est un bon médecin ? ❹ C'est bon ? ❺ Un bon cuisinier est un bon médecin.

vierzig *[fiːᵃtsiç]* • 40

Übung 2 – Ergänzen Sie bitte!

❶ Tu cuisines souvent ?
 . . . . oft?

❷ Qui cuisine aujourd'hui ?
 . . . . heute?

❸ C'est très bon.
 . . . . sehr gut.

Dreizehnte Lektion *[draï-tsé:ntë lèktsyo:n]*

Alle aufstehen! [1]

1 – **Gu**ten **Mor**gen! [2] Was trinkt ihr zum [3] **Früh**stück?
2 – Ich **trin**ke Tee und **Pie**rre **Ka**ffee [4].
3 – Und was esst [5] ihr?
4 – **Pie**rre isst **we**nig,
5 aber ich **e**sse viel:
6 Brot mit **Bu**tter, **Kä**se und Wurst, Obst.
7 Und nicht zu ver**ge**ssen [6] das **Früh**stücksei!

Prononciation

*alë **aouf**chté:ën **1** **gou:**tën **mor**guën! vass triñkt i:ᵃ tsoum **fru:**-chtuk **2** iç̌h **tri'ñ**kë té: ount **pie**rre **ka**fé **3** ount vass èst i:ᵃ **4** **pie**rre ist **vé:**niç̌h **5** **a:**bᵃ iç̌h èssë fi:l **6** bro:t mit **bou**tᵃ **kè:**zë ount vourst o:pst **7** ount niç̌ht tsou: fèr**guè**ssën dass **fru:**-chtuks-aï*

Remarques de prononciation

(1) Pour le groupe de lettres **ink** du verbe **trinken** prononcez d'abord **tri** puis nasalisez **-nk** et prononcez t → **tri-nk-t**. Il s'agit du même principe que pour les sons **ang**, **ank** ou **ung** étudiés précédemment.

(2) **Der Kaffee**, *le café* (la boisson), se prononce soit en mettant l'accent sur la première syllabe avec un e bref final *[kafé]*, soit avec l'accent sur la deuxième syllabe avec un e légèrement allongé *[kafé:]*.

41 • einundvierzig *[aïn-ount-fi:atsiç̌h]*

❹ Goûte voir !
   .... mal!
❺ Mon mari est un bon cuisinier.
   Mein Mann ist ... . **Koch.**

Corrigé de l'exercice 2
❶ Kochst du – ❷ Wer kocht – ❸ Es schmeckt – ❹ Probier – ❺ – ein guter –

Treizième leçon

Tout le monde debout !
(tout-le-monde [se]-lever)

1 – Bonjour ! *(bon matin)* [Qu'est-ce] que vous buvez *(buvez vous)* au petit-déjeuner *(tôt-morceau)* ?
2 – Je bois [du] thé et Pierre [du] café.
3 – Et [qu'est ce] que vous mangez ?
4 – Pierre mange peu
5   mais [moi] je mange beaucoup :
6   [du] pain avec [du] beurre, [du] fromage et [de la] charcuterie, [des] fruits.
7   Sans oublier *(et pas à oublier)* l'œuf à la coque *(tôt-morceau-œuf)* !

Notes
1 En allemand, un ordre peut aussi s'exprimer avec un verbe à l'infinitif comme **Aufstehen!** littéralement "[se]-lever". Attention ! **aufstehen** n'est pas pronominal contrairement au français *se lever*.

2 **Guten Morgen!** ("bon matin"), *Bonjour !* correspond à **Good morning!** en anglais. Il s'emploie au lever et jusqu'à environ 10 h 30 / 11 h. Notez que **der Morgen** signifie *le matin*.

3 Certains articles sont contractés avec la préposition comme dans le cas de **zum**, *au*, qui est la contraction de **zu dem** ("à le"). Pour le moment, notez juste que l'article défini **dem** est une forme déclinée de **das** : das Frühstück → zum (= zu dem) Frühstück.

4 **der Tee**, **der Kaffee**, **der Käse**, sont du genre masculin, **die Wurst** du genre féminin et attention *les fruits* se traduit soit par un singulier neutre **das Obst**, soit par un pluriel, **die Früchte**. En français, ces noms se construisent fréquemment avec un article partitif (*du*, *de la*, *de l'*, *des*), mais en allemand, ils s'emploient sans article étant donné qu'il n'y a pas d'article partitif. C'est pratique, non ? **Ich trinke Tee und Pierre Kaffee**, *Je bois du thé et Pierre du café* ; **(...) Brot mit Käse und Wurst, Obst**, *du pain avec du fromage et de la charcuterie, des fruits* (ph. 6).

5 Certains verbes ayant un radical en **-e** changent de voyelle à la 2e et 3e personnes du singulier ; le **e** devient **i** ou **ie** : **essen**, *manger* : **ich esse**,

***

Übung 1 – Übersetzen Sie bitte!
① Guten Morgen! Trinkt ihr Kaffee? **②** Was esst ihr zum Frühstück? **③** Er isst Brot mit Käse. **④** Ich trinke Tee. **⑤** Wo ist das Frühstücksei?

***

Übung 2 – Ergänzen Sie bitte!
① Tu bois du café et du thé ?
.... **Kaffee und Tee?**

② Je mange du pain et du fromage.
Ich esse ....

③ Nous mangeons beaucoup.
.... **viel.**

④ Que manges-tu ?
Was ...... ?

⑤ Mange-t-il du fromage au petit-déjeuner ?
Isst er Käse ... . ?

je mange ; **du** i**sst**, *tu manges* ; **er/sie/es isst**, *il/elle mange* ; **wir essen**, *nous mangeons* ; **sehen** *[zé:ën]*, *voir* : **ich sehe**, *je vois* ; **du siehst**, *tu vois* ; **er/sie/es sieht**, *il/elle voit* ; **wir sehen**, *nous voyons*.

6 **zu** + verbe à l'infinitif correspond en français aux prépositions *à/de* + verbe à l'infinitif. Mais dans certains cas, la tournure infinitive française se traduit sans préposition : **Und nicht zu vergessen: …**, *Sans oublier : …*

Corrigé de l'exercice 1
❶ Bonjour ! Vous buvez du café ? ❷ Qu'est-ce que vous mangez au petit-déjeuner ? ❸ Il mange du pain avec du fromage. ❹ Je bois du thé. ❺ Où est l'œuf à la coque ?

***

Corrigé de l'exercice 2
❶ Trinkst du – ❷ – Brot und Käse ❸ Wir essen – ❹ – isst du ❺ – zum Frühstück

Généralement, le petit-déjeuner reste, dans les pays germanophones, un repas à part entière où le sucré côtoie le salé. Concernant le pain, l'Allemagne en compte environ 300 sortes différentes : pain blanc, noir, aux céréales, etc. Vous le trouverez également sous différentes tailles ou formes : pain entier ou tranché, ainsi que **das Brötchen**, *le petit pain incontournable des boulangeries.*

Vierzehnte Lektion [fi:ᵃ-tsé:ntë lèktsyo:n]

Wiederholung – Révision

Vous venez de terminer la deuxième série. Il est temps de faire le point sur ces six dernières leçons. Certains sujets de grammaire sont nouveaux, d'autres viennent compléter des sujets abordés dans la première série. Si besoin est, n'hésitez pas à revenir en arrière pour revoir la leçon de révision de la première série. Comme dit le dicton "Pour bâtir haut, il faut creuser".

1 Introduction à la déclinaison

Un nom + tous les mots qui l'accompagnent (article/déterminant, adjectif qualificatif) et un pronom peuvent avoir différentes fonctions dans une phrase : sujet, complément d'objet direct, complément d'objet indirect ou bien complément du nom. À chacune de ces quatre fonctions correspond un cas et l'ensemble de ces quatre cas forme la déclinaison. Le premier cas s'appelle le nominatif et il correspond à la fonction du sujet et de ses attributs.

2 Les pronoms personnels au nominatif

Voici la liste complète des pronoms personnels au nominatif :
– singulier : **ich**, *je* ; **du**, *tu* ; **er**, *il* ; **sie**, *elle* ; **es** pronom personnel neutre traduit par *il/elle* ;
– pluriel : **wir**, *nous* ; **ihr**, *vous* ; pour tutoyer plusieurs personnes, **sie**, *ils/elles* ;
– forme de politesse : **Sie**, *vous*, s'emploie pour vouvoyer une ou plusieurs personne(s). Le verbe se conjugue comme à la 3ᵉ personne du pluriel.

3 Le groupe nominal au nominatif

Souvenez-vous que :
– le singulier comporte trois genres : **der** le masculin, **die** le féminin et **das** le neutre,
– le pluriel est le même pour les trois genres : **die**.

45 • fünfundvierzig [fu'nf-ount-fi:ᵃtsiçh]

Quatorzième leçon

Notez aussi que :
– les articles indéfinis **ein**, *un* ; **eine**, *une*, n'ont pas de pluriel. Le groupe nominal se construit donc sans article : **Das ist ein schönes Haus**, *C'est une belle maison* ; **Das sind schöne Schlafzimmer**, *Ce sont de belles chambres à coucher*.

Articles	Masculin	Féminin	Neutre	Pluriel
Définis	**der** Garten	**die** Küche	**das** Haus	**die** Schlafzimmer
Indéfinis	**ein** Garten	**eine** Küche	**ein** Haus	**-** Schlafzimmer

Ce tableau se limite à la déclinaison des articles.

4 Le présent de l'indicatif

Cette série introduit la conjugaison à toutes les personnes :
– des verbes réguliers ;
– des verbes avec un changement de voyelle à la 2ᵉ et à la 3ᵉ personnes du singulier : **a → ä** et **e → i/ie** ;
– des verbes réguliers avec un radical se terminant par **-t** : ajout du **e** phonétique. Cette règle vaut aussi pour les verbes dont le radical se termine par **-d** ou plusieurs consonnes comme **-chn** ;
– des verbes avec un radical se terminant par **-ß, -s(s), -(t)z** ;
– des verbes/auxiliaires **sein**, *être*, et **haben**, *avoir*.

	Verbe régulier **lernen**	Verbe en **a → ä** **fahren**	Verbe en **e → i** **essen**	Verbe en **e → ie** **sehen**
ich	lerne	fahre	esse	sehe
du	lernst	fährst	isst	siehst
er, sie, es	lernt	fährt	isst	sieht
wir	lernen	fahren	essen	sehen
ihr	lernt	fahrt	esst	seht

sechsundvierzig [*zèks-ount-fi:ᵃtsiçh*]

sie	lernen	fahren	essen	sehen
Sie	lernen	fahren	essen	sehen

	Verbe avec radical se terminant par -t, -d ou plusieurs consonnes **arbeiten**	Verbe avec radical se terminant par -β, -(s)s, -(t)z **heißen**	Verbe **sein**	Verbe **haben**
ich	arbeite	heiße	bin	habe
du	arbeitest	heißt	bist	hast
er, sie, es	arbeitet	heißt	ist	hat
wir	arbeiten	heißen	sind	haben
ihr	arbeitet	heißt	seid	habt
sie	arbeiten	heißen	sind	haben
Sie	arbeiten	heißen	sind	haben

5 L'impératif : 2ᵉ personne du singulier et vouvoiement

Son usage est le même qu'en français et il reste très proche du présent de l'indicatif. Il se forme généralement comme suit :
• 2ᵉ personne du singulier = se conjugue généralement comme au présent de l'indicatif sans **du** et **-st** (ou **-t** pour les verbes se terminant par **-β**, **-s(s)**, **-(t)z**) :
du probierst, *tu goûtes* → **Probier!**, *Goûte !*
du isst, *tu manges* → **Iss!**, *Mange !*
du arbeitest, *tu travailles* → **Arbeite!**, *Travaille !*
Attention à cette petite irrégularité ! Les verbes en **a** → **ä** perdent le **Umlaut**, *tréma* :
du fährst, *tu vas (en voiture...) / roules* → **Fahr!**, *Va ! / Roule !*
Exception : **du bist**, *tu es* → **Sei!**, *Sois !*
• vouvoiement = on conjugue généralement comme au présent de l'indicatif avec inversion sujet/verbe :
Sie probieren, *vous goûtez* → **Probieren Sie!**, *Goûtez !*
Sie arbeiten, *vous travaillez* → **Arbeiten Sie!**, *Travaillez !*
Sie fahren, *vous allez (en voiture...) / roulez* → **Fahren Sie!**, *Allez ! / Roulez !*
Exception : **Sie sind**, *vous êtes* → **Seien Sie!**, *Soyez !*

6 Le pronom interrogatif *wo* et la préposition de lieu *in*

Le pronom interrogatif **wo** sert à demander où l'on est :
Wo wohnen Sie?, *Où habitez-vous ?*

La préposition **in** répond à la question *où l'on est* pour les lieux géographiques :
Ich wohne in Konstanz, *J'habite à Constance*.

7 Autres pronoms interrogatifs

Vous avez également vu : **wer**, *qui*, au nominatif ; **wie**, *comment* ; **was**, *que/quoi*.

8 Syntaxe d'une phrase simple (= proposition indépendante)

La syntaxe allemande est assez complexe et varie selon le type de phrase. Dans une phrase déclarative simple (sujet + verbe + complément), le verbe conjugué reste toujours en deuxième position ; le sujet est soit en tête de phrase → **Wir kommen sofort**, *Nous venons tout de suite*, soit derrière le verbe conjugué si la phrase débute par un complément → **Endlich seid ihr da!**, *Enfin, vous êtes là !* littéralement "enfin êtes vous là". Il s'agit là d'une différence importante par rapport au français qui requiert au début une certaine gymnastique de l'esprit.
Et maintenant à vous de jouer ! Testez vos nouvelles connaissances acquises avec ce dialogue de révision.

Wiederholungsdialog

1 – Bitte komm herein!
2 – Können wir anfangen?
3 – Nein, Paul kommt etwas später.
4 – Mensch! Was macht er denn?
5 – Er trinkt Kaffee … mit Anastasia.
6 – Mit Anastasia! Was für ein Glück!

15 / Fünfzehnte Lektion

7 Und wir arbeiten.
8 – Hi, da bin ich.
9 Wir können anfangen.
10 – Nein, zu spät.
11 Jetzt bin ich müde.

Traduction

1 Rentre je t'en prie ! **2** Nous pouvons commencer ? **3** Non, Paul va arriver un peu plus tard. **4** Mince ! Que fait-il donc ? **5** Il boit du café... avec Anastasia. **6** Avec Anastasia ! Quelle chance ! **7** Et nous nous travaillons. **8** Salut ! Je suis là. **9** Nous pouvons commencer. **10** Non, trop tard. **11** Maintenant je suis fatigué.

Fünfzehnte Lektion [fu'nf-tsé:ntë lèktsyo:n]

Mist! [1]

1 – Ich **fin**de [2] die **Au**topapiere [3] nicht [4].
2 – Und ich **fin**de den **Haus**schlüssel nicht.
3 – Kein **Wun**der bei der **Un**ordnung [5]!
4 – Stimmt! [6] Lass uns [7] mal [8] **auf**räumen.
5 Ich **räu**me das **Wohn**zimmer auf, und du die **Kü**che.
6 – Okay! ... Mist, ich **ha**be **ei**nen **Te**ller ka**putt** ge**macht**. [9]
7 – Das [10] macht nichts. „**Scher**ben **brin**gen Glück". □

Prononciation

mist **1** *içh* **fi'nd**ë *di:* **aou**to-papi:rë *niçht* **2** *ount içh* **fi'nd**ë *dé:n* **Haous**-chlussël *niçht* **3** *kaïn* **vound**ª *baï dé:ª* **oun**ordnouñg **4** *chtimt! lass ouns mal* **aouf**roïmën **5** *içh* **roïm**ë *dass* **vo:n**-tsimª *aouf ount dou: di:* **kuçh**é **6** *okay! mist içh* **Hab**ë *aïnën* **tèl**ª *ka***pout** *gué***macHt 7** *dass macHt niçhts.* **chèrb**ën *bri'***ñ**guën *gluk*

Übersetzen Sie bitte!

① du isst, er isst, ihr esst ② Paul und sein Bruder ③ Anna und ihre Schwester ④ Bitte kommen Sie herein. ⑤ Alle aufstehen! Es ist spät.

Corrigé

① tu manges, il mange, vous mangez ② Paul et son frère ③ Anna et sa sœur ④ Entrez, je vous en prie. ⑤ Tout le monde debout ! Il est tard.

Quinzième leçon

Zut ! *(fumier)*

1 – Je [ne] trouve [pas] les papiers de la voiture *(auto-papiers pas)*.
2 – Et [moi], je [ne] trouve [pas] la clé de la maison *(maison-clé pas)*.
3 – Pas étonnant *(pas-de miracle)* avec ce *(par le)* désordre !
4 – [C']est juste. Rangeons ! *(laisse nous fois ranger)*
5 Je range le salon *(habiter-chambre)* et toi *(tu)*, la cuisine.
6 – OK !... Zut, j'ai [cassé] une assiette *(cassé)*.
7 – Ce n'est pas grave *(ça fait rien)*. "Vaisselle brisée apporte félicité." *(débris apportent bonheur)*

15 / Fünfzehnte Lektion

Remarques de prononciation

(1), (2), (3) Dans le cas d'une voyelle suivie d'un **n**, on prononce les deux lettres et la voyelle est brève comme dans **finde** *[fi'ndë]* où on entend un **i** bref puis le **n**, ou bien dans **Wunder** *[vou'nd^e]* et **Unordnung** *[ounordnoung]* où on entend un **u** bref prononcé *[ou]* puis le **n**.

(3), (7) Dans le cas d'une voyelle suivie du groupe **ng/nk** n'oubliez pas de nasaliser **ng/nk**, que nous transcrivons ainsi : *[ñg]/[ñk]* (Unordnung *[ounordnouñg]* ; bringen *[briñguën]* ; danke *[dañkë]* (L6)).

(4), (5) Le groupe **äu** se prononce *[oï]* comme dans *langue d'oïl* : **aufräumen** *[aouf-roïmën]* ; räume … auf *[roïmë aouf]*.

(6) Dans le groupe **ell**, le **e** se prononce *[è]* : Teller *[tèl^e]*.

Notes

1 **Mist!** est une exclamation qui s'emploie pour exprimer une mauvaise surprise, une déception, un regret. Elle vient de **der Mist**, *le fumier*, et équivaut à notre *Zut ! / Merde !*

2 **finden** est un verbe régulier prenant un **e** phonétique à la 2ᵉ et à la 3ᵉ personnes du singulier et à la 2ᵉ du pluriel car son radical se termine en **-d** (même conjugaison que **arbeiten**, *travailler*) : ich find**e**, du find**est**, er/sie/es find**et**, wir find**en**, ihr find**et**, sie/Sie find**en**.

3 Cette leçon aborde l'**accusatif**. Il s'agit du deuxième cas de la déclinaison allemande correspondant au complément d'objet direct. En général, les verbes allemands régissant un accusatif correspondent à des verbes français introduisant un complément d'objet direct comme par exemple **etwas finden/aufräumen/kaputt machen/haben**, *trouver/ranger/casser/avoir quelque chose*. Au niveau de la déclinaison, seul le masculin change par rapport au nominatif. Voyons la déclinaison de l'article défini et indéfini : **der**, *le*, devient **den** et **ein**, *un*, devient **einen** : **der Hausschlüssel**, *la clé de la maison* → **Ich finde den Hausschlüssel nicht**, *Je ne trouve pas la clé de la maison* (ph. 2) / **ein Teller**, *une assiette* → **Ich habe einen Teller kaputt gemacht**, *J'ai cassé une assiette* (ph. 6). Le neutre, le féminin et le pluriel sont identiques au nominatif : **das Wohnzimmer** (n.), *le salon* ; **die Küche** (f.), *la cuisine* → **Ich räume das Wohnzimmer auf, und du die Küche** (ph. 5) ; **die Autopapiere** (pl.), *les papiers de voiture* → **Ich finde die Autopapiere nicht** ; **eine Tasse** (f.), *une tasse* ; **ein Glas** (n.), *un verre* → **Ich habe eine Tasse** *[tassë]* **und ein Glas** *[gla:ss]* **kaputt gemacht**.

4 En allemand, il existe deux négations.
1) La négation **nicht**, *ne… pas*, est la négation principale. Sa place varie

au sein de la phrase. Pour l'instant, notez la construction de la structure négative sujet + verbe conjugué + complément d'objet + nicht : **Ich finde die Autopapiere** nicht ; **Und ich finde den Hausschlüssel** nicht.
2) La négation **kein**, *(ne) pas (de)*, s'emploie pour nier un groupe nominal sans article (nous y reviendrons) ou avec l'article indéfini : **(Es ist) ein Wunder**, *(C'est) un miracle* → **(Es ist)** Kein **Wunder bei der Unordnung**, *Pas étonnant avec ce désordre* ("(ce-est) pas-de miracle par le désordre") ; **Ich habe einen Teller kaputt gemacht** (ph. 6) → **Ich habe** keinen **Teller kaputt gemacht**, *Je n'ai pas cassé d'assiette*. Contrairement à **nicht**, la négation **kein** est déclinable. Elle se décline comme l'article indéfini (voir exemples précédents) et comporte aussi une forme plurielle : **keine** au nominatif et à l'accusatif pluriel → **Es sind** keine **Ferien**, *Ce ne sont pas des vacances* ; **Ich habe** keine **Papiere**, *Je n'ai pas de papiers*.

5 • **bei der Unordnung**, *avec ce désordre*, est un datif, troisième cas de la déclinaison que nous aborderons un peu plus tard. Par ailleurs, notez que l'article défini (ici **der**) peut avoir la valeur d'un démonstratif.
• **die Ordnung** signifie *l'ordre*, et **die Unordnung**, *le désordre*. Le préfixe **un-** s'emploie souvent pour exprimer le contraire. Voici d'autres exemples : **das Glück**, *la chance*, et **das Unglück**, *la malchance* ; **glücklich**, *heureux*, et **unglücklich**, *malheureux*. Notez aussi que les noms qui se terminent en **-ung** sont tous féminins.

6 **Stimmt!** correspond à la 3e personne du singulier du verbe **stimmen** au présent de l'indicatif et se traduit par *être juste/vrai*. On dit aussi **Es stimmt!** ou **Das stimmt!**

7 • **Lass uns aufräumen!** ("laisse nous ranger"), *Rangeons !* Dans cette tournure impérative, le pronom personnel **uns**, *nous*, correspond à l'accusatif de **wir** ; il est régi par le verbe **lassen**, *laisser*.
• **Lass uns …!**, *Laisse-nous… !* / **Lasst uns …!**, *Laissez-nous… !* (*vous* de tutoiement) + verbe à l'infinitif en fin de phrase. Cette tournure s'emploie fréquemment pour exprimer l'impératif à la 1re personne du pluriel. Voici d'autres exemples : **Lasst uns gehen!**, *Allons-y !* ; **Lass uns essen!**, *Mangeons !*, littéralement "laissez nous aller !, laisse nous manger !". L'impératif de la 1re personne du pluriel peut également se former en inversant le sujet avec le verbe au présent de l'indicatif : **wir sagen**, *nous disons* → **Sagen wir!**, *Disons !* Exception : **wir sind**, *nous sommes* → **Seien wir!**, *Soyons !*

15 / Fünfzehnte Lektion

- Notez aussi cet autre exemple avec le verbe **lassen** à l'impératif et que vous aurez souvent l'occasion d'employer : **Lass mich (mal) ...!**, *Laisse-moi... !* / **Lasst mich (mal) ... !**, *Laissez-moi... !* ; le pronom personnel **mich**, *me/moi*, correspond à l'accusatif de **ich** : **Lass mich mal machen!**, *Laisse-moi faire !* ; **Lasst mich schlafen!**, *Laissez-moi dormir !*

8 Voici un autre exemple avec **mal**, *fois*. Dans cette phrase, il est purement "ornemental" et ne se traduit pas.

9 **Mist, ich habe einen Teller kaputt gemacht**, *Zut, j'ai cassé une assiette*. Cette phrase est au parfait, qui équivaut au passé composé en français, et vous noterez que le participe passé **kaputt gemacht** est placé en fin de phrase.

***

Übung 1 – Übersetzen Sie bitte!
❶ Wir finden den Hausschlüssel nicht. ❷ Kein Wunder! ❸ Wir räumen auf. ❹ Lass uns aufräumen! ❺ Ich habe den Teller kaputt gemacht.

***

Übung 2 – Ergänzen Sie bitte!
❶ Je ne trouve pas l'assiette.
   Ich finde .... nicht.

❷ J'ai cassé un verre.
   Ich habe .... kaputt gemacht.

❸ Tu ranges la cuisine.
   Du räumst .... auf.

❹ Ce n'est pas grave !
   Das ..... nichts!

❺ Vaisselle brisée apporte félicité.
   Scherben .... Glück.

10 L'article **das** peut être employé dans le langage parlé comme pronom impersonnel et équivaut à *ça*. Comparé au pronom impersonnel **es**, *ce/ça*, il marque une certaine insistance : **Das macht nichts**, *Ça ne fait rien*.

Corrigé de l'exercice 1
❶ Nous ne trouvons pas la clé de la maison. ❷ Pas étonnant ! ❸ Nous rangeons. ❹ Rangeons ! ❺ J'ai cassé l'assiette.

***

Corrigé de l'exercice 2
❶ – den Teller – ❷ – ein Glas – ❸ – die Küche – ❹ – macht – ❺ – bringen –

Le proverbe allemand **Scherben bringen Glück**, Vaisselle brisée apporte félicité, *se dit lorsque l'on casse involontairement du verre ou de la porcelaine. Il s'emploie assez fréquemment et serait, d'après plusieurs sources, à l'origine du* **Polterabend**, *veille des noces (traduit quelquefois "soirée polter"), une fête qui remonte à d'anciennes coutumes germaniques païennes et que les futurs mariés célèbrent la veille de leur mariage. Selon la tradition, les invités arrivent avec de la vaisselle qu'ils brisent au cours de la soirée. À l'origine, le bruit occasionné par la vaisselle brisée avait pour but d'effrayer et de chasser les mauvais esprits. Notez que* **poltern** *signifie* faire du vacarme *ou encore* **das Poltern** *signifie* le vacarme.

Sechzehnte Lektion [zèch-tsé:ntë lèktsyo:n]

Seid ihr sicher,

1 – ihr kennt ¹ den Weg?
2 – Ja, es ist ganz **ein**fach.
3 Wir **ge**hen **i**mmer gerade**aus**.
4 – Nein! Wir **mü**ssen ² nach links.
5 – Quatsch! Wir **mü**ssen nach rechts.
6 – Na ³, so **ein**fach ist es doch nicht! ⁴
7 Wa**r**um ⁵ **fra**gen wir nicht den Herrn ⁶ da?

Prononciation
zaït i:ᵃ **zi**çhᵃ **1** i:ᵃ kènt dé:n vé:k **2** ya: èss ist ga'nts **aïn**facH **3** vi:ᵃ **gué:**ën imᵃ guéra:de-**aouss** **4** naïn! vi:ᵃ **mu**ssën na:cH liñks **5** kvatch! vi:ᵃ **mu**ssën na:cH rèchts **6** na: zo: **aïn**facH ist èss docH niçht **7** va**roum fra:**guën vi:ᵃ niçht dé:n Hèᵃn da:

Remarques de prononciation
(Titre), (2), (4) N'oubliez pas que la diphtongue **ei** se prononce *[aï]* ou comme *ail* en français. Voici des exemples tirés du dialogue : **seid** *[zaït]*, **einfach** *[aïnfacH]*, **nein** *[naïn]*.
(5) Dans le groupe **qu** *[kv]*, le **u** se prononce comme un *[v]* : **Quatsch** *[kvatch]*.

Notes

1 Parmi les verbes régissant un accusatif, notez **kennen**, *connaître* + COD en français : **der Weg**, *le chemin* → **Kennt ihr den Weg?**, *Vous connaissez le chemin ?*

2 **müssen**, *devoir*, est un verbe de modalité qui sert à exprimer un ordre, une obligation, *il faut*, en français. Aussi bien en allemand qu'en français, un verbe de modalité régit généralement un infinitif. Mais dans

Seizième leçon

Vous êtes *(êtes vous)* **sûrs,**

1 – vous connaissez le chemin ?
2 – Oui, c'est très *(complètement)* simple.
3   Nous allons toujours tout droit *(tout-droit)*.
4 – Non, nous devons [aller] à gauche.
5 – N'importe quoi *(bêtise)* ! Nous devons [aller] à droite.
6 – Ben, ce [n']est quand même pas si simple *(si simple est ce quand-même pas)* !
7   Pourquoi [ne] demandons-nous pas au monsieur *(le monsieur)* là [-bas] ?

le cas où l'infinitif est facilement interprétable/déductible, l'allemand emploie le verbe de modalité tout seul comme dans la phrase **Wir müssen nach links/rechts** (ph. 4-5), sous-entendu **gehen**, *aller*, *Nous devons aller à gauche/droite*. Notez que **müssen** a une conjugaison irrégulière au singulier : changement de radical et pas de terminaison à la 1re et 3e personnes du singulier. Au pluriel, il se conjugue comme un verbe régulier : **ich muss, du musst, er/sie/es muss, wir müssen, ihr müsst, sie/Sie müssen**.

3 **na** est une interjection qui exprime une émotion (joie, doute, énervement…) par rapport à quelque chose de vécu, dit ou pensé. Selon le contexte, elle se traduit par *ben*, *eh bien*, *alors*.

4 La syntaxe allemande vous réservera plusieurs petites surprises et il est important que vous vous habituiez à ses constructions quelque peu étranges pour un francophone et surtout pour un débutant. Voyons la phrase suivante : **Na, so einfach ist es doch nicht**, littéralement "ben, si simple est ce quand-même pas". Dans la phrase allemande, l'information/l'élément sur laquelle/lequel porte l'accent est souvent en tête de phrase comme ici **so einfach**, *aussi simple*. Et n'oubliez pas que dans ce cas, le sujet passe derrière le verbe conjugué.

5 Voici un nouveau pronom interrogatif, **warum**, qui équivaut en français à *pourquoi*.

6 • Attention ! Le verbe **fragen**, *demander à*, régit un accusatif en allemand mais un complément d'objet indirect en français : **Warum fragen wir nicht den Herrn da?**, *Pourquoi ne demandons-nous pas au monsieur là-bas ?*

• En général, les noms ne prennent pas de marque à l'accusatif. Toutefois, certains masculins prennent un **-n** (ou **-en** pour des raisons phonétiques). Cette règle concerne, entre autres, les noms se terminant par **-e** ainsi que le terme **der Herr** : **der Name**, *le nom* → **Kennst du den Namen?**, *Connais-tu le nom ?* ; **der Herr**, *le monsieur* → **Ich frage mal den Herrn**, *Je vais demander au monsieur* ("je demande fois le monsieur").

***

Übung 1 – Übersetzen Sie bitte!

❶ Ich muss nach rechts. ❷ Wir müssen nach links. ❸ Gehen Sie immer geradeaus. ❹ Der Herr kennt den Weg. ❺ Warum fragen wir nicht?

***

Übung 2 – Ergänzen Sie bitte!

❶ Je connais le chemin.
Ich kenne . . . .

❷ Vous allez toujours tout droit.
Sie gehen . . . .

❸ Nous demandons au monsieur.
Wir fragen . . . .

❹ Tu connais le monsieur ?
. . . . den Herrn?

❺ C'est très facile.
Es ist . . . .

Seizième leçon / 16

***

Corrigé de l'exercice 1
❶ Je dois aller à droite. ❷ Nous devons aller à gauche. ❸ Allez toujours tout droit. ❹ Le monsieur connaît le chemin. ❺ Pourquoi ne demandons-nous pas ?

***

Corrigé de l'exercice 2
❶ – den Weg ❷ – immer geradeaus ❸ – den Herrn ❹ Kennst du – ❺ – ganz einfach

Au sujet de la syntaxe allemande, ne vous découragez pas si certaines tournures de phrases vous semblent compliquées, voire très compliquées. Au début, lorsque vous prendrez la parole, faites au plus simple : sujet + verbe + complément, et quand vous serez à l'aise avec le vocabulaire et les règles de grammaire à employer, n'hésitez pas à débuter votre phrase avec un complément de temps sans oublier l'inversion sujet/verbe conjugué. Peu à peu, vous vous habituerez à cette gymnastique d'esprit et vous pourrez alors vous aventurer dans des constructions du genre **Na, so einfach ist es doch nicht.** *Mais pour l'instant, ce n'est pas la priorité.*

Siebzehnte Lektion [zi:p-tsé:ntë lèktsyo:n]

Hallo!

1 – Ich **hö**re Sie [1] schlecht.
2 – Und jetzt? **Hö**ren Sie mich **be**sser?
3 – Ja, es geht. Wen [2] **möch**ten Sie **spre**chen? [3]
4 – Herrn Schmidt, Schmidt mit d t.
5 – Herr Schmidt ist **lei**der nicht da,
6 **a**ber Sie **kö**nnen ihn auf **sei**nem **Han**dy **an**rufen. [4]
7 – Wie ist [5] **sei**ne **Han**dynummer?
8 Ha**l**lo? ... Ha**l**loo? Ich **hö**re nichts.

Prononciation
*Halo 1 içh **Heu**:rë zi: chlèçht 2 ount yètst? **Heu**:rën zi: miçh **bè**ssᵃ 3 ya: èss gué:t. vé:n **meuçh**tën zi: **chprè**çhën 4 Hèᵃn chmit chmit mit dé té 5 Hèᵃ chmit ist laïdᵃ niçht da: 6 a:bᵃ zi: **keu**nën i:n aouf zaïnëm **Hèn**di a'**nr**ou:fën 7 vi: ist zaïnë **Hèn**di-noumᵃ 8 Halo? Haloo? içh **Heu**:rë niçhts*

Remarque de prononciation
(1), (2), (3), (6) Voici l'occasion de pratiquer le son ö qui se prononce *[eu]* ou *[eu:]* lorsqu'il est allongé : höre *[heu:rë]*, hören *[heu:rën]*, möchten *[meuçHtën]*, et können *[keunën]*.
(6), (7) Le mot Handy, *téléphone mobile*, se prononce à l'anglaise, *[Hèndi]*, bien que ce ne soit pas un terme emprunté à l'anglais.

Notes
1 Cette leçon introduit les pronoms personnels à l'accusatif. Ils se déclinent comme suit : mich *[miçh]*, *me* ; dich *[diçh]*, *te* ; ihn *[i:n]*, *le* ; sie *[zi:]*, *la* ; es *[èss]*, *le/la* ; uns *[ouns]*, *nous* ; euch *[oïçH]*, *vous* ; sie *[zi:]*, *les* ; Sie *[zi:]*, *vous* (politesse) : Ich höre Sie schlecht, *Je vous entends mal* ; Hören Sie mich besser?, *Vous m'entendez mieux ?* (ph. 2) ; Sie können ihn auf seinem Handy anrufen, *Vous pouvez l'appeler sur son portable*

Dix-septième leçon

Allô !

1 – Je vous entends *(entends vous)* mal.
2 – Et maintenant ? Vous m'entendez mieux ? *(entendez vous me mieux)*
3 – Oui, ça va. [À] qui souhaitez-vous parler ?
4 – [À] monsieur Schmidt, Schmidt avec d t.
5 – Monsieur Schmidt [n']est malheureusement pas là,
6 mais vous pouvez l'appeler sur son portable *(le sur son portable appeler)*.
7 – Quel *(comment)* est son numéro de portable *(portable-numéro)* ?
8 Allô ?... Allôô ? Je [n']entends rien.

(ph. 6). Vous remarquerez que le pronom personnel se place derrière le groupe sujet/verbe conjugué et non entre le sujet et le verbe conjugué comme cela peut être le cas en français.

2 Le pronom interrogatif **wen**, *qui*, correspond à l'accusatif : **Wen möchten Sie sprechen?**, *[À] qui aimeriez-vous parler ?* Dans cet exemple, l'accusatif est régi par le verbe **sprechen**, *parler*. Attention ! En français, *parler* régit un complément d'objet indirect *parler à*. Toutefois, **sprechen** se construit souvent avec la préposition **mit** et se traduit par *parler à/avec*. Nous y reviendrons par la suite.

3 Le forme conjuguée **möcht-** correspond au subjonctif II présent (= conditionnel présent en français) ; **mögen** est la forme infinitive. Il s'agit d'un verbe particulier avec plusieurs fonctions et significations possibles. Employé au subjonctif II présent, il a souvent la valeur d'un verbe de modalité et exprime un souhait. Il se traduit par *souhaiter* au présent ou au conditionnel ou encore *aimer* ou *vouloir* au conditionnel : **Wen möchten Sie sprechen?**, *À qui souhaitez/souhaiteriez-vous parler ?* Vous observerez que l'infinitif est en fin de phrase/proposition. Cette règle vaut pour tous les infinitifs régis par un verbe de modalité. Mémorisez

sechzig *[zèchtsiçh]* • 60

bien la conjugaison au subjonctif II présent : **ich möchte, du möchtest, er/sie/es möchte, wir möchten, ihr möchtet, sie/Sie möchten**.

4 **können** est également un verbe de modalité qui exprime plusieurs nuances. Ici, il exprime la possibilité et se traduit par *pouvoir* : *... Sie können ihn auf seinem Handy anrufen/erreichen [èraïçHën], ...vous pouvez l'appeler / le joindre sur son portable*. Là aussi vous remarquerez que l'infinitif est en fin de phrase/proposition. Au présent de l'indicatif, **können** suit la même conjugaison que **müssen** : changement de radical au singulier, pas de terminaison pour les 1re et 3e personnes du singulier et un pluriel régulier : **ich kann, du kannst, er/sie/es kann, wir können, ihr könnt, sie/Sie können**.

• Le possessif **seinem** est un datif. Ce point sera abordé par la suite.

5 **Wie ist …?** littéralement "comment est…" traduit souvent la tournure française *Quel(le) est…* ? : **Wie ist seine Handynummer?**, *Quel est son numéro de portable ?* ; **Wie ist seine Telefonnummer** *[téléfo:n-noumª]*?,

***

Übung 1 – Übersetzen Sie bitte!

❶ Hören Sie mich? ❷ Ich höre ihn schlecht. ❸ Wen möchten Sie sprechen? ❹ Du kannst ihn auf seinem Handy erreichen. ❺ Wie ist seine Telefonnummer?

***

Übung 2 – Ergänzen Sie bitte!

❶ Vous m'entendez mieux ?
   Hören Sie …. ……?

❷ Oui, ça va.
   Ja, ...

❸ Quel est son numéro de portable ? (deux verbes possibles)
   Wie … / …… seine Handynummer?

❹ Il n'est malheureusement pas là.
   Er ist ………. …. da.

❺ Je vous entends mal.
   Ich ……. … schlecht.

Dix-septième leçon / 17

Quel est son numéro de téléphone ? ; **Wie ist dein Name?**, *Quel est ton nom ?* (L8). Pour demander le numéro de téléphone, on dit aussi : **Wie lautet seine Handynummer/Telefonnummer?**, *Quel est son numéro de portable/téléphone ?* Notez bien que **die Handynummer** et **die Telefonnummer** sont féminins et forment leur pluriel en **-n** : die Handynummer**n** und die Telefonnummer**n**.

Corrigé de l'exercice 1
❶ Vous m'entendez ? ❷ Je l'entends mal. ❸ À qui souhaitez-vous parler ? ❹ Tu peux l'appeler sur son portable. ❺ Quel est son numéro de téléphone ?

***

Corrigé de l'exercice 2
❶ – mich besser ❷ – es geht ❸ – ist/lautet – ❹ – leider nicht – ❺ – höre Sie –

*Avec **Müller** et **Meier**, **Schmidt/tt** est le nom de famille le plus courant en Allemagne. Concernant ses deux orthographes, avec une terminaison soit en **-dt** soit en **-tt**, il existe une théorie selon laquelle l'orthographe dépend de la confession. La terminaison **-dt** aurait été attribuée aux catholiques alors que la terminaison **-tt** aurait été attribuée aux protestants. Cette théorie est néanmoins assez controversée.*

Achtzehnte Lektion [acHt-tsé:ntë lèktsyo:n]

Gesund essen [1]

1 – Was darf [2] es für Sie [3] sein?
2 – Wir **möch**ten [4] 2 (zwei) [5] **Ki**lo [6] **Äp**fel, 2 **Ki**lo **Bir**nen,
3   und was **kos**ten [7] die **Kir**schen?
4 – 5 (fünf) **Eu**ro das **Ki**lo. Pro**bie**ren Sie mal!
5 – Mmh! **Ge**ben Sie mir [8] **bi**tte zwei **Ki**lo **Kir**schen.
6   Und **ge**ben Sie mir **bi**tte auch O**ran**gen.
7 – **Kir**schen, **Äp**fel, **Bir**nen, O**ran**gen!
8   Was **wo**llen [9] wir mit so viel Obst **ma**chen?
9 – Ge**sund e**ssen! Das ist mein **Vor**satz für das **neu**e Jahr.

Prononciation
gué**zount è**ssën 1 vass darf èss fu:ª zi: zaïn 2 vi:ª**meuçh**tën tsvaï **ki**lo **è**pfël tsvaï **ki**lo **bir**nën 3 ount vass **kos**tën di: **kir**chën 4 fu'nf **oï**ro dass **ki**lo. pro**bi:**rën zi: ma:l 5 mh! **gué:**bën zi: mi:ª **bi**të tsvaï **ki**lo **kir**chën 6 ount **gué:**bën zi: mi:ª **bi**të aoucH o**ran**gën 7 **kir**chën **è**pfël **bir**nën o**ran**gën 8 vass **vo**lën vi:ª mit zo: fi:l o:pst **ma**cHën 9 gué**zount è**ssën! dass ist maïn **fo:ª**-zats fu:ª dass **noï**ë ya:ª

Remarque de prononciation
(6) Le mot Orange *[orangë]* se prononce presque comme *orange* en français, excepté qu'en allemand, on entend le *e* final prononcé : *[ë]*.

Notes

1 Rappel ! Dans un groupe nominal infinitif, on indique d'abord le(s) complément(s) puis l'infinitif : **gesund essen** ("sain/sainement manger"), *manger sain/sainement* ; **Deutsch lernen** ("allemand apprendre"), *apprendre l'allemand*.

2 Retenez bien la tournure idiomatique **Was darf es für Sie sein?**, *Qu'est-ce que ce sera pour vous ?* Nous reviendrons par la suite sur l'emploi et

Dix-huitième leçon

Manger sainement *(sain manger)*

1 – Qu'est-ce que ce sera pour vous ? *(que peut ça pour vous être)*
2 – Nous aimerions 2 kilos [de] pommes, 2 kilos [de] poires
3 et combien *(que)* coûtent les cerises ?
4 – 5 euros le kilo. Goûtez voir *(vous fois)* !
5 – Mmm ! Donnez *(donnez vous)*-moi s'il vous plaît *(s'il-vous-plaît)* 2 kilos [de] cerises.
6 Et donnez *(donnez vous)*-moi s'il vous plaît *(s'il-vous-plaît)* aussi [des] oranges.
7 – [Des] cerises, [des] pommes, [des] poires, [des] oranges !
8 Qu'allons-nous faire de tous ces fruits ? *(que voulons nous avec si beaucoup fruits faire)*
9 – Manger sainement ! *(sain manger)* C'est ma résolution pour la nouvelle année.

---

la conjugaison de **dürfen**, verbe de modalité signifiant *pouvoir/avoir le droit* mais dans ce cas précis, il perd son sens propre.

3 Jusqu'ici, nous avons vu que l'accusatif correspondait au complément d'objet direct. Toutefois, l'accusatif peut aussi être régi par une préposition, par exemple **für**, *pour* : **Was darf es für Sie sein?** → **Sie** = *vous* de politesse à l'accusatif. **Das ist mein Vorsatz für das neue Jahr** → **das neue Jahr** = accusatif neutre (ph. 9) ; **Ich mache es für dich**, *Je fais ça pour toi* → **dich** = accusatif du pronom personnel **du**, *tu*. Parmi les prépositions régissant l'accusatif, notez aussi **durch**, *à travers/par* ; **gegen**, *contre* ; **ohne**, *sans* ; **um**, *autour de* : **Er ist gegen mich**, *Il est contre moi* → **mich** = accusatif du pronom personnel **ich**, *je*.

4 **Wir möchten 2 Kilo Birnen**, *Nous aimerions 2 kilos de poires*. Voici un exemple avec **möchten** employé comme verbe principal. La seule différence par rapport à sa fonction de verbe de modalité est qu'il ne régit pas d'infinitif.

5 Les chiffres et nombres de **1** à **12** sont à mémoriser ; ils sont la base sur laquelle se forment les autres nombres : **eins** *[aïns]*, *un* ; **zwei** *[tsvaï]*, *deux* ; **drei** *[draï]*, *trois* ; **vier** *[fi:ª]*, *quatre* ; **fünf** *[fu'nf]*, *cinq* ; **sechs** *[zèks]*, *six* ; **sieben** *[zi:bën]*, *sept* ; **acht** *[acHt]*, *huit* ; **neun** *[noïn]*, *neuf* ; **zehn** *[tsé:n]*, *dix* ; **elf** *[èlf]*, *onze* ; **zwölf** *[tsveulf]*, *douze* ; **null** *[noul]* signifie *zéro*. Notez que vous pouvez apprendre et réviser les chiffres et les nombres en allemand grâce aux numéros de pages. N'hésitez pas y jeter un œil de temps en temps. *N.B.* Les chiffres/nombres sont féminins en allemands, ex. : **die Eins**, *le un* ; **die Fünf**, *le cinq*.

6 Les unités de mesure ne prennent pas de marque plurielle lorsqu'elles sont précédées d'un chiffre/nombre : **2 Kilo**, *2 kilos*, et **5 Euro**, *5 euros* (ph. 4).

7 Le verbe **kosten** signifie *coûter*. Pour demander le prix, vous avez le choix entre les deux tournures suivantes : **Was kostet** + sujet au singulier / **Was kosten** + sujet au pluriel… ou bien **Wie viel kostet** + sujet au singulier / **Wie viel kosten** + sujet au pluriel… ? ; **wie viel**, *combien*,

***

Übung 1 – Übersetzen Sie bitte!

❶ Wir möchten Obst. ❷ Wir essen gesund. ❸ Geben Sie mir bitte 2 Kilo Äpfel. ❹ Ich möchte auch Kirschen. ❺ Wie viel kosten die Birnen?

***

Übung 2 – Ergänzen Sie bitte!

❶ Combien coûte un kilo de cerises ?
Was ………… … Kirschen?

❷ J'aimerais un kilo de poires.
Ich …… ein Kilo ……. .

❸ Qu'est-ce que ce sera pour vous ?
Was darf es …… sein?

❹ Donnez-moi des pommes, s'il vous plaît.
……… … mir bitte Äpfel.

❺ C'est pour la nouvelle année.
Das ist … … … … … . …….

Dix-huitième leçon / 18

signifie littéralement "comment beaucoup" → **Was/Wie viel kostet ein Kilo Kirschen?**, *Combien coûte un kilo de cerises ?* ; **Was/Wie viel kosten die Kirschen?**, *Combien coûtent les cerises ?*

8 • **mir**, *à moi*, est un complément d'objet indirect et correspond au datif : **Geben Sie mir bitte …**, *Donnez-moi s'il vous plaît…* Dans cet exemple, il est introduit par le verbe **geben**, *donner*. Nous reviendrons par la suite plus en détails sur le datif.
• **geben** fait partie des verbes avec changement de voyelle aux 2ᵉ et 3ᵉ personnes du singulier du présent de l'indicatif. Le **e** devient **i** : **ich gebe, du gibst, er/sie/es gibt, wir geben**…

9 **wollen**, *vouloir*, est un verbe de modalité qui s'emploie également pour exprimer le futur. Cet emploi se traduit en français par le futur proche : **Was wollen wir mit so viel Obst machen?**, *Qu'allons-nous faire avec autant de fruits ?* Il suit la même conjugaison que les verbes de modalité **müssen**, *devoir*, et **können**, *pouvoir* (*cf.* L16, N2 et L17, N4) : **ich will, du willst, er/sie/es will, wir wollen, ihr wollt, sie/Sie wollen**.

***

Corrigé de l'exercice 1
❶ Nous aimerions des fruits. ❷ Nous mangeons sainement. ❸ Donnez-moi 2 kilos de pommes s'il vous plaît ! ❹ J'aimerais aussi des cerises. ❺ Combien coûtent les poires ?

***

Corrigé de l'exercice 2
❶ – kostet ein Kilo – ❷ – möchte – Birnen ❸ – für Sie – ❹ Geben Sie – ❺ – für das neue Jahr

Vous venez de voir plusieurs leçons abordant l'accusatif. Les déclinaisons sont un point de grammaire complexe mais pas aussi difficile que l'on prétend. Voici deux conseils : premièrement, il est important de les apprendre par cœur ainsi que les exceptions et les listes de prépositions ; deuxièmement, n'hésitez pas à tirer certains parallèles avec le français. Pour le français, on ne parle certes pas de déclinaisons, mais les pronoms personnels changent aussi selon la fonction qu'ils occupent dans la phrase : **je** *s'emploie pour le sujet,* **me** *pour le complément d'objet direct etc. Ceci peut aider à mieux appréhender le sujet.*

19

Neunzehnte Lektion [noïn-tsé:ntë lèktsyo:n]

Wie spät ist es? [1]

1 – Schlaft [2] **end**lich!
2   Es ist schon elf Uhr [3],
3   und **mor**gen müsst ihr um halb sechs **auf**stehen [4].
4 – Wir sind **a**ber nicht **mü**de [5].
5 – Dann zählt doch **Schäf**chen [6]! Das macht **mü**de.
6 – O**k**ay, wir ver**su**chen's! Eins, zwei ... **drei**zehn ... **zwan**zig ...
7   **neun**undzwanzig, **drei**ßig, **ein**unddreißig ... **neun**undneunzig [7] ... Jetzt ... bin ich aber ... **mü**de ...
8 – Ich auch ... **G**ute Nacht. □

Prononciation
vi: chpè:t ist èss **1** chla:ft **ènt**lich **2** èss ist cho:n èlf ou:ᵃ **3** ount **mor**guën must i:ᵃ oum Halp zèks **aouf**chté:ën **4** vi:ᵃ zi'nt **a**:bᵃ niçht **mu**:dë **5** da'n tsè:lt docH **chè**:fçhën! dass macHt **mu**:dë **6** okay vi:ᵃ fè**r**zou:cHën's! aïns tsvaï **draï**-tsé:n **tsva'n**tsiçh **7** **noïn**-ount-tsva'ntsiçh **draï**ssiçh aïn-ount-draïssiçh **noïn**-ount-noïntsiçh yètst bi'n içh **a**:bᵃ **mu**:dë **8** içh aoucH **g**ou:të nacHt

Remarques de prononciation
(6) À l'oral, **es** est souvent contracté en **'s**. Prononcez-le comme s'il faisait partie du mot qui le précède : **wir versuchen es → wir versuchen's** [vi:ᵃ fèr**zou**:cHën's].
(6), (7) Le final **-ig** se prononce comme **ich** [içh]. Ce son se prononce chuinté, comme si vous souriiez. Entraînez-vous avec les dizaines et ne désespérez pas si le résultat n'est pas toujours très probant. Il s'agit là d'un son qui n'existe pas en français. Il part de la gorge et le fond de la langue se soulève légèrement pour toucher le palais : **zwanzig** [tsva'ntsiçh], **dreißig** [draïssiçh], **neunzig** [noïntsiçh].

Dix-neuvième leçon

Quelle heure *(comment tard)* est-il ?

1 – Dormez enfin !
2 Il est déjà 11 heures
3 et demain vous vous levez à cinq heures et demie *(devez vous à demi six lever)*.
4 – Mais nous [ne] sommes *(nous sommes mais)* pas fatigués.
5 – Dans ce cas *(alors)*, comptez donc [les] moutons *(petits-moutons)*. Ça fatigue *(fait fatigué)*.
6 – Ok, on essaye *(nous essayons ce)* ! 1, 2... 13 *(trois-dix)*... 20...
7 29 *(neuf-et-vingt)*, 30, 31 *(un-et-trente)*... 99 *(neuf-et-quatre-vingt-dix)*... Maintenant... je suis vraiment *(suis-je mais)*... fatiguée...
8 – Moi *(je)* aussi... Bonne nuit.

Notes

1 Wie spät ist es?, *Quelle heure est-il ?*, se traduit littéralement "comment tard est il". Vous aurez peut-être constaté que de nombreuses phrases interrogatives concernant la mesure se construisent avec **wie**, *comment* + adjectif de mesure : **Wie alt sind Sie?**, *Quel âge avez-vous ?* (L10), littéralement "comment âgé/vieux..." ; **Wie viel kostet es?**, *Combien ça coûte ?* (L18), littéralement "comment beaucoup coûte ça ?". Pour demander l'heure, vous pouvez aussi poser la question : **Wie viel Uhr ist es?** littéralement "comment beaucoup heure est il ?".

2 Pour former l'impératif de la 2e personne du pluriel, il suffit de conjuguer le verbe au présent de l'indicatif et de supprimer le pronom personnel **ihr** : **schlafen**, *dormir* → ihr schlaft, *vous dormez* → **Schlaft endlich!**, *Dormez enfin !* ; **zählen**, *compter* → ihr zählt, *vous comptez* → **Zählt doch Schäfchen!**, *Comptez donc les moutons !* (ph. 5). Exception : **sein**, *être* → **Seid!**, *Soyez !* Par ailleurs, **schlafen** fait partie des verbes avec changement de voyelle. Aux 2e et 3e personnes du singulier du présent de l'indicatif, le **a** devient **ä** : ich schlafe, du schl**ä**fst, er/sie/es schl**ä**ft, wir schlafen…

3 • Dans un premier temps, voyons comment indiquer les heures entières et la demie. On indique l'heure avec les chiffres/nombres de **1** à **12**, sauf pour les horaires officiels (train…). **Es ist** … équivaut à *Il est*… et **um** à *à*. Pour indiquer les heures entières, on donne le chiffre/nombre et on ajoute éventuellement le mot **Uhr**, *heure(s)* : **Es ist schon 11 (elf).**/ **Es ist schon 11 (elf) Uhr**, *Il est déjà 11 heures*. Jusque là pas de problème, mais attention à la demie : *et demie* se dit **halb** et on anticipe sur l'heure à venir ; on n'ajoute pas le mot **Uhr**, *heure(s)* : **um halb sechs**, *à cinq heures et demie* (ph. 3) littéralement "demi six" ; **Es ist halb drei**, *Il est deux heures et demie* littéralement "il est demi trois" ; **um halb vier**, *à trois heures et demie* littéralement "à demi quatre".

• Il y a *heure* et *heure* ! L'anglais fait la même distinction que l'allemand. **Uhr**, *heure(s)*, ne s'emploie que pour indiquer l'heure, plus exactement les heures entières, et équivaut à ***o'clock*** en anglais. Par contre, l'unité de temps *l'heure* se dit **die Stunde (n)** et équivaut à ***the hour(s)*** en anglais. Notez aussi que *la demi-heure* se dit **die halbe Stunde**.

4 • Observez bien la construction de cette proposition : **… morgen müsst ihr um halb sechs aufstehen**. Elle résume deux points importants de la syntaxe allemande :
1) Elle commence par un complément de temps, **morgen**, et le verbe conjugué se trouve donc en deuxième position, suivi du sujet, **müsst ihr**.
2) L'infinitif, **aufstehen**, régi par le verbe de modalité **müssen**, est en fin de proposition.

• **aufstehen**, *se lever*, est un verbe à particule séparable : **ich stehe auf**, *je me lève* ; **du stehts auf**, *tu te lèves*…

5 **Wir sind aber nicht müde**, *Mais nous ne sommes pas fatigués*. Voici un autre exemple avec la négation **nicht**. Dans une phrase sujet + verbe + adjectif attribut, **nicht** se place toujours devant l'adjectif attribut. Il se place aussi devant l'attribut du sujet (ex. 1) et la majorité des adverbes (ex. 2) exceptés certains adverbes de temps (ex. 3) : **Ich bin nicht Anna**, *Je ne suis pas Anna* ; **Er schläft nicht viel**, *Il ne dort pas beaucoup* ;

***

Übung 1 – Übersetzen Sie bitte!

❶ Wie spät ist es? ❷ Wir müssen aufstehen. ❸ Es ist halb vier. ❹ Es ist schon fünf Uhr. ❺ Ich schlafe jetzt. Gute Nacht!

Er kommt morgen/heute nicht, *Il ne viendra ("vient") pas demain/aujourd'hui.*

6 Pour former un diminutif, l'allemand ajoute le suffixe **-chen** ou **-lein** + **Umlaut**, *tréma*, si le mot comprend un **a**, **o** ou **u**. Les diminutifs sont toujours neutres et ne prennent pas de terminaison au pluriel : **das Schaf(e)**, *le mouton* → **das Schäfchen (-)**, *le petit mouton* ; **der Mann (¨er)**, *l'homme* → **das Männchen (-)** ou **das Männlein (-)**, *le petit homme/bonhomme* ; **die Frau (en)**, *la femme* → **das Fräulein (-)**, *la demoiselle*. Quant au mot **das Mädchen (-)**, *la fille*, il s'agit d'une modification du diminutif **das Mägdchen** employé jusqu'au XVIIe siècle et dérivé de **die Magd (¨e)**, un nom qui ne s'emploie plus de nos jours et qui désignait une jeune fille/femme non mariée.

7 Pour former les nombres de 13 à 19, on indique d'abord l'unité puis la dizaine : **drei + zehn → dreizehn (13)** *[draï-tsé:n]* ; **vier + zehn → vierzehn (14)** *[fi:ᵃ-tsé:n]* etc. Attention, il existe deux petites irrégularités ! Dans **sechzehn (16)** *[zèçH-tsé:n]* (**sechs + zehn**), **sechs** perd son **-s** final alors que dans **siebzehn (17)** *[zi:p-tsé:n]* (**sieben + zehn**), **sieben** perd son **-en** final. À partir de 20, le principe est le même sauf que l'on intercale **und** entre l'unité et la dizaine : **neun + und + zwanzig (29) → neunundzwanzig** *[noïn-ount-tsvantsiçH]* ; **neun + und + neunzig (99) → neunundneunzig** *[noïn-ount-noïntsiçH]*. Attention, **eins** perd son **-s** final : **eins + und + dreißig (31) → einunddreißig** *[aïn-ount-draïssiçH]* ; **eins + und + vierzig (41) → einundvierzig** *[aïn-ount-fi:ᵃtsiçH]*. Vous trouverez la liste complète des dizaines dans la leçon de révision.

Corrigé de l'exercice 1

❶ Quelle heure est-il ? ❷ Nous devons nous lever. ❸ Il est trois heures et demie. ❹ Il est déjà 5 heures. ❺ Je dors maintenant. Bonne nuit !

Übung 2 – Ergänzen Sie bitte!

❶ Je dois me lever.
   Ich muss ....

❷ Dormez enfin !
   .... endlich!

❸ Je compte les moutons.
   Ich zähle ....

Zwanzigste Lektion [tsva'ntsikstë lèktsyo:n]

Wann [1] hast du Zeit [2]?

1 – Ich **möch**te dich zum **E**ssen [3] **ein**laden.
2 – Am **Diens**tag und am **Mitt**woch [4] **ha**be ich **kei**ne Zeit [5].
3 – Und am **Don**nerstag?
4 – Am **Don**nerstag **tre**ffe ich **ei**nen **al**ten Freund [6].
5 – Hm ... **Sa**gen wir **al**so am **Frei**tag?
6 – Tut mir leid [7], da **ha**be ich auch **kei**ne Zeit.
7 Und **näch**ste **Wo**che **ko**mmen **mei**ne **El**tern.
8 **A**ber am **Mon**tag in zwei **Wo**chen [8] **ha**be ich Zeit.
9 – Am **Mon**tag in zwei **Wo**chen!
10 Da **ha**be ich **a**ber **kei**ne Lust mehr [9].

Prononciation

va'n hast dou: tsaït **1** *içh* **meuçh***të diçh tsoum* **èssën ain***la:dën* **2** *a'm* **di:ns***ta:k ount a'm* **mit***wocH* **Ha***bë içh* **kaï***në tsaït* **3** *ount a'm* **don***ªsta:k* **4** *a'm* **don***ªsta:k* **trè***fë içh* **aï***nën* **al***tën froïnt* **5** *hm* **za:***guën vi:ª alzo: a'm* **fraï***ta:k* **6** *tut mi:ª laït da:* **Ha:***bë ich aoucH* **kaï***në tsaït* **7** *ount* **nèks***të* **voc***Hë* **ko***mën* **maï***në* **èlt***ªn* **8** **a:***bª a'm* **mo:n***ta:k i'n tsvaï* **voc***Hën* **Ha***bë içh tsaït* **9** *a'm* **mo:n***ta:k i'n tsvaï* **voc***Hën* **10** *da:* **Ha***bë içh* **a:***bª* **kaï***në loust mè:ª*

❹ Quelle heure est-il ?
   .... Uhr ist es?

❺ Il est trois heures et demie.
   Es ist ....

Corrigé de l'exercice 2
❶ – aufstehen ❷ Schlaft – ❸ – Schäfchen ❹ Wie viel – ❺ – halb vier

Vingtième leçon

Quand as-tu [du] temps ?

1 – J'aimerais t'inviter à dîner *(au manger inviter)*.
2 – Mardi et mercredi, je n'ai pas le *(au mardi et au mercredi ai je pas-de)* temps.
3 – Et *(au)* jeudi ?
4 – *(Au)* Jeudi, je rencontre *(rencontre je)* un vieil ami.
5 – Mmm... Disons *(nous)* alors *(au)* vendredi ?
6 – Désolée *(fait à-moi peine)*, mais je [n']ai pas le temps [non plus] *(là ai je aussi pas-le temps)*.
7   Et [la] semaine prochaine *(prochaine semaine)*, mes parents viennent *(viennent mes parents)*.
8   Mais lundi *(au lundi)* dans deux semaines, j'ai du temps *(ai je temps)*.
9 – *(au)* Lundi dans deux semaines !
10 Là, je n'aurai plus envie *(ai je mais pas-de envie plus)*.

Remarque de prononciation

(10) Le groupe **ehr** *[é:ª]* se prononce comme le groupe **er** de **der** ou **er** : **mehr** *[mé:ª]*, **der** *[dé:ª]*, **er** *[é:ª]*. On entend comme un léger **a** allongé, à l'inverse de **aber** où il est bref *[a:bª]*.

20 / Zwanzigste Lektion

Notes

1. Voici un nouveau pronom interrogatif : **wann**, *quand*.

2. Notez que la tournure **Zeit haben**, *avoir du temps* ou *avoir le temps*, ne prend pas d'article : **Wann hast du Zeit?**, *Quand as-tu du temps ?*

3. En allemand, il existe plusieurs exemples de contraction de la préposition et de l'article défini comme **zum** qui est la forme contractée de la préposition **zu** + l'article défini **dem** = **zum**, d'où la traduction littérale "au". Sans entrer dans plus de détails de grammaire, notez que **zum** + verbe substantivé se traduit généralement par *à/pour/de* + verbe à l'infinitif → **Ich möchte dich zum Essen einladen**, *J'aimerais t'inviter à dîner* ; **Ich habe keine Zeit zum Lernen**, *Je n'ai pas le temps d'étudier*.

4. Les jours de la semaine sont : **Montag** *[mo:nta:k]*, *lundi* ; **Dienstag** *[di:nsta:k]*, *mardi* ; **Mittwoch** *[mitvocH]*, *mercredi* ; **Donnerstag** *[donªsta:k]*, *jeudi* ; **Freitag** *[fraïta:k]*, *vendredi* ; **Samstag** *[za'msta:k]*, *samedi*, et **Sonntag** *[zo'nta:k]*, *dimanche*. Ils sont tous masculins et se construisent avec **am**, *au*, qui est un autre exemple de forme contractée : préposition **an**, *à* + **dem**, *le* : **am Dienstag** ; **am Mittwoch** etc.

5. Comme déjà indiqué dans la leçon 15, **kein** est aussi la négation d'un nom sans article : **Ich habe (keine) Zeit**, *Je (n')ai (pas) le temps*. Vous noterez également que **keine Zeit** est a) un accusatif régi par le verbe **haben**, b) un féminin, étant donné que **die Zeit** est féminin.

6. À l'accusatif masculin, l'adjectif épithète prend la marque **-en** : **Am Donnerstag treffe ich einen alten Freund**, *Jeudi, je rencontre un vieil ami* ; **Kennst du den neuen Russischlehrer?**, *Connais-tu le nouveau professeur de russe ?*

***

Übung 1 – Übersetzen Sie bitte!

❶ Hast du am Montag Zeit? ❷ Nächsten Dienstag kommt mein Bruder. ❸ Am Mittwoch habe ich keine Zeit. ❹ Wir haben keine Lust. ❺ Wann habt ihr Zeit?

73 • dreiundsiebzig

Vingtième leçon / 20

7 L'allemand comprend plusieurs tournures idiomatiques au datif comme **Tut mir leid**, *Désolé(e) / Je suis désolé(e)*, ou bien **Wie geht es dir?**, *Comment vas-tu ?* (L6) → **mir** et **dir** sont deux pronoms personnels datif. Ces tournures sont à mémoriser car leur construction grammaticale est propre à l'allemand.

8 Une préposition peut exprimer différents rapports et comporte donc plusieurs traductions possibles. Dans l'exemple qui suit, **in** est employé comme préposition de temps et se traduit par *dans* : ... **in zwei Wochen**, ... *dans deux semaines*.

9 • la négation **kein(e) ... mehr** équivaut à *ne... plus*. Elle suit les mêmes règles que **kein** (se décline, sert à nier un groupe nominal sans article ou avec article indéfini et se place toujours devant celui-ci) ; **mehr** quant à lui se place derrière le nom nié et est indéclinable, ex. :
• **die Lust** nom féminin → **Lust haben**, *avoir envie*, est une tournure sans article comme **Zeit haben** → **Da habe ich aber keine Lust mehr**, *Là, je n'aurai plus envie* ;
• **das Auto** nom neutre → **ein Auto haben**, *avoir une voiture* → **Ich habe kein Auto mehr**, *Je n'ai plus de voiture*.

Corrigé de l'exercice 1
❶ As-tu du temps lundi ? ❷ Mardi prochain, mon frère vient. ❸ Mercredi, je n'ai pas de temps. ❹ Nous n'avons pas envie. ❺ Quand avez-vous du temps ?

Übung 2 – Ergänzen Sie bitte!

❶ Je suis désolée.
Tut mir .....

❷ Je viens vendredi.
Ich komme ....

❸ Disons samedi !
Sagen wir ....!

Einundzwanzigste Lektion
[aïn-ount-tsva'ntsikstë lèktsyo:n]

Wiederholung – Révision

1 L'accusatif

1.1 Déclinaison du groupe nominal

Vous noterez que seul le masculin change par rapport au nominatif (voir tableau du nominatif L14).

Articles	Masculin	Féminin	Neutre	Pluriel
Définis	**den** Garten	**die** Küche	**das** Haus	**die** Schlafzimmer
Indéfinis	**einen** Garten	**eine** Küche	**ein** Haus	**-** Schlafzimmer

1.2 Déclinaison du pronom personnel

Nominatif	ich	du	er	sie	es	wir	ihr	sie	Sie
Accusatif	mich	dich	ihn	sie	es	uns	euch	sie	Sie

Il s'agit du deuxième cas de la déclinaison allemande. On l'emploie :
• pour exprimer le complément d'objet direct. Les verbes régissant un complément d'objet direct sont nombreux, exemples :

❹ J'aimerais t'inviter à dîner.
Ich möchte dich .... einladen.

❺ Je n'ai pas le temps.
Ich habe ....

Corrigé de l'exercice 2
❶ – leid ❷ – am Freitag ❸ – am Samstag ❹ – zum Essen – ❺ – keine Zeit

21
Vingt et unième leçon

aufräumen, *ranger* ; **finden**, *trouver* ; **haben**, *avoir* ; **kaputt machen**, *casser* ; **kennen**, *connaître*… Généralement, ces mêmes verbes en français régissent également un complément d'objet direct : **Ich kenne den Mann**, *Je connais le monsieur* ; **Ich habe einen Hausschlüssel**, *J'ai une clé de la maison*. Méfiez-vous toutefois des exceptions comme **fragen**, *demander*, ou **sprechen**, *parler*, employé sans la préposition **mit**, *avec*. En allemand, ces verbes régissent un accusatif et en français un complément d'objet indirect : **Ich frage sie**, *Je lui demande*.

• Après certaines prépositions dont **durch**, *à travers/par* ; **für**, *pour* ; **gegen**, *contre* ; **ohne**, *sans* ; **um**, *autour de* : **Das ist für das neue Haus**, *C'est pour la nouvelle maison* ; **Warum bist du gegen mich?**, *Pourquoi es-tu contre moi ?*

1.3 Déclinaison du pronom interrogatif *wer*, "qui", et *was*, "que/quoi"

Au nominatif (= sujet), on emploie **wer** et à l'accusatif **wen** : **Wer ist das?**, *C'est qui ?* ; **Wen möchten Sie sprechen?**, *À qui souhaitez-vous parler ?* Le pronom interrogatif **was** s'emploie au nominatif et à l'accusatif : **Was ist das?**, *Qu'est-ce que c'est ?* ; **Was machst du?**, *Que fais-tu ?* Vous remarquerez que leur déclinaison reste très proche de celle de l'article déterminé masculin et neutre : nominatif **wer** ↔ **der** ; accusatif **wen** ↔ **den** ; nominatif/accusatif **was** ↔ **das**.

2 L'impératif

Verbe régulier gehen	Verbe a → ä fahren	Verbe e → i essen	Verbe sein
Geh!	Fahr!	Iss!	Sei!
Gehen wir!	Fahren wir!	Essen wir!	Seien wir!
Geht!	Fahrt!	Esst!	Seid!
Gehen Sie!	Fahren Sie!	Essen Sie!	Seien Sie!

Voici la conjugaison complète de l'impératif :
– 2e personne du singulier : se conjugue comme au présent de l'indicatif sans **du** et **-st** (ou **-t** pour les verbes se terminant par **-ß**, **-s(s)**, **-(t)z**) mais les verbes en **a → ä** perdent le **Umlaut**, *inflexion* (dit aussi *tréma*) ;
– 1re personne du pluriel et vouvoiement : se conjuguent comme au présent de l'indicatif avec inversion sujet/verbe ;
– 2e personne du pluriel : se conjugue comme au présent de l'indicatif sans **ihr**.
Exception : **sein**, *être*.

3 La tournure impérative *Lass uns ...! / Lasst uns ...!*

Cette tournure s'emploie fréquemment en allemand pour exprimer l'impératif à la première personne du pluriel. On emploie **Lass uns ...** ("laisse nous...") quand on s'adresse à une personne que l'on tutoie et **Lasst uns ...** ("laissez nous...") quand on s'adresse à plusieurs personnes que l'on tutoie.
Lass uns aufräumen! ("laisse nous ranger"), *Rangeons !*
Lasst uns gehen! ("laissez nous aller"), *Allons-y !*

4 Les pronoms interrogatifs *warum*, *wann* et *wie*

Warum correspond au pronom interrogatif *pourquoi* :
Warum fragen wir nicht den Herrn da?, *Pourquoi ne demandons-nous pas au monsieur là ?*
Warum rufst du ihn an?, *Pourquoi l'appelles-tu ?*

Wann correspond au pronom interrogatif *quand* :
Wann hast du Zeit?, *Quand as-tu le temps ?*
Wann kommen sie?, *Quand viennent-ils ?*

Wie correspond au pronom interrogatif *comment* :
Wie geht's dir?, *Comment vas-tu ?*
Mais **wie ist** traduit souvent la tournure *quel(le) est* :
Wie ist dein Name?, *Quel est ton nom ?*
Wie ist seine Handynummer?, *Quel est son numéro de portable ?*
Employé avec des adjectifs de mesure, il se traduit comme suit :
Wie alt bist du? ("comment vieux/âgé es-tu"), *Quel âge as-tu ?*
Wie spät ist es?/Wie viel Uhr ist es? ("comment tard… / comment beaucoup tard est-il"), *Quelle heure est-il ?*
Wie viel kostet es? ("comment beaucoup ça coûte"), *Combien ça coûte ?*

5 La négation *nicht* ou *kein* : première partie

nicht, *ne… pas*, est la négation principale et sa place au sein de la phrase est variable. Dans un premier temps, notez les deux constructions suivantes possibles.
Derrière le complément d'objet :
Ich finde die Autopapiere nicht, *Je ne trouve pas les papiers de la voiture* ; **Ich kenne ihn nicht**, *Je ne le connais pas*.
Devant un adjectif attribut, la majorité des adverbes et l'attribut du sujet :
Wir sind aber nicht müde, *Mais nous ne sommes pas fatigués* ; **Es ist nicht neu**, *Ce n'est pas nouveau* ; **Wir essen nicht viel**, *Nous ne mangeons pas beaucoup* ; **Das ist nicht mein Name**, *Ce n'est pas mon nom*. Mais attention ! La négation **nicht** se place derrière les adverbes de temps **heute**, *aujourd'hui*, **morgen**, *demain*, et notez aussi ce nouvel adverbe : **gestern**, *hier*.

kein, *(ne) pas (de)*, est la négation d'un groupe nominal sans article ou avec article indéfini. Elle se décline (voir tableau suivant) :
Ich habe Zeit / Ich habe keine Zeit, *J'ai le temps / Je n'ai pas le temps* → **keine** correspond à l'accusatif féminin.
Ich habe einen Bruder / Ich habe keinen Bruder, *J'ai un frère / Je n'ai pas de frère* → **keinen** correspond à l'accusatif masculin.

	Masculin	Féminin	Neutre	Pluriel
Nominatif	**kein Garten**	**keine Küche**	**kein Haus**	**keine Schlafzimmer**
Accusatif	**keinen Garten**	**keine Küche**	**kein Haus**	**keine Schlafzimmer**

6 Les chiffres et nombres jusqu'à 99

De 0 à 12, ils sont à apprendre : **0 null**, **1 eins**, **2 zwei**, **3 drei**, **4 vier**, **5 fünf**, **6 sechs**, **7 sieben**, **8 acht**, **9 neun**, **10 zehn**, **11 elf**, **12 zwölf**.

De 13 à 19, on ajoute l'unité suivie de **zehn**. Attention aux irrégularités signalées en rouge : **13 dreizehn**, **14 vierzehn**, **15 fünfzehn**, **16 sechzehn**, **17 siebzehn**, **18 achtzehn**, **19 neunzehn**.

Les dizaines rondes se terminent toutes par **-zig** ou **-ßig** dans le cas de 30 : **20 zwanzig**, **30 dreißig**, **40 vierzig**, **50 fünfzig**, **60 sechzig**, **70 siebzig**, **80 achtzig**, **90 neunzig**.

Les autres dizaines se forment avec l'unité + **und** + dizaine : **22 zweiundzwanzig**, **33 dreiunddreißig**, **54 vierundfünfzig**, **83 dreiundachtzig**… Attention, **eins** perd son s final ! **21 einundzwanzig**, **31 einunddreißig**… **91 einundneunzig**.

7 L'heure : les heures entières et la demie

Pour les horaires non officiels, on emploie les chiffres/nombres de 1 à 12 suivis, selon le contexte, de **es ist**, *il est*, ou encore **um**, *à*, ou bien d'autres prépositions (que nous verrons par la suite) et :
- pour les heures entières, on indique le chiffre/nombre et on ajoute éventuellement le mot **Uhr**, *heure(s)* : **um 3 (drei) / um 3 (drei) Uhr**, *à 3 heures* ;
- pour les demi-heures, on dit **halb**, *demie*, en indiquant l'heure à venir : **um halb drei**, *à deux heures et demie* ; **Es ist halb vier**, *Il est trois heures et demie*.

Vingt et unième leçon / 21

Wiederholungsdialog

1 – Kennst du sie?
2 – Wen?
3 – Na, die Frau da!
4 – Nein. Warum?
5 – Ich finde sie sehr schön.
6   Ich möchte sie zum Essen einladen.
7 – Warum fragst du sie nicht?
8 – Es ist nicht so einfach.
9 – Du fragst sie: „Wann haben Sie Zeit?"
10 – Hm …
11 – Lass mich mal machen.

Traduction
1 Tu la connais ? **2** Qui ? **3** Ben, la femme là ! **4** Non. Pourquoi ? **5** Je la trouve très belle. **6** J'aimerais l'inviter à dîner. **7** Pourquoi ne lui demandes-tu pas ? **8** Ce n'est pas si facile. **9** Tu lui demandes : "Quand avez-vous le temps ?" **10** Mmm… **11** Laisse-moi faire.

Übersetzen Sie bitte!
❶ Es ist halb sechs. **❷** Es ist halb sieben. **❸** Wir müssen um fünf Uhr aufstehen. **❹** Er ist nicht müde. **❺** Sie hat keine Zeit.

Corrigé
❶ Il est cinq heures et demie. **❷** Il est six heures et demie. **❸** Nous devons nous lever à 5 heures. **❹** Il n'est pas fatigué. **❺** Elle n'a pas le temps.

22

Zweiundzwanzigste Lektion
[tsvaï-ount-tsva'ntsikstë lèktsyo:n]

Die Überraschung

1 – Um wie viel Uhr soll ich dich **ab**holen [1]?
2 Es ist jetzt zehn nach fünf [2].
3 – **Sa**gen wir um **Vier**tel vor **sie**ben.
4 Ich **brau**che [3] **un**gefähr **an**derthalb **Stun**den [4].
5 – **O**kay! Ich **war**te auf dich [5] am **Aus**gang [6].
6 – Per**fekt**! Und was **ma**chen wir da**nach**?
7 – Ha! Das ist **ei**ne Über**ra**schung.
8 – **Bi**tte, sag schon [7]!
9 – Nein, sonst **wä**re es [8] **kei**ne Über**ra**schung mehr. □

Prononciation
di: u:b*ª***ra**chouñg **1** oum vi: fi:l ou:ª zol içh diçh ap**H**olën **2** èss ist yètst tsé:n na:cH fu'nf **3** **za:**guën vi:ª oum **fi**ªtël fo:ª **zi:**bën **4** içh **brao**ucHë oun**gué**fè:ª **an**dªtHalp **chtoun**dën **5** okay! içh **var**të aouf diçh a'm **aouss**gañg **6** pèr**fèkt**! ount vass **ma**cHën vi:ª da**na:**cH **7** Ha! dass ist **aï**në u:bª**ra**chouñg **8** **bi**të **za:**K cho:n **9** naïn zo'nst **vè:**rë èss **kaï**në u:bª**ra**chouñg mé:ª

Remarques de prononciation
(1), (2), (3), (8), (9) Profitons de cette leçon pour refaire un point concernant la prononciation du **s** et du **z**. Le **s** se prononce *[z]* comme dans *zoo* ; le **z** quant à lui se prononce *[ts]* comme dans *tsé-tsé* : **soll** *[zol]* ; **sieben** *[zi:bën]* ; **sag** *[za:k]* ; **sonst** *[zo'nst]* mais **zehn** *[tsé:n]*.
(4) En début de mot ou de syllabe, le groupe **st** se prononce *[cht]* : **Stunden** *[chtoundën]* ; **stimmt** *[chtimt]* (L15) ; **verstehe** *[fèrchté:ë]* (L1).
(8) Placé en fin de mot, **g** se prononce comme un léger *[k]* : **sag** *[za:k]*.

Notes
1 Le verbe de modalité **sollen** se traduit par *devoir* et exprime un devoir moral / un ordre atténué / un conseil. Il s'emploie aussi dans une question pour demander un conseil / ce qu'on doit faire : **Um wie viel Uhr**

Vingt-deuxième leçon

La surprise

1 – À quelle *(comment beaucoup)* heure dois-je [passer] te prendre *(chercher)* ?
2 Il est maintenant 5 heures 10 *(dix après cinq)*.
3 – Disons *(nous)* à sept heures moins le quart *(quart avant sept)*.
4 Il me faut *(je nécessite)* environ une heure et demie *(une-et-demi heures)*.
5 – OK ! Je [t']attends *(sur toi)* à la *(à-la)* sortie.
6 – Parfait ! Et que faisons-nous après *(là-après)* ?
7 – Ah ! C'est une surprise.
8 – S'il te plaît *(s'il-te-plaît)*, allez dis[-moi] *(déjà)* !
9 – Non, sinon ce ne serait plus une surprise *(serait ce pas-de-surprise plus)*.

---

soll ich dich abholen?, *À quelle heure dois-je passer te prendre ?* Au présent de l'indicatif, et contrairement aux autres verbes de modalité, le radical reste le même à toutes les personnes : **ich soll, du sollst, er/sie/es soll, wir sollen, ihr sollt, sie/Sie sollen**. À ne pas confondre avec le verbe **müssen** qui signifie *devoir* dans le sens d'une obligation / de quelque chose d'impératif (*cf.* L16, ph. 4).

2 Nous avons déjà vu comment exprimer les heures entières et la demie. Poursuivons !
• Jusqu'à vingt, on emploie la préposition **nach**, *après*, et on indique d'abord les minutes puis l'heure, comme en anglais (si vous êtes à l'aise avec cette langue) : **Es ist jetzt zehn nach fünf**, *Il est maintenant cinq heures dix* (*... **ten past five** en anglais*, que l'on peut traduire littéralement par "il est dix après cinq").
• Attention pour *vingt-cinq* et *moins vingt-cinq* ! On dit : **Es ist fünf vor halb sechs** (littéralement "il est cinq avant demi six"), *Il est 5 heures 25* ; **Es ist fünf nach halb sechs** (litt. "il est cinq après demi six"), *Il est 6 heures moins 25*.

- À partir de *moins vingt*, on emploie la préposition **vor**, *avant*, et on indique d'abord les minutes puis l'heure. Là aussi, vous trouverez des similitudes avec l'anglais : **um zwanzig vor sieben**, *à 7 heures moins 20*, "à vingt avant sept", en anglais : ***at twenty to seven***.
- **Viertel nach** et **Viertel vor** s'emploient pour *et quart* et *moins le quart* : **um Viertel nach vier**, *à quatre heures et quart* ("à quart après quatre" – en anglais : ***at a quarter past four***) ; **Viertel vor sieben** (ph. 3), *sept heures moins le quart*, "à quart avant sept" (***a quarter to seven*** en anglais).

3 Le verbe **brauchen** se traduit par *il (me,…) faut / avoir besoin de* : **Ich brauche ungefähr anderthalb Stunden**, *Il me faut environ une heure et demie*. Attention, **brauchen** régit l'accusatif ! **Ich brauche eine Stunde**, *J'ai besoin d'une heure*.

4 Pour *un(e) et demi(e)*, on a le choix entre **anderthalb** ou **eineinhalb** "un-un-demi" et le nom qui suit est au pluriel : **Ich brauche anderthalb/eineinhalb Stunden** → **Stunden**, *heures*, est le pluriel de **die Stunde**, *l'heure*. Pour **anderthalb**, il existe deux traductions littérales possibles : 1) "autredemi" car **ander-** signifie *autre* ; 2) "deuxdemi" car autrefois **ander-** signifiait aussi *deux*.

5 En allemand comme en français, il existe une liste de verbes construits avec une préposition, ex. : **warten auf**, *attendre*, litt. "attendre sur". En

***

Übung 1 – Übersetzen Sie bitte!

❶ Es ist fünf vor halb vier. **❷** Es ist zwanzig vor neun. **❸** Wann sollen wir dich abholen? **❹** Ich warte auf dich am Eingang. **❺** Es ist keine Überraschung mehr.

***

Übung 2 – Ergänzen Sie bitte!

❶ Ce serait une surprise.
 . . . . . . eine Überraschung.

❷ Quand dois-je passer te prendre ?
 Wann . . . . dich abholen?

❸ Je vous attends à la sortie.
 Ich . . . . euch am Ausgang.

plus de la préposition, il est important de mémoriser le cas régi par le verbe. Accusatif ou datif ? Le verbe **warten auf** régit l'accusatif : **Ich warte auf den Aufzug** *[aouftsou:k]*, *J'attends l'ascenseur*. **warten** s'emploie aussi comme verbe intransitif (= sans complément d'objet) : **Ich warte hier**, *J'attends ici*.

6 **am** est un nouvel exemple de contraction entre la préposition et l'article défini : **an**, *à* + **dem**, *le* (datif) → **am**. Notez que **der Ausgang** (¨e), *la sortie*, est un nom masculin et par la même occasion notez aussi **der Eingang** *[aïngañg]* (¨e), *l'entrée* → **am Eingang**, *à l'entrée*.

7 **Sag schon!**, litt. "dis déjà", *Allez dis-moi !* Mémorisez cette tournure.

8 **es wäre**, *ce serait*, est un conditionnel nommé **Konjunktiv II** en allemand et traduit par *subjonctif II* en français. Mais attention, sa traduction peut prêter à confusion étant donné que le **Konjunktiv II** exprime le conditionnel et n'a rien à voir avec le subjonctif des langues latines : **Sonst wäre es keine Überraschung mehr**, *Sinon ce ne serait plus une surprise*. Notez d'autres exemples qui pourront toujours vous servir : **Es wäre gut**, *Ce serait bien* ; **Es wäre besser**, *Ce serait mieux* ; **Es wäre kein Problem für mich**, *Ce ne serait pas un problème pour moi*.

***

Corrigé de l'exercice 1
❶ Il est 3 heures 25. ❷ Il est 9 heures moins 20. ❸ Quand devons-nous passer te prendre ? ❹ Je t'attends à l'entrée. ❺ Ce n'est plus une surprise.

***

❹ Il est 7 heures moins 25.
   Es ist .... halb sieben.

❺ Il est dix heures moins le quart.
   Es ist .... zehn.

Corrigé de l'exercice 2
❶ Es wäre – ❷ – soll ich – ❸ – warte auf – ❹ – fünf nach – ❺ – Viertel vor –

23

Dreiundzwanzigste Lektion
[draï-ount-tsva'ntsikstë lèktsyo:n]

Hier darf[1] man nicht parken![2]

1 – Kannst du nicht **le**sen?[3]
2 Hier steht[4]: **Par**ken ver**bo**ten.[5]
3 – Hahaha! Sehr **wit**zig!
4 Was soll ich **ma**chen?
5 **A**lles ist **voll**geparkt.
6 **O**der willst[6] du die **Ko**ffer bis **hier**her[7] **tra**gen?
7 – **So**rry[8], du hast recht.
8 Lass uns dann schnell das **Au**to **aus**laden,
9 be**vor** die Poli**zei** kommt. □

Prononciation
Hi:ᵃ darf ma'n niçt parkën 1 ka'nst dou: niçt lé:zën 2 Hi:ᵃ chtét parkën fèrbo:tën 3 HaHaHa! zéːᵃ vitsiçh 4 vass zol içh maCHën 5 alèss ist folguéparkt 6 o:dᵃ vilst dou: di: kofᵃ bis Hi:ᵃ-Héːᵃ tra:guën 7 sori dou: Hast rèçht 8 lass ouns da'n chnèl dass aouto aoussla:dën 9 béfo:ᵃ di: politsaï ko'mt

Remarques de prononciation
(Titre), (3), (6) Entraînez-vous à bien prononcer le h lorsqu'il est en début de mot/syllabe comme dans *Hahaha!* : *hier [Hi:ᵃ]* ; *hahaha [HaHaHa]* ; *hierher [Hi:ᵃ-Héːᵃ]*.

(Titre), (1), (8) Souvenez qu'en allemand il n'y a pas de nasale. Prononcez donc bien distinctement a et n dans *man [ma'n]*. Ceci vaut aussi pour *kannst [ka'nst]* et *dann [da'n]*.

Notes
1 (nicht) dürfen est un verbe de modalité qui exprime l'autorisation ou l'interdiction lorsqu'il est construit avec une négation. Il se traduit par *(ne pas) avoir le droit / la permission* et dans certains cas par *(ne pas) pouvoir* : *Hier darf man nicht parken!*, On n'a pas le droit de se garer ici ; *Du darfst hier nicht rauchen [raouçHën]*, Tu n'as pas le droit de

Vingt-troisième leçon

On n'a pas le droit de stationner ici
(ici a-le-droit on pas garer)

1 – Tu ne sais *(peux tu)* pas lire ?
2 Il est écrit *(ici est-posé)* : stationnement interdit.
3 – Hahaha ! Très drôle !
4 Que veux-tu que je fasse ? *(que dois je faire)*
5 Tout est plein *(plein-garé)*.
6 Ou veux-tu porter les valises jusqu'ici *(les valises jusque ici porter)* ?
7 – Pardon, tu as raison.
8 Déchargeons vite la voiture *(laisse nous alors vite la voiture décharger)*
9 avant que ne vienne la police. *(avant-que la police vient)*

---

fumer ici. Niveau conjugaison, il présente les mêmes particularités que les verbes de modalité étudiés dans la série 3, c'est-à-dire changement de radical au singulier et pluriel régulier : **ich darf, du darfst, er/sie/es darf, wir dürfen, ihr dürft, sie/Sie dürfen.**

2 Notez bien que l'infinitif régi par un verbe de modalité est toujours en fin de proposition/phrase. Si la phrase comporte la négation **nicht**, l'infinitif se place donc derrière celle-ci : **Er kann morgen (nicht) kommen**, *Il (ne) peut (pas) venir demain*.

3 Le verbe **können** s'emploie non seulement dans le sens de *pouvoir* (L17, ph. 6) mais aussi dans le sens de *savoir* : **Kannst du nicht lesen?**, *Tu ne sais pas lire ?* ; **Sie kann schon schwimmen** *[chvimën]*, *Elle sait déjà nager*. Si vous voulez demander à quelqu'un s'il sait parler allemand ou une autre langue, vous direz : **Kannst du Deutsch/Englisch** *[ènglich]*/**Französisch/Spanisch** *[chpa:nich]* ... **(sprechen)?**, *Tu sais parler allemand/anglais/français/espagnol... ?* Le verbe **sprechen**, *parler*, peut être sous-entendu.

23 / Dreiundzwanzigste Lektion

4 Le verbe **stehen** s'emploie dans différents contextes et comporte différentes traductions. Employé dans le cadre d'indications écrites, il se traduit par *est écrit* : **Hier steht: Parken verboten**, *Ici est écrit : stationnement interdit* ; **Was steht hier?**, *Qu'est-ce qui est écrit ici ?*

5 **Parken** est un autre exemple de verbe substantivé (*cf.* L12, N2, **ein gutes Essen**, *un bon repas*). Employé avec **verboten**, *interdit*, **Parken** ne prend pas d'article et se traduit par un infinitif. Retenez aussi : **Rauchen verboten!** ("fumer interdit"), *Interdiction de fumer !* ; **Essen und Trinken verboten!** ("manger et boire interdit"), *Interdiction de manger et de boire !*

6 Le verbe de modalité **wollen** signifie *vouloir* et exprime une certaine détermination ou questionne une décision/détermination : **Oder willst du die Koffer bis hierher tragen?**, *Ou veux-tu porter les valises jusqu'ici ?* ; **Er will nicht aufstehen**, *Il ne veut pas se lever*. Souvenez-vous que **wollen** s'emploie aussi pour exprimer le futur, voir L18, ph. 8, ainsi que pour sa conjugaison.

7 Faites bien la différence entre **hierher** qui marque un rapprochement *jusqu'ici* et **hier** qui marque un locatif/positionnement *ici* : **Willst du**

***

Übung 1 – Übersetzen Sie bitte!
❶ Wo darf man parken? ❷ Kann er lesen? ❸ Können Sie Deutsch? ❹ Was steht hier? ❺ Was soll er machen?

***

Übung 2 – Ergänzen Sie bitte!

❶ Interdiction de stationner
Parken ....

❷ Ils ne veulent pas venir.
Sie .... kommen.

❸ On n'a pas le droit de stationner ici.
Hier .... nicht parken.

❹ Tu veux porter les valises ?
.... die Koffer tragen?

❺ Que lit-il ?
Was ....?

das Gepäck *[gu**é**pék]* bis hierher tragen?, *Tu veux porter les bagages jusqu'ici ?* (das Gepäck, *les bagages*, est singulier en allemand) ; Ich gehe nur *[nou:ª]* bis hierher, *Je ne vais que jusqu'ici*. Mais Hier darf man nicht parken, *On n'a pas le droit de stationner ici* ; Ich wohne hier, *J'habite ici*.

8 Dans le langage parlé d'aujourd'hui, on emploie de plus en plus le terme anglais ***sorry*** pour dire *pardon*.

Corrigé de l'exercice 1
❶ Où a-t-on le droit de stationner ? ❷ Sait-il lire ? ❸ Vous parlez allemand ? ❹ Qu'est-ce qui est écrit ici ? ❺ Que doit-il faire ?

***

Corrigé de l'exercice 2
❶ – verboten ❷ – wollen nicht – ❸ – darf man – ❹ Willst du – ❺ – liest er

Vierundzwanzigste Lektion
[fi:ᵃ-ount-tsva'ntsikstë lèktsyo:n]

Der 40.[1] Geburtstag

1 – Es wird[2] be**stimmt** toll.
2 – **Komm** doch mit![3] Wir **fahr**en am **drei**ßigsten **Ju**ni[4] los[5].
3 – **Dan**ke, ich bin **a**ber zu[6] alt für **so**was[7].
4 – Ach was![8] Wie alt bist du **ei**gentlich?[9]
5 – **Neun**unddreißig, **a**ber nicht mehr[10] **lan**ge. Am **zwei**ten **Ju**li **wer**de ich **vier**zig[11].
6 – Na, und? Man ist so alt, wie man sich fühlt.[12] ☐

Prononciation
dé:ᵃ fiᵃtsikstë guébourtsta:k 1 èss virt béchtimmt tol 2 ko'm docH mit! vi:ᵃ fa:rën a'm draïssikstën you:ni lo:ss 3 dañkë içh bi'n a:bᵃ tsou: alt fu:ᵃ zo:vass 4 acH vass! vi: alt bist dou: aïguèntliçh 5 noïn-ount-draïssiçh a:bᵃ niçht mé:ᵃ lañguë. a'm tsvaïtën you:li vè:ᵃdë içh firtsik 6 na ount? ma'n ist zo: alt vi: ma'n ziçh fu:lt

Remarque de prononciation
(2), (5) Dans la diphtongue **ei** on entend *[a]* + *[ï]* avec accentuation sur le *[a]* : dreißigsten *[draïssigstën]* ; neununddreißig *[noïn-ount-draïssiçh]* ; zweiten *[tsvaïtën]*.

Notes

1 Les nombres ordinaux écrits en chiffres prennent un point : **Der 40. Geburtstag**, *Le quarantième anniversaire*.

2 Le verbe **werden** signifie *devenir* et s'emploie pour parler de quelque chose qui aura lieu dans le futur (un événement à venir, le temps qu'il va faire…). Selon le contexte, il se traduit par *devenir*, *être* au futur, ou autre tournure au futur : **Es wird bestimmt toll**, *Ça va sûrement être super* ; **Am zweiten Juli werde ich vierzig**, *Je vais avoir 40 ans le 2 juillet* (ph. 5). **werden** s'emploie aussi pour les prévisions météo : **Es wird kalt** *[kalt]*/**warm** *[varm]*, *Il va faire froid/chaud*. Sa conjugaison est irrégulière

89 • neunundachtzig

Vingt-quatrième leçon

Le 40ᵉ anniversaire

1 – Ça va sûrement être *(va-être sûrement)* super.
2 – Viens donc avec [nous] ! Nous partons le 30 juin. *(nous roulons au trentième juin partir)*
3 – Merci, mais je suis *(je suis mais)* trop vieille pour ce genre de choses *(comme-ça-quelque chose)*.
4 – Allons donc ! *(ah quoi)* Quel âge as-tu au fait ? *(comment vieux es-tu au-fait)*
5 – 39, mais plus *(pas plus)* [pour] longtemps. Je vais avoir 40 [ans] le 2 juillet. *(au deuxième juillet deviens je quarante)*
6 – Et alors ! *(ben, et)* L'âge, c'est dans la tête *(on est aussi vieux que on se sent)*.

à la 2ᵉ et à la 3ᵉ personnes du singulier du présent de l'indicatif : ich werde, du wirst, er/sie/es wird, wir werden ihr werdet, sie/Sie werden.

3 mitkommen est un verbe à particule séparable (mit = la particule) et signifie littéralement "avec venir" écrit en un mot. La/Les personne(s) avec laquelle/lesquelles on vient est/sont sous-entendue(s) : **Komm doch mit!** ("viens donc avec"), *Viens donc avec nous/moi !*

4 • Pour indiquer la date, on emploie **am**, *au* + les nombres ordinaux qui se construisent comme suit :
– de 1 à 19 : chiffre/nombre + **ten**, ex. : **zwei → am zweiten Juni**, *le 2 juin* ; **fünf → am fünften Juni**, *le 5 juin*. Il existe quelques exceptions : **eins → am ersten ...**, *le 1ᵉʳ...* ; **drei → am dritten ...**, *le 3...* ; **sieben → am siebten ...**, *le 7...*
– à partir de 20 : nombre + **sten**, ex. : **einundzwanzig → am einundzwanzigsten Juni**, *le 21 juin* ; **dreißig → am dreißigsten Juni**, *le 30 juin*. Vous aurez peut-être remarqué que dans les numéros de leçon, les nombres ordinaux ne prennent pas de **n**. C'est une question de déclinaison. Nous reviendrons sur ce point.
• Voici les mois en allemand. Ils sont d'origine latine et restent assez proches du français : Januar *[yanouᵃ]*, Februar *[fé:brouᵃ]*, März *[mèrts]*, April *[april]*, Mai *[maï]*, Juni *[you:ni]*, Juli *[you:li]*, August *[aougoust]*,

24 / Vierundzwanzigste Lektion

September [zèp**tèm**b^a], Oktober [ok**to:**b^a], November [no**vèm**b^a], Dezember [dé**tsèm**b^a].

5 **los** est une particule séparable qui exprime le départ ou le détachement comme dans le verbe **losfahren**, *partir* : **Wir fahren (...) los**, *Nous partons* ; **loslassen** [**lo:ss**lassën], *lâcher* : **Lass mich los!**, *Lâche-moi !* La langue française ne comportant pas de particules, il n'existe pas vraiment de traduction littérale.

6 **zu** + adjectif qualificatif / adverbe signifie *trop* : **Ich bin zu alt**, *Je suis trop vieux*.

7 **sowas** fait partie du langage parlé et est une contraction de **so etwas** ("comme-ça quelque-chose"), *quelque chose comme ça*.

8 **Ach was!** est une interjection qui se traduit par *Mais non !* ou *Allons donc !*

9 Pour demander et dire l'âge, on emploie le verbe **sein**, *être* : **Wie alt bist du?** litt. "comment vieux/âgé es-tu", *Quel âge as-tu ?* Dans la réponse, on peut juste indiquer le chiffre/nombre : **Neununddreißig** (ph. 5). On peut aussi répondre par : **Ich bin neununddreißig (Jahre alt)**, "je suis

***

▶ Übung 1 – Übersetzen Sie bitte!

❶ Es wird bestimmt sehr schön. ❷ Am ersten Mai wird er dreißig. ❸ Wie alt ist sie? ❹ Du bist nicht zu alt. ❺ Er ist zweiundvierzig.

***

Übung 2 – Ergänzen Sie bitte!

❶ Je vais avoir 20 ans.
   Ich . . . .

❷ Je pars le 10 janvier.
   Ich fahre . . . . **los.**

❸ Ça va être super !
   Es . . . . !

❹ Viens donc avec nous !
   . . . . **doch** . . . !

❺ Je suis trop fatiguée.
   Ich bin . . . .

Vingt-quatrième leçon / 24

trente-neuf (ans vieux/âgé)". La mention **Jahre alt** s'ajoute ou non mais dans le langage parlé, on emploie plutôt la tournure abrégée.

10 La négation **nicht mehr** équivaut à *ne… plus* : **… aber nicht mehr lange**, *… mais plus pour longtemps* (sous-entendu : **Ich bin aber nicht mehr lange 39**, *Mais je n'ai plus pour longtemps 39 ans*) ; **Sie ist nicht mehr da**, *Elle n'est plus là* ; **Er kommt nicht mehr**, *Il ne vient plus*. Souvenez-vous que dans la leçon 20, note 9, nous avons vu une autre tournure pour *ne… plus* : **kein(e) … mehr**. L'emploi de **nicht mehr** et **kein- … mehr** suit les mêmes règles que **nicht** et **kein-**.

11 Pour dire l'âge que l'on va avoir, on emploie **werden** : **Ich werde vierzig (Jahre alt)**, litt. "je deviens 40 (ans vieux/âgé)". Pour poser la question, on dira **Wie alt wirst du?**, *Quel âge vas-tu avoir ?*, litt. "comment vieux/âgé deviens-tu ?".

12 **Man ist so alt, wie man sich fühlt**, *L'âge, c'est dans la tête*, litt. "on est aussi vieux que on se sent". Mémorisez cette expression idiomatique, elle pourra toujours vous être utile.

***

Corrigé de l'exercice 1
❶ Ça va sûrement être très beau. ❷ Il va avoir 30 ans le 1ᵉʳ mai. ❸ Quel âge a-t-elle ? ❹ Tu n'es pas trop vieux/vieille. ❺ Il a 42 ans.

***

Corrigé de l'exercice 2
❶ – werde zwanzig ❷ – am zehnten Januar – ❸ – wird toll ❹ Komm – mit ❺ – zu müde

Vous êtes invité à un anniversaire avec des germanophones ? Voici les tournures et paroles à connaître : **Alles Gute zum Geburtstag!**, *Joyeux anniversaire !, ou bien* **Ich gratuliere dir zum Geburtstag**, *Je te félicite pour ton anniversaire. En chœur vous reprendrez :* **Zum Geburtstag viel Glück! Zum Geburtstag viel Glück! Zum Geburtstag liebe**, *chère (+ prénom féminin)* / **lieber**, *cher (+ prénom masculin)*, **zum Geburtstag viel Glück!**

Fünfundzwanzigste Lektion
[fu'nf-ount-tsva'ntsikstë lèktsyo:n]

Hundertfünfundvierzig [1] **Stundenkilometer.**

1 – **End**lich **Fe**rien! [2] Freust du dich? [3]
2 – Ja, **a**ber fahr **bi**tte **lang**samer [4]!
3 – Mit dem **Au**to [5] kann man nicht **lang**sam **fah**ren.
4 – Das ist **Un**sinn! … **Ach**tung Poli**zei**!
5 – **Gu**ten Tag, **Ih**re [6] Pa**pie**re **bi**tte! **Ha**ben Sie die **Schil**der nicht ge**se**hen? [7]
6 – Na, ja … [8]
7 – Sie **mü**ssen **hun**dertzwanzig **Eu**ro **Stra**fe **zah**len.
8 – Das fängt ja gut an! [9]

Prononciation
Hound ᵃt-fu'nf-ount-fi:ᵃtssiçh chtoundën-kilomé:tᵃ **1** *èntliçh fé:riën! froïst dou: diçh* **2** *ya: a:bᵃ fa:ᵃ bitë lañgzam:* **3** *mit dé:m aouto ka'n ma'n niçht lañgza'm fa:rën* **4** *dass ist ounzi'n!. acHtouñg politsaï* **5** *goutën ta:k i:rë papi:rë bitë! Habën zi: di: childᵃ niçht guézé:ën* **6** *na ya* **7** *zi: mussën houndᵃt-tsva'ntsiçh oïro chtra:fë tsa:lën* **8** *dass fèngt ya gou:t a'n*

Remarque de prononciation
(Titre), (7) Les nombres allemands comportent facilement une vingtaine de lettres et bien plus à partir des milliers. Lorsque vous prononcez les centaines, vous pouvez marquer un léger temps d'arrêt entre les centaines et les dizaines. Cela facilite la prononciation et permet aussi de reprendre son souffle : 145 → hundert *[Houndᵃt]* et fünfundvierzig *[fu'nf-ount-fi:ᵃtssiçh]*.

Notes
1 Les nombres de 100 à 1 000 : Les centaines rondes se construisent comme en français : chiffre + **hundert** 100, le tout écrit en un mot → **zweihundert** 200, **siebenhundert** 700. Notez que pour *cent*, on peut dire **hundert** ou **einhundert**. Les dizaines et les unités viennent se greffer aux centaines : **hundertfünf** 105, **hundertzwanzig** 120, hun-

Vingt-cinquième leçon

145 kilomètres par heure !
(cent-cinq-et-quarante heure-kilomètres)

1 – Enfin [les] vacances ! Tu es content ? *(réjouis tu te)*
2 – Oui, mais roule moins vite s'il te plaît *(s'il-te-plaît plus-lentement)* !
3 – Avec cette *(la)* voiture, on ne peut pas rouler lentement *(peut on pas lentement rouler)*.
4 – C'est absurde ! *(absurdité)* ... Attention [la] police !
5 – Bonjour, vos papiers s'il vous plaît *(s'il-vous-plaît)* ! Vous n'avez pas vu les panneaux ? *(avez-vous les panneaux pas vues)*
6 – Eh bien...
7 – Vous devez payer 120 euros [d']amende *(cent-vingt euros amende payer)*.
8 – Ça commence bien.

---

dertvierzig 140, hundertfünfundvierzig 145, neunhundertneunundneunzig 999 ; 1000 se dit tausend *[taouzènt]* ou eintausend.

2 **Endlich Ferien!**, *Enfin les vacances !* ; **Achtung Polizei!**, *Attention la police !* (ph. 4). Ces exclamations se construisent sans article défini. Voici d'autres exemples : **Feuer!** ("feu"), *Au feu !* ; **Hilfe!** ("aide"), *Au secours !* ; **Hände hoch!** ("mains haut"), *Haut les mains !*

3 **sich freuen**, *se réjouir*, est un verbe pronominal qui se traduit aussi par *être content*. **Freust du dich?** ("réjouis-tu te"), *Tu es content ?* Quant aux pronoms réfléchis, nous y reviendrons plus tard.

4 **langsam** signifie *lentement* (ph. 3) et **langsamer**, *plus lentement*. Le suffixe **-er** est la marque du comparatif de supériorité. Voici d'autres exemples avec des adjectifs qualificatifs étudiés dans les leçons précédentes : **schnell**, *vite* → **schneller**, *plus vite* ; **schön**, *beau/belle* → **schöner**, *plus beau/belle* ; **spät**, *tard* → **später**, *plus tard*.

5 **Mit dem Auto...** ("avec la voiture"), *Avec cette voiture...* Retenez les points suivants :
– il s'agit d'une construction dative régie par la préposition **mit**, *avec* (**dem** = article défini neutre nominatif. Comme nous le verrons par la suite, **dem** correspond aussi au datif masculin) ;
– en allemand, l'article défini, ici **dem**, peut avoir la valeur de démonstratif. Dans ce cas, on l'accentue à l'oral ;
– et pour finir, retenez le genre et le pluriel : **das Auto** (neutre), **die Autos** (pluriel).

6 **Ihre Papiere bitte!**, *Vos papiers s'il vous plaît !* Souvenez-vous que **Ihr**- avec **I** majuscule correspond au déterminant possessif de la forme de politesse *votre/vos* (voir L10, N5). Dans l'exemple du dialogue, le **-e** final est la marque du pluriel.

7 **Haben Sie die Schilder nicht gesehen?**, *Vous n'avez pas vu les panneaux ?* Il s'agit d'une phrase au parfait (équivalent du passé composé en français) et le participe passé, ici **gesehen**, *vu*, se place toujours en fin de phrase. **Ich habe die Schilder nicht gesehen**, *Je n'ai pas vu les panneaux*.

***

Übung 1 – Übersetzen Sie bitte!

❶ Kannst du bitte langsamer fahren? ❷ Hast du die Schilder gesehen? ❸ Ich muss zweihundertdreißig Euro Strafe zahlen. ❹ Freust du dich? ❺ Endlich Ferien!

***

Übung 2 – Ergänzen Sie bitte!

❶ 135 kilomètres/heure
.... Stundenkilometer

❷ Attention la police !
Achtung .... !

❸ 753 euros
.... Euro

❹ Je ne roule pas plus vite.
Ich ..... nicht ....

❺ C'est absurde.
Das ist ....

Vingt-cinquième leçon / 25

8 Pour l'interjection **Na, ja** il existe plusieurs traductions possibles ; **ja** perd ici son sens premier : *Eh bien !, Ma foi !, Bon !, Enfin !, Mouais !*

9 • **Das fängt ja gut an!**, *Ça commence bien !* **Ja**, déjà rencontré à la note précédente, fait partie de ces particules modales (comme **mal**) rajoutée dans une phrase pour moduler le ton. Dans cet exemple, elle ne se traduit pas.
• **anfangen**, *commencer*, est d'une part un verbe à particule séparable et d'autre part il change de voyelle aux 2ᵉ et 3ᵉ personnes du singulier du présent de l'indicatif, le **a** devient **ä** : ich fange an, du fängst an, er/sie/es fängt an, wir fangen an.

Corrigé de l'exercice 1
❶ Peux-tu rouler moins vite *(plus lentement)* s'il te plaît ? ❷ Tu as vu les panneaux ? ❸ Je dois payer 230 euros d'amende. ❹ Tu es content ? ❺ Enfin les vacances !

***

Corrigé de l'exercice 2
❶ hundertfünfunddreißig – ❷ – Polizei ❸ siebenhundertdreiundfünfzig – ❹ – fahre – schneller ❺ – Unsinn

Est-il vrai que **die deutschen Autobahnen**, *les autoroutes allemandes, n'ont pas de limitation de vitesse ? Oui, ceci est vrai pour certaines portions d'autoroute. Néanmoins, la vitesse conseillée est 130 km/h. On retrouvera aussi des portions avec des limitations temporaires (travaux, intempéries…) et des portions avec une limitation à 120 km/h. Quant à la première autoroute construite, il s'agit d'un tronçon de 20 kilomètres reliant Bonn à Cologne et inauguré le 6 août 1932 par Konrad Adenauer, maire de Cologne à cette époque.*

Sechsundzwanzigste Lektion
[zèks-ount-tsva'ntsikstë lèktsyo:n]

Der Reisepass [1]

1 – Wir **mü**ssen los. [2] Wir ver**pa**ssen sonst den **Flie**ger.
2 – Ich weiß [3], **a**ber ...
3 – **A**ber was? Was ist los? [4]
4 – Ich **fin**de **mei**nen Pass [5] nicht.
5 – Du **fin**dest **dei**nen Pass nicht! Das darf doch nicht wahr sein! [6] Ich ...
6 – Ist ja gut! [7] Hilf mir [8] **lie**ber, **mei**nen Pass zu **fin**den [9]. Vier **Au**gen **se**hen mehr als zwei. [10]

Prononciation
dé:ᵃ **raï**zë-pass **1** vi:ᵃ **mu**ssën lo:ss. vi:ᵃ fèr**pa**ssën zo'nst dé:n **fli:**gᵃ **2** içh vaïss **a:**bᵃ **3 a:**bᵃ vass? vass ist lo:ss **4** içh **fi'n**dë **maï**nën pass niçht **5** dou: **fi'n**dëst **daï**nën pass niçht! dass darf docH niçht va: zaïn! içh **6** ist ya gou:t! Hilf mi:ᵃ **li:**bᵃ **maï**nën pass tsou **fi'n**dën. fi:ᵃ **aou**guën **zé:**ën mé:ᵃ als tsvaï

Remarque de prononciation
(2), (5), (6) Profitons de cette leçon pour faire un petit rappel concernant la transcription *[ᵃ]*. Celle-ci vaut pour la terminaison **er** ainsi que le **r** qui suit une voyelle allongée et qui se prononce comme un **a** bref à peine soufflé : aber *[a:bᵃ]* ; wahr *[va:ᵃ]* ; mir *[mi:ᵃ]* ; lieber *[li:bᵃ]* ; vier *[fi:ᵃ]*.

Notes
1. der Reisepass/die Reisepässe, *le(s) passeport(s)*, est souvent abrégé **der Pass/die Pässe** dans la langue parlée.
2. **Wir müssen los.** Cette phrase combine la particule **los** avec le verbe de modalité **müssen**, *devoir*, et se traduit par *Nous devons y aller*. Nous avons vu le même genre de construction avec le verbe de modalité **können**, *pouvoir*, dans la leçon 9 (ph. 5) : **Ja, wir können los**, *Oui, nous*

Vingt-sixième leçon

Le passeport

1 – Nous devons [y] aller. Nous allons rater notre vol sinon *(ratons sinon le vol)*.
2 – Je sais, mais…
3 – Mais quoi ? Qu'est-ce qui se passe ?
4 – Je [ne] trouve pas mon passeport *(mon passeport pas)*.
5 – Tu [ne] trouves pas ton passeport *(ton passeport pas)* ! C'est pas vrai ! *(ça peut tout-de-même pas vrai être)* Je…
6 – Ça va ! Aide-moi plutôt à trouver mon passeport *(mon passeport à trouver)*. Quatre yeux valent mieux *(voient plus)* que deux.

---

pouvons y aller. Il est important de bien mémoriser tous ces exemples qui vous apportent non seulement du vocabulaire utile et pratique mais vous enseignent aussi des tournures idiomatiques propres à l'allemand.

3 Le verbe **wissen**, *savoir*, est un verbe dont la conjugaison est irrégulière. Au présent de l'indicatif, il se conjugue sur le même modèle que les verbes de modalité, le radical change au singulier et le pluriel est régulier : ich **weiß**, du **weißt**, er/sie/es **weiß**, wir wissen, ihr wisst, sie/Sie wissen.

4 **Was ist los?**, *Qu'est-ce qui se passe ?* Ici, la particule **los** a perdu son sens de détachement, de départ, et il est également difficile de traduire cette tournure mot à mot. Mémorisez-la, elle vous sera très utile.

5 Les déterminants possessifs se déclinent comme la négation **kein** : … **aber ich finde meinen Pass nicht**, … *mais je ne trouve pas mon passeport* → mein**en** Pass ; **Du findest deinen Pass nicht**, *Tu ne trouves pas ton passeport* → dein**en** Pass (ph. 5). Voici deux exemples au masculin accusatif et la terminaison est la même que **keinen**. (Voir tableau L21, §5.)

6 **Das darf doch nicht wahr sein!**, *Mais c'est pas vrai !* Voici un autre exemple où le verbe de modalité n'est pas employé dans son sens premier.

26 / Sechsundzwanzigste Lektion

7 **Ist ja gut!** relève du langage familier et se dit pour freiner quelqu'un d'agaçant et qui s'emporte un peu. Cette tournure équivaut à *Ça va !* Là aussi, vous noterez l'emploi de la particule modale **ja** d'où la difficulté d'indiquer une traduction mot à mot. L'essentiel est que vous vous habituiez à ces petits mots propres à l'allemand.

8 Le pronom personnel **mir**, *moi/me*, est la forme dative de **ich**, *je*, régi ici par le verbe **helfen**, *aider*. Ce point sera étudié par la suite. Par ailleurs, **helfen** fait partie des verbes en **e** subissant un changement de voyelle au présent de l'indicatif : **ich helfe, du hilfst, er hilft, wir helfen**…

***

Übung 1 – Übersetzen Sie bitte!
❶ Ich weiß alles. **❷** Hast du meinen Pass? **❸** Ich finde deinen Pass nicht. **❹** Hilf mir bitte! **❺** Wir müssen los.

***

Übung 2 – Ergänzen Sie bitte!
❶ J'ai ton passeport.
   Ich habe ………. …..

❷ Ça va ! Aide-moi !
   Ist .. … . ! Hilf mir!

❸ Aide-moi à trouver mon passeport.
   Hilf mir, ……… … zu finden.

❹ Elle sait tout.
   …… …. alles.

❺ Tu vas rater le vol sinon.
   Du verpasst sonst ….. ………

Vingt-sixième leçon / 26

9 **zu** + infinitif équivaut en français à la construction *à/de* + infinitif. En allemand, l'infinitif se trouve en fin de phrase : **Hilf mir lieber, meinen Pass zu finden**, *Aide-moi plutôt à trouver mon passeport*.

10 Voici une expression idiomatique qui pourrait vous servir dans une situation ou une autre : **Vier Augen sehen mehr als zwei** ("quatre yeux voient plus que deux"), *Quatre yeux valent mieux que deux*. Retenez aussi sa construction comparative **mehr als**, *plus que* : **mehr**, *plus*, est le comparatif de supériorité de **viel**, *beaucoup* (c'est une forme irrégulière) et **als** correspond à *que*.

***

Corrigé de l'exercice 1
❶ Je sais tout. ❷ As-tu mon passeport ? ❸ Je ne trouve pas ton passeport. ❹ Aide-moi s'il te plaît ! ❺ Nous devons y aller.

***

Corrigé de l'exercice 2
❶ – deinen Pass ❷ – ja gut – ❸ – meinen Pass – ❹ Sie weiß – ❺ – den Flieger

Siebenundzwanzigste Lektion
[*zi:bën-ount-tsva'ntsikstë lèktsyo:n*]

Alles hat ein Ende [1]

1 – Wollt ihr nicht **ba**den [2]? Das **Wa**sser ist **herr**lich.
2 – Wir **ko**mmen so**fort** ...
3 – Wie **schön**! [3] Es ist wie im Traum. [4]
4 – **Scha**de, dass **heu**te der **letz**te Tag ist [5].
5 – Tja [6] ... Es war [7] **a**ber ein **to**ller **Ur**laub [8].
6 – Denkt nicht an [9] **mor**gen und ge**nießt** den Mo**ment**! **Mor**gen ist ein **an**derer Tag.

Prononciation
*alèss Hat aïn **èn**dë **1** volt i:ª niçht **ba**:dën? dass **vass**ª ist **hèr**liçh **2** vi:ª **ko**mën zo**fort** **3** vi: cheu:n! èss ist vi: i'm traoum **4 cha**:dë dass Hoïtë dé:ª **lèts**të ta:k ist **5** tya: èss va:ª **a**:bª aïn **tol**ª **ou**:ªlaoup **6** dènkt niçht a'n **mor**guën ount gué**ni:st** dé:n mo**mènt**! **mor**guën ist aïn **an**derª ta:k*

Notes
1 das Ende signifie *la fin* et l'expression idiomatique **Alles hat ein Ende**, *Tout a une fin*, est la même en allemand qu'en français. Notez également la tournure **zu Ende sein**, *être fini* : **Der Film ist zu Ende**, *Le film est fini* ; **Es ist zu Ende**, *C'est fini*.

2 Le verbe **baden**, *se baigner*, peut être employé sans pronom réfléchi : **Wollt ihr nicht baden?**, *Vous ne voulez pas vous baigner ?* Mais dans le sens *se baigner / prendre un bain*, il peut également être employé avec un pronom réfléchi ou non : **(sich) baden → Ich bade (mich)**, *Je prends un bain*.

3 La conjonction **wie** signifie *comme* (**Wie du weißt, ...**, *Comme tu sais, ...*) mais dans le cas de l'exclamative, **wie** + adjectif qualificatif elle se traduit souvent par *Comme / Que c'est* + adjectif qualificatif, ex. : **Wie schön!**, *Comme / Que c'est beau !* ; **Wie schade!**, *Comme / Que c'est dommage !* ; **Wie komisch!**, *Comme c'est bizarre !*

4 Voici une nouvelle construction dative : **Es ist wie im Traum** ("c'est comme dans-le rêve"), *C'est comme dans un rêve* → **im** est la contrac-

101 • hunderteins [*Houndªt-aïns*]

Vingt-septième leçon

Tout a une fin

1 – Vous ne voulez pas vous baigner ? *(voulez vous pas baigner)* L'eau est magnifique.
2 – Nous arrivons tout de suite *(tout-de-suite)*...
3 – Comme [c'est] beau ! C'est comme dans un *(dans-le)* rêve.
4 – Dommage que ce soit le dernier jour aujourd'hui *(aujourd'hui le dernier jour est)*.
5 – Eh oui... Mais c'était des super vacances *(un super congé)*.
6 – [Ne] pensez pas à demain, et savourez le moment [présent] ! Demain est un autre jour.

---

tion de **in**, *dans* + **dem**, *le* (article défini masculin datif) car **der Traum**, pluriel **die Träume**, est masculin. Lorsque nous aborderons le datif nous reviendrons sur tous ces points. Pour l'instant, ils sont à mémoriser en apprenant des phrases/expressions. L'explication grammaticale suivra.

5 Cette leçon introduit un point important concernant la syntaxe allemande : dans une proposition subordonnée conjonctive (= proposition introduite par une conjonction de subordination comme **dass**, *que*), le verbe conjugué se place en fin de proposition. Observez bien ce passage de proposition principale à proposition subordonnée conjonctive : **Heute ist der letzte Tag** → **Schade, dass heute der letzte Tag ist** ("dommage que aujourd'hui le dernier jour est"), *Dommage que ce soit le dernier jour aujourd'hui* ; **Es ist wie im Traum** → **Ich finde, dass es wie im Traum ist** ("je trouve que comme dans-le rêve est"), *Je trouve que c'est comme dans un rêve* ; **Er kann nicht kommen** → **Schade, dass er nicht kommen kann** ("dommage qu'il pas venir peut"), *Dommage qu'il ne puisse pas venir aujourd'hui*.

6 Dans cet exemple, **Tja!**, *Eh oui !* exprime la résignation.

7 **Es war** ..., *Il était*..., correspond au prétérit (équivalent de l'imparfait en français) de **Es ist** ..., *Il est*...

hundertzwei *[Hound^et-tsvaï]* • 102

8 En allemand, **toll**, *super*, est un adjectif qui se décline en genre et en nombre quand il est employé comme adjectif épithète : masculin nominatif → **Es war ein toller Urlaub**, *C'était des super vacances* ; féminin nominatif → **Du bist eine tolle Frau**, *Tu es une super femme*. Souvenez-vous que l'adjectif attribut ne se décline pas : **Er ist toll**, *Il est super* ; **Sie ist toll**, *Elle est super* ; **Sie sind toll**, *Ils/Elles sont super*.

***

Übung 1 – Übersetzen Sie bitte!
❶ Alles hat ein Ende. ❷ Das Wasser ist herrlich. ❸ Ich denke an dich. ❹ Wie schön! ❺ Sie will baden.

***

Übung 2 – Ergänzen Sie bitte!
❶ Pensez aux vacances ! *(tutoiement pl.)*
.... den Urlaub!

❷ Dommage que ce soit le dernier jour aujourd'hui.
Schade, dass heute der letzte ....

❸ Dommage que tout ait une fin.
......, ... alles ein Ende hat.

Achtundzwanzigste Lektion
[acht-ount-tsva'ntsikstë lèktsyo:n]

Wiederholung – Révision

1 Les six verbes de modalité + *wissen*

Au cours des leçons, nous avons étudié les six verbes de modalité. Voici un récapitulatif de leur conjugaison au présent de l'indicatif ainsi que de leurs différentes significations dans le tableau ci-contre. Nous ajoutons à cette liste le verbe **wissen**, *savoir*, car il se conjugue comme un verbe de modalité bien qu'il n'en soit pas un. En règle générale, les verbes de modalité se construisent avec un infinitif rejeté en fin de phrase/proposition. Toutefois, l'infinitif peut être sous-entendu lorsqu'il est facilement déductible.

9 • **denken an**, *penser à*, est un autre exemple de verbe construit avec préposition : **Denkt nicht an morgen**, *Ne pensez pas à demain*. Il régit l'accusatif, ex. : **Ich denke an dich**, *Je pense à toi* ; **Denkst du an mich?**, *Tu penses à moi ?*

• Revenons sur la place de la négation **nicht** dans la phrase. Celle-ci se place devant un groupe prépositionnel, voir exemple du dialogue.

***

Corrigé de l'exercice 1
❶ Tout a une fin. ❷ L'eau est magnifique. ❸ Je pense à toi. ❹ Comme/Que c'est beau ! ❺ Elle veut se baigner.

***

❹ C'était super.
 Es war .....

❺ C'était comme dans un rêve.
 ..... wie im Traum.

Corrigé de l'exercice 2
❶ Denkt an – ❷ – Tag ist ❸ Schade, dass – ❹ – toll ❺ Es war –

Vingt-huitième leçon

Leur emploi dépend du contexte/message à faire passer. Ils sont plus nuancés qu'en français et pour les traduire, il faut de temps en temps avoir recours à d'autres tournures de phrase ou verbes :
– **können** signifie *pouvoir / avoir la possibilité* et *savoir / avoir la capacité* : **Sie können ihn auf seinem Handy anrufen**, *Vous pouvez l'appeler sur son portable* ; **Kannst du nicht lesen?**, *Tu ne sais pas lire ?*
– **dürfen** signifie *pouvoir* dans le sens de *avoir le droit / la permission* et **nicht dürfen** exprime l'interdiction : **Ich darf mitkommen**, *J'ai la permission de venir avec (vous/toi)* ; **Hier darf man nicht parken!** ("ici a-le-droit on pas garer"), *Interdiction de se garer !*
– **müssen**, *devoir*, s'emploie pour exprimer un ordre / une obligation / le *"il faut"* français : **Sie müssen 120 Euro Strafe zahlen**, *Vous devez payer 120 euros d'amende* ; **Er muss aufstehen**, *Il faut qu'il se lève*.

– **sollen**, *devoir*, s'emploie pour exprimer un devoir moral / un ordre atténué / un conseil. Il s'emploie fréquemment dans une interrogation sur ce qu'on doit faire/dire… : **Was soll ich machen?**, *Que dois-je faire ?* ; **Du sollst nicht rauchen**, *Tu ne dois pas fumer*.
– **wollen** signifie *vouloir* (avec insistance) : **Willst du die Koffer bis hierher tragen?**, *Veux-tu porter les valises jusqu'ici ?* ; **Ich will hier bleiben**, *Je veux rester ici*.

– **mögen** est un verbe particulier. Conjugué au **Konjunktiv II** (= conditionnel en français), il peut avoir la fonction de verbe de modalité : **Ich möchte dich zum Essen einladen**, *J'aimerais t'inviter à dîner*. Il peut également avoir la fonction de verbe principal : **Wir möchten 2 Kilo Äpfel**, *Nous aimerions 2 kilos de pommes*.

	können *pouvoir/ savoir*	**dürfen** *pouvoir / avoir le droit / la permission*	**müssen** *devoir / il faut*	**sollen** *devoir* (atténué/ moral)
ich	kann	darf	muss	soll
du	kannst	darfst	musst	sollst
er, sie, es	kann	darf	muss	soll
wir	können	dürfen	müssen	sollen
ihr	könnt	dürft	müsst	sollt
sie	können	dürfen	müssen	sollen
Sie	können	dürfen	müssen	sollen

	wollen *vouloir*	**mögen** (conditionnel) *aimerais…*	**wissen** *savoir*
ich	will	möchte	weiß
du	willst	möchtest	weißt
er, sie, es	will	möchte	weiß
wir	wollen	möchten	wissen
ihr	wollt	möchtet	wisst
sie	wollen	möchten	wissen
Sie	wollen	möchten	wissen

Vingt-huitième leçon / 28

2 Le verbe *werden*

Il signifie *être* au futur, *devenir* au sens large du terme et se réfère au futur. Il se traduit soit par *devenir* ou bien par un futur proche : **Es wird bestimmt toll**, *Ça va sûrement être super* ; **Ich werde 40**, *Je vais avoir 40 ans*. Attention à sa conjugaison irrégulière : **ich werde, du wirst, er/sie/es wird, wir werden, ihr werdet, sie/Sie werden**.

3 Le pronom indéfini *man*

Il équivaut à *on* en français et régit également la 3ᵉ personne du singulier. Par contre, son emploi n'est pas toujours le même. Comme en français, il se réfère à un groupe général et indéfini : **Man ist so alt, wie man sich fühlt**, *L'âge, c'est dans la tête* ("on est aussi vieux que on se sent"). Mais à l'inverse du français, il ne peut pas se substituer au pronom personnel **wir**, *nous* : **Also! Was machen wir?** ("que faisons nous"), *Alors ! Qu'est-ce qu'on fait ?*

4 Les nombres jusqu'à 999

– **100** se dit **hundert** ou **einhundert** et pour les autres centaines rondes, on indique l'unité + **hundert** : **200 zweihundert, 500 fünfhundert, 900 neunhundert**.
– Les autres centaines, se forment avec la centaine + (l'unité + **und**) + la dizaine : **120** → (ein)hundert + zwanzig → **(ein)hundertzwanzig**, **145** → (ein)hundert + fünf und + vierzig → **(ein)hundertfünfundvierzig**, **457** → vierhundert + sieben und + fünfzig → **vierhundertsiebenundfünfzig**.
Notez que les nombres s'écrivent attachés jusqu'à 999 999.

5 L'heure

Avant d'aborder les nouveautés de cette série, rappelons deux points abordés dans la série précédente (L15 à 21) :
– pour les heures entières, on indique le chiffre/nombre et éventuellement le terme **Uhr**, *heure(s)* : **3 (drei) (Uhr)**, *3 heures*. Attention ! *1 heure* se dit soit **eins**, soit **ein Uhr** ;
– pour la demie, on parle par rapport à l'heure à venir : **halb zwei**, *une heure et demie*, litt. "demie deux" ; **halb vier**, *trois heures et demie*, litt. "demie quatre".

Poursuivons avec les nouveaux points vus dans cette série :
– jusqu'à *vingt*, on emploie la préposition **nach**, *après*, en indiquant d'abord les minutes puis l'heure entière : **zwanzig nach drei**, *3 heures 20* ;
– à partir de *moins vingt*, on emploie la préposition **vor**, *avant*, toujours en indiquant d'abord les minutes puis l'heure entière : **zehn vor drei**, *3 heures moins 10* ;
– *et quart* se dit **Viertel nach** et *moins le quart*, **Viertel vor** : **Viertel vor fünf**, *cinq heures moins le quart* ; **Viertel nach fünf**, *cinq heures et quart*.

***

▶ Wiederholungsdialog

1 – Willst du nicht baden? Das Wasser ist herrlich.
2 – Nein wir haben keine Zeit. Dein Bruder wartet schon auf uns.
3 – Wie spät ist es?
4 – Halb fünf.
(...)
5 – Anna! Was machst du? Es ist Viertel vor fünf. Wir müssen los. Wir verpassen sonst den Flieger.
6 – Ich komme sofort. Schade, dass die Ferien zu Ende sind. Es ist toll hier.
7 – Tja, alles hat ein Ende.

***

Übersetzen Sie bitte!
❶ Es ist zwanzig vor fünf. ❷ Es ist zehn nach sieben.
❸ Wir dürfen hier nicht parken. ❹ Es wird sehr warm.
❺ Kannst du schwimmen?

Et attention au point suivant :
– pour *25* et *moins 25*, on dit : **fünf vor halb drei**, *2 heures 25*, litt. "cinq avant demie trois" et **fünf nach halb drei**, *2 heures 35*, litt. "cinq après demie trois".

Assez de grammaire pour cette fois-ci. Peut-être avez-vous des questions ? Ne vous inquiétez pas, c'est normal. De nombreux points de grammaire seront répétés afin d'être approfondis. Pour l'instant, détendez-vous avec ce dialogue. Rien ne vaut la pratique.

***

Traduction
1 Tu ne veux pas te baigner ? L'eau est magnifique. **2** Non, nous n'avons pas le temps. Ton frère nous attend déjà. **3** Quelle heure est-il ? **4** Quatre heures et demie. **5** Anna ! Qu'est-ce que tu fais ? Il est déjà cinq heures moins le quart. Nous devons y aller. / On doit y aller. Nous allons rater notre vol sinon. **6** J'arrive tout de suite. Dommage que les vacances soient finies. C'est super ici. **7** Eh oui, tout a une fin.

***

Corrigé
❶ Il est 5 heures moins 20. ❷ Il est 7 heures 10. ❸ Nous n'avons pas le droit de stationner ici. ❹ Il va faire très chaud. ❺ Tu sais nager ?

29 Neunundzwanzigste Lektion

À partir de maintenant, la transcription phonétique des dialogues sera allégée. Nous ne donnerons que celle des termes plus complexes ou moins faciles à déduire.

Gratuliere! [1]

1 – **Gu**ten Tag Frau Schmidt! Wie kann ich **Ih**nen **hel**fen? [2]
2 – Ich **su**che ein **lan**ges Kleid.
3 – Für **wel**che Ge**le**genheit?
4 – **Un**sere [3] **Toch**ter **hei**ratet [4].
5 – **Ih**re **Toch**ter **hei**ratet! Ich gratu**lie**re! Wenn Sie mir **bit**te **fol**gen **wol**len.
6 **Wel**che [5] **Grö**ße **tra**gen [6] Sie? 40 (**vier**zig) / 42 (**zwei**undvierzig)?
7 – Nein, **heu**te **tra**ge ich **Grö**ße 44 (**vier**undvierzig)! Mit dem **Al**ter nimmt man ja zu. [7] □

Prononciation
*gratouli:rë 1 ... chmit ... i:nën ... 2 ... zou:cHë ... la**ñ**guess klaït 3 ... vèlçhë guélé:guenHaït 4 ounzerë tocHtª Haïra:tët 5 ... vèn ... folguën ... 6 ... greu:ssë tra:guën ... 7 ... altª ni:mt ... tsou:*

Remarque de prononciation
(1), (3), (5), (6) Pensez à prononcer le **w** comme un *[v]* : **wie** *[vi:]* ; **welche** *[vèlçhë]* ; **wenn** *[vèn]*.

Notes
1 **Gratuliere!** ("félicite") ou **Ich gratuliere!** ("je félicite") (ph. 5) correspond à *Félicitations !*
2 Si vous cherchez un article dans un magasin (vêtement, chaussures…) on vous abordera généralement avec la tournure **Wie kann ich Ihnen helfen?** ("comment puis je à-vous aider ?"), *Je peux vous aider ?* et si

Vingt-neuvième leçon

Félicitations ! *(félicite)*

1 – Bonjour *(bon jour)* madame Schmidt. Je peux *(comment puis je)* vous aider ?
2 – Je cherche une robe longue *(longue robe)*.
3 – Pour quelle occasion ?
4 – Notre fille [se] marie.
5 – Votre fille [se] marie ! Félicitations ! *(je félicite)* Si vous voulez bien me suivre *(à-moi s'il-vous-plaît suivre voulez)*.
6 Quelle taille faites-vous *(portez vous)* ? [Un] 40/42 ?
7 – Non, aujourd'hui je fais du *(porte je taille)* 44. Avec l'âge, on grossit *(prend on plus)*.

nécessaire, on vous dira aussi **Wenn Sie mir bitte folgen wollen/möchten** ("si vous à-moi s'il-vous-plaît suivre voulez"), *Si vous voulez bien me suivre* (ph. 5). Notez que **wenn** est une conjonction de subordination qui signifie entre autres *si*. Nous reviendrons sur cette conjonction en leçon 31, note 5.

3 **Unsere Tochter heiratet**, *Notre fille se marie*, introduit le déterminant possessif **unser-**, *notre*. **Ihr-**, *votre* (avec **I** majuscule), déjà rencontré en L10, ph. 2 équivaut au *vous* de politesse : **Ihre Tochter heiratet**, *Votre fille se marie*. Souvenez-vous que **ihr-** (avec **i** minuscule) s'emploie pour la 3ᵉ personne du féminin singulier → **Anna und ihre Schwester sind da**, *Anna et sa sœur sont là* (*cf.* L11, N1). Par ailleurs, **ihr-** (avec **i** minuscule) s'emploie aussi pour la 3ᵉ personne du pluriel → **Ja, ihr Sohn heiratet**, *Oui, leur fils se marie*. N'oubliez pas que les déterminants possessifs se déclinent comme la négation **kein-** (*cf.* L21, §5).

4 Contrairement à *se marier*, **heiraten**, n'est pas pronominal : **ich heirate**, *je me marie* ; **du heiratest**, *tu te maries*, etc.

5 Le déterminant (dit aussi l'adjectif) interrogatif **welch-** équivaut à *quel-* en français. Il se décline comme l'article défini (*cf.* leçons de révision 14, §3 et 21, §1.1). **Welche Größe tragen Sie?**, *Quelle taille faites-vous ?* = accusatif féminin ; **Welchen Freund kennst du?**, *Quel ami connais-tu ?* = accusatif masculin ; **Welcher Tag ist heute?** (litt. "quel jour est aujourd'hui ?"), *Quel jour sommes-nous ?* = nominatif masculin. Comme en français, un adjectif/pronom interrogatif peut être précédé d'une préposition : **Für welche Gelegenheit?**, *Pour quelle occasion ?* (ph. 3) accusatif féminin car **für** régit l'accusatif et **die Gelegenheit** (en), *l'occasion* est féminin.

***

Übung 1 – Übersetzen Sie bitte!
❶ Wann heiratet Ihr Sohn? ❷ Welche Größe trägt er? ❸ Warum nimmt er zu? ❹ Es wäre eine gute Gelegenheit. ❺ Unsere Tochter heiratet.

***

Übung 2 – Ergänzen Sie bitte!
❶ Pour quelle occasion ?
 . . . . Gelegenheit?

❷ Nous nous marions demain.
 Wir . . . . morgen.

❸ Comment puis-je vous aider ?
 . . . . ich Ihnen helfen?

❹ Quelle robe veux-tu ?
 . . . . willst du?

❺ Je connais votre fils. (*vous* de pol.)
 Ich kenne . . . .

Vingt-neuvième leçon / 29

6 • Notez l'emploi du verbe **tragen**, *porter*, traduit par *faire* dans les deux exemples suivants : **Welche Größe tragen Sie?** ("quelle taille portez-vous ?"), *Quelle taille faites-vous ?* ; **Ich trage Größe ...** ("je porte taille..."), *Je fais un...*

• **tragen** change de voyelle aux 2ᵉ et 3ᵉ personnes du singulier du présent de l'indicatif : **ich trage, du trägst, er/sie/es trägt** ...

7 **zunehmen**, *grossir*, est un verbe à particule séparable. Celle-ci est rejetée en fin de phrase : **Mit dem Alter nimmt ja man zu**, *Avec l'âge, on grossit*. Notez son contraire : **abnehmen**, *maigrir*, également verbe à particule séparable → **ich nehme ab**, *je maigris...*

***

Corrigé de l'exercice 1
❶ Quand se marie votre fils ? ❷ Quelle taille fait-il ? ❸ Pourquoi grossit-il ? ❹ Ce serait une bonne occasion. ❺ Notre fille se marie.

***

Corrigé de l'exercice 2
❶ Für welche – ❷ – heiraten – ❸ Wie kann – ❹ Welches Kleid – ❺ – Ihren Sohn

30

Dreißigste Lektion

Liebe Hannah, lieber Thomas [1]

1 – Wie geht's euch? [2]
2 Ich bin seit [3] **En**de Au**gu**st in Wien.
3 Ich **füh**le mich [4] hier sehr wohl, und ich **ha**be **ei**ne **ne**tte WG [5] ge**fun**den [6].
4 **Ges**tern **ha**tte ich [7] **mei**nen **ers**ten **Gei**genunterricht.
5 Mein **Leh**rer ist **kla**sse [8], und er sieht ganz gut aus [9]!!!
6 **Ü**bermorgen **ha**be ich **wie**der **Un**terricht. Ich **freu**e mich schon da**rauf**.
7 **Herz**liche **Grü**ße,
8 **Eu**re **Ste**ffi. [10]

Prononciation

*li:bë Hana: **li:**bᵃ **to:**mas 1 ... oïch 2 ... zaït ... 3 ... **fu:**lë ... vo:l ... **nè**të vé gué gué**foun**dën 4 **guès**tᵃn **Ha**ttë ... **èrs**tën **gaï**guën-ountᵃricht 5 ... **lé:**rᵃ ... **kla**ssë ... zi:t ... aouss 6 **u:**bᵃr-**mor**guën ... **oun**tᵃricht ... **froï**ë ... da**rauf** 7 **hèrts**lichë **gru:**ssë 8 **oï**rë **chtè**fi*

Remarque de prononciation

(3) Attention à la prononciation des lettre **WG** ; le **w** allemand se dit *[vé]* et le **g** *[gué]*. Voici les autres lettres de l'alphabet pour lesquelles la prononciation n'est pas la même qu'en français, ceci vous servira au cas où vous devriez épeler un nom : **c** *[tsé]* ; **e** *[é]* ; **h** *[ha]* ; **j** *[yot]* ; **q** *[cou]* ; **u** *[ou]* ; **v** *[faou]* ; **y** *[ipsilonne]* ; **z** *[tsèt]*.

Notes

1 Pour introduire une lettre peu formelle ou s'adressant à quelqu'un de cher / bien aimé, on commence généralement par **Lieber** ("gentil") (**Thomas** ...), *Cher (Thomas...)* ; **Liebe** ("gentille") (**Hannah** ...), *Chère (Hannah...)* ; **Liebe** (**Kinder** ...) *Chèr(e)s* ("gentils/gentilles") *(enfants,...)*. Dans le cas

113 • hundertdreizehn *[Houndᵃt-draï-tsé:n]*

Trentième leçon

Chère Hannah, cher Thomas

1 – Comment allez-vous *(va ça à-vous)* ?
2 Je suis depuis fin août à Vienne.
3 Je m'y sens très bien *(sens me ici très bien)*, et j'ai trouvé une coloc sympa *(une sympa coloc trouvé)*.
4 Hier, j'avais mon premier cours de violon *(avais je mon premier violon-cours)*.
5 Mon professeur est super, et il est pas mal *(entièrement bien)* !!!
6 Après-demain *(sur-demain)*, j'ai *(ai je)* de nouveau *(de-nouveau)* cours. Je me réjouis déjà. *(je réjouis me déjà là-sur)*
7 Je vous embrasse *(chaleureuses salutations)*,
8 Steffi *(votre Steffi)*

d'une lettre plus formelle, on emploie **Sehr geehrter** *[guéé^ata]* **Herr Schmidt*** ... ("très honoré monsieur Schmidt"), *Cher monsieur (Schmidt ...)* ; **Sehr geehrte** *[guéé^atë]* **Frau Schmidt*** ... ("très honorée madame Schmidt"), *Chère madame (Schmidt...)* ; **Sehr geehrte Damen und Herren** ("très honorés mesdames et messieurs") *Mesdames, Messieurs*.
*Au singulier, on ajoute obligatoirement le nom de famille de la personne.

2 **Wie geht's euch?**, *Comment allez-vous ?*, s'emploie quand on tutoie plusieurs personnes. On emploie **Wie geht's/es Ihnen?**, *Comment allez-vous ?*, quand on vouvoie une ou plusieurs personnes. Dans le langage parlé, on emploie souvent **'s** pour **es**. Dans le cas du vouvoiement cependant, cet emploi est moins fréquent.

3 Notez une nouvelle préposition : **seit**, *depuis*. Nous en reparlerons dans le cadre du datif.

4 Le verbe **sich** fühlen, *se sentir*, ainsi que **sich** freuen (auf ...), *se réjouir (de...)* sont des verbes pronominaux : **Ich fühle mich** hier sehr wohl, *Je m'y sens très bien* ; **Ich freue mich** schon darauf, *Je me réjouis déjà* (ph. 6). Pour la déclinaison complète du pronom réfléchi voir L33,

hundertvierzehn *[Hound^et-fi:^a-tsé:n]* • 114

N2. Nous aborderons plus tard l'emploi de **darauf** ainsi que d'autres constructions semblables.

5 **WG**, *coloc*, est l'abréviation de **die Wohngemeinschaft (en)**, *la colocation*, nom composé avec le verbe **wohnen**, *habiter* + le nom **die Gemeinschaft (en)**, *la communauté*.

6 **gefunden**, *trouvé*, est le participe passé de **finden**, *trouver*, et se construit avec l'auxiliaire **haben**, *avoir*.

7 **ich hatte, du hattest, er/sie/es hatte, wir hatten, ihr hattet, sie/Sie hatten**, *j'avais, tu avais...*, est le prétérit de **haben**, *avoir*.

8 **klasse sein** est synonyme de **super/toll sein**, *être génial/super* : **Mein Lehrer ist klasse**, *Mon professeur est super*.

9 Pour parler du physique, on emploie souvent **aussehen**, *avoir l'air/être physiquement*, verbe à particule séparable : **Wie sieht er aus?**, *Comment est-il physiquement ?* ; **Er sieht sehr gut aus**, *Il est très beau*. Mais **aussehen** peut aussi être employé pour prendre des nouvelles d'une per-

***

Übung 1 – Übersetzen Sie bitte!

❶ Sie fühlt sich nicht wohl. **❷** Wir freuen uns schon darauf. **❸** Sie sieht gut aus. **❹** Heute hatte ich meinen ersten Unterricht. **❺** Er ist klasse.

***

Übung 2 – Ergänzen Sie bitte!

❶ Cher Paul, (lettre non formelle)
...... **Paul**,

❷ Ils se sentent bien ici.
Sie .... hier wohl.

❸ Je n'avais pas le temps.
.... **keine Zeit**.

❹ Comment est-elle physiquement ?
Wie ..... sie ... ?

❺ J'ai trouvé une coloc sympa.
Ich habe eine nette ....

sonne ou de la situation en général : **Wie sieht's aus?**, *Comment ça va ?* ou *Ça en est où ?*

10 À la fin d'un courrier, on écrit **Herzliche Grüße** ("chaleureuses salutations") qui équivaut plus ou moins au *Je t'/vous embrasse* ou **(Viele) Liebe Grüße** ("(beaucoup) gentilles salutations") suivi de **dein**, *ton / euer*, *votre* + prénom masculin (**Dein/Euer Michael**) ou **deine**, *ta / eure*, *votre* + prénom féminin (**Deine/Eure Steffi**). Dans un courrier plus formel, on écrit le plus couramment **Freundliche Grüße** ("aimables salutations") ou **Mit freundlichem Gruß / freundlichen Grüßen** ("avec aimable(s) salutation(s)").

Corrigé de l'exercice 1
❶ Elle ne se sent pas bien. ❷ Nous nous réjouissons déjà. ❸ Elle est belle. ❹ Aujourd'hui, j'avais mon premier cours. ❺ Il est super.

***

Corrigé de l'exercice 2
❶ Lieber – ❷ – fühlen sich – ❸ Ich hatte – ❹ – sieht – aus ❺ – WG gefunden

Die Wohngemeinschaft, *la colocation, abrégée WG, est plus répandue en Allemagne qu'en France. Même si elle est en premier lieu réservée aux étudiants, elle concerne toutes les catégories socioprofessionnelles et tous les âges. Les locataires n'hésitent pas à vivre sous un même toit sans se connaître au préalable. Cette pratique est d'une part motivée par un souci d'économie mais d'autre part aussi par le désir de vivre en communauté,* **die Gemeinschaft** *signifiant* la communauté, *voir note 5.*

Einunddreißigste Lektion

Aujourd'hui, nous allons prendre un cours sur les déterminants possessifs "votre/vos" en allemand. Écoutez bien les explications de notre linguiste et germaniste, le professeur Tupige.

Das ist so schwer [1]!

1 – „**Er**gänzen Sie **bi**tte **eu**(e)r- **o**der Ihr-?" [2] Ich ver**ste**he nur **Bahn**hof! [3]
2 – Schau! Man be**nutzt** [4] „**eu**(e)r-", wenn man **meh**rere Per**so**nen duzt [5], z.B (zum **Bei**spiel) [6]:
3   „**Ha**llo **Kin**der! Habt ihr **eu**re **Bü**cher da**bei**?" Man be**nutzt** „Ihr-", wenn man die Per**son**/Per**so**nen siezt:
4   „**Gu**ten **A**bend Herr **Mai**er, **ha**ben Sie **Ih**r Buch da**bei**?" Und jetzt du! [7] Was sagt man?
5 – Mmh ... „**Ha**llo! Ihr ..." Nein! „**eu**er **Va**ter ist da.
6   Herr Schmidt, **Ih**re **Mu**tter und **Ih**re **Schwes**ter sind da."
7 – Na siehst du! [8] Du hast es ver**stan**den. [9]   ☐

Prononciation
... zo: chvé:ᵃ **1** ... o:dᵃ ... nou:ᵃ **ba:n**-ho:f **2** chaou ... bé**noutst** ... **mè:**rërë pèr**zo:**nën ... tsoum **baï**chpi:l **3** ... **ki'nd**ᵃ ... **bu:**çhᵃ ... pèr**zo:n** ... zi:tst **4** ... Hèr **maï**ᵃ... **5** ... **fa:**tᵃ ... **6** ... **mou**tᵃ ... **chvès**tᵃ ... **7** ... fèr**chta'n**dën

Remarque de prononciation
(1), (2), (3), (7) Les préfixes verbaux **ver-**, **be-**, **er-** sont inaccentués et l'accent tonique porte sur la deuxième syllabe des verbes : ver**stehe** *[fèr**chté:**ë]*, be**nutzt** *[bé**noutst**]*, ver**standen** *[fèr**chta'n**dën]*. Il existe d'autres préfixes verbaux non accentués : **emp-**, **ent-**, **er-**, **ge-**, **miss-**, **zer**. Ces préfixes correspondent aux particules inséparables, voir la note 4.

Trente et unième leçon

C'est si difficile

1 – "S'il vous plaît complétez [avec] **eu(e)r** ou **Ihr** *(votre/vos)*." Je n'y comprends absolument rien. *(je comprends seulement gare)*

2 – Regarde ! On emploie **eu(e)r-** *(votre/vos)* quand on tutoie plusieurs personnes *(plusieurs personnes tutoie)*, par exemple :

3 "Hallo Kinder! Habt ihr eure Bücher dabei?" (Salut [les] enfants ! Vous avez *(avez vous)* vos livres avec vous *(là-chez)* ?) On emploie **Ihr-** *(votre/vos)* quand on vouvoie la/les personne(s) *(personne/personnes vouvoie)* :

4 "Guten Abend Herr Maier, haben Sie ihr Buch dabei" (Bonsoir monsieur Maier, vous avez votre livre avec vous *(avez vous votre livre là-chez)*) ? À toi maintenant ! *(et maintenant tu)* Qu'est-ce qu'on dit ? *(que dit on)*

5 – Mmh… "Hallo! **Ihr** …" ("Salut ! *Votre* …") Non ! "**euer** Vater ist da." *(votre père est là)*.

6 "Herr Schmidt, **Ihre** Mutter und **Ihre** Schwester sind da." (Monsieur Schmidt, *votre* mère et *votre* sœur sont là."

7 – Alors tu vois *(vois tu)* ! Tu as compris *(le compris)*.

Notes

1 **so** + adjectif/adverbe correspond à *si* + adjectif/adverbe en français : **Das ist so schwer**, *C'est si difficile* ; **Nicht so schnell!**, *Pas si vite !*

2 Les déterminants possessifs **eu(e)r-** et **Ihr-** se traduisent tous les deux par *votre/vos* mais s'emploient différemment. On utilise **eu(e)r-** quand on tutoie plusieurs personnes et **Ihr-** quand on vouvoie une ou plusieurs personnes : **Hallo Kinder! Habt ihr eure Bücher dabei**, *Salut les enfants ! Vous avez vos livres avec vous ?* (ph. 3) ; **Herr Schmidt, Ihre Mutter und Ihre Schwester sind da**, *Monsieur Schmidt, votre mère et votre sœur sont là* (ph. 6). Notez également que **eu(e)r-** perd son **e** du radical lorsqu'il comporte une terminaison : **Ich treffe euren Sohn**, *Je rencontre votre fils*.

3 Si vous ne comprenez absolument pas quelque chose, dites simplement **Ich verstehe nur Bahnhof**, *Je n'y comprends absolument rien* ("je comprends seulement gare") (*cf.* note culturelle à la fin de cette leçon).

4 L'allemand comporte des verbes à particule séparable (voir L10, N3) et des verbes à particules inséparables comme **be**nutzen, *employer* (ph. 2 et 3), et **ver**stehen, *comprendre* (ph. 1 et 7). Il existe en tout huit particules inséparables. Dans un premier temps, apprenez à reconnaître ces particules. Il s'agit de **be-, emp-, ent-, er-, ge-, miss-, ver-, zer**. Pour les mémoriser plus facilement, voici un moyen mnémotechnique : Cerbère (**zer-, be-, er-**) gémit (**ge-, miss-**) en (**emp-**) enfer (**ent-, ver-**).

5 • **wenn**, conjonction de subordination déjà rencontrée en L29, signifie aussi *quand* : ... **wenn man mehrere Personen duzt**, ... *quand on tutoie*

***

Übung 1 – Übersetzen Sie bitte!
❶ Die Übung ist so schwer. ❷ Haben Sie Ihren Pass dabei? ❸ Ich habe es verstanden. ❹ Wie heißt euer Bruder? ❺ Wo ist Ihre Mutter?

***

Übung 2 – Ergänzen Sie bitte!
❶ Je n'y comprends absolument rien. *(tournure idiomatique)*
   Ich verstehe . . . .

❷ À toi maintenant !
   Und . . . . !

❸ Il ne fait pas si froid.
   Es ist nicht . . . .

❹ On emploie "**Ihr-**".
   . . . . „Ihr-".

❺ On dit „**eu(e)r-**" quand on tutoie plusieurs personnes.
   Man sagt „eu(e)r-", ... man mehrere Personen . . . . .

plusieurs personnes. N'oubliez pas que dans la proposition subordonnée conjonctive le verbe conjugué est à la fin. (*cf.* L27, N5).
• **mehrer-**, *plusieurs*, est un adjectif indéfini déclinable. Il se décline comme l'article défini pluriel **die**, *les*.

6 **z.B**. est l'abréviation de **zum Beispiel**, *par exemple*, **das Beispiel (e)** étant *l'exemple*.

7 Tournure à retenir : **Und jetzt du!** ("et maintenant tu"), *À toi maintenant !*

8 **Na, siehst du!**, *Alors tu vois !*, est une expression idiomatique que vous aurez sûrement l'occasion d'utiliser à l'oral.

9 **verstanden**, *compris*, est le participe passé de **verstehen**, *comprendre*, et se construit avec l'auxiliaire **haben**, *avoir*. Notez aussi l'emploi du pronom **es** en allemand : **Du hast es verstanden**, litt. "tu as ça compris".

***

Corrigé de l'exercice 1
❶ L'exercice est si difficile. ❷ Avez-vous votre passeport sur vous ? *(vouvoiement)* ❸ J'ai compris. ❹ Comment s'appelle votre frère ? *(tutoiement pl.)* ❺ Où est votre mère ? *(vouvoiement)*

***

Corrigé de l'exercice 2
❶ – nur Bahnhof ❷ – jetzt du ❸ – so kalt ❹ Man benutzt – ❺ – wenn – duzt

La traduction littérale de **Ich verstehe nur Bahnhof !**, *Je n'y comprends absolument rien ! peut paraître un peu surprenante : "je comprends seulement gare", ou pour être tout à fait juste train (pour* **die Bahn**) *cour (pour* **der Hof**). *Il s'agit d'une expression familière fréquemment employée et dont l'origine remonte à la fin de la première guerre mondiale. Les soldats rescapés n'attendaient qu'une seule chose : rentrer chez eux. On rapporte qu'ils ne répondaient aux questions que par* **Ich verstehe nur Bahnhof** *afin de faire comprendre que leur seul but était de se rendre à la gare et de prendre le train pour rentrer à la maison.*

Zweiunddreißigste Lektion

Der Wetterbericht

1 – „**Star**ke **Re**genfälle von **Mon**tag bis **Do**nnerstag [1], und am **Frei**tag **sin**ken die Tempera**tu**ren."
2 Was **ma**chen wir hier **ei**gentlich [2]?
3 – Tja, wir **ha**ben **lei**der Pech mit dem **We**tter [3].
4 – Und wie! Es ist kalt und nass. [4] Ich **ko**mme nicht **wie**der **hier**her.
5 – Du über**treibst**. Es ist hier **su**per, wenn das **We**tter schön ist.
6 – Ja, das kann sein [5], aber ich [6] **fah**re **näch**sten **So**mmer [7] in den **Sü**den. Ich will auf **Nu**mmer **si**cher **ge**hen. [8]

Prononciation
... **vèt**ᵃ-**bériçht** **1** **chtar**kë **ré:**guën-**fè**lë fo'n ... biss ... **ziñ**kën ... **tèmpératou:**rën **3** ... **vèt** **4** ... nass **5** ... ubᵃ**traïpst** ... **6** ... **nèk**stën **zo**mᵃ ... **zu:**dën ... **nou**mᵃ **ziç**hᵃ ...

Remarques de prononciation
(1), (4), (6) Entraînez-vous à prononcer le e final légèrement, sans l'accentuer, un peu comme si vous reteniez votre respiration : **starke** *[chtarkë]* ; **Regenfälle** *[ré:guën-fèlë]* ; **komme** *[komë]* ; **fahre** *[fa:rë]*.
(5) L'accent tonique du verbe **übertreiben** *[u:bᵃtraïbën], exagérer*, porte sur la deuxième syllabe comme dans le cas d'un verbe à particule inséparable.

Notes
[1] Cette leçon introduit la préposition de temps **von ... bis ...**, *de... à...* : **von Montag bis Donnerstag**, *de lundi à jeudi* ; **von 10 (zehn) bis 12 (zwölf)**, *de 10 à 12*. Employée seule, la préposition **bis** se traduit par

Trente-deuxième leçon

Le bulletin météo *(temps-communiqué)*

1 – "Fortes chutes de pluie *(pluie-chutes)* de lundi à jeudi, et vendredi *(au vendredi)* baisse des *(baissent les)* températures."
2 Mais qu'est-ce qu'on fait ici au juste ? *(que faisons-nous ici au-juste)*
3 – Ben, nous [n']avons malheureusement [pas de] chance *(poisse)* avec le temps.
4 – Et comment ! Il fait froid et humide. *(c'est froid et mouillé)* Je [ne] reviendrai pas ici *(reviens pas encore ici-vers)*.
5 – Tu exagères. C'est super ici *(ici super)* quand il fait beau *(le temps beau est)*.
6 – Oui, ça se peut *(ça peut être)* mais moi l'été prochain je pars dans le Sud *(je pars prochain été dans le sud)*. Je veux être sûre de mon coup. *(je veux sur numéro sûr aller)*

---

jusqu'à et régit l'accusatif : **Ich arbeite bis Dienstag**, *Je travaille jusqu'à mardi* ; **Bis nächsten Dienstag**, *À mardi prochain*. La terminaison **-en** est la marque de l'accusatif. Nous y reviendrons. **von** signifie aussi *de / de la part de* et régit un datif. Là aussi, nous y reviendrons.

2 L'adverbe **eigentlich** fait partie de ces mots qui peuvent avoir plusieurs traductions selon le contexte. Ici, il est traduit par *au juste* alors qu'en L24, ph. 4, il est traduit par *au fait*.

3 Notez bien que la préposition **mit**, *avec*, rencontrée plusieurs fois au cours de ces leçons, régit un datif et que **das** (article défini neutre) devient **dem** au datif : **das Wetter** → **mit dem Wetter**, *avec le temps* ; **das Auto** → **mit dem Auto** (L25, ph. 3) ; **das Alter** → **mit dem Alter** (L29, ph. 7).

32 / Zweiunddreißigste Lektion

4 Pour parler de la météo en allemand, on emploie souvent la tournure **Es ist** + adjectif, traduite par *Il fait* + adjectif : **Es ist kalt und nass**, *Il fait froid et humide* ; **Es ist warm**, *Il fait chaud* ; **Es ist schön**, *Il fait beau*.

5 À noter : **Ja, das kann sein** ("oui, ça peut être"), *Oui, ça se peut*.

6 Souvenez-vous que les pronoms toniques *moi, toi, lui* etc. se traduisent par les pronoms personnels accentués à l'oral : **… aber ich fahre nächsten Sommer in den Süden**, *… mais moi, l'été prochain, je pars dans le Sud.* ; **Ich, nein, ich kann das nicht machen**, *Moi, non, je ne peux pas faire ça*.

7 *le/la prochain(e)…* se traduit généralement par **nächst-…** et sans article. Il s'agit d'une tournure accusative. Voici d'autres exemples qui vous se-

***

Übung 1 – Übersetzen Sie bitte!
❶ Seid ihr von Freitag bis Sonntag da? ❷ Wohin fahren wir nächstes Jahr? ❸ Nächstes Mal komme ich früher. ❹ Es ist besser, wenn es kalt ist. ❺ Ich habe wirklich Pech.

***

Übung 2 – Ergänzen Sie bitte!
❶ Tu exagères toujours.
   Du ………… immer.

❷ Je travaille de 9 à 18 heures.
   Ich arbeite ……… Uhr.

❸ C'est mieux quand il fait beau *(le temps est beau)*.
   Es ist besser, ………… schön ist.

❹ Il ne fait pas chaud.
   ….. nicht warm.

❺ Je viendrai *(viens)* la semaine prochaine.
   Ich komme ………… .

ront utiles ; nous avons signalé en rouge les différentes terminaisons de **nächst-** qui correspondent aux marques de l'adjectif épithète dans un groupe nominal accusatif sans article : **nächsten Sommer**, *l'été prochain* (masculin) ; **nächste Woche**, *la semaine prochaine* (féminin) ; **nächstes Jahr**, *l'année prochaine* (neutre) ; **nächstes Mal**, *la prochaine fois* (neutre).

8 La tournure idiomatique **Ich will auf Nummer sicher gehen**, mot à mot "je veux sur numéro sûr aller", traduit la tournure française *Je veux être sûr de mon coup*.

***

Corrigé de l'exercice 1
❶ Vous êtes là de vendredi à dimanche ? ❷ Où partons-nous l'année prochaine ? ❸ La prochaine fois, je viendrai *(viens)* plus tôt. ❹ C'est mieux quand il fait froid. ❺ J'ai vraiment la poisse.

***

Corrigé de l'exercice 2
❶ – übertreibst – ❷ – von 9 bis 18 – ❸ – wenn das Wetter – ❹ Es ist – ❺ – nächste Woche

Dreiunddreißigste Lektion

Schnell, schnell!

1 – Ich **ge**he mit To**bi**as Bier **kau**fen. ¹
2 – **Gu**te I**dee**, aber be**eilt** euch ²! Gleich be**ginnt** die WM ³.
 (…)
3 – Mensch, **al**les ist **voll**geparkt … Ist mir jetzt e**gal** ⁴, ich **par**ke hier.
4 – **A**ber **Pa**pa ⁵, das ist ver**bo**ten.
5 – **Kei**ne Angst ⁶, ich be**ei**le mich.
6 – Ent**schul**digung! Sie **dür**fen hier nicht **par**ken.
7 – **Bit**te! Es **dau**ert nur zwei Mi**nu**ten. ⁷ Gleich be**ginnt** die WM.
8 – In **Ord**nung ⁸, aber **bit**te **ma**chen Sie schnell. □

Prononciation
chnèl … **1** … to**bi**:ass bi:ᵃ **kaou**fën **2** … i**dé**: … bé**aïlt** oïçh! glaïçh bé**gui**'nt … vé èm **3** … é**ga:l** … **4** … **pa**pa … fèr**bo**:tën **5** … a'ñgst … **7** … **daou**ᵃt … mi**nou**:tën … **8** … **ort**nou'ñg …

Remarque de prononciation
(2), (4), (5), (6), (7) Cette leçon comporte plusieurs verbes avec une particule inséparable (**be-**, **ent-**, **ver-**) et l'accent tonique porte donc sur la syllabe suivant ces particules, ex. : be**eilt** [bé**aïlt**] ; ver**bo**ten [fé:ᵃ**bo**:tën]. Ceci vaut aussi pour les autres catégories de mots : sich ent**schul**digen [… ènt**chou**ldiguen], s'excuser = verbe → Ent**schul**digung! [ènt**chou**ldigoung] ("excuse"), Pardon ! / Excuse(z)-moi ! = nom.

Notes
1 • **gehen**, aller, peut, comme en français, s'employer avec un infinitif. Attention à bien placer l'infinitif en fin de phrase : Ich gehe mit Tobias Bier **kaufen**, Je vais acheter de la bière avec Tobias. ; Wir gehen jetzt **schlafen**, Nous allons dormir maintenant.

Trente-troisième leçon

Vite, vite !

1 – Je vais acheter [de la] bière avec Tobias *(avec Tobias bière acheter)*.
2 – Bonne idée mais dépêchez-vous ! Le mondial va commencer dans un instant. *(tout-de-suite commence le mondial)*.
(…)
3 – Mince *(homme)*, tout est plein *(plein-stationné)*… Ça m'est *(est à-moi maintenant)* égal, je [me] gare ici.
4 – Mais papa, c'est interdit.
5 – T'en fais pas *(pas-de peur)*, je me dépêche *(dépêche me)*.
6 – Excusez-moi *(excuse)* ! Vous n'avez pas le droit de stationner ici *(avez-le-droit ici pas stationner)*.
7 – Je vous en prie ! *(s'il-vous-plaît)* J'en ai pour deux minutes. *(ça dure que deux minutes)* Le mondial va commencer dans un instant. *(tout-de-suite commence le mondial)*
8 – D'accord, mais, s'il vous plaît, faites vite. *(en ordre mais s'il-vous-plaît faites vous vite)*

• N'oubliez pas que l'allemand n'a pas d'article partitif et que le nom, dans ce cas **Bier**, s'emploie sans article.

2 sich beeilen, *se dépêcher*, est un verbe pronominal, sich, *se*, étant le pronom réfléchi. En allemand, on distingue les pronoms réfléchis accusatif et datif. On emploie les pronoms réfléchis accusatif lorsque la phrase ne comporte pas de complément accusatif (= d'objet direct) comme c'est le cas dans les ph. 2 et 5 (voir aussi L30, ph. 3 et 6). Les pronoms réfléchis se déclinent comme suit : **ich beeile mich**, *je me dépêche* ; **du beeilst dich**, *tu te dépêches* ; **er/sie/es beeilt sich**, *il/elle se dépêche* ; **wir beeilen uns**, *nous nous dépêchons* ; **ihr beeilt euch**, *vous vous dépêchez* (dans la ph. 2, il s'agit de l'impératif : **Beeilt euch!**,

Dépêchez-vous !) ; **sie beeilen sich**, *ils/elles se dépêchent* ; **Sie beeilen sich**, *vous vous dépêchez*.

3 **WM**, *mondial*, est l'abréviation de **die Weltmeisterschaft (en)**, *le championnat du monde*, nom composé de **die Welt**, *le monde* + **die Meisterschaft**, *le championnat*. Par la même occasion, notez que **Europa** signifie *Europe* et **die Europameisterschaft (en)**, abrégé en **EM**, *le championnat d'Europe*.

4 **(Es/Das) Ist mir egal**, *Ça m'est égal*, est une tournure au datif qui relève du langage parlé. Les pronoms impersonnels **es/das** peuvent être élidés.

5 Pour *papa et maman*, on dit généralement **Papa und Mama** ou bien **Papi und Mami**.

6 Pour rassurer quelqu'un, n'hésitez pas à dire **Keine Angst!** ("pas-de peur"), *Ne t'en fais pas ! / Ne vous en faites pas !*

***

Übung 1 – Übersetzen Sie bitte!
❶ Wir beeilen uns. ❷ Die WM dauert vier Wochen. ❸ Das ist mir nicht egal. ❹ Es dauert nur fünf Minuten. ❺ Sie geht jetzt schlafen.

***

Übung 2 – Ergänzen Sie bitte!
❶ S'il te plaît, dépêche-toi !
   Bitte, ...!

❷ T'en fais pas *("pas-de peur")*, ça ne dure pas longtemps.
   ...., es dauert nicht lange.

❸ Il se réjouit déjà.
   Er .... schon.

❹ D'accord, mais dépêchez-vous !
   ...., aber beeilt euch!

❺ Je vais acheter du café.
   Ich .... Kaffee ....

Trente-troisième leçon / 33

7 **dauern**, *durer*, se traduit dans ce cas par *en avoir pour* : **Der Unterricht dauert eine Stunde**, *Le cours dure une heure* ; **Es dauert nur zwei Minuten**, *J'en ai pour deux minutes*.

8 Pour dire *D'accord !*, vous pouvez employer la tournure **In Ordnung!**, mot à mot "en ordre".

Corrigé de l'exercice 1

❶ Nous nous dépêchons. ❷ Le mondial dure quatre semaines. ❸ Ça ne m'est pas égal. ❹ Ça ne dure que cinq minutes. / J'en ai pour cinq minutes. ❺ Elle va dormir maintenant.

***

Corrigé de l'exercice 2

❶ – beeil dich ❷ Keine Angst – ❸ – freut sich – ❹ In Ordnung – ❺ – gehe – kaufen

Les Allemands sont généralement réputés pour aimer **die Ordnung**, *l'ordre, et cela se reflète aussi dans la langue. D'accord se dit littéralement "en ordre !",* **In Ordnung!**, *et pour demander si tout va bien, on demande naturellement* **Ist alles in Ordnung?** *mot à mot "est tout en ordre ?".*

Vierunddreißigste Lektion

Ein gutes Gehalt

1 – Wow! Ihr seid ja ganz schön braun ge**wor**den [1]! **Wart** [1] ihr in **Ur**laub?
2 – Ja, wir **wa**ren zwei **Wo**chen auf Ta**hi**ti [2].
3 – Cool! Und wie war's [3]?
4 – Das war toll! Wir **wa**ren in **ei**nem **Ho**tel [4] mit Pri**vat**strand und **al**lem Drum und Dran [5].
5 – Habt ihr in der Lott**e**rie ge**wo**nnen? [6]
6 – Nein, ich **ha**be den Job ge**wech**selt. Und die **Fir**ma zahlt gut, so**gar** sehr gut.
7 Wir **ha**ben **un**seren **nächs**ten **Ur**laub schon ge**bucht**.

Prononciation

... gué**Halt** 1 wouaou ... braoun ... 2 ... ta**Hi**ti 4 ... **Ho**tèl ... pri**va:**t-chtra'nt ... **a**lèm droum ount dra'n 5 ... gué**vo**nën 6 ... djob gué**vèk**sèlt ... **fir**ma tsa:lt ... zo**ga:**ᵃ ... 7 ... gué**bou:**cHt

Remarque de prononciation

(Titre), (5), (6) Profitons de la fin de cette série pour faire un point concernant l'accent tonique. En règle générale, les noms allemands simples (sans préfixe et suffixe) portent l'accent tonique sur la première syllabe, mais les mots composés du préfixe **ge-** ou d'une particule inséparable portent l'accent sur la deuxième syllabe. En L31, nous avons vu plusieurs exemples de verbes à particule inséparable. Dans cette leçon, il s'agit du préfixe **ge-** à partir duquel se forment la grande majorité des participes passés ainsi que plusieurs mots : Gehalt *[gué**Halt**]* ; gewonnen *[gué**vo**nën]* ou encore gewechselt *[gué**vèk**sèlt]*.

Trente-quatrième leçon

Un bon salaire

1 – Wouah ! Qu'est-ce que vous avez bronzé *(vous êtes complètement beau marron devenus)* ! **Vous étiez** *(étiez-vous)* en vacances *(congé)* ?
2 – Oui, nous étions deux semaines à *(sur)* Tahiti.
3 – Cool ! Et c'était comment ? *(comment était ce)*
4 – C'était super ! Nous étions dans un hôtel avec plage privé *(privé-plage)* et tout le tralala.
5 – Vous avez gagné à la loterie ? *(avez vous dans-la loterie gagné)*
6 – Non, j'ai changé de job. *(le job changé)* Et la société paie bien, même très bien.
7 Nous avons déjà réservé nos prochaines vacances *(notre prochain congé déjà réservé)*.

Notes

1 Voici la conjugaison du verbe **sein** au prétérit (équivalent du passé simple et imparfait) : **ich war**, **du warst**, **er/sie/es war**, **wir waren**, **ihr wart**, **sie/Sie waren**, *j'étais, tu étais…*

2 … **auf Tahiti**, … *à Tahiti*, mot à mot "sur Tahiti". Pour une île, on emploie la préposition **auf**, *sur* : **Ich war auf Korsika**, *J'étais en Corse*.

3 Voici un autre exemple où **es** est élidé **'s** : **Und wie war's?** *Et c'était comment ?*

4 **Wir waren in einem Hotel …**, *Nous étions dans un hôtel…* Il s'agit d'un datif. La règle générale et la déclinaison seront vues un peu plus tard. Notez toutefois que **einem** correspond au datif de l'article indéfini neutre et masculin : **ein Hotel** = neutre ; **ein Garten** = masculin → **in einem Garten**, *dans un jardin*.

5 **mit allem Drum und dran** correspond en français à la tournure *avec tout le tralala*.

6 • **Ihr seid ja ganz schön braun geworden,** *Qu'est-ce que vous avez bronzé* ; **Habt ihr in der Lotterie gewonnen?,** *Vous avez gagné à la loterie ?*, **Nein, ich habe den Job gewechselt,** *Non, j'ai changé de job* ; **Wir haben den nächsten Urlaub schon gebucht,** *Nous avons déjà réservé nos prochaines vacances*, sont quatre phrases au parfait. Pour l'instant, notez que le parfait se construit pour de très nombreux verbes avec l'auxi-

***

Übung 1 – Übersetzen Sie bitte!
❶ Wo war er? ❷ Sie ist braun geworden. ❸ Sie haben hundertfünfundzwanzig Euro gewechselt. ❹ Wer hat die WM gewonnen? ❺ Warst du auf Korsika?

***

Übung 2 – Ergänzen Sie bitte!
❶ Tu étais très bronzé.
   . . . . sehr braun.

❷ Comment était l'hôtel ?
   . . . . . . das Hotel?

❸ Mon frère a gagné à la loterie.
   Mein Bruder . . . in der Lotterie . . . .

❹ Qui a changé de job ?
   Wer . . . den Job . . . . ?

❺ Je n'ai pas gagné.
   Ich habe . . . .

***

Bravo ! Vous venez de terminer une nouvelle série et la question est **Haben Sie alles verstanden?,** *Avez-vous tout compris ? Pour le savoir, passez maintenant à la leçon de révision et si, suite à celle-ci, il vous reste des doutes, n'hésitez pas à revenir en arrière pour revoir les éléments qui vous auraient échappés. Nous*

Trente-quatrième leçon / 34

liaire **haben**, *avoir*, et quelques fois avec **sein**, *être*. Quant au participe passé, il se forme généralement avec le préfixe **ge** (voir aussi L15, ph. 6) et se place toujours en fin de phrase/proposition.
• *gagner à la loterie* se traduit par **in der Lotterie gewinnen** "gagner dans la loterie" : **Habt ihr in der Lotterie gewonnen?**, *Vous avez gagné à la loterie ?*

***

Corrigé de l'exercice 1
❶ Où était-il ? ❷ Elle a bronzé. ❸ Ils ont changé 125 euros. ❹ Qui a gagné le mondial ? ❺ Tu étais en Corse ?

***

Corrigé de l'exercice 2
❶ Du warst – ❷ Wie war – ❸ – hat – gewonnen ❹ – hat – gewechselt ❺ – nicht gewonnen

vous conseillons une leçon par jour mais si vous en ressentez le besoin, vous pouvez tout à fait revenir ponctuellement sur les points avec lesquels vous vous sentez un peu moins à l'aise afin de les consolider.

Fünfunddreißigste Lektion

Wiederholung – Révision

1 Les déterminants possessifs au nominatif

	Masculin	Féminin	Neutre	Pluriel
ich	mein	meine	mein	meine
du	dein	deine	dein	deine
er	sein	seine	sein	seine
sie	ihr	ihre	ihr	ihre
es	sein	seine	sein	seine
wir	unser	unsere	unser	unsere
ihr	euer	eure	euer	eure
sie	ihr	ihre	ihr	ihre
Sie	Ihr	Ihre	Ihr	Ihre

Tous les déterminants possessifs ont été étudiés au cours des différentes leçons à l'exception de la 3ᵉ personne neutre **es** ; c'est le même déterminant possessif que pour le masculin : **sein** et **seine**.

Gardez bien en mémoire les points suivants :
• au nominatif, le masculin et le neutre se déclinent de la même manière ainsi que le féminin et le pluriel ;
• le radical (en gras) dépend du possesseur, la terminaison (en rouge) du possédé. Attention, le masculin et le neutre nominatif ne prennent pas de terminaison, ex.: possesseur **ich**, *je*, et possédé **der Bruder**, *le frère* (masculin) → **Mein Bruder heißt Michael**, *Mon frère s'appelle Michaël* ; possesseur **sie**, *ils/elles*, et possédés **die Eltern**, *les parents* (pluriel) → **Wer sind ihre Eltern?**, *Qui sont leurs parents ?*
• À la 3ᵉ personne du singulier, le radical **sein-** se réfère à un possesseur masculin ou neutre et **ihr-** à un possesseur féminin ; **ihr-** se réfère également à un possesseur pluriel.
a) possesseur masculin **Michael** et possédé féminin **die Mutter** → **Seine Mutter ist da**, *Sa mère est là* ;
b) possesseur neutre **das Kind**, *l'enfant*, et possédé masculin **der Vater** → **Sein Vater ist da**, *Son père est là* ;

Trente-cinquième leçon

c) possesseur féminin **Anna** et possédé féminin **die Mutter** → **Ja, ihre Mutter ist da**, *Oui, sa mère est là* ;
d) possesseur pluriel **Anna und Tobias** et possédé neutre **das Kind** → **Ja, ihr Kind heißt Elena**, *Oui, leur enfant s'appelle Elena*.
• Le déterminant possessif français *votre* se traduit par **eu(e)r-** si l'on tutoie les personnes et **Ihr-** si l'on vouvoie la/les personne(s), ex. : **Hi Michael! Hi Anna! Wo sind eure Pässe?**, *Salut Michaël ! Salut Anna ! Où sont vos passeports ?* ; **Guten Tag Herr Schneider, wo ist Ihr Pass bitte?**, *Bonjour monsieur Schneider, où est votre passeport s'il vous plaît ?* Attention à la particularité phonétique de **eu(e)r** qui perd son **e** du radical lorsqu'il prend une terminaison.

2 Les déterminants possessifs à l'accusatif

Ils se déclinent comme la négation **kein** (voir L21 §5). Donc là aussi, seul le masculin change par rapport au nominatif.

	Masculin	Féminin	Neutre	Pluriel
ich	meinen	meine	mein	meine
du	deinen	deine	dein	deine
er	seinen	seine	sein	seine
sie	ihren	ihre	ihr	ihre
es	seinen	seine	sein	seine
wir	unseren	unsere	unser	unsere
ihr	euren	eure	euer	eure
sie	ihren	ihre	ihr	ihre
Sie	Ihren	Ihre	Ihr	Ihre

Voici quelques exemples au masculin ainsi qu'au féminin, neutre et pluriel :
– possesseurs **Anna und Tobias** et possédé masculin **der Sohn**, *le fils* → **Kennst du ihren Sohn?**, *Connais-tu leur fils ?*
– possesseurs **Anna und Tobias** et possédé féminin **die Tochter**, *la fille* → **Kennst du ihre Tochter?**, *Connais-tu leur fille ?*
– possesseur **du**, *tu*, et possédé neutre **das Handy**, *le portable* → **Hast du dein Handy dabei?**, *Tu as ton portable sur toi ?*

– possesseurs **ihr**, *vous* (tutoiement), et possédé pluriel **die Kinder**, *les enfants* → **Wo sind eure Kinder?**, *Où sont vos enfants ?*
– possesseur **er**, *il*, et possédé masculin **der Hausschlüssel**, *la clé de maison* → **Er sucht seinen Hausschlüssel**, *Il cherche sa clé de maison*.

3 Le déterminant interrogatif *welch-*, "quel-"

Il se décline comme l'article défini.

	Masculin	Féminin	Neutre	Pluriel
Nominatif	welcher	welche	welches	welche
Accusatif	welchen	welche	welches	welche

Exemples :
– nominatif neutre : **Welches Kind ist es?**, *C'est quel enfant ?*
– nominatif pluriel : **Welche Eltern kennen das nicht?**, *Quels parents ne connaissent pas ça ?*
– accusatif masculin : **Welchen Schlüssel suchst du?**, *Quelle clé cherches-tu ?*
– accusatif féminin : **Welche Größe tragen Sie?**, *Quelle taille faites-vous ?*
– accusatif féminin introduit par **für**, *pour* : **Für welche Gelegenheit?**, *Pour quelle occasion ?*

4 Les prépositions de temps *bis*, "jusqu'à" et *von ... bis ...*, "de... à..."

Notez quelques exemples pour mieux les mémoriser :
Wir waren bis Mittwoch in Berlin, *Nous étions à Berlin jusqu'à mercredi*.
Ich arbeite von Montag bis Donnerstag, *Je travaille de lundi à jeudi*.
Wo warst du von 3 bis 5?, *Où étais-tu de 3 à 5 heures ?*

5 La conjonction de subordination *wenn*, "si/quand"

wenn est une conjonction de subordination qui exprime aussi bien le *si* conditionnel que *quand*. Rappel : dans la proposition subordonnée conjonctive, le verbe conjugué se trouve à la fin. Il est souligné dans les exemples qui suivent :
Wenn Sie mir bitte folgen <u>wollen</u>, *Si vous <u>voulez</u> bien me suivre*.
... wenn man mehrere Personen <u>duzt</u>, *... quand on <u>tutoie</u> plusieurs personnes, ...*

6 Les pronoms réfléchis accusatif

	sich beeilen, *se dépêcher*	**sich freuen** *se réjouir*	**sich fühlen** *se sentir*
ich	beeile mich	freue mich	fühle mich
du	beeilst dich	freust dich	fühlst dich
er, sie, es	beeilt sich	freut sich	fühlt sich
wir	beeilen uns	freuen uns	fühlen uns
ihr	beeilt euch	freut euch	fühlt euch
sie	beeilen sich	freuen sich	fühlen sich
Sie	beeilen sich	freuen sich	fühlen sich

Un verbe pronominal se construit avec un pronom réfléchi accusatif si la phrase ne comporte pas d'accusatif, c'est à dire de COD. En d'autres termes, le pronom réfléchi joue le rôle de complément accusatif, ex. :
Beeilt euch!, *Dépêchez-vous !*
Freust du dich?, *Tu te réjouis ? / Tu es content ?*
Ich fühle mich in Wien sehr wohl, *Je me sens très bien à Vienne.*

Wiederholungsdialog

1 – Was ist los?
2 – Wir fühlen uns nicht wohl und sind müde. Wir hatten von neun bis vier Uhr Französischunterricht.
3 – Warum schlaft ihr nicht eine halbe Stunde?
4 – Wir haben keine Zeit. Wir müssen unsere Übungen machen, und wir verstehen nur Bahnhof. Französisch ist so schwer!
5 – Warum ruft ihr nicht Leo an? Er ist Französischlehrer.
6 – Er ist leider nicht da.
7 – Schade, ich habe aber eine andere Idee. Kennt ihr das Buch „Französisch ohne Mühe"?
8 – Jaaaa! Das ist eine sehr gute Idee.

Traduction

1 Qu'est-ce qui se passe ? **2** Nous ne nous sentons pas bien et sommes fatigués. Nous avions cours de français de 9 à 4 heures. **3** Pourquoi est-ce que vous ne dormez pas une demi-heure ? **4** Nous n'avons pas le temps. Nous devons faire nos exercices et nous n'y comprenons absolument rien. C'est si difficile le français ! **5** Pourquoi n'appelez-vous pas Léo ? Il est professeur de français. **6** Il n'est malheureusement pas là. **7** Dommage, mais j'ai une autre idée. Vous connaissez le livre *Le français sans peine* ? **8** Ouiiii ! C'est une très bonne idée.

Sechsunddreißigste Lektion

Die Bikini-Diät

1 – Was **möch**tet ihr zum **Nach**tisch [1]?
2 – **Ei**nen **Ku**chen!
3 – Und was für **ei**nen **Ku**chen [2]?
4 – **Ei**nen Schoko**la**denkuchen.
5 – Oh nein, nicht schon **wie**der [3]! Ich will **ei**nen **Obst**kuchen mit **Sah**ne.
6 – Ich mag [4] aber **kei**nen **Obst**kuchen und auch **kei**ne **Sah**ne.
7 – Hm! ... Und du **Stef**fi? Was **möch**test du?
8 – Ich will **kei**nen **Nach**tisch. **Dan**ke.
9 – Wie**so**? [5] Isst du nicht gern [6] **Ku**chen?
10 – Doch, nur **ha**be ich schon mit der Bi**ki**ni Di**ät** be**gon**nen. [7]

Prononciation

... bi**ki**:ni-di**è**:t **1** ... **na**:cH-tich **2** ... **kou**:cHën **4** ... choko**la**:dën-kou:cHën **5** ... **o**:pst-kou:cHën ... **9** vi**zo**: ... guèrn ... **10** docH ... bé**go**nën

Übersetzen Sie bitte!

❶ Kennen Sie seinen Vater? ❷ Haben Sie Ihren Pass dabei? ❸ Beeil dich! ❹ Welches Buch suchst du? ❺ Ich rufe dich an, wenn ich da bin.

Corrigé
❶ Connaissez-vous son père ? ❷ Avez-vous votre passeport avec vous ? ❸ Dépêche-toi ! ❹ Quel livre cherches-tu ? ❺ Je t'appelle quand je suis là.

Trente-sixième leçon

Le régime bikini *(bikini-diète)*

1 – Qu'est-ce que vous aimeriez pour le dessert ? *(que voudriez vous pour-le dessert)*
2 – Un gâteau.
3 – Et quoi comme *(pour un)* gâteau.
4 – Un gâteau au chocolat.
5 – Oh non, pas encore *(déjà de-nouveau)* ! Je veux un gâteau aux fruits avec de la chantilly.
6 – Mais je [n']aime pas le *(pas-de)* gâteau aux fruits, et la *(aussi pas-de)* chantilly [non plus].
7 – Mmm !... Et toi Steffi ? Qu'est-ce qui te ferait plaisir ? *(que voudrais tu)*
8 – Je [ne] veux pas de dessert. Merci.
9 – Pourquoi ? Tu n'aimes pas les gâteaux ? *(manges tu pas volontiers gâteau)*
10 – Si, seulement j'ai déjà commencé mon régime bikini *(avec la bikini diète)*.

Remarques de prononciation

(Titre), (10) Le deuxième i du mot **Bikini** est allongé en allemand et l'accent tonique porte sur la deuxième syllabe : *[bi**ki**:ni]*. Le mot **Diät** se prononce presque comme *diète* sauf que le ä se prononce comme un è allongé → *[di**è**:t]*.

(Titre), (4), (10) Pour les mots d'origine étrangère, l'accent porte souvent sur la dernière ou l'avant-dernière syllabe : **Schokolade** *[choko**la**:dë]*, *chocolat*, du mot **Schokoladenkuchen**, *gâteau au chocolat* ou **Bikini** *[bi**ki**:ni]*.

Notes

1 Notez la tournure **zum** (**zu** + **dem**) **Nachtisch**, *pour le dessert*.

2 **Was für ein(-) …?**, *Quel genre de… ?*, s'emploie lorsque l'interrogation porte sur la classe/catégorie à laquelle appartient quelqu'un / quelque chose. La réponse se construit avec l'article indéfini. Attention : ici **für** n'a pas valeur de préposition ; l'article indéfini **ein** se décline selon la fonction du groupe nominal dans la phrase : accusatif masculin → **Und was für einen Kuchen?**, *Et quel genre de gâteau ?* (sous-entendu **möchtet ihr**, *voudriez-vous*) – **Einen Schokoladenkuchen**, *Un gâteau au chocolat* ; nominatif masculin → **Was für ein Kuchen ist das?**, *C'est quel genre de gâteau ?* – **Ein Obstkuchen**, *Un gâteau aux fruits*.

Au pluriel, on emploie juste **was für** sans article étant donné que l'article indéfini n'a pas de pluriel → **Was für Bücher suchen Sie?**, *Quel*

***

Übung 1 – Übersetzen Sie bitte!

❶ Was möchtest du zum Nachtisch? ❷ Er mag keinen Kaffee. ❸ Was für ein Kleid suchen Sie? ❹ Was isst du gern? ❺ Wieso isst du nichts?

***

Übung 2 – Ergänzen Sie bitte!

❶ Quel genre de livre aimerais-tu ?
… … … **Buch möchtest du?**

❷ Vous aimez le chocolat ? (*vous* de politesse)
… … … **Schokolade?**

❸ Il aime la bière.
… … **Bier.**

Trente-sixième leçon / 36

genre de livres cherchez-vous ? – **Sprachbücher**, *Des livres de langues*. À ne pas confondre avec l'exclamation **Was für ein …!**, *Quel(le) … !* + nom (voir L12, ph. 6).

3 *Pas encore !* se dit **Nicht schon wieder!** littéralement "pas déjà de-nouveau".

4 Au présent de l'indicatif, le verbe **mögen** signifie *(bien) aimer* et s'emploie comme un verbe principal : **Ich mag keinen Obstkuchen**, *Je n'aime pas le gâteau aux fruits*. Il se conjugue comme suit : **ich mag, du magst, er/sie/es mag, wir mögen, ihr mögt, sie/Sie mögen**. Conjugué au conditionnel, il signifie *j'aimerais…* (L28, §1).

5 **wieso** est un synonyme de **warum**, *pourquoi*.

6 L'adverbe **gern** (également orthographié **gerne** dans le Sud de l'Allemagne) s'associe à un verbe pour exprimer que l'on aime bien faire quelque chose : **Isst du nicht gern Kuchen?**, *Tu n'aimes pas les gâteaux ?* ("manges tu pas volontiers gâteau") ; **Ich koche gern**, *J'aime (bien) cusiner*. Employé seul, **gern(e)** sert à donner son approbation : **Möchtest du einen Kaffee?**, *Tu aimerais un café ?* – **Ja, gern(e)!**, *Oui volontiers !*

7 • Il s'agit d'une phrase au parfait. Notez l'infinitif **beginnen**, *commencer*, et son participe passé **begonnen**, *commencé*.
• **die Diät** est un nom féminin et donne **mit der Diät** au datif.

***

Corrigé de l'exercice 1

❶ Qu'est-ce que tu aimerais pour le dessert ? ❷ Il n'aime pas le café. ❸ Quel genre de robe cherchez-vous ? ❹ Qu'est-ce que tu aimes manger ? ❺ Pourquoi ne manges-tu rien ?

***

❹ J'aime lire.
Ich … … .

❺ Oh non, pas encore !
Oh nein, nicht … … !

Corrigé de l'exercice 2

❶ Was für ein – ❷ Mögen Sie – ❸ Er mag – ❹ – lese gern ❺ – schon wieder

Siebenunddreißigste Lektion

Meine Heimat

1 – Ich habe viele Länder gesehen [1] und meine Heimat ist die ganze Welt.
2 Schon als Kind habe ich im Ausland [2] gewohnt.
3 Auf einer meiner Reisen [3] habe ich mich in eine Globetrotterin verliebt. [4]
4 Ich habe sie geheiratet und wir sind zusammen um die Welt [5] gereist.
5 Wir haben zwei Kinder bekommen.
6 Unser Sohn ist bei den Eskimos [6] geboren, unsere Tochter über den Wolken [7].
7 Heute sind wir zu alt zum Reisen, aber wir sind glücklich.
8 Die schönen Erinnerungen bleiben uns für immer.

Prononciation
... Haïmat 1 ... lènd^a guézé:ën ... vèlt 2 ... ki:nt ... aoussla'nt guévo:nt 3 ... raïzën ... glo:bëtroteri'n fèrli:pt 4 ... guéhaïratët ... tsouzamën ... vèlt guéraïst 5 ... kind^a bekomën 6 ... baï ... èskimo:ss guébo:rën ... u:b^a ... volkën 7 ... glukliçh 8 ... èrinerounguën ...

Remarques de prononciation
(1), (2), (4), (6) Ces phrases comportent toutes un participe passé et comme déjà indiqué dans la leçon 34, l'accent tonique porte sur la syllabe placée derrière le préfixe ge. Observez/Écoutez bien le texte.
(3), (5), (6) Les préfixes ver-, be- et ge- des participes passés **verliebt** *[fèrli:pt]* ; **bekommen** *[bekomën]* et **geboren** *[guébo:rën]* sont des particules inséparables et là aussi, l'accent se place sur la syllabe suivante (cf. L33, Remarques de prononciation).

Trente-septième leçon

Ma patrie

1 – J'ai vu beaucoup [de] pays et ma patrie, [c']est le monde entier.
2 Déjà *(comme)* enfant, j'ai habité à *(dans)* l'étranger.
3 Au cours [d']un de mes *(sur un de-mes)* voyages, je suis tombé amoureux d'une globe-trotteuse *(ai je me dans une globe-trotteuse amouraché)*.
4 Je l'ai épousée et nous avons voyagé ensemble autour du monde.
5 Nous avons eu *(reçu)* deux enfants.
6 Notre fils est né chez les Esquimaux et notre fille au-dessus des nuages.
7 Aujourd'hui, nous sommes trop vieux pour voyager, mais nous sommes heureux.
8 Les souvenirs restent *(nous)* pour toujours.

Notes

1 Cette leçon aborde le parfait. Il équivaut au passé composé en français et se forme comme suit :
• l'auxiliaire **sein**, *être*, s'emploie avec les verbes intransitifs (sans complément d'objet) marquant un changement d'état ou de lieu → **wir sind ... gereist**, *nous avons voyagé...* (ph. 4) (*cf.* ph. 6) ; avec les verbes **bleiben**, *rester* ; **sein**, *être*, et **werden**, *devenir/être*, au futur → **Wo bist du gewesen?**, *Où étais-tu ("es tu été")* ?
• L'auxiliaire **haben**, *avoir*, s'emploie avec presque tous les autres verbes, c'est-à-dire :
a) les verbes transitifs (avec complément d'objet) → **Ich habe** viele **Länder gesehen**, *J'ai vu beauoup de pays* (*cf.* ph. 4 et 5) ;
b) les verbes intransitifs marquant une position / un état → **Ich habe im Ausland gewohnt**, *J'ai habité à l'étranger* (ph. 2) ;
c) les verbes pronominaux → **ich habe** mich ... **verliebt**, *je suis tombé amoureux...* (ph. 3).

37 / Siebenunddreißigste Lektion

- Le participe passé d'un verbe régulier (dit "faible") se forme à l'aide de **ge-** + radical de l'infinitif + **(e)t** : **reisen**, *voyager* → **gereist**, *voyagé* (ph. 4) ; **heiraten**, *épouser / se marier* → **geheiratet**, *épousé/marié* (ph. 4). (Pour le **e** phonétique voir les règles du présent de l'indicatif, L14, §4.)
Le participe passé d'un verbe irrégulier (dit "fort") se forme à l'aide de **ge** + radical du verbe + **en**. Le radical du verbe peut être le même qu'à l'infinitif ou non : **sehen**, *voir* → **gesehen**, *vu* ; **finden**, *trouver* (L30, ph. 3) → **gefunden**, *trouvé*).
Le participe passé d'un verbe se terminant par **-ieren** se forme à l'aide du radical du verbe + **t**, mais sans le préfixe **ge** : **probieren**, *goûter* (L12, ph. 2) → **hat probiert**, *a goûté*. Attention ! Le participe passé est en fin de phrase/proposition.

2. **das Ausland** signifie *l'étranger* ; *à l'étranger* se dit **im Ausland** ("dans-le étranger").

3. **Auf einer meiner Reisen …**, *Au cours d'un de mes voyages*… Mémorisez cette construction, comme s'il s'agissait d'une tournure idiomatique.

***

Übung 1 – Übersetzen Sie bitte!
❶ Er hat im Ausland gewohnt. ❷ Sie haben eine Tochter bekommen. ❸ Anna hat sich in unseren Sohn verliebt. ❹ Wo ist euer Sohn geboren? ❺ Warum hat er bei Elena gewohnt?

***

Übung 2 – Ergänzen Sie bitte!

❶ J'ai voyagé autour du monde.
Ich … um die Welt ……….

❷ Nous sommes au-dessus des nuages.
Wir ……… den Wolken.

❸ Oui, je l'ai vue.
Ja, ich …. sie ……….

❹ Je suis tombée amoureuse de Luca.
Ich …. mich in Luca ……….

❺ Ils habitent à l'étranger.
Sie wohnen ……….

Trente-septième leçon / 37

4 Les verbes à particule inséparable ne prennent pas le préfixe **ge-**. Pour le reste, même règle qu'à la note 1 de cette leçon : **sich verlieben** (v. faible), *tomber amoureux* → **sich verliebt haben**, *être tombé amoureux* ; **bekommen** (v. fort), *recevoir* → **bekommen haben**, *avoir reçu* (ph. 5) ; **erklären** (v. faible), *expliquer* → **Er hat das gut erklärt**, *Il l'a bien expliqué*.

5 La préposition **um**, *autour de*, régit l'accusatif → **um die Welt**, *autour du monde*. On dit aussi **um die Welt herum**.

6 La préposition de lieu *chez* se traduit soit par **bei**, soit par **zu** + datif. On emploie **bei**, *chez*, pour un locatif (= où était/est/sera qqn ou qqch.) et **zu** pour un directionnel (= où est allé/va/ira qqn ou qqch.) : **Unser Sohn ist bei den Eskimos geboren**, *Notre fils est né chez les Esquimaux* ; **Er fährt zu den Eskimos**, *Il va chez les Esquimaux*. Notez que **den** est le datif de l'article défini pluriel **die**.

7 La préposition **über** signifie *au-dessus de* : **über den Wolken**, *au-dessus des nuages*. Elle sera étudiée dans le cadre des prépositions mixtes.

***

Corrigé de l'exercice 1

❶ Il a vécu à l'étranger. ❷ Ils ont eu une fille. ❸ Anna est tombée amoureuse de notre fils. ❹ Où est né votre fils ? ❺ Pourquoi a-t-il habité chez Elena ?

Corrigé de l'exercice 2

❶ – bin – gereist ❷ – sind über – ❸ – habe – gesehen ❹ – habe – verliebt ❺ – im Ausland

38

Achtunddreißigste Lektion

Beim Ausverkauf

1 – **Ma**ma, **heu**te be**ginnt** der **Aus**verkauf [1].
Kommst du mit mir **sho**ppen [2] ?
2 – Ja, **ger**ne.
(…)
3 – Wie ge**fällt** dir [3] der **gel**be **Pu**lli [4]?
4 – Hm! Mir ge**fällt** der **ro**te **be**sser.
5 – Ich **fin**de den **gel**ben **coo**ler. Und wie **fin**dest du das **blau**e Kleid?
6 – Ich **fin**de es zu kurz.
7 – Ach **Ma**ma! Sei nicht so **alt**modisch! **Al**le **mei**ne **Freun**dinnen [5] **tra**gen **kur**ze **Klei**der.
8 – Wenn du meinst … „**Ü**ber Ge**schmack** lässt sich nicht **strei**ten" [6].

Prononciation
baïm **aouss**fèrkaouf **1** … bé**guint** … **cho**pën **3** … gué**fèlt** … **guèl**bë **pou**li **4** … **ro:**të … **5** … **guèl**bën **cou:**lᵃ … **blaou**ë klaït **6** … kourts **7** … zaï … **alt**-mo:disch … **froïn**dinën … **kourt**së **klaïd**ᵃ **8** … maïnst … gué**chmak** … **chtraï**tën

Remarque de prononciation
(Titre), (1), (5), (7), (8) Voici l'occasion de refaire le point sur les diphtongues :
ei se prononce *[aï]* comme dans Kleid *[klaït]* ; meine *[maïnë]* ; meinst *[maïnst]* ; sei *[zaï]* ; streiten *[chtraïtën]* ;
au se prononce *[aou]* comme dans Ausverkauf *[aoussfèrkaouf]* ; blau *[blaou]* ;
eu se prononce *[oï]* comme dans Freundinnen *[froïndinën]*.

Notes
1 Le terme **der Ausverkauf**, *les soldes*, est un singulier.

Trente-huitième leçon

Les *(à-le)* soldes

1 – Maman, les soldes commencent aujourd'hui. Tu viens faire du shopping avec moi ?
2 – Oui, volontiers.
   (…)
3 – Tu aimes bien *(comment plaît à-toi)* le pull jaune ?
4 – Mmm ! Je préfère le rouge. *(à-moi plaît le rouge mieux)*
5 – [Moi,] je trouve [que] le jaune [est] plus cool *(plus-cool)*. Et comment trouves-tu la robe bleue ?
6 – Je la trouve trop courte.
7 – Ah maman ! [Ne] sois pas si vieux jeu *(vieille-mode)* ! Toutes mes amies portent [des] robes courtes.
8 – Si tu [le] dis *(penses)*… "Les goûts et les couleurs, ça ne se discute pas."

---

2 Voici un autre exemple de ce que l'on nomme **Denglisch** (*cf.* L6, note culturelle en fin de leçon) : **shoppen** vient de l'anglais ***to shop***, acheter + **-en** (terminaison infinitive des verbes allemands).

3 Cette leçon comporte plusieurs exemples au datif. Il s'agit du troisième cas de la déclinaison allemande qui exprime le complément d'objet indirect introduit par des verbes comme **gefallen**, *plaire à* ; **geben**, *donner à* etc : **Wie gefällt dir …?** ("comment plaît à toi"), *Tu aimes bien… ?* ; **Mir gefällt … besser**, ("à moi plaît … mieux"), *Je préfère…* (ph. 4) ; **Geben Sie mir bitte …**, *Donnez-moi s'il vous plaît…* (L18, ph. 5). Les pronoms personnels **mir**, *me/(à) moi*, et **dir**, *te/(à) toi*, sont la forme au datif, respectivement, de **ich**, *je*, et **du**, *tu*. Les verbes + datif en allemand correspondent généralement aux verbes + complément d'objet indirect en français. Parmi les exceptions notoires, il y a le verbe **helfen**, *aider*. Celui-ci régit le datif en allemand alors qu'en français, ce verbe régit un complément d'objet direct : **Hilf mir …**, *Aide-moi…* (L26, ph. 6) ; **Wie kann ich Ihnen helfen?**, *Comment puis-je vous aider ?* (L29, ph. 1), **Ihnen** étant la forme au datif de **Sie**, *vous* de politesse. Le datif

hundertsechsundvierzig • 146

est également régi par des prépositions dont **mit**, *avec* : **Kommst du mit mir shoppen?**, *Tu viens faire du shopping avec moi ?*

4 L'adjectif épithète se décline en genre et en nombre, et aussi selon l'article et le cas. Pour l'instant, le plus important est de vous habituer petit à petit aux différentes terminaisons. Exemples dans un groupe nominal défini :
der gelbe Pulli, *le pull jaune* = nominatif masculin ;
den gelben, *le jaune* (ph. 5) sous-entendu **Pulli** *pull* = accusatif masculin ;
das blaue Kleid, *la robe bleue* (ph. 5) = accusatif neutre (dans l'exemple du dialogue) et nominatif neutre : **Das blaue Kleid ist schön**, *La robe bleue est belle*. Observez maintenant les mêmes exemples dans un groupe nominal indéfini :
ein gelber Pulli, *un pull jaune* = nominatif masculin ; **einen gelben Pulli**, *un pull jaune* = accusatif masculin ;
ein blaues Kleid, *une robe bleue* = accusatif et nominatif neutre.

***

Übung 1 – Übersetzen Sie bitte!

❶ Wie gefällt dir der blaue Pulli? ❷ Wann beginnt der Ausverkauf? ❸ Alle meine Freunde sind da. ❹ Ich möchte ein gelbes Kleid. ❺ Der Pulli gefällt mir.

***

Übung 2 – Ergänzen Sie bitte!

❶ Les soldes commencent aujourd'hui.
   Heute beginnt . . . .

❷ La robe rouge est belle.
   Das . . . . ist schön.

❸ Je cherche un pull bleu.
   Ich suche . . . . Pulli.

❹ Où sont toutes tes amies ?
   Wo sind . . . . Freundinnen?

❺ Je préfère le pull jaune.
   . . . . der gelbe Pulli besser.

Trente-huitième leçon / 38

5 **alle**, *tous/toutes*, s'emploie aussi bien pour un féminin pluriel (comme dans le dialogue) que pour un masculin pluriel : **alle meine/alle deine ... Freunde**, *tous mes/tes ... amis*.

6 L'expression idiomatique **Über Geschmack lässt sich nicht streiten** ("sur goût laisse se pas disputer") équivaut à *Les goûts et les couleurs ne se discutent pas* en français. Notez aussi que la préposition **über** peut s'employer dans le sens de *sur/au sujet de*.

Corrigé de l'exercice 1
❶ Tu aimes le pull bleu ? ❷ Quand commencent les soldes ? ❸ Tous mes amis sont là. ❹ J'aimerais une robe jaune. ❺ Le pull me plaît.

***

Corrigé de l'exercice 2
❶ – der Ausverkauf ❷ – rote Kleid – ❸ – einen blauen – ❹ – alle deine – ❺ Mir gefällt –

Vous venez d'apprendre l'expression idiomatique **Über Geschmack lässt sich nicht streiten**, *Les goûts et les couleurs ne se discutent pas. Toutefois, cette expression s'emploie aussi sans la négation :* **Über Geschmack lässt sich streiten**, *Les goûts et les couleurs se discutent. La question étant de savoir si les goûts et les couleurs se discutent ou non ? Notez aussi cette construction au datif qui pourra toujours vous servir un jour de shopping :* **Wie steht mir das Kleid/ der Pulli ...?**, *Comment me va la robe / le pull ... ? ;* **Das Kleid / Der Pulli steht dir sehr gut**, *La robe / Le pull te va très bien.*

39 Neununddreißigste Lektion

Die Auktion [1]

1 – Wann fängt es an?
2 – Meine Herren, bitte leise [2]. Es hat schon angefangen [3]. Hier [4] sind noch zwei Plätze frei.
3 – Neuntausendfünfhundertfünfzig [5] zum Ersten [6],
4 neuntausendfünfhundertfünfzig zum Zweiten,
5 zehntausendeinhundert für die Dame da vorne. (…)
6 Und nun bieten wir ein barockes Bett, in Schwarz-Weiß [7] aus dem 17. (siebzehnten) Jahrhundert [8].
7 Eintausend für den Herrn dort hinten. (…)
8 Zweitausendsechshundert zum Dritten, verkauft!
9 – Sie haben einen sehr guten Kauf gemacht. Ich gratuliere Ihnen dazu [9].

Prononciation
... **aouk**tsio:n **2** ... **Hè**rën ... **an**guéfañguën ... **plè**tsë fraï **3** **noïn**-taouzènt-fu'nf-Hound^et-fu'nftsiçh ... **5** **tsé:n**-taouzènt-aïnHound^et ... **da:**më ... **for**në **6** ... **bi:**tën ... ba**ro**kess bèt ... chvarts/vaïss ... **ja:**^a-Hound^et **7** ... dort **Hi'n**tën **8** tsvaï-taouzènt-zèks-Hound^et ... fèr**kao**uft **9** ... kaouf gué**mac**Ht ... dat**sou:**

Remarques de prononciation
(3), (4), (5), (6), (7), (8) Pour mieux prononcer les nombres, vous pouvez marquer un très léger temps d'arrêt entre les milliers, les centaines et les dizaines :
neuntausend *[noïn-taouzènt]* / fünfhundert *[fu'nf-Hound^et]* / fünfzig *[fu'nftsiçh]* ;
zehntausend *[tsé:n-taouzènt]* / einhundert *[aïn-Hound^et]* ;
zweitausend *[tsvaï-taouzènt]* / sechshundert *[zèks-Hound^et]*.
(9) Rappelons que le groupe **ehr** se prononce *[é:^a]* : sehr *[sé:^a]* ; mehr *[é:^a]* (L20, ph. 10).

Trente-neuvième leçon

Les enchères

1 – Quand est-ce que ça commence ?
2 – Messieurs, silence s'il vous plaît. *(mes messieurs, s'il-vous-plaît silencieux)* Ça a déjà commencé. Il y a encore deux places de libre ici. *(ici sont encore deux places libres)*
3 – Neuf mille cinq cent cinquante une fois *(à la première)*,
4 neuf mille cinq cent cinquante deux fois *(à la deuxième)*,
5 dix mille cent pour la dame là devant.
(...)
6 Et maintenant nous proposons un lit baroque noir [et] blanc du XVIIe siècle.
7 Mille pour le monsieur là-bas derrière.
(...)
8 Deux mille six cents trois fois *(à la troisième)*, [adjugé,] vendu !
9 – Vous avez fait un très bon achat. Je vous félicite.

Notes

1 die Auktion, *les enchères*, est un nom féminin singulier en allemand.

2 *Silence, s'il vous plaît !* se dit **Bitte leise!** ("s'il-vous-plaît silencieux") ; leise, *silencieux*, est un adjectif qualificatif.

3 Les verbes à particule séparable forment leur participe passé en insérant **-ge-** après la particule ; pour le reste, ils suivent la règle énoncée en L37, N1 : **anfangen**, *commencer* → **Es hat schon an**ge**fangen**, *Ça a déjà commencé* ; **zurückkommen**, *rentrer* → **Wir sind spät zurück**ge**kommen**, *Nous sommes rentrés tard*.

4 Notez les différents adverbes de lieu et les combinaisons possibles : **hier**, *ici* ; **da**, *là* ; **dort**, *là-bas* ; **vorne**, *devant* ; **hinten**, *derrière* → **Hier**

sind noch zwei Plätze frei, *Il y a encore deux places de libre ici* ; ... **für die Dame da vorne**, *... pour la dame là devant* (ph. 5) ; ... **für den Herrn dort hinten**, *... pour le monsieur là-bas derrière* (ph. 7).

5 Les milliers se forment comme en français : unité/dizaine + **tausend**, *mille* → **1 000 eintausend** aussi **tausend** ; **2 000 zweitausend** ; **10 000 zehntausend** etc. Les dizaines (L21, §6) et les centaines (L28, §4) viennent s'ajouter et le tout en un mot → **9 550 neuntausendfünfhundertfünfzig**. Au-delà de **999 999**, les nombres ne s'écrivent plus attachés, le *million* est utilisé comme un nom distinct : **1 000 000 eine Million** ; **3 009 550 drei Millionen neuntausendfünfhundertfünfzig**. Pour une meilleure lecture des nombres, on laisse une espace entre les milliers et les millions. Pour les prix, on met un point et une virgule avant les décimales : **1.888 Euro** ; **3.221.000 Euro** ; **25,30 Euro**.

6 Si vous deviez assister à des enchères, apprenez le vocabulaire suivant : **zum Ersten, zum Zweiten** (ph. 4), **zum Dritten** (ph. 8), *une fois, deux fois,*

***

Übung 1 – Übersetzen Sie bitte!

❶ Schnell! Es hat schon angefangen. ❷ dreizehntausendfünfhundertvierunddreißig ❸ Fünftausendzweihundert zum Dritten. ❹ Ist der Platz hier vorne frei? ❺ Ich suche ein Bett aus dem achtzehnten Jahrhundert.

***

Übung 2 – Ergänzen Sie bitte!

❶ quatre millions trois cent mille
 . . . . dreihunderttausend

❷ Deux mille trois fois… [adjugé…] vendu !
 Zweitausend . . . . **…** verkauft!

❸ Nous vous félicitons. *(vouvoiement)*
 Wir . . . . dazu.

❹ Nous proposons un violon du XVIIIe siècle.
 Wir bieten eine Geige … dem 18. (achtzehnten) . . . .

❺ Ça a déjà commencé.
 Es … schon . . . .

trois fois, et **verkauft**, *vendu !* (ph. 8) ; *adjugé* se traduit par le coup de marteau.

7 Dans la tournure **in Schwarz-Weiß**, *en noir et blanc* ("noir-blanc"), les couleurs sont employées comme des substantifs et prennent une majuscule.

8 La préposition **aus**, *de*, régit un datif : **das 17. (siebzehnte) Jahrhundert**, *le XVIIᵉ siècle* → **aus dem 17. Jahrhundert**, *du XVIIᵉ siècle*.

9 • Le pronom personnel **Ihnen** est la forme au datif de **Sie**, *vous* de politesse : **Ich gratuliere Ihnen dazu**, *Je vous félicite*. Attention ! Le verbe **gratulieren**, *féliciter*, fait partie des exceptions régissant un datif en allemand mais un complément d'objet direct en français.
• **dazu** se réfère à *pour cet achat* et ne se traduit pas dans ce cas-là. Nous reviendrons par la suite sur cette forme grammaticale propre à l'allemand.

***

Corrigé de l'exercice 1
❶ Vite ! Ça a déjà commencé. ❷ treize mille cinq cent trente-quatre ❸ Cinq mille deux cent trois fois. ❹ Est-ce que la place ici devant est libre ? ❺ Je cherche un lit du XVIIIᵉ siècle.

***

Corrigé de l'exercice 2
❶ vier Millionen – ❷ – zum Dritten – ❸ – gratulieren Ihnen – ❹ – aus – Jahrhundert ❺ – hat – angefangen

40 Vierzigste Lektion

Abi [1] und was dann?

1 – Der **Wie**vielte ist **heu**te? [2]
2 – Der **drit**te **Au**gust.
3 – Schon! Die **Fe**rien sind so schnell ver**gan**gen. [3]
4 – Wann fängt bei dir die **Schu**le **wie**der an?
5 – Bald. Am **neun**ten **Au**gust.
6 – Ach, du **Ärms**ter! [4] Ich **ha**be noch bis zum **zwan**zigsten [5] **Fe**rien.
7 – Weißt du schon, was du nach [6] dem **A**bi machen wirst? [7]
8 – Uff, lass uns das **The**ma **wech**seln! Ich **ha**be **kei**ne **Ah**nung. [8]
9 – **O**kay! Weißt du, wo hier die **bes**ten **Or**te zum **Aus**gehen sind?
10 – Das ja! ☐

Prononciation
abi ... **1** ... **vi:**fi:ltë ... **3** ... fèr**gañ**guën **4** ... **chou:**lë ... **5** balt ... **6** ... **èrmst**ᵃ ... nocH ... **7** ... virst **8** ouf ... **té:**ma **vèk**seln ... **a:**nouñg **9** ... **bès**tën **or**të ... **aouss**gué:ën ...

Remarque de prononciation
Rien de nouveau dans cette leçon en termes de prononciation. Entraînez-vous à bien placer l'accent tonique en évitant d'accentuer la dernière syllabe comme ont tendance à le faire les francophones. Pour cela, vous devez retenir légèrement votre souffle sur la dernière syllabe.

Notes

1 das **Abi**, le bac, est l'abréviation de das **Abitur**, le baccalauréat.
2 Pour demander la date, il existe plusieurs tournures et n'oubliez pas d'employer les nombres ordinaux (voir L24, N4). Notez bien les différents cas et notez aussi que les mois sont du genre masculin :

Quarantième leçon

[Le] bac, et quoi après ?

1 – Nous sommes le combien *(le "combientième" est)* aujourd'hui ?
2 – Le 3 *(troisième)* août.
3 – Déjà ! Les vacances sont passées si vite.
4 – L'école reprend quand chez toi ?
5 – Bientôt. Le 9 *(à-le neuvième)* août.
6 – Ah, mon pauvre ! *(tu plus-pauvre)* Moi, je suis encore en vacances jusqu'au 20 *(j'ai encore jusque au vingtième vacances)* août.
7 Tu sais déjà ce que tu vas faire après le bac ?
8 – Ouf, changeons de sujet ! Je n'en ai aucune idée.
9 – OK ! Tu sais où sont les meilleurs endroits pour *(pour-le)* sortir ici ?
10 – Ça, oui !

Der Wievielte ist heute? ("le "combientième" est aujourd'hui") – **Der dritte August** ("le troisième août", ph. 2) = nominatif ;
Den Wievielten haben wir heute? (le "combientième" avons-nous aujourd'hui) – **Den dritten August** ("le troisième août") = accusatif.
Notez aussi une expression qui vous servira le 1er avril : **April, April!** ("avril, avril"), *Poisson d'avril !*

3 vergehen, *passer* (le temps), est un verbe à particule inséparable : **Die Ferien sind so schnell vergangen**, *Les vacances sont passées si vite*.

4 **Ach, du Ärmster/Ärmste!** correspond à *Ah, mon/ma pauvre !*

5 **bis zu**, *jusqu'au*, est une préposition dative → **bis zum zwanzigsten**, *jusqu'au 20* (sous-entendu **August**, *août*) ; **bis zum vierten April**, *jusqu'au 4 avril*. Notez au passage **von ... bis zu ...**, *de... jusqu'à...* (+ D) : **vom ersten Mai bis zum zehnten Juli**, *du 1er mai au 10 juillet*.

6 Employée comme préposition de temps, **nach** signifie *après*, et régit un datif : **das Abi**, *le bac* → **nach dem Abi**, *après le bac*.

7 • **Weißt** du, **was** du nach dem Abi machen **wirst?**, *Sais-tu ce que tu vas faire après le bac ?* et **Weißt** du, **wo** hier die besten Orte zum Ausgehen **sind?** (ph. 9), *Sais-tu où sont les meilleurs endroits pour sortir ici ?*, sont des interrogations indirectes. Celles-ci sont introduites par des verbes/ tournures exprimant le questionnement + pronom interrogatif dans de nombreux cas et séparées par une virgule. Le verbe conjugué est quant à lui en fin de proposition.

• **machen wirst** est un futur. Nous en reparlerons.

***

Übung 1 – Übersetzen Sie bitte!

❶ Die Zeit vergeht sehr schnell. ❷ Ich habe keine Ahnung, wer das ist. ❸ Den Wievielten haben wir heute? ❹ Wisst ihr, was er machen wird? ❺ Ich bleibe bis zum zwanzigsten Juni.

***

Übung 2 – Ergänzen Sie bitte!

❶ Sais-tu ce que tu vas faire demain ?
  . . . ., . . . du morgen machen wirst?

❷ Nous sommes le combien aujourd'hui ?
  . . . . ist heute?

❸ Le 5 juillet. *(réponse à la question précédente)*
  . . . . Juli.

❹ Tu peux rester ici jusqu'au 1ᵉʳ janvier.
  Du kannst . . . . . . ersten Januar hier bleiben.

❺ Que vas-tu faire après le bac ?
  Was wirst du . . . . . . Abi machen?

***

*En Allemagne, les vacances scolaires d'été durent six semaines et selon les **Bundesländer**, États fédéraux (souvenez-vous que l'Allemagne est une république fédérale divisée en seize **Bundesländer** États fédéraux qui ont leurs propres gouvernements, assemblées et pouvoirs), elles débutent entre la deuxième moitié de juin et la fin juillet. Ainsi, quand pour certains élèves les vacances d'été viennent*

Quarantième leçon / 40

8 Le mot **die Ahnung**, *l'intuition / le pressentiment*, se traduit par *avoir une idée / savoir* dans la tournure **Ich habe keine Ahnung**, *Je n'ai / n'en ai aucune idée* ou *Je ne sais pas*.

***

Corrigé de l'exercice 1
❶ Le temps passe très vite. ❷ Je ne sais pas qui c'est. ❸ Nous sommes le combien aujourd'hui ? ❹ Vous savez ce qu'il va faire ? ❺ Je reste jusqu'au 20 juin.

Corrigé de l'exercice 2
❶ Weißt du, was – ❷ Der wievielte – ❸ Der fünfte – ❹ – bis zum – ❺ – nach dem –

***

tout juste de commencer début août, pour d'autres, il est temps de reprendre le chemin de l'école. L'avantage est que l'on évite ainsi que tout le monde parte en même temps en vacances. L'inconvénient est qu'il n'est pas toujours facile de coordonner les emplois du temps avec la famille ou les amis habitant dans une autre région.

Einundvierzgste Lektion

Ich sterbe vor Hunger! [1]

1 – Was **e**ssen wir **heu**te **A**bend [2]?
2 – **Gu**te **Fra**ge! Hat der **Su**permarkt noch auf? [3]
3 – Nein, er hat schon seit **ei**ner **Stun**de [4] zu. Willst du **in**disch **e**ssen **ge**hen [5]?
4 – Ach, wir **ha**ben schon **letz**tes Mal [6] **in**disch ge**ge**ssen.
5 – Stimmt. Wir **könn**ten [7] auch **ei**ne **Pi**zza **e**ssen **ge**hen **o**der was schlägst du vor [8]?
6 – Mein **Vor**schlag: Wir **ru**fen den **Bur**ger **Lie**ferservice an.
7 – Gern, **a**ber hast du nicht ge**sa**gt, dass du kein Fast Food mehr **e**ssen **woll**test [9]?
8 – Doch, es ist **a**ber **prak**tisch und ich muss **zu**geben, es schmeckt mir [10]. □

Prononciation
... **chtèr**bë ... **Houñ**gᵃ **2** ... Hat ... **zou**:pᵃ-**ma**:ᵃkt ... **a**ouf **3** ... Hat ... zaït ... **tsou**: ... **i'n**dich ... **4** ... gué**guè**ssën **5** ... **keun**tën ... **pi**tsa ... **chlè**:kst ... **fo**:ᵃ **6** ... **fo**:ᵃ **chla**:k ... **beu**:rgᵃ **li**:fᵃ-seurvisse ... **7** ... **fa**:st **fou**:t ... **vol**tëst **8** ... **prak**tich ... **tsou**:gué:bën ... **chmèkt** ...

Remarques de prononciation
(2), (3), (5), (6), (7) Ce dialogue comporte plusieurs mots avec le son transcrit [ᵃ] et prononcé comme un léger a soufflé. Il s'agit, souvenez-vous, du r final, des groupes -er et -ehr finaux : Supermarkt [**zou**:pᵃ- **ma**:ᵃkt] ; einer [**aïn**ᵃ] ; vor [**fo**:ᵃ] ; Vorschlag [**fo**:ᵃchla:k] ; Burger [**beu**:rgᵃ] ; Lieferservice [**li**:fᵃ-seurvisse] ; aber [**a**:bᵃ] ; mehr [**mé**:ᵃ].

(6), (7) Les termes empruntés à l'anglais comme Burger ainsi que -service dans Lieferservice, *service de livraison*, ou encore Fast Food, se prononcent à l'anglaise.

Quarante et unième leçon

Je meurs de faim !

1 – Qu'est-ce qu'on mange ce soir *(aujourd'hui soir)* ?
2 – Bonne question ! Le supermarché est encore ouvert ? *(a le supermarché encore ouvert)*
3 – Non, il est fermé depuis une heure *(a déjà depuis une heure fermé)*. Tu veux aller manger au restaurant indien ? *(veux tu indien manger aller)*
4 – Oh, nous avons déjà mangé indien [la] dernière fois.
5 – [C'est] juste. Nous pourrions aller manger une pizza ou que proposes-tu ?
6 – Voilà ce que je propose *(ma proposition)* : nous appelons le service de livraison de hamburgers.
7 – Volontiers, mais tu n'as pas dit que tu ne voulais plus de restauration rapide ?
8 – Si, mais c'est pratique et je dois avouer, j'aime bien *(ça goûte à-moi)*.

Notes

1 Ich habe Hunger/Durst signifie *J'ai faim/soif* et Ich sterbe vor Hunger/Durst, *Je meurs de faim/soif*. La préposition vor exprime dans ce cas la cause et se traduit par *de*.

2 Pour les moments de la présente journée, on emploie heute + moment de la journée sans article : der Abend, *le soir* → heute Abend, *ce soir* ("aujourd'hui soir") ; der Morgen, *le matin* → heute Morgen, *ce matin* ("aujourd'hui matin") etc.

3 aufhaben et zuhaben sont deux verbes à particule séparable et signifient respectivement *être ouvert/fermé* pour les magasins, administrations, etc. : Hat der Supermarkt noch auf ?, *Le supermarché est encore ouvert ?* – Nein er hat schon ... zu, *Non, il est déjà fermé...* (ph. 3).

4 seit, *depuis*, est une préposition dative : seit einer Stunde, *depuis une heure* ; einer est la forme au datif de l'article indéfini féminin eine, *une*.

hundertachtundfünfzig • 158

41 / Einundvierzigste Lektion

5 Notez la tournure **indisch, italienisch, … essen gehen**, littéralement "indien, italien … manger aller".

6 **letzt- …**, *le/la (…) dernier/-ère*, est une structure qui se construit de la même manière que **nächst-**, *le/la (…) prochain/e* (cf. L32, N7), c'est-à-dire sans article. Sans entrer dans de plus amples détails de grammaire, notez bien les terminaisons : a) masculin : **letzten/nächsten Sonntag, Monat**, *dimanche, le mois dernier/prochain* ; b) féminin : **letzte/nächste Woche**, *la semaine dernière/prochaine* ; c) neutre : **letztes/nächstes Mal, Jahr**, *la prochaine/dernière fois, l'année dernière/prochaine*.

7 **wir könnten**, *nous pourrions*, est la forme au conditionnel de **wir können**, *nous pouvons*.

***

Übung 1 – Übersetzen Sie bitte!

❶ Nächstes Mal kommen wir mit dem Auto. ❷ Hat der Supermarkt morgen auf? ❸ Was könnten wir machen? ❹ Warum hat es zu? ❺ Ich bin seit einer Stunde da.

***

Übung 2 – Ergänzen Sie bitte!

❶ C'est ouvert ce soir ?
Hat es ………. auf?

❷ Que proposez-vous? *(vouvoiement)*
Was ……… Sie …?

❸ J'aime bien.
Es ………… gut.

❹ Tu aimes ?
Schmeckt' ….?

❺ Il est en Allemagne depuis une semaine.
Er ist …. einer ….. in Deutschland.

Quarante et unième leçon / 41

8 **vorschlagen**, *proposer*, et **zugeben**, *avouer*, employé à l'infinitif ph. 8, sont deux nouveaux verbes à particule séparable : **Was schlägst du vor?**, *Que proposes-tu ?* ; **Ich gebe zu, …**, *J'avoue…* À partir de maintenant, nous n'indiquerons plus systématiquement les verbes à particule séparable. Vous pourrez soit les reconnaître directement dans le texte, soit les retrouver dans le lexique.

9 Notez que **du wolltest**, *tu voulais*, est un prétérit (= imparfait et passé simple réunis).

10 Le verbe **schmecken** régit un datif : **Es schmeckt mir gut**, *J'aime bien* ; **Schmeckt es/'s dir?**, *Tu aimes ?* N'oubliez pas qu'à l'oral, on emploie souvent la contraction **'s** à la place de **es**.

***

Corrigé de l'exercice 1
❶ La prochaine fois, nous viendrons *(venons)* en voiture. ❷ Le supermarché est ouvert demain ? ❸ Que pourrions-nous faire ? ❹ Pourquoi est-ce que c'est fermé ? ❺ Je suis là depuis une heure.

***

Corrigé de l'exercice 2
❶ – heute Abend – ❷ – schlagen – vor ❸ – schmeckt mir – ❹ – 's dir ❺ – seit – Woche –

Zweiundvierzigste Lektion

Wiederholung – Révision

1 Le datif

<u>Déclinaison de l'article défini et indéfini</u>
Vous remarquerez que le masculin et le neutre sont identiques et qu'au pluriel, les noms prennent un **n** sauf ceux qui terminent déjà en **n** au nominatif pluriel : **die Schlafzimmer**, *la chambre à coucher* (N et A) → **den Schlafzimmern**, *les chambres à coucher* (D) ; **die Küchen** (N et A), *les cuisines* → **den Küchen** (D), *les cuisines*.

Articles	Masculin	Féminin	Neutre	Pluriel
Définis	**dem** Garten	**der** Küche	**dem** Haus	**den** Schlafzimmern
Indéfinis	**einem** Garten	**einer** Küche	**einem** Haus	- Schlafzimmern

<u>Déclinaison du pronom personnel</u>

Nominatif	ich	du	er	sie	es	wir	ihr	sie	Sie
Datif	mir	dir	ihm	ihr	ihm	uns	euch	ihnen	Ihnen

Le datif est le troisième cas de la déclinaison allemande. Souvenez-vous que le nominatif est utilisé pour le sujet, l'accusatif pour le complément d'objet direct et certaines prépositions (voir L21, §1.2). Le datif quant à lui est utilisé :
– pour le complément d'objet indirect. Parmi les verbes régissant un complément d'objet indirect, on retrouve notamment **gefallen**, *plaire à* ; **geben**, *donner à* ; **sagen**, *dire à*. Généralement, ces mêmes verbes en français régissent également un complément d'objet indirect : **Es gefällt mir**, *Ça me plaît*.
Attention ! Méfiez-vous des exceptions comme **helfen**, *aider*, ou **gratulieren**, *féliciter*, qui régissent un datif en allemand et un complément d'objet direct en français : **Hilf mir ...**, *Aide-moi...* ; **Ich gratulieren Ihnen dazu**, *Je vous félicite* ;

Quarante-deuxième leçon

– après les prépositions suivantes : **aus**, *de* (origine) ; **bei**, *chez* (locatif) ; **mit**, *avec* ; **nach**, *après* ; **seit**, *depuis* ; **von**, *de/de la part de* et **zu**, *chez* (directionnel) : **Was wirst du nach dem Abi machen?**, *Que vas-tu faire après le bac ?* ; **Er hat schon seit einer Stunde zu**, *Il est déjà fermé depuis une heure* ; **Ich habe eine Mail von den Kindern bekommen**, *J'ai reçu un e-mail des enfants*. Notez bien que cette liste n'est pas exhaustive !

2 Les verbes à particule inséparable et séparable

	Verbe à particule inséparable **bekommen**, *recevoir*	Verbe à particule séparable **anfangen**, *commencer*
ich	bekomme	fange an
du	bekommst	fängst an
er, sie, es	bekommt	fängt an
wir	bekommen	fangen an
ihr	bekommt	fangt an
sie	bekommen	fangen an
Sie	bekommen	fangen an

Plusieurs verbes se construisent avec une particule. On distingue :
– les particules inséparables : souvenez-vous du moyen mnémotechnique *Cerbère* (**zer-** ; **be-** ; **er-**) *gémit* (**ge-** ; **miss-**) *en* (**ent-**) *enfer* (**emp-** ; **ver-**) ; ces particules ne se séparent jamais du verbe ; pour la formation du participe passé, voir le paragraphe suivant.
– les particules séparables : elles sont nombreuses. Parmi elles, on compte **an-** ; **auf-**; **vor-** ; **zu-** etc. Au présent et à tout autre temps simple, elles se séparent du verbe et se placent en fin de phrase/proposition ; dans le cas du participe passé, voir le paragraphe suivant.

3 Le parfait

Il souligne le résultat ou la conséquence d'une action effectuée/terminée dans le passé et correspond, en français, au passé composé. Voyons ou revoyons à présent un peu plus en détail les règles de formation.

hundertzweiundsechzig

• Formation du participe passé. N'oubliez pas qu'il occupe la dernière place de la proposition/phrase :
– verbes réguliers (dits faibles) : **ge** + radical de l'infinitif + **(e)t**. Le **e** phonétique s'ajoute aux verbes qui se terminent en **-d**, **-t**, ou par plusieurs consonnes ;
– verbes irréguliers (dits forts) : **ge** + radical du verbe + **en**. Le radical du verbe peut être le même que l'infinitif ou non. Ces verbes sont à mémoriser ;
– verbes à particule inséparable (réguliers et irréguliers) : pas de **ge** ; pour le reste mêmes règles que celles que nous venons d'énoncer ;
– verbes à particule séparable (réguliers et irréguliers) : **ge** intercalé entre la particule et le verbe ; pour le reste mêmes règles que celles que nous venons d'énoncer ;
– verbes en **-ieren** : pas de ge + radical de l'infinitif + **t**.

	Verbes réguliers (dits "faibles"), ex. **sagen/arbeiten**, *dire/travailler*	Verbes irréguliers (dits "forts"), ex. **kommen/gehen**, *venir/aller*
ich	habe gesagt/gearbeitet	bin gekommen/gegangen
du	hast gesagt/gearbeitet	bist gekommen/gegangen
er, sie, es	hat gesagt/gearbeitet	ist gekommen/gegangen
wir	haben gesagt/gearbeitet	sind gekommen/gegangen
ihr	habt gesagt/gearbeitet	seid gekommen/gegangen
sie	haben gesagt/gearbeitet	sind gekommen/gegangen
Sie	haben gesagt/gearbeitet	sind gekommen/gegangen

	Verbes à particule inséparable **bekommen**, *recevoir*	Verbes à particule séparable **anfangen**, *commencer*
ich	habe bekommen	habe angefangen
du	hast bekommen	hast angefangen
er, sie, es	hat bekommen	hat angefangen
wir	haben bekommen	haben angefangen
ihr	habt bekommen	habt angefangen
sie	haben bekommen	haben angefangen
Sie	haben bekommen	haben angefangen

	Verbes en **-ieren**, ex. **probieren**, *goûter*
ich	habe probiert
du	hast probiert
er, sie, es	hat probiert
wir	haben probiert
ihr	habt probiert
sie	haben probiert
Sie	haben probiert

- Emploi de l'auxiliaire (sauf exceptions !) :
– **sein**, *être*, avec les verbes :
1) intransitifs (sans complément d'objet) marquant un changement d'état ou de lieu : **Wir sind um die Welt gereist**, *Nous avons voyagé autour du monde* ;
2) **sein**, *être* ; **bleiben**, *rester* ; **werden**, *devenir/être* au futur : **Ich bin hier geblieben**, *Je suis resté ici*.
– **haben**, *avoir*, avec les verbes :
1) transitifs (avec complément d'objet) → **Ich habe viele Länder gesehen**, *J'ai vu beaucoup de pays* ;
2) intransitifs (sans complément d'objet) marquant un état / une position → **Ich habe im Ausland gewohnt**, *J'ai habité à l'étranger* ;
3) pronominaux → **Ich habe mich verliebt**, *Je suis tombé amoureux*.

4 L'interrogatif *Was für ein-*

	Masculin	Féminin	Neutre	Pluriel
Nominatif	was für ein	was für eine	was für ein	was für
Accusatif	was für einen	was für eine	was für ein	was für
Datif	was für einem	was für einer	was für einem	was für

Il se traduit par *Quel genre de… ?* et sert à demander la classe/catégorie à laquelle appartient quelqu'un / quelque chose. Attention ! Ici **für** n'a pas la valeur de préposition ; l'article indéfini **ein-** se décline selon la fonction du groupe nominal dans la phrase. La réponse se construit avec l'article indéfini :
– nominatif masculin → **Was für ein Kuchen ist das?**, *C'est quel genre de gâteau ?* – **Ein Schokoladenkuchen**, *Un gâteau au chocolat* ;

– accusatif masculin → **Was für einen Kuchen möchtet ihr?**, *Quel genre de gâteau aimeriez-vous ?* – **Einen Schokoladenkuchen**, *Un gâteau au chocolat*.
Au pluriel, il n'y a pas d'article : **Was für Bücher suchen Sie?**, *Quel genre de livres cherchez-vous ?* – **Sprachbücher**, *Des livres de langues*.

5 Les nombres à partir de 1 000

1 000 se dit **eintausend** ou **tausend** ; *2 000* **zweitausend** ; *10 000* **zehntausend** etc. Les dizaines et les centaines viennent s'ajouter au millier et le tout en un mot jusqu'à **999 999** : *9 550* **neuntausendfünfhundertfünfzig**.
1 000 000 se dit **eine Million** et est utilisé comme un nom distinct. Il ne s'écrit donc pas attaché : *3 009 550* **drei Millionen neuntausendfünfhundertfünfzig**.

6 Les nombres ordinaux pour donner la date

Les nombres ordinaux sont employés en allemand pour donner la date. Ils se forment comme suit :
– de 2 à 19 : chiffre/nombre + **te(n)** ;
– à partir de 20 : nombre + **ste(n)**.
Irrégularités : *1er* **erste(n)** ; *3e* **dritte(n)** ; *7e* **siebte(n)**.
Pour dire *le 3 mai*, *le 21 juin* etc., on emploie la tournure avec **am** : **Es war am 3. (dritten) Mai / 21. (einundzwanzigsten) Juni**, *C'était le 3 mai / 21 juin*.
Pour demander *Le combien sommes-nous aujourd'hui ?* et répondre, il existe plusieurs tournures. Attention aux différents cas :
– **Der Wievielte ist heute? – Der dritte August** (nominatif) ;
– **Den Wievielten haben wir heute? – Den dritten August** (accusatif).

Wiederholungsdialog

1 – Meine Schwester hat in der Lotterie gewonnen.
2 – Super! Wie viel hat sie gewonnen?
3 – Viel!
4 – Wirklich?
5 – Ja. Sie hat fünfundzwanzig Millionen dreihunderttausend Euro gewonnen.

Quarante-deuxième leçon / 42

6 – Nein?
7 – Doch! Und heute Abend fliegt sie mit einer Freundin nach Tahiti.
8 – Was für ein Glück!
9 – Sie hat auch ein Auto gekauft und eine Geige aus dem 18. (achtzehnten) Jahrhundert.
10 – Aus dem 18. (achtzehnten) Jahrhundert!
11 – Ja. Und sie hat ein Haus mit Garten gekauft. Es kostet eine Million neunhundertfünfzigtausend Euro.
12 – Wow!
13 – Und …
14 – Und?
15 – Und … April, April!

Traduction

1 Ma sœur a gagné à la loterie. **2** Super ! Elle a gagné combien ? **3** Beaucoup ! **4** Vraiment ? **5** Oui. Elle a gagné 25 300 000 euros. **6** Non ? **7** Si. Et ce soir, elle part avec une amie à Tahiti. **8** Quelle chance ! **9** Elle a aussi acheté une voiture et un violon du XVIIIe siècle. **10** Du XVIIIe siècle ! **11** Oui. Et elle a acheté une maison avec jardin. Elle coûte 1 950 000 euros. **12** Ouah ! **13** Et… **14** Et ? **15** Et… Poisson d'avril !

Übersetzen Sie bitte!

❶ Was für einen Pulli suchen Sie? ❷ Gefällt dir das Kleid? ❸ Was macht ihr nach der Schule? ❹ Der Wievielte ist heute? ❺ Welches Buch hast du gekauft?

Corrigé

❶ Quel genre de pull cherchez-vous ? ❷ La robe te plaît ? ❸ Qu'est-ce que vous faites après l'école ? ❹ Nous sommes le combien aujourd'hui ? ❺ Quel livre as-tu acheté ?

43

Dreiundvierzigste Lektion

Der Mauerfall

1 – Ich war **da**mals 40 (**vier**zig), und **mei**ne Frau 38 (**acht**unddreißig).
2 Wir **konn**ten [1] es nicht **glau**ben. Die **Mau**er war weg [2].
3 Wir sind mit **un**serem Sohn [3] so**fort** nach **West**berlin ge**fah**ren.
4 Die **West**berliner **ha**ben uns mit **Kaf**fee und Sekt emp**fan**gen.
5 **A**lle [4] **Men**schen **ha**ben sich um**armt**, auch die **Volks**polizei [5].
6 Wir **ha**ben die **gan**ze Nacht [6] ge**fei**ert.
7 Wir **wa**ren **ü**berglücklich. **End**lich **wie**der frei! □

Prononciation
... **maou**ª-fal **1** ... **da:**mals ... **2** ... **kon**tën ... **glaou**bën ... vèk **3** ... **vèst**-bèrli:n gué**fa:**rën **4** ... **vèst**-bèrli:nª ... zèkt èmp**fan**güen **5** a**lë mèn**chën ... oum**armt** ... **folks**-politsaï **6** ... gué**faï**ªt **7** ... **u:**bªglukliçh ...

Remarque de prononciation
(3), (4) Attention à ne pas prononcer à l'anglaise ! **West-** se prononce comme *veste [vèst]*.

Notes

1 Pour décrire des faits et actions terminées dans le passé et sans conséquence sur le présent, l'allemand n'a qu'un seul temps : le prétérit. Le français a deux temps : l'imparfait et le passé simple. À l'oral toutefois, son emploi se limite essentiellement aux verbes *sein*, *être* (cf. L34, N1), et *haben*, *avoir* (cf. L30, N7) et quelques autres verbes, dont les modaux : **Wir konnten es nicht glauben**, *Nous ne pouvions pas le croire*.

Quarante-troisième leçon

La chute du Mur

1 – J'avais 40 ans à l'époque et ma femme, 38.
2   Nous [ne] pouvions pas le croire. Le Mur était tombé *(parti)*.
3   Nous sommes tout de suite allés à Berlin-Ouest avec notre fils.
4   Les Berlinois de l'Ouest nous ont accueillis avec [du] café et [du] mousseux.
5   Tous [les] gens se sont embrassés, même la police populaire.
6   Nous avons fait la fête *(fêté)* toute la nuit *(la entière nuit)*.
7   Nous étions [tellement] heureux *(au-dessus-heureux)*. Enfin libres à nouveau !

Autrement, on lui préfère le parfait (*cf.* dialogue, ph. 3, 4, 5 et 6). De même que le français a tendance à utiliser à l'oral le passé composé au lieu du passé simple.
Le prétérit des verbes de modalité se forme sur le radical de l'infinitif et sans **Umlaut**, *inflexion* (s'il y a) + les terminaisons suivantes : **-te** ; **-test** ; **-te** ; **-ten** ; **-tet** ; **-ten**, ex. : **können**, *pouvoir/savoir* → ich **konn**te, du **konn**test, er/sie/es **konn**te, wir **konn**ten, ihr **konn**tet, sie/Sie **konn**ten ; **wollen**, *vouloir* → ich **woll**te, du **woll**test, etc. Exception : **mögen** *aimer/ vouloir/souhaiter* → ich **moch**te, du **moch**test…

2 **weg** est un adverbe. Il indique le départ / la disparition / l'absence et se traduit par *parti, absent, pas là* ou *tombé* dans le cas du mur de Berlin : **Die Mauer war weg**, *Le Mur était tombé* ; **Anna ist schon weg**, *Anna est déjà partie*.

3 Au singulier, le déterminant possessif suit la même déclinaison que l'article indéfini / la négation **kein** ; au pluriel, il suit la même déclinaison que la négation **kein** : **mit unserem** (einem) **Sohn** = datif masculin ; **mit deiner** (einer) **Tochter** = datif féminin.

43 / Dreiundvierzigste Lektion

4 Le déterminant indéfini **alle** est un pluriel et correspond à *tous les / toutes les*. Il se décline comme l'article défini pluriel : **alle** (**die**) = nominatif et accusatif ; **allen** (**den**) = datif. Exemple au nominatif : **Alle Menschen haben sich umarmt**, *Tous les gens se sont embrassés*.

5 La **Volkspolizei**, littéralement "police du peuple", était la police nationale de l'Allemagne de l'Est.

6 Un complément de temps sans préposition est à l'accusatif : **Wir haben die ganze Nacht gefeiert** ("... la entière nuit"), *Nous avons fait*

***

Übung 1 – Übersetzen Sie bitte!
❶ Peter ist weg. ❷ Ich konnte nicht kommen. ❸ Alle Menschen sind frei. ❹ Ich habe den ganzen Tag gearbeitet. ❺ Er wollte dich anrufen.

***

Übung 2 – Ergänzen Sie bitte!
❶ J'ai fait la fête toute la nuit.
   Ich habe .... Nacht gefeiert.

❷ Ils sont partis.
   Sie ....

❸ Elle ne pouvait pas le croire.
   Sie ...... es nicht ....

❹ Tous les enfants sont là.
   .... sind da.

❺ Nous n'avions pas le temps.
   .... keine Zeit.

***

Le mur de Berlin, **Berliner Mauer**, *a été construit dans la nuit du 12 au 13 août 1961 et a séparé physiquement Berlin-Ouest,* **Westberlin**, *de Berlin-Est,* **Ostberlin**, *pendant plus de vingt-huit ans. C'était un véritable dispositif militaire avec des barbelés, des gardes, des chiens et des miradors qui avaient pour but d'empêcher l'exode croissant des Allemands de l'Est vers l'Ouest. De nombreuses personnes (les chiffres à ce sujet sont indéterminés) furent blessées ou tuées lors de tentatives de fuite vers l'Ouest. On le surnommait aussi*

la fête toute la nuit ; **Ich war den ganzen Abend hier** ("... le entier soir"), *J'étais toute la soirée ici*. Notez par la même occasion deux terminaisons de l'adjectif épithète dans un groupe nominal défini (= avec article défini) : **-e** à l'accusatif féminin et **-en** à l'accusatif masculin.
Notez aussi le point suivant : les moments de la journée sont du genre masculin. Il y a **der Morgen**, *le matin* ; **der Vormittag**, *la matinée* ; **der Mittag**, *le midi* ; **der Nachmittag**, *l'après-midi* ; **der Abend**, *le soir*. Cependant, on dit **die Nacht**, *la nuit*.

***

Corrigé de l'exercice 1
❶ Peter est parti. ❷ Je ne pouvais pas venir. ❸ Tous les hommes sont libres. ❹ J'ai travaillé toute la journée. ❺ Il voulait t'appeler.

***

Corrigé de l'exercice 2
❶ – die ganze – ❷ – sind weg ❸ – konnte – glauben ❹ Alle Kinder – ❺ Wir hatten –

Mauer der Schande, *mur de la honte. Sous la pression des manifestations grandissantes en Allemagne de l'Est et avec l'affaiblissement du régime soviétique (c'était à l'époque de la perestroïka de Mikhaïl Gorbatchev), le gouvernement de la RDA (République démocratique allemande),* **DDR (Deutsche Demokratische Republik)** *en allemand, a décidé l'ouverture du Mur le 9 novembre 1989 et 11 mois plus tard, le 3 octobre 1990, l'Allemagne était réunifiée.*

44

Vierundvierzigste Lektion

Die Jugend von heute

1 – Als wir jung **wa**ren, war **a**lles **be**sser. [1] Die **Ju**gendlichen von **heu**te sind faul. Sie sind nur am **Han**dy **o**der am **Com**puter. [2]

2 – Das ist die Schuld der **El**tern. [3] Sie sind auch die **gan**ze Zeit [4] am **Han**dy.

3 – Da **ha**ben Sie recht.

4 – Ja **mei**ne **lie**ben **Da**men, die **Zei**ten **ha**ben sich ge**än**dert [5]. Ich **glau**be **a**ber nicht, dass [6] es **frü**her **be**sser war. Wem [7] darf ich noch ein Stück **Ku**chen **an**bieten?

5 – Mir **bi**tte. Er schmeckt **le**cker.

6 – Mir auch **bi**tte. Er schmeckt **wirk**lich sehr **le**cker.

7 – Das freut mich! Den [8] hat **mei**ne **En**kelin ge**ba**cken [9], spe**ziell** für uns.

Prononciation
... **you:**guènt ... **1** ... **you:**guëntlichën ... **co'm**piou:t^a ... **2** ... choult ... **4** ... tsaïtën ... guéènd^et ... **glaou**bë ... vè:m ... chtuk ... **an**bi:tën **5** ... **lèk**^a **7** ... eñkëli'n gué**ba**kën ... chpé**tsièl** ...

Notes

[1] La conjonction de subordination *als*, *quand*, introduit un fait/moment unique dans le passé : **Als wir jung waren, ...**, *Quand nous étions jeunes...* Faisons un point sur la place du verbe conjugué dans une proposition principale et dans une proposition subordonnée conjonctive. Dans une proposition principale en tête de phrase, le verbe conjugué est en deuxième position (1). Dans une proposition principale placée derrière la proposition subordonnée conjonctive, le verbe conjugué est en première position devant le sujet (2). Le verbe conjugué de la proposition subordonnée conjonctive est quant à lui toujours en dernière position :

Quarante-quatrième leçon

La jeunesse d'aujourd'hui

1 – Quand nous étions jeunes, c'était [bien] *(était tout)* mieux. Les jeunes d'aujourd'hui sont feignants. Ils sont toujours sur leur portable ou leur ordinateur *(que au portable ou au ordinateur)*.

2 – C'est la faute des parents. Eux aussi sont tout le temps *(le entier temps)* sur leur *(au)* portable.

3 – Là, vous avez raison.

4 – Oui mes braves *(chères)* dames, les temps ont changé. Mais je ne crois pas que c'était mieux avant. À qui puis-je offrir un autre morceau de *(encore un morceau)* gâteau ?

5 – À moi, s'il vous plaît. Il est délicieux.

6 – À moi aussi, s'il vous plaît. Il est *(goûte)* vraiment succulent *(très délicieux)*.

7 – Ça me fait plaisir ! C'est ma petite-fille qui l'a fait, spécialement pour nous. *(le a ma petite-fille fait, spécialement pour nous)*

---

(1). Ich **glaube** aber nicht, dass es früher besser **war**, *Je ne crois pas que c'était mieux avant* ;

(2). Als wir jung **waren**, **war** es nicht so, *Quand nous étions jeunes, ce n'était pas comme ça*.

2 • La préposition **an**, *à*, régit un datif lorsqu'elle est construite avec un verbe indiquant un locatif comme **sein**, *être* : Sie sind nur **am** (= an dem) Handy ..., *Ils sont toujours sur le portable...* Nous reviendrons avec plus de détails sur ce point.

• Selon le contexte, **nur** se traduit par *toujours* ou *seulement / ne... que* : Sie sind **nur** am Handy (…), *Ils sont toujours sur leur portable (…)* ; Ich habe **nur** 10 (zehn) Euro, *J'ai seulement / Je n'ai que dix euros*.

3 Cette leçon introduit le quatrième et dernier cas de la déclinaison allemande : le génitif. Il permet d'exprimer une relation entre une personne/chose et une autre, et marque souvent la possession au sens large du terme. En plus de la déclinaison de l'article / du déterminant et de l'adjectif épithète, l'utilisation du génitif implique d'ajouter un **-s** aux noms masculins ou neutres ou **-es** dans le cas d'un nom terminé en **-s, -z, -ß**. Pour les monosyllabiques, les deux terminaisons (**-s** ou **-es**) sont possibles. Voici la déclinaison du groupe nominal défini et indéfini : masculin → **die Schuld des/eines Vaters**, *la faute du / d'un père* ; féminin → **die Schuld der/einer Mutter**, *la faute de la / d'une mère* ; neutre → **die Schuld des/eines Kindes** ou **Kinds**, *la faute de l' / d'un enfant* ; pluriel → **die Schuld der Eltern**, *la faute des parents*.

4 Voici un nouvel exemple avec un complément de temps sans préposition et donc à l'accusatif : **Sie sind auch die ganze Zeit** ("le entier temps") **am Handy**, *Ils sont aussi toujours sur le portable*.

5 Le verbe **sich ändern**, *changer*, est pronominal en allemand mais pas en français : **Die Zeiten haben sich geändert**, *Les temps ont changé*. Il peut également se construire avec un complément accusatif, donc sans

***

Übung 1 – Übersetzen Sie bitte!
❶ Kennst du die? ❷ Wem gefällt es nicht? ❸ Sie hat einen Kuchen gebacken. ❹ Das ist nicht die Schuld der Kinder. ❺ Alles ändert sich mit der Zeit.

***

Übung 2 – Ergänzen Sie bitte!
❶ À qui le dis-tu !
 ... . du das!

❷ la nuit de la chute du Mur
 die Nacht ... .

❸ C'était comment, quand tu avais 20 ans ?
 Wie war es, ... du 20 ..... ?

❹ Quand j'avais 20 ans, c'était mieux.
 Als ich 20 war, ... besser.

❺ Les temps ont changé.
 Die Zeiten .... geändert.

pronom réfléchi : **Ich habe meine Meinung geändert** ("j'ai mon avis changé"), *J'ai changé d'avis.*

6 **dass** avec deux **s** est une conjonction de subordination et équivaut à *que* en français.

7 Le pronom interrogatif **wem**, *à qui*, est la forme dative de **wer**, *qui* : **Wem** darf ich noch ein Stück Kuchen anbieten?, *À qui puis-je offrir un autre morceau de gâteau ?*

8 Pour mettre quelque chose/quelqu'un en avant, on peut employer les déterminants démonstratifs **der**, **die**, **das** à la place du pronom personnel. Ils se déclinent comme l'article défini excepté au datif pluriel où on emploie **denen** et non pas **ihnen**. Cet emploi relève du langage parlé : **Den** hat meine Enkelin gebacken ..., *C'est ma petite-fille qui l'a fait...* → **den** au lieu de **ihn** ; **Hast du mit denen gesprochen?**, *Tu as parlé avec eux ?* → **denen** au lieu de **ihnen**.

9 Le verbe **backen**, traduit *faire*, s'emploie pour la pâtisserie ou le pain. Il équivaut au verbe **to bake** anglais.

***

Corrigé de l'exercice 1
❶ Tu la connais ? ❷ Qui n'aime pas ? *(à qui est-ce que ça ne plaît pas)* ❸ Elle a fait un gâteau. ❹ Ce n'est pas la faute des enfants. ❺ Tout change avec le temps.

***

Corrigé de l'exercice 2
❶ Wem sagst – ❷ – des Mauerfalls ❸ – als – warst ❹ – war es – ❺ – haben sich –

45

Fünfundvierzigste Lektion

Ein neues Leben [1]

1 – **Le**a, schön, dass du ge**ko**mmen bist [2]. Wann **ha**ben wir uns das **letz**te Mal ge**se**hen?
2 – Vor 8 (acht) **Jah**ren [3] in Rom.
3 – Wie die Zeit ver**geht**! [4] Du hast dich **a**ber nicht ver**än**dert [5]. Du bist noch ge**nau**so hübsch wie **früh**er [6].
4 – **Dan**ke! Er**zähl** mal von dir. **Ar**beitest du noch in **die**ser japanischen **Fir**ma [7]?
5 – Nein, ich **ha**be ge**kün**digt.
6 – Ge**kün**digt!? Du **hat**test doch [8] **ei**nen **to**llen Job da.
7 – Ja, **a**ber ich **ha**be **kei**ne Lust mehr, so viel zu **rei**sen [9]. Ich **ha**be mich ver**än**dert **Le**a und ich **möch**te gern **ei**ne Fa**mi**lie **grün**den.
8 **Tan**zen wir?

Prononciation
... *lé:bën* 2 *fo:ᵃ* ... *ro:m* 3 ... *fèrgué:t* ... *fèrènd*ᵊ*t* ... *guénaouzo: hubch* ... 4 ... *èrtsè:l* ... *di:z*ᵃ *yapa:nichën* ... 5 ... *guéku'ndikt* 6 ... *tollën* ... 7 ... *raïzën* ... *fami:lië gru'ndën* 8 *ta'ntsën* ...

Notes

1 Le mot **das Leben**, *la vie*, est l'infinitif substantivé du verbe **leben**, *vivre*.

2 Retenez bien cette expression. Elle vous sera utile pour accueillir des amis chez vous : **Schön, dass du gekommen bist / ihr gekommen seid** ("beau que tu es venu(e) / vous êtes venu(e)s"), *C'est gentil d'être venu*.

3 Employée comme préposition de temps, **vor** signifie *il y a*. Elle régit le datif : **vor 8 (acht) Jahren**, *il y a huit ans* ; **vor einem Jahr**, *il y a un an*.

Quarante-cinquième leçon

Une nouvelle vie

1 – Léa, c'est gentil d'être venue *(beau que tu venue es)* Quand [est-ce que] nous nous sommes vus pour la dernière fois ? *(quand avons nous nous la dernière fois vus)*
2 – Il y a huit ans à Rome.
3 – Comme le temps passe ! Tu n'as pas changé. Tu es toujours aussi *(exactement-comme-ça)* ravissante qu'avant.
4 – Merci. Parle-moi de toi ! *(raconte fois de toi)* Tu travailles toujours *(encore)* dans *(chez)* cette société japonaise ?
5 – Non, j'ai démissionné.
6 – Démissionné !? Pourtant, tu avais un super job *(job là)*.
7 – Oui, mais je n'ai plus envie de voyager autant *(si beaucoup)*. J'ai changé Léa et j'aimerais bien fonder une famille.
8 On danse ?

---

4 Le verbe **vergehen**, *passer*, s'emploie lorsque l'on parle du temps et *Comme le temps passe !* se dit **Wie die Zeit vergeht!**

5 En allemand, il existe deux verbes (attention ils sont pronominaux !) pour traduire *changer* : **sich verändern** et **sich ändern**. Ils expriment différentes nuances bien que quelques fois on peut employer les deux. En règle générale, **sich verändern** indique le changement physique d'une personne. Il s'agit de la même personne : **Du hast dich aber nicht verändert. Du bist genauso hübsch …**, *Tu n'as pas changé. Tu es toujours aussi ravissante…* ; **Er hat sich verändert**, *Il a changé*. Pour parler d'un changement plus important/profond ou d'un échange, on emploie **sich ändern**. La chose ou la personne n'est plus la même : **Die Zeiten haben sich geändert** (L44, ph. 4), *Les temps ont changé = Les*

hundertsechsundsiebzig • 176

45 / Fünfundvierzigste Lektion

temps ne sont pas les mêmes. Pour parler du caractère, les deux sont possibles : **Ja, ich habe mich verändert/geändert**, *Oui, j'ai changé*.

6 Le comparatif d'égalité est exprimé par **genauso** (ou **so**) + adjectif qualificatif/adverbe + **wie**, *tout aussi* (ou *aussi*) + adjectif qualificatif/adverbe + *que* : **Du bist noch genauso/so hübsch wie früher**, *Tu es toujours aussi ravissante qu'avant* ; **Anna ist genauso/so groß wie Lea**, *Anna est aussi grande que Léa*.

7 Les déterminants démonstratifs **dieser** (m.), **diese** (f.), **dieses** (n.) et **diese** (pl.) = *ce, cette, ces*, se déclinent comme l'article défini : datif féminin = **in dieser japanischen Firma** (**der**), *dans cette société japonaise* ;

***

Übung 1 – Übersetzen Sie bitte!
❶ Schön, dass ihr gekommen seid. ❷ Er ist so alt wie mein Bruder. ❸ Ich habe Lust, mit ihr zu tanzen. ❹ Er hat sich verändert. ❺ Wo warst du vor 4 (vier) Jahren?

***

Übung 2 – Ergänzen Sie bitte!
❶ C'était il y a un an.
   Es war .... Jahr.

❷ Comment s'appelle cette société ?
   Wie heißt .... ?

❸ J'ai envie de partir en vacances.
   Ich habe Lust, in Urlaub ....

❹ Nous sommes aussi fatigués que vous.
   Wir sind (.....).. müde ... ihr.

❺ Le temps passe vite.
   Die .... schnell.

nominatif masculin = **dies**e**r** Mann (d**er**), *cet homme*. (Pour le tableau complet, cf. leçon de révision 49, §1.)

8 L'adverbe **doch** peut être employé dans le sens de *pourtant* : **Du hattest doch einen tollen Job da**, *Pourtant, tu avais un super job*.

9 Après la tournure **Ich habe Lust** (forme affirmative et négative), *J'ai envie*, on emploie une proposition infinitive introduite par **zu**, *à/de* : **Ich habe keine Lust mehr, so viel zu reisen**, *Je n'ai plus envie de voyager autant*. Vous remarquerez que **zu** + l'infinitif du verbe sont en fin de proposition.

***

Corrigé de l'exercice 1
❶ C'est gentil d'être venu/e/s. ❷ Il a le même âge que mon frère. *(il est aussi vieux que mon frère)* ❸ J'ai envie de danser avec elle. ❹ Il a changé. ❺ Où étais-tu il y a quatre ans ?

***

Corrigé de l'exercice 2
❶ – vor einem – ❷ – diese Firma ❸ – zu fahren ❹ – (genau)so – wie – ❺ – Zeit vergeht –

Sechsundvierzigste Lektion

Wussten Sie das? [1]

1 – So, jetzt geht **un**ser Quiz in die **dri**tte **Run**de. **Mar**co, wie gut sind Sie in **Erd**kunde [2]?
2 – Es kommt drauf an [3].
3 – Das **wer**den wir so**fort tes**ten [4]. **Ers**te **Fra**ge: „Wie **vie**le **Bun**desländer hat **Deutsch**land?"
4 – 16 (**sech**zehn).
5 – 16! Das ist **rich**tig. **Zwei**te **Fra**ge: „Wie hoch [5] ist der Mount Everest?"
6 – 8 848 (**acht**tausendachthundertachtundvierzig) **Me**ter.
7 – Das ist auch **rich**tig. **Drit**te und **letz**te **Fra**ge. **Mar**co, Sie **kön**nen 3 000 (**drei**tausend) **Eu**ro ge**win**nen.
8 Achtung! „Wie lang ist **un**gefähr der Nil?" ... Noch 7 (**sie**ben) Se**kun**den ... 4 (vier) ...
9 – Mmh ... 6 700 (**sechs**tausendsiebenhundert) / 6 800 (**sechs**tausendachthundert) Kilo**me**ter.
10 – Gratu**lie**re! Mit **die**ser **Ant**wort **ha**ben Sie 3 000 **Eu**ro ge**wo**nnen! □

Prononciation
vousstën ... 1 ... kviss ... **roun**dë ... **ma:r**co ... **é:**ªt-koundë 2 ... draouf ... 3 ... **tès**tën ... **boun**dëss-lèndª ... 5 ... **riçh**tik ... Ho:çH ... maount èverest 6 ... **mé:**tª 7 ... gué**vi**nën 8 a**çH**touñg ... lañg ... ni:l ... noçH ... cé**koun**dën ... 9 ... kilo-**mé:**tª 10 ... **a'nt**vort ...

Remarque de prononciation
(5) Selon les régions, le *-ig* final peut se prononcer *[ik]* ou *[içh]* : richtig *[riçhtik]* ou *[riçhtiçh]*.

Quarante-sixième leçon

Vous le saviez ?

1 – Donc, voici le troisième tour de notre quiz *(maintenant va notre quiz dans le troisième tour)*. Marco, vous êtes bon *(comment bon êtes vous)* en géographie ?
2 – Ça dépend.
3 – C'est ce que nous allons tester tout de suite. *(ça allons nous tout-de-suite tester)* Première question : "Combien de Länder y a-t-il en Allemagne ?"
4 – 16 !
5 – 16 ! Bonne réponse ! *(c'est juste)* Deuxième question : "Quelle est l'altitude du *(combien haut est le)* mont Everest ?"
6 – 8 848 mètres.
7 – Deuxième bonne réponse ! *(c'est aussi juste)* Troisième et dernière question. Marco, vous pouvez gagner 3 000 euros.
8 Attention ! "Quelle est la longueur approximative du *(combien long est environ le)* Nil ?" ... Encore 7 secondes... 4...
9 – Mmm... 6 700/6 800 km.
10 – Félicitations ! Avec cette bonne réponse, vous remportez 3 000 euros *(avez ...gagné)* !

Notes

1 Le verbe **wissen**, *savoir*, fait partie des verbes avec un emploi fréquent au prétérit : **Wussten Sie das?**, *Vous le saviez ?* Au prétérit (tout comme au présent, *cf.* L28, §1), les terminaisons de **wissen** sont les mêmes que pour les verbes de modalité : **ich wusste, du wusstest, er/sie/es wusste, wir wussten, ihr wusstet, sie/Sie wussten**.

2 Notez cette tournure interrogative avec **wie gut**, littéralement "comment bon". On l'emploie pour demander si quelqu'un/quelque chose est bon en/pour quelque chose : **Marco, wie gut sind Sie in Erdkunde?** ("comment bon êtes vous en géographie"), *Marco, vous êtes bon en géographie* ; **Wie gut kannst du singen?** ("comment bon peux tu chanter"), *Tu sais bien chanter ?*

3 **ankommen**, verbe à particule séparable, signifie *arriver* : **Um wie viel Uhr kommst du an?**, *À quelle heure arrives-tu ?* Mais attention à son emploi et à sa signification dans cette tournure idiomatique que vous aurez souvent l'occasion d'employer : **Es kommt darauf an/drauf an** (langage parlé), *Ça dépend*.

4 L'allemand comporte trois auxiliaires : **sein**, *être*, **haben**, *avoir*, et également **werden**, *devenir/être* (au futur). Ce dernier s'emploie, entre autres, pour le futur simple qui se forme comme suit : **werden** au présent de

***

Übung 1 – Übersetzen Sie bitte!
❶ Ich werde einen Kuchen backen. ❷ Ich wusste das nicht. ❸ Wirst du mich anrufen? ❹ Wie viele Kinder habt ihr? ❺ Wie gut sind Sie in Deutsch?

***

Übung 2 – Ergänzen Sie bitte!
❶ Ça dépend.
Es kommt ……….

❷ C'est combien ?
… …. ist das?

❸ Quelle est la longueur du Rhin ?
……. ist der Rhein?

❹ Nous vous appellerons.
Wir …… Sie ……...

❺ Vous ne le saviez pas ? *(tutoiement pluriel)*
……… … das nicht?

l'indicatif + infinitif du verbe en dernière position : **Das werden wir sofort testen**, *C'est ce que nous allons tester tout de suite.*

5 De nombreux pronoms interrogatifs allemands sont formés avec **wie**, *comment* + adjectif, notamment avec les adjectifs de mesure. Vous connaissez déjà **wie alt**, *quel âge* ; **wie viel**, *combien* ; **wie spät/wie viel Uhr**, *quelle heure*. Vous venez d'apprendre : **Wie hoch ist der Mount Everest?** ("comment haut est..."), *Quelle est l'altitude du mont Everest ?* ; **Wie lang ist der Nil?** ("comment long est..."), *Quelle est la longueur du Nil ?* (ph. 8). Notez aussi : **wie teuer** ("comment cher"), *combien* (pour le prix) → **Wie teuer ist das?**, *C'est combien ?* ; **wie viel** + substantif au singulier / **wie viele** + substantif au pluriel, *combien de* → **Wie viel Geld hast du?**, *Combien d'argent as-tu ?* ; **Wie viele Bundesländer hat Deutschland?**, *Combien de Länder y a-t-il en Allemagne ?* (ph. 3).

***

Corrigé de l'exercice 1
❶ Je vais faire un gâteau. **❷** Je ne le savais pas. **❸** Tu m'appelleras ? **❹** Combien d'enfants avez-vous ? **❺** Vous êtes bon en allemand ?

***

Corrigé de l'exercice 2
❶ – drauf an **❷** Wie viel – **❸** Wie lang – **❹** – werden – anrufen **❺** Wusstet ihr –

Depuis la réunification, l'Allemagne compte **16 Bundesländer**, **Länder**. *Dix d'entre eux appartenaient à l'ancienne Allemagne de l'Ouest (appelés* **Alte Bundesländer**, *Anciens* **Länder**) *et six à l'ancienne Allemagne de l'Est (appelés* **Neue Bundesländer**, *Nouveaux* **Länder**).*

Les villes entre parenthèses correspondent aux villes principales des différents Länder.

Baden-Württemberg Bade-Wurtenberg **(Stuttgart, 1),**
Bayern Bavière **(München, 2),**
Berlin Berlin **(Berlin, 3),**
Brandenburg Brandebourg **(Potsdam, 4),**
Bremen Brème **(Bremen, 5),**
Hamburg Hambourg **(Hamburg, 6),**
Hessen Hesse **(Wiesbaden, 7),**
Mecklenburg-Vorpommern Mecklenbourg Poméranie Occidentale **(Schwerin, 8),**
Niedersachsen Basse-Saxe **(Hannover, 9),**
Nordrhein-Westfalen Rhénanie-du-Nord Westphalie **(Düsseldorf, 10),**
Rheinland-Pfalz Rhénanie Palatinat **(Mainz, 11),**
Saarland Sarre **(Saarbrücken, 12),**
Sachsen Saxe **(Dresden, 13),**
Sachsen-Anhalt Saxe-Anhalt **(Magdeburg, 14),**
Schleswig-Holstein Schleswig Holstein **(Kiel, 15),**
Thüringen Thuringe **(Erfurt, 16).**

Deutschlands Bundesländer

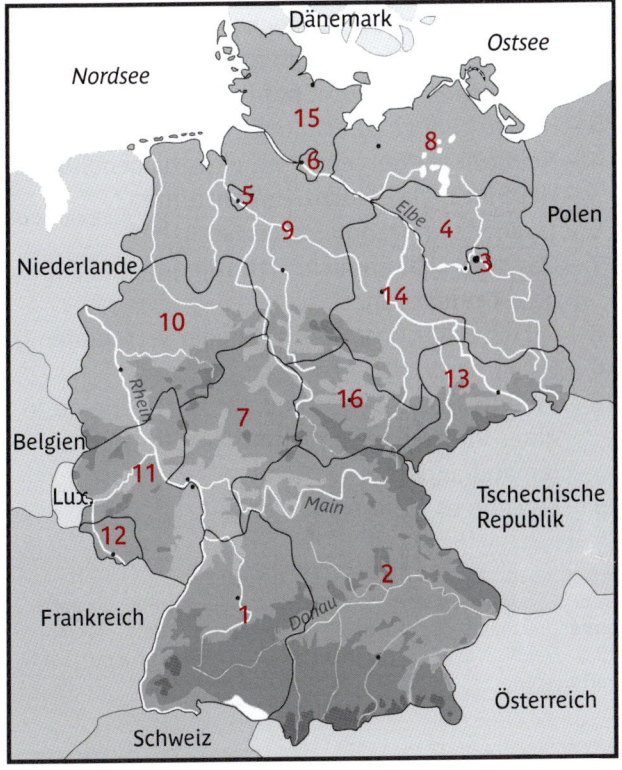

47

Siebenundvierzigste Lektion

Freddy und Pünktlichkeit

1 – Wie **lang**e [1] **so**llen wir noch **war**ten?
2 – **Al**so [2], ich muss um halb los. Ich **ha**be **ei**nen Ter**min** mit **mei**nem Chef.
3 – Hi, wie geht's? Ist er **im**mer noch nicht [3] da?
4 – Nein. Wir **war**ten schon seit **ei**ner **hal**ben **Stun**de.
5 – Habt ihr mal ver**sucht**, ihn **an**zurufen?
6 – Ja, **a**ber sein **Han**dy ist **aus**geschaltet.
7 – Das sieht ihm **ähn**lich. [4] Ich **ru**fe ihn mal auf dem **Fest**netz an. [5]
8 – Hi! Ich bin's! Hast du mal **wie**der ver**schla**fen [6]?
9 – Hi! Ja, **so**rry, **al**so nein, ich …
10 – **Fre**ddy! Hör mir jetzt mal gut zu. [7] Wenn du in **ei**ner **Vier**telstunde nicht da bist, **su**chen wir **je**mand **an**ders. [8]
11 So kann es nicht **wei**tergehen [9].

Prononciation

frèdi … pu**ñ**ktliçHkaït **1** … la**ñ**guë … **2** … tèrmi:n … chèf **6** … aoussguéchaltèt **7** … è:nliçH … fèstnèts … **8** … fèrchla:fën **10** … Heu:ᵃ … tsou: … firtèl-chtoundé … yé:ma'nt a'ndᵃss **11** … vaïtᵃgué:ën

Notes

1 Ne confondez pas **wie lang**, *quelle est la longueur* (L46, ph. 8), avec **wie lange** ("comment longtemps"), *combien de temps* : **Wie lange** sollen wir noch warten?, *Combien de temps devons-nous encore attendre ?*

2 **also** peut avoir la fonction de particule modale introduisant une réponse / une opinion / un commentaire, etc. en rapport avec quelque

Quarante-septième leçon

Freddy et [la] ponctualité

1 – Combien de temps *(comment long)* devons-nous encore attendre ?
2 – [Moi], il faut que je parte à la demie. *(je dois à demi partir)* J'ai un rendez-vous avec mon chef.
3 – Salut, comment ça va ? Il n'est toujours pas *(toujours encore pas)* là ?
4 – Non. Nous attendons depuis déjà *(déjà depuis)* une demi-heure.
5 – Avez-vous essayé de l'appeler ?
6 – Oui, mais son portable est débranché.
7 – C'est tout lui. *(ça voit à-lui semblable)* Je vais l'appeler *(appelle le fois)* sur le *(téléphone)* fixe *(fixe-réseau)*.
8 – Salut, c'est moi ! Tu n'as pas entendu le réveil. *(as tu fois encore [trop]-dormi)*
9 – Salut ! Oui, excuse, en fait, non, je...
10 – Freddy ! Écoute-moi *(maintenant fois)* bien. Si tu n'es pas là dans un quart d'heure, on cherche *(cherchons nous)* quelqu'un d'autre.
11   Ça ne peut pas continuer comme ça.

chose dit juste avant. Cette particule ne se traduit pas : **Also, ich muss um halb los**, *[Moi], il faut que je parte à la demie*.

3 Notez l'adverbe **immer noch nicht** ("toujours encore pas"), *toujours pas*.

4 L'expression idiomatique **Das sieht ihm/ihr ähnlich** ("ça voit à-lui/à-elle semblable") se traduit par *C'est bien lui/elle* ou aussi *C'est lui/elle tout craché*.

5 La préposition **auf**, *sur*, régit selon le contexte l'accusatif ou le datif = préposition mixte. Pour l'instant, retenez bien certains emplois sans entrer dans les détails de grammaire comme **jemanden auf dem**

Festnetz anrufen, *appeler quelqu'un sur le (téléphone) fixe* + datif : **Ich rufe ihn auf dem Festnetz an**, *Je l'appelle sur le (téléphone) fixe*.

6 **verschlafen** est un verbe à particule inséparable et signifie *se réveiller trop tard / ne pas avoir entendu le réveil* : **Hast du mal wieder verschlafen?**, *Tu n'as pas entendu le réveil ?* Rappel : **schlafen** = *dormir*.

7 **zuhören**, *écouter*, est un verbe à particule séparable. Attention ! Il régit le datif : **Hör mir jetzt mal gut zu**, *Écoute-moi bien*. Rappel : **hören** = *écouter*.

8 • La subordonnée conditionnelle est introduite par **wenn**, *si*. Souvenez-vous que **wenn** introduit également la subordonnée temporelle *quand / à chaque fois que* (L31, ph. 2 et 3). Vous remarquerez l'inversion sujet / verbe conjugué dans la proposition principale étant donné que la proposition subordonnée est en tête de phrase : **Wenn du in einer**

***

Übung 1 – Übersetzen Sie bitte!
❶ Wie lange soll er noch warten? ❷ Er hat verschlafen. ❸ Er hat immer noch nicht angerufen. ❹ Sie hört mir nicht zu. ❺ Ruf ihn auf dem Festnetz an!

***

Übung 2 – Ergänzen Sie bitte!

❶ Les enfants ne m'écoutent pas.
Die Kinder ..... mir nicht ...

❷ Traduisez "aller" et "continuer".
Übersetzen Sie „ ..... " und „ .... ".

❸ Il m'appelle toujours sur le *(téléphone)* fixe.
Er ruft mich immer ...... Festnetz an.

❹ Je l'appelle, si vous voulez. *(vouvoiement)*
Ich rufe ihn an, wenn ....

❺ Si tu veux, je l'appelle.
Wenn du willst, ... ihn an.

Viertelstunde nicht da bist, suchen wir jemand anders, *Si tu n'es pas là dans un quart d'heure, on cherche quelqu'un d'autre.*
• Notez qu'il s'agit d'une construction au datif : **in einer Viertelstunde / in einer halben Stunde / in einer Stunde**, *dans un quart d'heure / une demi-heure / une heure.*
• **jemand anders**, *quelqu'un d'autre*, fait partie des pronoms indéfinis qui peuvent se décliner ou non. Les règles de grammaire allemande sont quelques fois souples et c'est tant mieux ! Nous avons opté pour la forme non déclinée, plus simple !

9 Les particules modifient ou nuancent le sens des verbes : **schlafen/ verschlafen** et **hören/zuhören** (N6 et 7) et voici un troisième exemple : **gehen**, *aller*, et **weitergehen** (particule séparable), *continuer.*

***

Corrigé de l'exercice 1
❶ Combien de temps doit-il encore attendre ? ❷ Il n'a pas entendu le réveil. / Il s'est réveillé trop tard. ❸ Il n'a toujours pas appelé. ❹ Elle ne m'écoute pas. ❺ Appelle-le sur le (téléphone) fixe !

***

Corrigé de l'exercice 2
❶ – hören – zu ❷ – gehen – weitergehen ❸ – auf dem – ❹ – Sie wollen ❺ – rufe ich –

Achtundvierzigste Lektion

Schneewittchen (Sneewittchen [1])
(ein Märchen von den Brüdern Grimm)

1 – „**Spie**glein, **Spie**glein [2] an der Wand,
2 Wer ist die **Schön**ste [3] im **gan**zen Land?"
3 so **ant**wortete [4] der **Spie**gel:
4 „Frau **Kö**nigin, Ihr seid [5] die **Schön**ste im Land."
5 Da war sie zu**frie**den, denn sie **wuss**te, dass der **Spie**gel die **Wahr**heit **sag**te.
6 **Schnee**wittchen aber wuchs he**ran** und **wur**de [6] immer **schö**ner [7], und als es **sie**ben [8] **Jah**re alt war, war es (…) **schö**ner als die **Kö**nigin [9] selbst.
7 Als **die**se [10] **ein**mal **ih**ren **Spie**gel **frag**te
8 „**Spie**glein, **Spie**glein an der Wand, Wer ist die **Schön**ste im **gan**zen Land?"
9 so **ant**wortete er …"
10 So **mei**ne lieben **Kin**der. Es ist Zeit, ins Bett zu **ge**hen. [11]
11 – Nein, **bit**te **O**pa [12] ! Wir **wol**len nur die **Ant**wort **wis**sen … **O**pa **bit**te, nur die **Ant**wort!
12 – In **Ord**nung! **A**ber nur die **Ant**wort.

Prononciation

chné:vitchën … mé:ᵃ çhën … 1 chpi:glaïn … va:'nt 2 … cheu:nstë … la'nt 3 … a'ntvortëtë … chpi:gël 4 … keu:nigui'n … 5 … tsoufri:dën … vousstë … va:ᵃHaït za:ktë 6 … vou:kss Hèra'n … vourdë … cheu:nᵃ … zëlpst 7 … di:zë … fra:ktë 10 … bèt … 11 … o:pa …

Notes

1 Sneewittchen, *Blanche-Neige*, est le titre en bas-allemand donné par les frères Grimm et correspond aujourd'hui à Schneewittchen.

Quarante-huitième leçon

Blanche-Neige
(un conte des frères Grimm)

1 – "'Miroir, miroir joli, *(petit-miroir, petit-miroir au mur)*
2 qui est la plus belle au pays *(dans-le entier pays)* ?'
3 Le miroir répondait :
4 Madame [la] reine, vous êtes la plus belle au pays.'
5 Et elle était contente. Elle savait *(là était elle car elle savait)* que le miroir disait la vérité.
6 Blanche-Neige, cependant, grandissait et devenait de plus en plus belle *(toujours plus-belle)*. Quand elle eut atteint *(devint)* [ses] dix-sept ans, elle était [déjà] (…) plus belle que la reine elle-même.
7 Un jour que celle-ci *(quand celle-ci une-fois)* demandait au miroir :
8 'Miroir, miroir joli, qui est la plus belle au pays ?'
9 Celui-ci répondit *(répondit il)*…"
10 Bon, mes chers enfants. Il est temps d'aller au lit.
11 – Non, s'il te plaît papy. Nous voulons juste savoir la réponse… Papy, s'il te plaît, juste la réponse !
12 – D'accord ! Mais juste la réponse.

---

2 **das Spieglein**, *le petit miroir*, est le diminutif de **der Spiegel**, *le miroir* (*cf.* L19, N6).

3 **die Schönste** signifie *la plus belle*. Il s'agit, comme en français, d'un adjectif substantivé (d'où la majuscule en allemand). La marque **-st** quant à elle sert à former le superlatif des adjectifs qualificatifs. Nous en reparlerons.

4 Le prétérit est en premier lieu le temps du récit comme dans les contes. Il se forme comme suit :
– les verbes réguliers (dits "faibles") se conjuguent sur le radical de l'infinitif + terminaisons (en rouge), ex.: **sagen**, *dire* → **ich sagte**, **du sagtest**, **er/sie/es sagte**, **wir sagten**, **ihr sagtet**, **sie/Sie sagten**. Les verbes

se terminant par **-d**, **-t** ou plusieurs consonnes prennent un **e** phonétique : **ich antwortete, du antwortetest, er/sie/es antwortete** etc.
– les verbes irréguliers (dits "forts") modifient leur radical + terminaisons (en rouge), ex. : **gehen**, *aller* → **ich ging**Ø, **du gingst, er/sie/es ging**Ø, **wir gingen, ihr gingt, sie/Sie gingen**. Les verbes se terminant par **-s**, **-ß**, **-z** prennent juste un **-t** à la 2ᵉ personne du singulier : **wachsen**, *grandir* → **ich wuchs**Ø, **du wuchst, er/sie/es wuchs**Ø, etc. L'emploi de la particule **heran** dans **sie wuchs heran** (ph. 6), relève d'un langage littéraire.

5 **Ihr** est une formule de politesse ancienne : **Ihr seid**, *vous êtes*, se dit de nos jours **Sie sind**.

6 Le verbe **werden**, *devenir*, a une conjugaison irrégulière au prétérit : **ich wurde, du wurdest, er/sie/es wurde, wir wurden, ihr wurdet, sie/Sie wurden**.

7 Le suffixe **-er** est la marque du comparatif de supériorité (*cf.* L11, N3) comme **schön**, *beau/belle* → **schöner**, *plus beau / plus belle*, et **immer**

***

Übung 1 – Übersetzen Sie bitte!
❶ Ich bin die Kleinste. ❷ Bist du älter als Anna? ❸ Es wird immer kälter. ❹ Es ist Zeit zu essen. ❺ Was sagte er?

***

Übung 2 – Ergänzen Sie bitte!

❶ Que répondirent-ils ?
Was .... ?

❷ Ça va de plus en plus vite.
Es geht ....

❸ Miroir, miroir joli, *(petit-miroir, petit-miroir au mur)*
.........., ... an der Wand,

❹ qui est la plus belle au pays ?
wer ist ... . im ganzen Land?

❺ Blanche-Neige est plus belle que la reine.
Schneewittchen ist .... die Königin.

Quarante-huitième leçon / 48

+ adjectif au comparatif de supériorité se traduit par *de plus en plus* : **immer schöner**, *de plus en plus belle*.

8 Le contenu des contes peut varier d'une langue à l'autre. Dans la version allemande des frères Grimm, Blanche-Neige a sept ans. Dans la version française de Perrault, elle en a dix-sept.

9 La chose comparée est précédée de **als**, *que* : **schöner als die Königin**, *plus belle que la reine*.

10 Les démonstratifs **dieser/diese/dieses** s'emploient aussi comme pronoms. Ils suivent la même déclinaison que les déterminants (*cf.* L45, N7) : … **als diese (…) fragte**, *un jour que celle-ci demandait*…

11 La tournure **Es ist Zeit**, *Il est temps*, régit également une proposition infinitive introduite par **zu**, *à/de* : **Es ist Zeit, ins Bett zu gehen**, *Il est temps d'aller au lit*.

12 Pour les grands-parents, on dit **Oma/Omi**, *mamie*, et **Opa/Opi**, *papy*.

***

Corrigé de l'exercice 1

❶ Je suis la plus petite. ❷ Tu es plus âgé qu'Anna ? ❸ Il fait de plus en plus froid. ❹ Il est temps de manger. ❺ Que disait-il ?

***

Corrigé de l'exercice 2

❶ – antworteten sie ❷ – immer schneller ❸ Spieglein, Spieglein – ❹ – die Schönste – ❺ – schöner als –

***

Jacob (1785-1863) et Wilhelm (1786-1859) Grimm étaient deux brillants germanistes qui s'intéressaient, parallèlement à leurs publications scientifiques, aux contes populaires pour enfants. Ils commencèrent à publier leurs premiers contes en 1812. En 1857 parut une édition amplifiée qui devint le fameux livre intitulé **Grimms Märchen**, *Contes de Grimm.*

Neunundvierzigste Lektion

Wiederholung – Révision

1 Déclinaison d'un groupe nominal défini et indéfini

Vous connaissez déjà le nominatif, l'accusatif et le datif. Les nouveautés introduites dans cette série sont le génitif (quatrième et dernier cas de la déclinaison allemande) ainsi que la déclinaison de l'adjectif épithète. Celui-ci se décline différemment selon qu'il est précédé d'un article défini ou indéfini :

a) déclinaison d'un groupe nominal défini
Voici pour commencer, la déclinaison d'un groupe nominal construit avec les articles définis **der/die/das**, *le/la* ou **die**, *les* ainsi que les déterminants démonstratifs **dieser/diese/dieses**, *ce/cette*, ou **diese**, *ces*. Ceux-ci suivent la même déclinaison que l'article défini.

	Masculin	Féminin	Neutre
N	der schön**e** Garten dieser	die schön**e** Küche diese	das schön**e** Haus dieses
A	den schön**en** Garten diesen	die schön**e** Küche diese	das schön**e** Haus dieses
D	dem schön**en** Garten diesem	der schön**en** Küche dieser	dem schön**en** Haus diesem
G	des schön**en** Gartens dieses	der schön**en** Küche dieser	des schön**en** Hauses dieses

	Pluriel
N	die schön**en** Schlafzimmer diese

Quarante-neuvième leçon

A	die schön**en** Schlafzimmer diese
D	den schön**en** Schlafzimmer**n** diesen
G	der schön**en** Schlafzimmer dieser

b) déclinaison d'un groupe nominal indéfini

Pour suivre, voici la déclinaison d'un groupe nominal construit avec les articles indéfinis **ein/eine**, *un/une* et Ø, *des* ainsi que les déterminants possessifs **mein/meine** etc., *mon/ma/mes* etc. Au singulier, ceux-ci suivent la même déclinaison que l'article indéfini / la négation **kein/e** ; au pluriel, que la négation **keine**.

	Masculin	Féminin	Neutre

N	ein/kein
	  schön**er** Garten
	mein
		eine/keine
		  schön**e** Küche
		meine
			ein/kein
			  schön**es** Haus
			mein

A	einen/keinen
	  schön**en** Garten
	meinen
		eine/keine
		  schön**e** Küche
		meine
			ein/kein
			  schön**es** Haus
			mein

D	einem/keinem
	  schön**en** Garten
	meinem
		einer/keiner
		  schön**en** Küche
		meiner
			einem/keinem
			  schön**en** Haus
			meinem

G	eines/keines
	  schön**en** Gartens
	meines
		einer/keiner
		  schön**en** Küche
		meiner
			eines/keines
			  schön**en** Hauses
			meines

	Pluriel
N	keine schön**en** Schlafzimmer meine

A	**keine** schön**en** Schlafzimmer **meine**
D	**keinen** schön**en** Schlafzimmer**n** **meinen**
G	**keiner** schön**en** Schlafzimmer **meiner**

La négation **kein-** s'emploie rarement au génitif.

Les adjectifs se terminant par **-e** ne prennent pas de **e** supplémentaire et les adjectifs se terminant par **-el/-er** perdent généralement le **e** quand ils sont épithètes : **leise**, *silencieux* → **ein leises Zimmer**, *une chambre silencieuse* ; **teuer**, *cher* → **ein teures Haus**, *une maison chère*.

2 Le génitif

Le génitif est le quatrième et dernier cas de la déclinaison allemande. On l'emploie pour :
– le complément du nom. Il permet d'exprimer une relation entre une personne/chose et une autre et marque souvent la possession au sens large du terme. En plus de la déclinaison de l'article / du déterminant et de l'adjectif épithète, l'utilisation du génitif implique d'ajouter un **-s** aux noms masculins ou neutres ou **-es** dans le cas d'un nom terminé en **-s**, **-z**, **-ß** : **die Schuld der Eltern**, *la faute des parents* (L44, ph. 2) ; **die Geige des Geigenlehrers**, *le violon du professeur de violon* ; **im Garten meines Hauses**, *dans le jardin de ma maison*. Dans le cas des monosyllabes (sauf ceux se terminant par **-s**, **-z**, **-ß**), on peut aussi bien ajouter un **-s** aux noms masculins ou neutres qu'un **-es** : **die Schuld des Sohns** ou **des Sohnes**, *la faute du fils* ;
– après certaines prépositions dont **während**, *pendant*, et **wegen**, *à cause de* : **während der Ferien**, *pendant les vacances*.

Notez que l'emploi des pronoms personnels au génitif est assez peu courant. Nous ne l'aborderons donc pas.

3 Le prétérit

Pour décrire des faits et actions réalisés dans le passé et sans conséquence sur le présent, l'allemand n'a qu'un seul temps : le prétérit. En français, il équivaut à l'imparfait et au passé simple à la fois. Il est en premier lieu le temps du récit. À l'oral, on lui préfère le parfait (= passé composé) sauf pour les verbes **sein**, *être* ; **haben**, *avoir* ; **werden**, *devenir*, et quelques autres verbes dont les modaux et **wissen**, *savoir*. Il se forme comme suit :

a) dans le cas des verbes réguliers (dits "faibles") : radical de l'infinitif + **-(e)te, -(e)test, -(e)te, -(e)ten, -(e)tet, -(e)ten**. Les verbes se terminant par **-d, -t** ou plusieurs consonnes prennent un **(e)** phonétique ;

b) dans le cas des verbes irréguliers (dits "forts") : radical du prétérit + **-Ø, -st, -Ø, -en, -t, -en** ;

c) avec **haben, sein** et **werden**, irréguliers : radical du prétérit + **-Ø/-e, -(e)st, -Ø/-e, -en, -(e)t, -en** ;

d) dans le cas de la plupart des verbes de modalité : radical de l'infinitif (sans **Umlaut**, *inflexion*) + **-te ; -test ;-te ; -ten ; -tet ; -ten**. Attention : **mögen**, *(bien) aimer*, et **wissen**, *savoir* (qui n'est pas un verbe de modalité mais dont la conjugaison est proche de ceux-ci) changent de radical mais les terminaisons sont les mêmes.

	Verbe régulier **sagen** *dire*	Verbe régulier se terminant par **-t** **arbeiten** *travailler*	Verbe irrégulier **gehen** *aller*
ich	sag**te**	arbeit**ete**	ging
du	sag**test**	arbeit**etest**	ging**st**
er, sie, es	sag**te**	arbeit**ete**	ging
wir	sag**ten**	arbeit**eten**	ging**en**
ihr	sag**tet**	arbeit**etet**	ging**t**
sie	sag**ten**	arbeit**eten**	ging**en**
Sie	sag**ten**	arbeit**eten**	ging**en**

	sein *être*	**haben** *avoir*	Verbe **werden** *devenir/être (futur)*
ich	war	hat**te**	wurd**e**
du	war**st**	hat**test**	wurd**est**

er, sie, es	war	hatte	wurde
wir	waren	hatten	wurden
ihr	wart	hattet	wurdet
sie	waren	hatten	wurden
Sie	waren	hatten	wurden

	können *pouvoir*	dürfen *pouvoir / avoir le droit*	müssen *devoir / falloir*	sollen *devoir* (moral)
ich	konnte	durfte	musste	sollte
du	konntest	durftest	musstest	solltest
er, sie, es	konnte	durfte	musste	sollte
wir	konnten	durften	mussten	sollten
ihr	konntet	durftet	musstet	solltet
sie	konnten	durften	mussten	sollten
Sie	konnten	durften	mussten	sollten

	wollen *vouloir*	mögen *(bien) aimer*	wissen *savoir*
ich	wollte	mochte	wusste
du	wolltest	mochtest	wusstest
er, sie, es	wollte	mochte	wusste
wir	wollten	mochten	wussten
ihr	wolltet	mochtet	wusstet
sie	wollten	mochten	wussten
Sie	wollten	mochten	wussten

4 Syntaxe d'une phrase complexe (proposition principale + proposition subordonnée conjonctive)

En allemand, la place du verbe conjugué dépend du type de la proposition et quelques fois aussi de la place de la proposition dans la phrase.

a) Le cas proposition principale + proposition subordonnée conjonctive, ex. : **Ich glaube** aber nicht, dass es früher besser **war**, *Mais je ne crois pas que c'était mieux avant* (L44, ph. 4).

Dans une proposition principale en tête de phrase, le verbe

conjugué est en deuxième position ; le verbe conjugué de la proposition subordonnée conjonctive est en dernière position. Exception ! Dans la proposition impérative, le verbe est en tête : **Komm früher, wenn du kannst**, *Viens plus tôt si tu peux.*
b) Le cas proposition subordonnée conjonctive + proposition principale, ex. : **Wenn du in einer Viertelstunde nicht da bist, suchen wir jemand anders**, *Si tu n'es pas là dans un quart d'heure, on cherche quelqu'un d'autre* (L47, ph. 10).
Dans une proposition principale placée derrière la proposition subordonnée conjonctive, le verbe conjugué est en première position devant le sujet ; le verbe conjugué de la proposition subordonnée conjonctive reste en dernière position.

5 Les conjonctions de subordination

La proposition subordonnée conjonctive est introduite par une conjonction de subordination. Jusqu'ici, vous avez vu les conjonctions suivantes :
– **als**, *quand*, pour un fait / moment unique dans le passé : **Als wir jung waren, ...**, *Quand nous étions jeunes,...*
– **dass**, *que* : **Ich glaube aber nicht, dass ...**, *Je ne crois pas que...*
– **wenn**, *quand*, pour un fait/moment présent ou futur : **... wenn man mehrere Personen duzt**, *... quand on tutoie plusieurs personnes*
– **wenn**, *si* : **Wenn du (...) nicht da bist, ...**, *Si tu n'es pas là (...),...*
– **wie**, *comme* : **Wie du vielleicht schon weißt ...**, *Comme tu sais peut-être déjà...*

6 Les pronoms interrogatifs en *wie* + adjectif

De nombreux pronoms interrogatifs allemands, notamment de mesure, sont formés avec **wie**, *comment* + adjectif. Vous noterez que dans une interrogative construite avec un pronom interrogatif (dite "interrogative partielle"), le verbe conjugué occupe la deuxième position. Voici plusieurs exemples :
– **wie alt**, *quel âge* → **Wie alt sind Sie?**, *Quel âge avez-vous ?*
– **wie viel**, *combien* → **Wie viel kostet es?**, *Combien ça coûte ?* ; **So, wie viel willst du?**, *Bon, tu veux combien ?*
– **wie teuer**, *combien* (prix) → **Wie teuer ist das?**, *C'est combien ? / Ça coûte combien ?*

49 / *Neunundvierzigste Lektion*

– **wie viel Uhr** / **wie spät**, *quelle heure* → **Wie viel Uhr / Wie spät ist es?**, *Quelle heure est-il ?*
– **wie hoch**, *quelle hauteur/altitude* → **Wie hoch ist der Mount Everest?**, *Quelle est l'altitude du mont Everest ?*
– **wie lang**, *quelle longueur* → **Wie lang ist der Nil?**, *Quelle est la longueur du Nil ?*

***

▶ Wiederholungsdialog

1 – Entschuldigung Herr Schmitt, ich wollte Ihnen nur sagen, dass Frau Martin schon da ist.
2 – Danke! Übrigens wissen Sie, wo Herr Müller ist? Ich habe ihn seit dem Urlaub nicht mehr gesehen.
3 – Herr Müller!? Aber Herr Müller arbeitet nicht mehr bei uns. Er hat vor ungefähr einem Monat gekündigt.
4 – Er hat gekündigt!?
5 – Wussten Sie das nicht?
6 – Nein. Warum hat er das gemacht?
7 – Eine Freundin seiner Frau hat eine kleine Firma auf Tahiti und er möchte da arbeiten.
8 – Schade! Er hatte doch einen tollen Job bei uns.
9 – Ja, aber er hat keine Lust mehr, so viel zu arbeiten. Er will das Leben genießen.
10 – Hm … vielleicht hat er recht …

***

Et voilà, c'est fini pour cette semaine ! Dès demain, vous allez passer à la vitesse supérieure en entamant la **phase d'activation** *de votre apprentissage, la "deuxième vague". À ce stade, vos progrès sont déjà considérables : vous disposez d'acquis culturels, votre vocabulaire s'enrichit, vous maîtrisez les différences grammaticales entre le français et l'allemand, et vous êtes en*

– **wie lange**, *combien de temps* → **Wie lange** sollen wir noch warten?, *Combien de temps devons-nous encore attendre ?*
– **wie viel** + substantif au singulier / **wie viele** + substantif au pluriel, *combien de* → **Wie viel Geld** hast du?, *Combien d'argent as-tu ?* ; **Wie viele Bundesländer** hat Deutschland?, *Combien de Länder y a-t-il en Allemagne ?*

***

Traduction
1 Excusez-moi monsieur Schmitt, je voulais juste vous dire que madame Martin est déjà là. **2** Merci ! D'ailleurs, savez-vous où est monsieur Müller ? Je ne l'ai plus vu depuis les vacances. **3** Monsieur Müller !? Mais monsieur Müller ne travaille plus chez nous. Il a démissionné il y a environ un mois. **4** Il a démissionné !? **5** Vous ne le saviez pas ? **6** Non. Pourquoi a-t-il fait ça ? **7** Une amie de sa femme a une petite société à Tahiti et il aimerait y travailler **8** Dommage ! Il avait pourtant un superbe job chez nous. **9** Oui, mais il n'a plus envie de travailler autant. Il veut profiter de la vie. **10** Mmm… il a peut-être raison…

Übersetzen Sie bitte!
❶ Als ich jung war, hatte ich kein Geld. ❷ Ich kann um 10 Uhr kommen, wenn es für dich besser ist. ❸ Wie lange bleibst du? ❹ Woher kommt der Freund deiner Schwester? ❺ Ich habe Lust, hier zu bleiben.

Corrigé
❶ Quand j'étais jeune, je n'avais pas d'argent. ❷ Je peux venir à 10 heures si c'est mieux pour toi. ❸ Combien de temps restes-tu ? ❹ D'où vient l'ami de ta sœur ? ❺ J'ai envie de rester ici.

***

mesure d'être un peu plus à l'aise dans les conversations en allemand. Vous êtes donc prêt pour entamer cette deuxième vague, qui vous permettra de vous rendre compte des progrès que vous avez faits. Nous vous en rappelons le mode d'emploi dans la 50ᵉ leçon. Félicitations !

50 Fünfzigste Lektion

Wir gratulieren!

1 – Sie **ha**ben **vie**le **Fort**schritte [1] ge**macht** und sind schon bei Lek**tion** 50 (**fünf**zig) [2].
2 Um das zu **fei**ern, **wer**den wir **Ih**nen **et**was **Um**gangssprache **bei**bringen. [3] Sie ist **näm**lich [4] ein **Teil** [5] der **deut**schen **Spra**che.
3 **Fan**gen wir mit dem Wort „nein" an!
4 In der **Um**gangssprache sagt man oft „nee" (auch „ne" ge**schrie**ben) oder „nö",
5 und wenn die **Ant**wort **we**der „ja" noch „nein" **lau**tet [6], dann kann man mit „jein" **ant**worten [7].
6 Wenn **je**mand oder **et**was nervt, dann be**nutzt** man **ger**ne **Aus**drücke wie „Das geht / Du gehst mir auf die **Ner**ven!",
7 „Halt die **Kla**ppe!", „Spinnst du?" oder „Ich **ha**be die **Na**se voll von dir!"
8 **Flu**chen tut gut [8], egal in **wel**cher **Spra**che [9].
9 So, das war's [10] für **heu**te. Bis **mor**gen! ☐

Prononciation

1 ... *fortchritë* ... *fu'nfziçh* *2 oum* ... *tsou faïᵉn* ... *oumgañgs-chpra:chë baïbriñguën* ... *nè:mliçh* ... *chpra:cHë 3* ... *vort* ... *4* ... *né:* ... *né guëchri:bën* ... *neu:* **5** ... *vé:dᵉ* ... *nocH* ... *laoutët* ... *yaïn* *a'ntvortën 6* ... *né:ᵃft* ... *aoussdrukë* ... *néᵃfën 7 Halt* ... *klapë* *chpi'nst* ... *na:zë* ... *8 flou:cHën tou:t* ... *éga:l* ...

Notes

1 **viele**, *beaucoup de* + nom au pluriel se décline comme un adjectif épithète au pluriel alors que **viel**, *beaucoup de* + nom au singulier est invariable : accusatif neutre et féminin → **Ich habe viel Geld / viel Zeit** ..., *J'ai beaucoup d'argent / de temps*... ; accusatif pluriel → **Sie haben viele Fortschritte**

Cinquantième leçon

Félicitations ! *(nous félicitons)*

1 – Vous avez fait beaucoup de progrès et [vous] [en] êtes déjà à [la] leçon 50.
2 Pour célébrer ça, nous allons vous enseigner un peu de langage familier *(fréquentations/contact-langue)*. Il fait en effet partie de la langue allemande.
3 Commençons par *(avec)* le mot "**nein**" !
4 Dans le langage parlé, on dit souvent "**nee**" (écrit aussi "**ne**") ou "**nö**"
5 et si la réponse n'est ni "**ja**" ni "**nein**", on peut alors répondre par *(avec)* "**jein**" *(alors peut on avec "jein" répondre)*.
6 Si quelqu'un ou quelque chose [nous] énerve, on emploie volontiers *(alors emploie on volontiers)* [des] expressions comme "Ça/Tu me tape(s) *(va(s))* sur les nerfs.",
7 "Ferme ton *(le)* clapet !", "Tu débloques ?", ou "J'en ai ras le bol de toi !" *(j'ai le nez plein de toi)*
8 Pester fait [du] bien, quelle que soit la langue *(égal en quelle langue)*.
9 Voilà, c'est tout pour aujourd'hui. À demain !

---

gemacht, *Vous avez fait beaucoup de progrès* ; datif pluriel → **Sie hat mit vielen Ländern gearbeitet**, *Elle a travaillé avec beaucoup de pays.*

2 Notez l'absence d'article dans la tournure **bei Lektion ... sein**, *en être à la leçon...*

3 • La construction **um** (+ complément) **zu** + infinitif du verbe est une proposition subordonnée infinitive traduite par *pour/afin de* + infinitif du verbe (+ complément) : **Wir kommen, um dich zu sehen**, *Nous venons pour te voir*. Dans le cas où elle est en tête de phrase, le verbe conjugué de la proposition principale passe en première position devant le sujet comme dans l'exemple du dialogue. Notez la virgule

zweihundertzwei • 202

impérative entre l'infinitive et la principale. Comme en français, cette construction s'emploie en cas de sujet identique. Nous y reviendrons.
• Le **Futur I** (*futur simple*) se construit avec l'auxiliaire **werden** au présent de l'indicatif et l'infinitif du verbe à la fin. Il sert à exprimer l'intention de faire qqch. dans l'avenir (proche ou lointain) ou une supposition concernant une situation/action à venir : **Um das zu feiern, werden wir Ihnen etwas Umgangssprache beibringen**, *Pour célébrer ça, nous allons vous enseigner un peu de langage familier* ; **Es wird bestimmt regnen**, *Il va sûrement pleuvoir*.

4 On emploie l'adverbe **nämlich**, *en effet*, pour expliquer ce que l'on vient de dire. Il se place généralement derrière le verbe conjugué.

5 Attention **der Teil(e)**, nom masculin, signifie *une partie*. Notez qu'il existe également la forme **das Teil(e)**, nom neutre, qui signifie *une pièce / un élément* : **Er muss das kaputte Teil ersetzen**, *Il doit remplacer la pièce cassée*.

6 • Le verbe **lauten** s'emploie pour indiquer une réponse / une adresse / un numéro de téléphone / un titre, etc. et se traduit par *être* ou quelques fois *s'intituler*.
• La conjonction double **weder ... noch** équivaut à *ni... ni...* en français.

***

Übung 1 – Übersetzen Sie bitte!

❶ Er kann weder Deutsch noch Englisch. ❷ Das tut gut. ❸ Sie geht mir auf die Nerven. ❹ Ich habe das Teil ersetzt. ❺ Ich brauche Zeit, um das zu machen.

***

Übung 2 – Ergänzen Sie bitte!

❶ Ferme ton clapet !
Halt . . . . !

❷ La réponse n'est ni oui ni non.
Die Antwort ist . . . . . ja . . . . nein.

❸ S'il ne fait pas trop froid, alors je viendrai aussi.
. . . . es nicht zu kalt ist, ... komme ich auch.

❹ Je suis désolée.
Das . . . mir . . . . .

❺ J'en ai ras-le-bol de ce job.
Ich habe die . . . . von diesem Job.

Cinquantième leçon / 50

7 Dans une phrase au conditionnel, la proposition principale peut être introduite (mais ce n'est pas obligatoire) par l'adverbe **dann** ≈ *alors* si elle est placée derrière la proposition subordonnée conditionnelle : **Wenn die Antwort weder „ja"noch „nein" lautet, (dann) kann man mit „jein" antworten**, *Si la réponse n'est ni "oui" ni "non", on peut alors répondre par "jein"*. Voir aussi ph. 6. Au passage, notez que **jein** est la contraction de **ja** et **nein**.

8 Le verbe **tun** signifie *faire*. Il s'emploie surtout dans des expressions comme **gut tun**, *faire du bien* ; **weh tun**, *faire mal* ; **leidtun**, *être désolé / faire de la peine*. Dans ce dernier exemple, **leid** s'emploie comme une particule séparable : **Fluchen tut gut**, *Pester fait du bien* ; **Das tut weh**, *Ça fait mal* ; **Er tut mir leid** ("il fait à-moi peine"), *Il me fait de la peine* ; **Das tut mir leid** ("ça fait à-moi peine"), *Je suis désolée*.

9 **egal in welch-** (+ datif) se traduit par *quel/le/s que soit/soient le/la/les* : **egal in welcher Sprache**, *quelle que soit la langue* ; **egal in welchen Ländern**, *quels que soient les pays*.

10 Souvenez vous que **'s** est la forme contractée du pronom impersonnel **es**.

***

Corrigé de l'exercice 1

❶ Il ne parle ni allemand ni anglais. ❷ Ça fait du bien. ❸ Elle m'énerve. ❹ J'ai remplacé la pièce. ❺ J'ai besoin de temps pour le faire.

Corrigé de l'exercice 2

❶ – die Klappe ❷ – weder – noch – ❸ Wenn – dann – ❹ – tut – leid ❺ – Nase voll –

Comme vous avez pu le constater dans le dialogue, vous entamez aujourd'hui la phase d'activation *de votre apprentissage, ou* deuxième vague, *dont le but est de consolider les bases de vos connaissances au fur et à mesure que vous progressez. Comment procéder ? C'est simple : après avoir étudié votre leçon comme chaque jour, vous reprendrez une leçon depuis le début du livre (nous vous indiquerons toujours laquelle à la fin de chaque leçon*

Einundfünfzigste Lektion

Guten Abend, liebe Zuschauerinnen und Zuschauer [1]!

1 – Wir befinden uns heute auf dem Marktplatz in der Konstanzer Innenstadt [2] und wollen die Konstanzer befragen [3]: „Was ist typisch deutsch?" Los geht's! [4]
2 Hallo liebe Leute! Wir machen eine Umfrage fürs [5] Fernsehen und würden gerne wissen [6]: „Was ist typisch deutsch?"
3 – Typisch deutsch? Ähm ... Pünktlichkeit, Ordnung und gutes Bier [7].
4 – Und für Sie?
5 – Gutes Bier, das ja, ... Sauberkeit, Disziplin und vielleicht auch Sturheit.
6 – Interessant! Und was ist für Sie typisch deutsch?
7 – Für mich?! Zuverlässigkeit und die langen Wörter [8].
8 Ich bin keine Deutsche, [9] und am Anfang konnte ich Wörter wie Aufenthaltsgenehmigung oder Lebensversicherungsvertrag nicht aussprechen.
9 Aber jetzt kann ich das! □

à partir d'aujourd'hui) et vous traduirez le dialogue de la leçon et l'exercice 1 du français vers l'allemand (en masquant le texte allemand de la page de gauche, bien entendu). Ce petit travail supplémentaire vous permettra de vérifier tout ce que vous avez appris au fil des leçons. Vous allez être surpris de vos progrès !

Deuxième vague : 1re leçon

Cinquante et unième leçon

Chers téléspectatrices et téléspectateurs, bonsoir !

1 – Nous nous trouvons aujourd'hui sur la place du marché dans le centre ville de Constance et [nous] allons interroger les habitants de Constance [sur] : "Qu'est-ce qui est typiquement allemand ?" C'est parti !
2 Bonjour tout le monde ! *(salut chers gens)* Nous faisons un sondage pour la télévision et [nous] aimerions savoir "Qu'est-ce qui est typiquement allemand ?"
3 – Typiquement allemand ? Euh... la ponctualité, l'ordre et la bonne bière.
4 – Et pour vous ?
5 – La bonne bière, ça oui... La propreté, la discipline et peut être aussi l'obstination.
6 – Intéressant ! Et pour vous, qu'est-ce qui est typiquement allemand ?
7 – Pour moi !? La fiabilité et aussi les mots longs.
8 Je ne suis pas allemande et au début je n'arrivais *(pouvais)* pas à prononcer des mots comme "**Aufenthaltsgenehmigung**" *(permis de séjour)* ou "**Lebensversicherungsvertrag**" *(contrat d'assurance vie)*.
9 Mais maintenant j'y arrive *(peux je ça)* !

51 / Einundfünfzigste Lektion

Prononciation
... **tsou:**chaou^ari'n**ë**n ... **tsou:**chaou^a 1 ... bé**fi'n**dën ... **markt**-plats ... **ko'n**sta'nts^a inënchtat ... bé**fra:**guën ... **tu:**pich ... **loï**të ... oumfra:guë fu:^as **fèrn**zé:ën ... 3 ... **è:m** ... 5 ... **zaou**b^akaït **dis**tsipli:n ... **chtou:**^aHaït 6 i'n**tè**rèssa'nt ... 7 ... **tsou:**fèrlèssiçhkaït ... **veurt**^a 8 ... **doï**tchë ... **a'n**fang ... **aouf**èntHaltsguéné:migouñg ... **lé:**bèns-fèrziçhërouñgs-fèrtra:k ... **aous**-chprèchën

Remarque de prononciation
(8) Pour mieux prononcer les mots composés, n'oubliez pas de marquer un très léger temps d'arrêt entre chaque mot : (der) Aufenthalt + s *[aoufèntHalt + s]*, *(le) séjour*, et (die) Genehmigung *[guéné:migouñg]*, *(l')autorisation* ; (das) Leben + s *[lé:bën + s]*, *(la) vie*, (die) Versicherung + s *[fèrziçhërouñg + s]*, *(l')assurance* et (der) Vertrag *[fèrtra:k]*, *(le) contrat*. Ici, nous indiquons l'accent tonique de chaque mot. En revanche, dans le mot composé, l'accent tonique principal porte sur le premier mot. Pour le(s) mot(s) suivant(s), l'accent tonique n'est pas ou que légèrement marqué.

Notes

1. Le suffixe **-in** sert à former le féminin de nombreux noms : der Zuschauer (-) / die Zuschauerin (nen), *le téléspectateur / la téléspectatrice* ; der Lehrer (-) / die Lehrerin (nen), *le professeur / la professeure*.

2. • En allemand, les noms des villes et des pays peuvent être employés comme adjectifs. Dans ce cas, ils se terminent par **-er**, sont invariables, se placent devant le nom auquel ils se rapportent et gardent la majuscule. Pour certains mots, il y a élision d'une ou de deux lettres : Konstanz → in der Konstanzer Innenstadt, *dans le centre-ville de Constance* ; München → das Münchner Bier, *la bière de Munich*. La règle est la même pour les noms des habitants au masculin ; pour le féminin, il faut rajouter le suffixe **-in** : der Konstanzer (-) und die Konstanzerin (nen), *l'habitant et l'habitante de Constance* ; der Münchner (-) und die Münchnerin (nen), *le Munichois et la Munichoise*.
   • **auf**, *sur*, et **in**, *dans*, sont des prépositions mixtes (dites aussi "spatiales"). Elles régissent le datif après un verbe indiquant un locatif (1) et l'accusatif après un verbe indiquant un déplacement/mouvement (2) : 1. Wir befinden uns in der Innenstadt, auf dem Marktplatz, *Nous nous trouvons dans le centre-ville, sur la place du marché.* ↔ 2. Wir gehen in

Cinquante et unième leçon / 51

die Innenstadt, auf den Marktplatz, *Nous allons dans le centre-ville, sur la place du marché.*

3 Rappel ! Le futur peut également être exprimé avec le verbe **wollen**, *vouloir* + infinitif du verbe en fin de proposition/phrase : **Wir (…) wollen die Konstanzer befragen**, *Nous (…) allons interroger les habitants de Constance.*

4 Voici une expression utile : **Los geht's!**, *C'est parti !*

5 **fürs** est la contraction de la préposition **für** avec l'article **das**. Elle relève du langage parlé.

6 ich würde gern, du würdest gern, er/sie/es würde gern, wir würden gern, ihr würdet gern, sie/Sie würden gern + verbe à l'infinitif équivaut en français à *j'aimerais…* + verbe à l'infinitif ou verbe au conditionnel + *volontiers*. Rappel ! **gerne** se dit dans le sud de l'Allemagne : **Wir würden gern(e) wissen (…)**, *Nous aimerions savoir (…)* ; **Ich würde gern(e) Bier trinken**, *Je boirais volontiers de la bière.* Il s'agit du conditionnel présent (dit "subjonctif II" en allemand).

7 Les noms désignant quelque chose d'inquantifiable (une matière/substance dans un contexte général, un trait de caractère, un sentiment, une caractéristique, un état…) ne prennent généralement pas d'article en allemand : Ø **Pünktlichkeit**, Ø **Ordnung**, *la ponctualité, l'ordre*, voir aussi ph. 5 et 7.

Si le groupe nominal comporte un adjectif épithète, celui-ci prend presque toujours la marque de l'article défini, ex.: **gutes Bier**, *la bonne bière* ("bonne bière") est un nominatif. L'adjectif prend la marque **s** de **das Bier** ; **Was ist typisch französisch? – Guter Wein**. *Qu'est-ce qui est typiquement français ? – Le bon vin.* Ici, l'adjectif épithète prend la marque **r** de **der Wein**, *le vin*.

Cependant, on ajoute un article si ces noms sont déterminés. La déclinaison de l'adjectif épithète quant à elle dépend de l'article (*cf.* L49, §1): **Ich möchte den anderen Wein probieren**, *J'aimerais goûter l'autre vin.*

8 **das Wort**, *le mot* et *la parole*, a deux pluriels selon le sens : **die langen Wörter**, *les mots longs*, et **Das sind nur schöne Worte**, *Ce ne sont que de belles paroles.*

9 *Je suis allemand/e* se dit **Ich bin Deutscher/Deutsche**. À la forme négative, on emploie **kein** et ses formes déclinées : **Ich bin kein Deutscher / keine Deutsche**.

zweihundertacht • 208

Übung 1 – Übersetzen Sie bitte!

❶ Ich würde gern Französisch lernen. ❷ Haben Sie Münchner Bier getrunken? ❸ Er ist kein Deutscher. ❹ Los geht's! ❺ Kannst du diese Wörter aussprechen?

***

Übung 2 – Ergänzen Sie bitte!

❶ Elle n'est pas allemande.
Sie ist ....

❷ Qu'est-ce qui est pour vous typiquement allemand ? *(vouvoiement)*
Was ist ...... typisch Deutsch?

❸ Nous allons en ville.
Wir fahren ...... Stadt.

Zweiundfünfzigste Lektion

Liebe Kinder, Enkelkinder und Urenkelkinder [1],

1 – es ist immer eine große Freude für mich, wenn wir alle beisammen [2] sind.
2 Heute ist ein besonderer [3] Tag für unsere Familie, und ich danke euch von ganzem Herzen [4] dass ihr gekommen seid.
3 Und jetzt lasst uns anstoßen und feiern.
4 – Zum Wohl! [5]
5 – Tobias, kannst du ein paar Fotos [6] machen?
6 – Ja, gerne. Stellt euch bitte alle zwischen die zwei Kirschbäume. [7]

Corrigé de l'exercice 1

❶ J'aimerais apprendre le français. ❷ Vous avez bu de la bière de Munich ? ❸ Il n'est pas allemand. ❹ C'est parti ! ❺ Sais-tu prononcer ces mots ?

***

❹ Nous sommes sur la place.
   Wir sind ... ... Platz.

❺ J'habite dans une grande ville.
   Ich wohne in ... ... Stadt.

Corrigé de l'exercice 2
❶ – keine Deutsche ❷ – für Sie – ❸ – in die – ❹ – auf dem – ❺ – einer großen –

Deuxième vague : 2ᵉ leçon

Cinquante-deuxième leçon

Chers enfants, petits-enfants et arrière-petits-enfants,

1 – C'est toujours une grande joie pour moi de nous voir tous réunis *(quand nous tous réunis sommes)*.
2 Aujourd'hui est un jour particulier pour notre famille et je vous remercie de tout *(entier)* cœur d'être venus *(que vous venus êtes)*.
3 Et maintenant, trinquons [ensemble] et faisons la fête *(fêtons)*.
4 – Santé ! *(à-le bien-être)*
5 – Tobias, peux-tu prendre *(faire)* quelques photos ?
6 – Oui, avec plaisir. Vous voulez bien tous vous mettre *(mettez vous s'il-vous-plaît tous)* entre les deux cerisiers *(cerise-arbre)*.

7 Sabine, setz dich bitte neben deine Großmutter [8] und die Kleinen setzen sich auf den Boden.
8 So ist es perfekt! Bitte lächeln!
9 – Cheeese!

Prononciation
... èñkël-ki'nd^a ... u:^aèñkël-ki'nd^a **1** ... froïdë ... baizamën ... **2** ... bézo'nder^a ... dañkë ... Hèrtsën ... **3** ... a'nchto:ssën ... **4** ... vo:l **5** ... pa:^a ... **6** ... chtèlt ... tsvichën ... kirchboïmë **7** ... zèts ... né:bën ... klaïnën zètsën ... bo:dën **8** ... lèçhëln **9** tchiii'z

Notes

1 Le préfixe **Ur-** signifie *arrière* : **die Enkelkinder** und **die Urenkelkinder** (ou abrégés **die Enkel** und **die Urenkel**), *les petits-enfants et les arrière-petits-enfants* ; **die Großeltern** und **die Urgroßeltern**, *les grands-parents et les arrière-grands-parents*. Notez aussi **der (Ur)Enkel (-)**, *le (arrière) petit-fils* et **die (Ur)Enkelin (nen)**, *la (arrière) petite-fille*.

2 L'adverbe **beisammen** se traduit par le participe passé *réuni(e)s*.

3 L'adjectif qualificatif **besonderer** (**besondere/besonderes/besondere**) + ses formes déclinées s'emploie seulement comme adjectif épithète : **ein besonderer Tag**, *une journée particulière* ; **ein besonderes Jahr**, *une année particulière*. Après un verbe, on emploie l'adverbe **besonders** : **Der Tag / Das Jahr ist besonders**, *Le jour / L'année est particulier/-ère*.

4 La tournure **jemandem von ganzem Herzen danken** se traduit par *remercier quelqu'un de tout cœur*. Attention !
1) **danken** régit un datif alors que *remercier* régit un COD en français : **ich danke dir/euch/Ihnen von ganzem Herzen**, *je te/vous* (tutoiement pluriel) */ vous* (vouvoiement) *remercie de tout cœur* ;
2) **das Herz (en)**, *le cœur*, a une déclinaison particulière au datif singulier (ajout de la marque **-en**) et au génitif singulier (ajout de la marque **-ens**) : **das Herz** (N/A), **dem Herzen** (D), **des Herzens** (G).

5 Vous voulez trinquer ? Vous pouvez dire **Zum Wohl!** ou **Prost!**

6 **ein paar** avec p minuscule signifie *quelques*, **ein Paar** avec P majuscule *une paire* : **ein paar Fotos machen**, *faire quelques photos* ; **ein Paar Strümpfe kaufen**, *acheter une paire de chaussettes*.

Cinquante-deuxième leçon / 52

7 S'il te plaît Sabine, tu peux t'asseoir *(assieds te s'il-te-plaît)* à côté de ta grand-mère et les petits s'assoient par terre *(sur le sol)*.
8 Comme-ça, c'est parfait ! Souriez s'il vous plaît !
9 – Ouistitiiii !

7 Cette leçon introduit les verbes de position et d'action (dits aussi "de mouvement"). Les verbes de position indiquent la position dans laquelle se trouve qqn/qqch. et régissent un datif lorsqu'ils sont suivis d'une préposition mixte. Les verbes d'action indiquent la position dans laquelle se met ou est mis qqn/qqch. et régissent un accusatif lorsqu'ils sont suivis d'une préposition mixte comme **zwischen**, *entre* (ph. 6), ou **neben**, *à côté de* (ph. 7).
1) **stehen**, *être, se tenir, être mis ou posé debout / à la verticale*, et **(sich) stellen**, *(se) mettre, poser debout / à la verticale* : **Sie stehen zwischen den zwei Kirschbäumen**, *Ils sont entre les deux cerisiers* ; **Stellt euch bitte alle zwischen die zwei Kirschbäume**, *Vous voulez bien tous vous mettre entre les deux cerisiers* ;
2) **sitzen**, *être assis*, et **(sich) setzen**, *s'asseoir* (ph. 7) : **Sie sitzen auf dem Boden**, *Ils sont assis par terre* ("sur le sol") ; **(...) die Kleinen setzen sich auf den Boden**, *(...) les petits s'assoient par terre* ("sur le sol") ; **Setzt euch!**, *Asseyez-vous !* Vous remarquerez que le français emploie la voix passive pour marquer la position et la voix active pour marquer l'action. Notez aussi que les verbes de position sont irréguliers au passé contrairement aux verbes d'action : **er stand / er hat gestanden**, *il était (debout/placé...)* et **er saß / er hat gesessen**, *il était assis*.

8 Souligné par le ton et l'emploi de **bitte**, *s'il te/vous plaît*, l'impératif sert aussi à formuler une demande polie. Le français emploie généralement les verbes *vouloir* ou *pouvoir* : **Sabine, setz dich bitte neben deine Großmutter**, *S'il te plaît Sabine, tu peux / veux bien t'asseoir à côté de ta grand-mère* ; voir aussi ph. 6.

Übung 1 – Übersetzen Sie bitte!

① Die Kinder sitzen auf dem Boden. ② Ich danke dir von ganzem Herzen. ③ Wir sind alle beisammen. ④ Stell dich neben deine Schwester. ⑤ Darf ich mich neben dich setzen?

***

Übung 2 – Ergänzen Sie bitte!

① Santé !
   … … … !

② Il pose la table dans la cuisine.
   Er …… den Tisch in … Küche.

③ La table est dans la cuisine. *(employer un verbe de position)*
   Der Tisch …… in … Küche.

Dreiundfünfzigste Lektion

Die Vernissage

1 – **Möch**ten Sie noch **et**was **trin**ken?
2 – Nein **dan**ke, ich **wür**de **a**ber gern ein **Fisch**brötchen pro**bie**ren. Sie **schei**nen [1] **vie**le **Leu**te hier zu **ken**nen.
3 – Ja, und Sie?
4 – Nein. Ich **ken**ne fast **nie**mand [2]. Ich bin zum **ers**ten Mal [3] auf **ei**ner Vern**issa**ge.
5 – Und, ge**fällt** es **Ih**nen?
6 – Ja, sehr [4]! Am **bes**ten ge**fa**llen mir die **Fo**tos [5], die **ü**ber dem Tisch mit den **Blu**men **hän**gen [6].

Corrigé de l'exercice 1

❶ Les enfants sont assis par terre. ❷ Je te remercie de tout cœur. ❸ Nous sommes tous réunis. ❹ Mets-toi à côté de ta sœur. ❺ Je peux m'asseoir à côté de toi ?

***

❹ J'ai quelques idées.
   Ich habe . . . . Ideen.

❺ Il est assis dans la voiture.
   Er . . . . Auto.

Corrigé de l'exercice 2

❶ Zum Wohl ❷ – stellt – die – ❸ – steht – der – ❹ – ein paar – ❺ – sitzt im –

Deuxième vague : 3e leçon

Cinquante-troisième leçon

Le vernissage

1 – Vous souhaitez boire autre chose *(encore quelque-chose)* ?
2 – Non merci, mais je goûterais volontiers à un petit pain au poisson. Vous semblez connaître beaucoup de monde ici.
3 – Oui, et vous ?
4 – Non, je [ne] connais presque personne. C'est la première fois que j'assiste à *(je suis pour-la première fois sur)* un vernissage.
5 – Et ça vous plaît ?
6 – Oui, beaucoup ! Surtout *(au mieux plaisent à-moi)* les photos qui sont accrochées au-dessus de la table avec les fleurs. [J'adore !]

53 / Dreiundfünfzigste Lektion

7 Die **Far**ben sind sehr ... Ich **fin**de das Wort nicht. **Kurz**um, **die**se **Fo**tos sind **ein**fach **wun**derschön.
8 Ich **hei**ße übrigens **So**phie.
9 – **An**genehm! [7] Und ich **hei**ße Lars, Lars **Lieb**mann.
10 – **A**ber!? Sind Sie ...
11 – Der Foto**graf**? Ja, das bin ich [8]!

Prononciation
... vernissagë 2 ... **fich**-breu:tçhën pro**bi**:rën ... **chaï**nën ... 4 ... fass't **ni**:ma'nt ... ma:l ... 6 ... **bès**tën ... **u**:bᵃ ... tich ... **blou**:mën **hèñ**guën 7 ... **kourts**'oum ... **aïn**facH **voun**dᵃ-cheu:n 8 ... **u**:brigèns ... 9 a'**n**guënë:m ... 11 ... fotogra:f ...

Notes

1 Le verbe **scheinen** a un sens différent selon son emploi :
• suivi d'une proposition infinitve introduite par **zu**, il signifie *sembler/paraître / avoir l'air* : **Sie scheinen glücklich zu sein**, *Ils ont l'air d'être heureux*. Dans ce cas, on ne met pas de virgule devant la proposition infinitive et **zu** ne se traduit pas en français.
• Sans proposition infinitive, **scheinen** signifie *briller* : **Die Sonne scheint**, *Le soleil brille*.

2 **niemand**, *personne*, ainsi que **jemand**, *quelqu'un* (L 47, ph. 10), sont des pronoms indéfinis qui peuvent se décliner ou non : jemand/niemand (N) ; jemand(en)/niemand(en) (A) ; jemand(em)/niemand(em) (D) : **Ich kenne fast niemand/niemanden**, *Je ne connais presque personne*.

3 Notez cette tournure : **zum ersten/zweiten/dritten ... Mal**, *pour la première/deuxième/troisième... fois*.

4 *beaucoup* se traduit par **sehr** dans le sens d'une intensité (**sehr gefallen, sehr lieben** ..., *plaire beaucoup, aimer beaucoup*...) et par **viel** dans le sens d'une quantité (**viel essen, viel sprechen** ..., *manger beaucoup, parler beaucoup*...) ; **Und gefällt es Ihnen? – Ja, sehr**, *Et ça vous plaît ? – Oui, beaucoup* ; **Wir haben viel gegessen**, *Nous avons beaucoup mangé*. Souvenez-vous que devant un adjectif ou un adverbe, **sehr** se traduit par *très* : **Ja, sehr oft**, *Oui, très souvent* (L. 12, ph. 5).

Cinquante-troisième leçon / 53

7 Les couleurs sont très... Je ne trouve pas le mot.
Bref, ces photos sont [tout] simplement magnifiques
(miracle-belles).
8 Au fait, je m'appelle Sophie.
9 – Enchanté ! Et [moi], je m'appelle Lars, Lars Liebmann.
10 – Mais ?! Vous êtes...
11 – Le photographe ? Oui, c'est moi *(ça suis-je)* !

5 Pour exprimer la préférence absolue, on peut employer la tournure **Am besten gefällt mir** + sujet au singulier / **Am besten gefallen mir** + sujet au pluriel : **Am besten gefallen mir** die Fotos (…), *Surtout les photos. J'adore !* Le français n'a pas d'équivalent grammatical d'où certaines divergences au niveau de la traduction.

6 • Avant d'aborder les autres points, notez la proposition subordonnée relative introduite par **die**, *qui* : **die** über dem Tisch mit den Blumen **hängen**, *qui sont accrochés au dessus de la table avec les fleurs*. Comme dans toute proposition subordonnée (conjonctive ou relative), le verbe conjugué est à la fin. Les pronoms relatifs quant à eux seront vus plus tard.
• **über**, *au-dessus de*, est une nouvelle préposition mixte.
• Le verbe **hängen** est à la fois un verbe de position et d'action. Il signifie *être accroché/suspendu* et *accrocher/suspendre* : Sie **hängt** das Foto **über das** Bett, *Elle accroche la photo au-dessus du lit* ; Das Foto **hängt über dem** Bett, *La photo est accrochée au-dessus du lit*. Là aussi, vous noterez que le verbe de "position" + préposition mixte régissent le datif et que le verbe "d'action" + préposition mixte régissent l'accusatif. Attention à la conjugaison au passé ! Employé dans le sens de *accrocher/suspendre*, **hängen** a une conjugaison régulière mais employé dans le sens *d'être accroché/suspendu*, sa conjugaison est irrégulière : **er hängte/hat gehängt**, *il accrocha, suspendit / a accroché, suspendu* → **er hing/hat gehangen**, *il était accroché, suspendu*.

7 L'adjectif **angenehm**, *agréable*, peut aussi être employé dans le sens de *enchanté* lorsque l'on se présente.

8 Souvenez-vous que les pronoms toniques se traduisent par les pronoms personnels en allemand : **Das bin ich**, *C'est moi* ; **Bist du das?**, *C'est toi ?*

Übung 1 – Übersetzen Sie bitte!

❶ Er hängt das Foto in sein Schlafzimmer. ❷ Sie scheint müde zu sein. ❸ Am besten gefällt mir Berlin. ❹ Er kennt viele Leute. ❺ Er gefällt mir sehr.

***

Übung 2 – Ergänzen Sie bitte!

❶ Je l'ai accroché au-dessus du lit.
Ich .... es über das Bett ....

❷ Aujourd'hui, le soleil brille.
Heute .... die ......

❸ Je l'accroche au-dessus de la table.
Ich ..... es .... den Tisch.

❹ Non, ce n'est pas moi.
Nein, das ...... nicht.

❺ Enchanté ! Et moi, je m'appelle Lars.
.... ! Und ich ..... Lars.

Vierundfünfzigste Lektion

Deutsches Bier

1 – Sie **trin**ken gern [1] **B**ier. **A**ber was für ein Bier?
2 **Trin**ken Sie **lie**ber ein **He**lles oder ein **Dunk**les? [2] Sie **könn**ten auch ein **Rad**ler pro**bie**ren.
3 Sie **si**tzen in **ei**nem **Brau**haus in **Deutsch**land und **wis**sen nicht, was Sie be**stel**len **sol**len [3].
4 Kein **Wun**der bei der **Viel**falt an **Bier**sorten. [4] **Heu**te gibt es in **Deutsch**land **sie**ben- bis **acht**tausend ver**schie**dene **Bie**re und es **wer**den **i**mmer mehr [5].

Corrigé de l'exercice 1

❶ Il accroche la photo dans sa chambre à coucher. ❷ Elle a l'air d'être fatiguée. ❸ Ma ville préférée, c'est Berlin. / J'adore Berlin, c'est ma ville préférée. ❹ Il connaît beaucoup de gens. ❺ Il me plaît beaucoup.

***

Corrigé de l'exercice 2

❶ –habe – gehängt – ❷ – scheint – Sonne ❸ – hänge – über – ❹ – bin ich – ❺ Angenehm – heiße –

*Si vous vous promenez le long de l'Elbe dans le port de Hambourg, n'hésitez pas à goûter à un **Fischbrötchen**. Cette spécialité est un petit pain composé à l'origine de hareng séché ou saumuré, de cornichons, d'oignon et de sauce rémoulade. Mais aujourd'hui, il en existe de nombreuses autres variantes. Selon les stands de nourriture, vous pourrez aussi déguster un **Fischbrötchen** préparé avec du poisson frit, des galettes de poisson, des crevettes de la mer du Nord ou de la chair de crabe.*

Deuxième vague : 4ᵉ leçon

Cinquante-quatrième leçon

La bière allemande

1 – Vous aimez boire *(buvez volontiers)* [de la] bière. Mais quelle sorte de bière *(bière-sorte)* ?

2 Vous préférez boire *(buvez plutôt)* une blonde ou une brune ? Vous pourriez aussi goûter un panaché.

3 Vous êtes assis dans une brasserie en Allemagne et ne savez pas ce que vous voulez commander *(que vous commander devez)*.

4 Pas étonnant avec tous ces types de bières *(la variété en bière-sortes)*. Aujourd'hui, il y a sept à huit mille bières différentes en Allemagne et leur nombre ne fait que croître *(et ça deviennent toujours plus)*.

zweihundertachtzehn • 218

5 Die **Deu**tschen **lie**ben ihr Bier, und auch die **Nicht**deutschen.

6 **Je**des Jahr lockt das **Mün**chner Okto**ber**fest Tou**ris**ten aus **al**ler Welt an: ⁶ Ameri**ka**ner, **Bri**ten, Fran**zo**sen, Ja**pa**ner ⁷ usw. ⁸

7 **A**ber **Ach**tung! Wenn Sie im Ok**to**ber nach **Mün**chen **ko**mmen, dann ist es be**stimmt** zu spät für das Ok**to**berfest.

8 Es be**ginnt** **näm**lich am **ers**ten **Sams**tag nach dem 15. (**fünf**zehnten) Sep**tem**ber und **en**det am **ers**ten **Sonn**tag im Ok**to**ber. ☐

 Prononciation

*2 ... **li:**bᵃ ... **Hè**lëss ... **douñk**lëss ... **ra:**tlᵃ ... 3 ... **braou:**Haouss ... **béch**tèlën ... 4 ... **vound**ᵃ ... **fi:**lfalt ... **bi:**ᵃ-zoᵃtën ... **fèr**chi:denᵉ ... 5 ... **nicht**-doïtchën 6 **yé:**dëss ... lokt ... **muñchn**ᵃ **okto:**bᵃ-fèst touris**tën** ... **al**ᵃ ... a'n ... **amé**ri**ka:**nᵃ ... **bri**tën fra'n**tso:**zën ya**pa:**na ... **ount**-zo:-vaïtᵃ 8 ... **è'n**dët ...*

📕 Notes

1 Associé à un verbe, **gern** (ou **gerne** dans le Sud) signifie *aimer/apprécier*. Il se place derrière le groupe sujet/verbe conjugué ou verbe conjugué/sujet : **Trinken Sie gern Bier?**, *Vous aimez boire de la bière ?* ; **Er trinkt gern Wein**, *Il aime boire du vin* ; **Vielleicht trinkt sie gern Wein?**, *Peut-être qu'elle aime boire du vin ?* Dans une phrase négative, il se place derrière **nicht** : **Er isst nicht gern spät**, *Il n'aime pas manger tard* ; **Kocht er nicht gern?**, *Il n'aime pas cuisiner ?*

2 • Associé à un verbe, **lieber** indique la préférence par rapport à une alternative. Il se traduit par *préférer* et occupe la même place que **gern** dans la phrase : **Sie trinkt lieber Wein**, *Elle préfère boire du vin*.
• **ein Helles**, *une blonde*, et **ein Dunkles**, *une brune*, sont des adjectifs substantivés. Ils se déclinent comme un adjectif épithète : **das Helle**, *la blonde*, et **das Dunkle**, *la brune*.

3 **was** peut avoir la valeur de pronom relatif. Il équivaut, entre autres, à *ce que* en français : **Sie (...) wissen nicht, was Sie bestellen sollen**, *Vous (...) ne savez pas, ce que vous voulez commander*.

Cinquante-quatrième leçon / 54

5 Les Allemands aiment leur bière et aussi les non-Allemands.
6 Chaque année, la fête de la bière à Munich *(munichoise octobre-fête)* attire [des] touristes du monde entier : [des] Américains, [des] Britanniques, [des] Français, [des] Japonais etc.
7 Mais attention ! Si vous venez à Munich au mois d'octobre, il risque certainement d'être trop tard pour la fête de la bière.
8 En effet, elle commence le premier samedi après le 15 septembre et finit le premier dimanche du mois d'octobre.

---

4 Nous avons déjà vu la préposition **bei** dans le sens de *chez*. Elle sert aussi à indiquer les circonstances d'un fait / d'une situation et se traduit par *avec* : (…) **bei** der Vielfalt an Biersorten, *(…) avec toutes ces sortes de bières*, *cf.* L15, ph. 3.

5 **und es werden immer mehr** ("et ce deviennent toujours plus"), *et leur nombre ne fait que croître.* Apprenez cette phrase comme une tournure idiomatique. Notez juste que le sujet n'est pas **es** mais sous-entendu **Biersorten**, *sortes de bières*, d'où le pluriel **werden**, *deviennent*.

6 Le déterminant indéfini **jeder** (m.) / **jede** (f.) / **jedes** (n.), *chaque*, se décline comme l'article défini, ex. : accusatif neutre (Rappel ! Un complément de temps sans préposition est à l'accusatif.) → **Jedes Jahr lockt das Münchner Oktoberfest Touristen aus aller Welt an**, *Chaque année, la fête de la bière de Munich attire des touristes du monde entier* ; nominatif masculin → **Jeder Schüler weiß, was er machen soll**, *Chaque élève sait ce qu'il doit faire.* Au passage, retenez cette tournure : **aus aller Welt**, *du monde entier*.

7 Généralement, les noms des habitants d'un pays se terminent par **-er** (-) au masculin et **-erin** (nen) au féminin ou par **-e** (n) au masculin et **-in** (nen) au féminin selon les cas : **der Japaner** (-) **und die Japanerin** (nen), *le Japonais et la Japonaise* ; **der Brite** (n) **und die Britin** (nen), *le Britannique et la Britannique.* Attention au féminin de **der Franzose** (n), *le Français*, il faut ajouter une inflexion : **die Französin** (nen), *la Française.* Pour indiquer sa nationalité, on dit **ich bin** + nationalité (nom) :

54 / Vierundfünfzigste Lektion

de l'habitant sans article : **Ich bin Ø Franzose, Ø Französin ...**, *Je suis français, française...* Il y a cependant une exception : **der Deutsche ↔ ein Deutscher**, *l'Allemand ↔ un Allemand* ; **die Deutsche ↔ eine Deutsche**, *l'Allemande ↔ une Allemande* ; **die Deutschen**, *les Allemands* ↔ **Deutsche**, *[des] Allemands*. Il s'agit d'un adjectif substantivé (contrairement aux autres noms des habitants qui sont des substantifs), c'est-à-dire qu'il se

***

Übung 1 – Übersetzen Sie bitte!
❶ Sie ist Japanerin. ❷ Er isst lieber Fisch. ❸ Sie kommen aus aller Welt. ❹ Ich frage mich, was es ist. ❺ Sie kommen jeden Tag.

***

Übung 2 – Ergänzen Sie bitte!
❶ Elle vient chaque année.
   Sie kommt ....

❷ Je préfère boire un panaché.
   Ich .... ein Radler.

❸ Il aime jouer du violon.
   Er .... (.) Geige.

❹ Mon mari est britannique.
   Mein Mann ... .

❺ Chaque enfant peut le faire.
   .... kann das machen.

***

*L'histoire de l'**Oktoberfest**, fête de la bière, commence le 12 octobre 1810 avec le mariage du futur roi Louis Ier de Bavière avec Thérèse de Saxe-Hildburghausen. Afin que les Munichois honorent leur union, le prince héritier fait organiser cinq jours plus tard une grande course hippique dans une prairie située devant les murs de Munich. Celle-ci devient, en l'honneur de la princesse, **Theresienwiese**, prairie de Thérèse, d'où l'expression bavaroise **auf die Wiesn (Wiese** en allemand standard) **gehen**, aller à la prairie, pour dire "aller à la fête de la bière". Le succès de la fête est tel que les Munichois décident de renouveler cet événement les années suivantes. Avec le temps,*

décline comme l'adjectif épithète. Nous verrons plus d'exemples dans la leçon de révision. Notez aussi que le pluriel n'a pas de féminin, mais on peut toujours dire **die deutschen Frauen**, *les femmes allemandes* ou **deutsche Frauen**, *[des] femmes allemandes*.

8 **usw**, *etc.*, est l'abréviation de **und so weiter**, *et ainsi de suite*.

***

Corrigé de l'exercice 1
❶ Elle est japonaise. ❷ Il préfère manger du poisson. ❸ Ils viennent du monde entier. ❹ Je me demande ce que c'est. ❺ Ils viennent chaque jour.

***

Corrigé de l'exercice 2
❶ – jedes Jahr ❷ – trinke lieber – ❸ – spielt gern(e) – ❹ – ist Brite ❺ Jedes Kind –

l'événement prend de plus en plus des airs de fête foraine. Annulée pendant les deux guerres mondiales et remplacée par une "fête d'automne" de 1946 à 1948, la fête de la bière est de nouveau organisée en 1949 et retrouve ses allures festives avec les habitants vêtus des costumes traditionnels bavarois. Elle attire chaque année entre six et sept millions de visiteurs qui consomment en moyenne sept millions de litres de bière !

Deuxième vague : 5ᵉ leçon

Fünfundfünfzigste Lektion

Zu vermieten [1]:

1 – **klein**es **Fe**rienhaus [2] di**rekt** am [3] **Strand**
   ge**le**gen [4], mit **schö**nem **Gar**ten, **Schlaf**zimmer,
   Bad und **Wohn**zimmer mit **o**ffener **Kü**che.
2   Das klingt gut.
3 – **Al**so, ich weiss nicht.
4 – Wa**rum** nicht?
5 – Ich **ha**be im **In**ternet ge**le**sen [5], dass die **Ge**gend
   zu den **Lieb**lingsreisezielen der **Ur**lauber
   ge**hört** [6], vor **al**lem der **Deu**tschen.
6   Das heißt ver**stopf**te **Stra**ßen, über**füll**te
   Strände. Das ist nichts für mich!
7 – Was schlägst du **al**so vor?
8 – Wa**rum** ver**brin**gen [7] wir nicht mal den **Ur**laub
   zu **Hau**se [8]?
9   Bei uns gibt es **vie**le **se**henswerte **Or**te, die wir
   noch nicht [9] **ken**nen.
10 Das **könn**te auch schön [10] sein. **O**der was meinst
    du?   ☐

Prononciation
... fèr**mi**:tën **1** ... **fé**:riën-Haouss ... di**rèk't** ... chtra'nt guë**lé**:guën ... **o**fen^a ... **2** ... kliñgt ... **5** ... **i'nt**^enè't guë**lé**:zën ... **gué**:gènt ... **li**:pliñgs-raïzé-tsi:lën ... **ou**^alaub^a guë**heu**^at ... fo:^a alèm ... **6** ... fèr**chtopf**të ... u:b^a**fül**të **chtrèn**dë ... **8** ... fèr**briñ**guën ... **Haou**zë **9** ... **zé**:ènsvèrté **o**^atë ... **10** ... **maïn**st ...

Notes
1 **vermieten** signifie *louer* dans le sens de "donner en location" et **mieten** signifie *louer* dans le sens de "prendre en location". Ces verbes sont régu-

Cinquante-cinquième leçon

À louer :

1 – Petite maison de vacances *(vacances-maison)* située directement sur la *(à-la)* plage, avec beau jardin, chambre à coucher *(dormir-chambre)*, salle de bain et séjour avec cuisine ouverte.
2 Ça a l'air *(sonne)* bien.
3 – Je sais pas trop. *(eh-bien je sais pas)*
4 – Pourquoi pas ?
5 – J'ai lu sur *(dans-le)* Internet que la région faisait *(fait)* partie des *(appartient à les)* destinations préférées des vacanciers, surtout *(avant tout)* des Allemands.
6 Ça veut dire *(s'appelle)* : des routes bloquées, des plages bondées. C'est pas pour moi [tout ça] !
7 – Alors, qu'est-ce que tu proposes ?
8 – Pourquoi est-ce qu'on ne passerait *(passe)* pas les vacances à la maison *(passons nous pas fois le congé à maison)* ?
9 Chez nous, il y a beaucoup d'endroits à voir *(à-voir-dignes)* que nous ne connaissons pas encore.
10 Ça pourrait être bien. *(ou)* Qu'est-ce que t'[en] penses ?

---

liers au présent et au passé : **Leo mietet ein Boot**, *Léo loue un bateau* (**Leo** = locataire) ; **Ich habe es vermietet**, *Je l'ai louée* (**ich** = propriétaire).

2 Dans une annonce, les noms sont employés sans article. S'ils sont précédés d'un adjectif épithète (ou de plusieurs), celui-ci prend, dans la majorité des cas, la marque de l'article défini : accusatif neutre (**das**) → **kleines Ferienhaus**, *petit maison de vacances* ; datif masculin (**dem**) → **mit schönem (großem) Garten**, *avec beau (grand) jardin* ; datif féminin (**der**) → **mit offener Küche**, *avec cuisine ouverte*. *N.B.* Si un groupe nominal possède plusieurs adjectifs épithètes, ceux-ci se déclinent de la même manière.

55 / Fünfundfünfzigste Lektion

3 **an**, *à/au bord de*, est une nouvelle préposition mixte. Dans l'exemple, **am** est la contraction de **an + dem** : **am Strand**, *à la plage* ; **am Meer**, *au bord de la mer* ; **an der Tür**, *à la porte*.

4 **gelegen**, traduit ici par *situé*, est le participe passé du verbe de position **liegen**, *être couché/allongé/posé à plat* ou *à l'horizontale* : **Die Papiere liegen auf dem Tisch**, *Les papiers sont posés sur la table* ; **Er liegt im Bett** ("il est couché dans-le lit"), *Il est au lit*. Comme les autres verbes de position, il régit le datif après une préposition mixte et a une conjugaison irrégulière au passé : **er lag / er hat gelegen**, *il était allongé*. Le verbe d'action correspondant est **(sich) legen**, *(se) coucher / s'allonger / poser à plat* ou *à l'horizontale* + accusatif après une préposition mixte : **Ich habe die Papiere auf den Tisch gelegt**, *J'ai posé les papiers sur la table* ; **Ich lege mich ins Bett** ("je me couche dans le lit"), *Je me couche*.

5 En allemand, *sur Internet* se dit **im Internet** ("dans-le Internet") : **im Internet lesen, schauen, surfen …**, *lire, regarder, surfer… sur Internet*.

***

Übung 1 – Übersetzen Sie bitte!

❶ Er liegt im Bett. ❷ Sind sie schon zu Hause? ❸ Ich lege das Buch auf den Tisch. ❹ Das gehört zu meiner Arbeit. ❺ Wann fährst du nach Hause?

***

Übung 2 – Ergänzen Sie bitte!

❶ Je me couche.
   Ich . . . .

❷ Je l'ai lu sur Internet.
   Ich habe es . . . . gelesen.

❸ Tu restes aussi à la maison ?
   Bleibst du auch . . . . ?

❹ Nous passons les vacances au bord de la mer.
   Wir verbringen den Urlaub . . . .

❺ À louer : belle maison avec grand jardin.
   Zu vermieten: . . . . Haus mit . . . . . . Garten.

6 **gehören** signifie *appartenir à* et régit un datif : **Das gehört mir**, *Ça m'appartient* ; **gehören zu** (+ dat.) signifie *faire partie de* comme dans l'exemple. Ce verbe est régulier au présent et au passé.

7 **verbringen** signifie *passer un moment / du temps* comme **einen Tag / Urlaub / eine schöne Zeit verbringen** …, *passer une journée / des vacances / de bons moments…* Ce verbe est régulier au présent. Nous verrons plus tard sa conjugaison au passé.

8 Attention ! Les constructions **zu Hause** et **nach Hause** (avec un **-e** en fin de mot) se traduisent toutes deux par *à la maison* mais **zu Hause** indique un locatif et **nach Hause** un directionnel : **Ich verbringe den Urlaub zu Hause**, *Je passe les vacances à la maison* ; **Ich gehe nach Hause**, *Je vais à la maison*.

9 Notez la négation **noch nicht** ("encore pas"), *pas encore*.

10 **schön** est employé ici dans le sens de *bien*.

***

Corrigé de l'exercice 1

❶ Il est allongé au lit. ❷ Ils sont déjà à la maison ? ❸ Je pose le livre sur la table. ❹ Ça fait partie de mon travail. ❺ Quand vas-tu à la maison ?

Corrigé de l'exercice 2

❶ – lege mich ins Bett ❷ – im Internet – ❸ – zu Hause ❹ – am Meer ❺ – schönes – großem –

Deuxième vague : 6ᵉ leçon

Sechsundfünfzigste Lektion

Wiederholung – Révision

1 Absence d'article et déclinaison d'un groupe nominal sans déterminant

• En allemand, on ne met pas d'article devant :
a) les noms de pays : **Kennen Sie Ø Deutschland?**, *Vous connaissez l'Allemagne ?* ;
b) les noms de nationalités et de métiers : **Anna ist Ø Deutsche / Ø Ärztin**, *Anna est allemande/médecin* ;
c) les noms inquantifiables : **Ich habe Ø Geld** ; *J'ai de l'argent* ;
d) les quantités indéfinies (généralement introduites par *des* en français) : **Wir treffen Ø Freunde**, *Nous rencontrons des amis.*
Souvenez-vous qu'à la forme négative, on emploie **kein** et ses formes déclinées : **Anna ist keine Deutsche**, *Anna n'est pas allemande* ; **Ich habe kein Geld**, *Je n'ai pas d'argent.*

• Si le groupe nominal comporte un adjectif épithète (ou plusieurs), celui-ci prend la marque de l'article défini sauf au génitif masculin et neutre étant donné que les noms portent déjà la marque du génitif.

	Masculin	Féminin
Nominatif	schön**er** Garten	schön**e** Küche
Accusatif	schön**en** Garten	schön**e** Küche
Datif	schön**em** Garten	schön**er** Küche
Génitif	schön**en** Gartens	schön**er** Küche

	Neutre	Pluriel
Nominatif	schön**es** Haus	schön**e** Zimmer
Accusatif	schön**es** Haus	schön**e** Zimmer
Datif	schön**em** Haus	schön**en** Zimmern
Génitif	schön**en** Hauses	schön**er** Zimmer

Cinquante-sixième leçon

Les adjectifs se terminant par **-e** ne prennent pas de **e** supplémentaire et les adjectifs se terminant par **-el/-er** perdent généralement le **e** : **leise**, *silencieux* → **leises Zimmer**, *chambre silencieuse* : **teuer**, *cher* → **teurer Urlaub**, *vacances chères*.

2 Les prépositions mixtes

Voici la liste complète des prépositions mixtes. Vous noterez deux nouvelles prépositions, soulignées : **in**, *dans* ; **auf**, *sur* ; **über**, *au-dessus de* ; <u>**unter**</u>, <u>*sous*</u> ; **an**, *à/au bord de* ; <u>**hinter**</u>, <u>*derrière*</u> ; **vor**, *devant* ; **neben**, *à côté de* ; **zwischen**, *entre*. Elles sont appelées "mixtes" car elles régissent l'accusatif après un verbe indiquant un mouvement/déplacement (ex. 1 et 3 ci-après) et le datif après un verbe indiquant un locatif (ex. 2 et 4) :
1. **Wir gehen in die Innenstadt**, *Nous allons dans le centre-ville*. ↔
2. **Wir sind in der Innenstadt**, *Nous sommes dans le centre-ville* ;
3. **Er hängt das Foto über das Bett**, *Il accroche la photo au-dessus du lit*. ↔ 4. **Das Foto hängt über dem Bett**, *La photo est accrochée au-dessus du lit*.

3 Les verbes de position et les verbes d'action

Pour désigner les différentes positions dans lesquelles une personne, un animal ou qqch. se trouve (debout / droit / à la verticale ; couché / à plat / à l'horizontale ; assis ; accroché), l'allemand compte quatre verbes de position auxquels correspondent quatre verbes d'action (dits aussi "de mouvement"). Ces huit verbes sont souvent suivis d'une préposition mixte, ce qui implique un datif après un verbe de position et un accusatif après un verbe d'action. Pour traduire ces nuances, le français emploie la voix active et la voix passive ainsi que des adverbes pour préciser les différentes positions. Vous remarquerez que les verbes de position ont une conjugaison irrégulière au passé ; les verbes d'action quant à eux sont réguliers au présent comme au passé.

Avec les prochaines leçons, vous vous habituerez aux différentes conjugaisons.

zweihundertachtundzwanzig •

Verbes de position	Verbes d'action
stehen **er steht, er stand,** **er hat gestanden** *être (posé ou mis) debout / à la verticale* **Der Tisch steht im Wohnzimmer**, *La table est (sous-entendu posée) dans le séjour.*	**stellen** **er stellt, er stellte,** **er hat gestellt** *poser, mettre debout / droit / à la verticale* **Stell den Tisch ins Wohnzimmer**, *Mets la table dans le séjour.*
liegen **er liegt, er lag,** **er hat gelegen** *être (couché, posé ou mis) à plat / à l'horizontale* **Das Buch liegt auf dem Tisch**, *Le livre est posé sur la table.*	**(sich) legen** **er legt, er legte,** **er hat gelegt** *(se) coucher, poser, mettre à plat / à l'horizontale* **Ich lege das Buch auf den Tisch**, *Je pose le livre sur la table.*
sitzen **er sitzt, er saß,** **er hat gesessen** *être assis* **Sie sitzt auf dem Bett**, *Elle est assise sur le lit.*	**(sich) setzen** **er setzt (sich), er setzte (sich),** **er hat (sich) gesetzt** *s'asseoir* **Setz dich auf das Bett!**, *Assois-toi sur le lit !*
hängen **er hängt, er hing,** **er hat gehangen** *être accroché/suspendu* **Das Foto hängt über dem Bett**, *La photo est accrochée au-dessus du lit.*	**hängen** **er hängt, er hängte,** **er hat gehängt** *accrocher/suspendre* **Er hat das Foto über das Bett gehängt**, *Il a accroché la photo au-dessus du lit.*

4 Le déterminant indéfini *jeder, jede, jedes*

Il équivaut à *chaque* en français et se décline comme l'article défini. S'il est suivi d'un adjectif épithète, celui-ci se décline comme dans un groupe nominal défini.

	Masculin	Féminin
Nominatif	jed**er** gut**e** Wein	jed**e** gut**e** Orange
Accusatif	jed**en** gut**en** Wein	jed**e** gut**e** Orange

| Datif | jedem guten Wein | jeder guten Orange |
| Génitif | jedes guten Wein(e)s | jeder guten Orange |

	Neutre
Nominatif	jedes gute Bier
Accusatif	jedes gute Bier
Datif	jedem guten Bier
Génitif	jedes guten Bier(e)s

5 Le *Futur I*

Le **Futur I** (*futur simple*) se construit avec l'auxiliaire **werden** au présent de l'indicatif + l'infinitif du verbe en fin de phrase/proposition. Il sert à exprimer l'intention de faire qqch. dans l'avenir (proche ou lointain) ou une supposition concernant une situation/action à venir : **Zur Abwechslung werden wir Ihnen etwas Umgangssprache beibringen**, *Pour varier, nous allons vous enseigner un peu de langage familier* ; **Es wird bestimmt regnen**, *Il va sûrement pleuvoir*. Cependant, si la phrase comporte un complément de temps indiquant le futur, le verbe est au présent : **Ich komme morgen**, *Je viendrai demain*. Souvenez-vous de la conjugaison du verbe **werden** au présent de l'indicatif : **ich werde, du wirst, er/sie/es wird, wir werden, ihr werdet, sie/Sie werden**.

6 Les noms des habitants de pays et de ville

6.1 Les habitants de pays

La majorité des noms des habitants de pays se terminent soit par **-er (-)** au masculin et **-erin (nen)** au féminin, soit par **-e (n)** au masculin et **-in (nen)** au féminin :
– **der/ein Japaner (-) und die/eine Japanerin (nen)**, *le/un Japonais et la/une Japonaise* ; **der/ein Amerikaner (-) und die/eine Amerikanerin (nen)**, *l'/un Américain et l'/une Américaine* ;
– **der/ein Brite (n) und die/eine Britin (nen)**, *le/un Britannique et la/une Britannique*.
Attention ! Le féminin de **der/ein Franzose (n)**, *le/un Français*, prend un **Umlaut** : **die/eine Französin (nen)**, *la/une Française*.
Pour indiquer sa nationalité, on dit **ich bin** + nom de l'habitant sans article : **Ich bin Ø Franzose, Ø Französin ...**, *Je suis français/e...*

Il y a cependant une exception : **der Deutsche** ↔ **ein Deutscher**, *l'Allemand* ↔ *un Allemand* ; **die Deutsche** ↔ **eine Deutsche**, *l'Allemande* ↔ *une Allemande* ; **die Deutschen**, *les Allemands* ↔ **Deutsche**, *[des] Allemands*. Il s'agit d'un adjectif substantivé, c'est-à-dire qu'il se décline comme l'adjectif épithète, ex. : accusatif féminin d'un groupe nominal indéfini → **Ich kenne eine Deutsche**, *Je connais une Allemande* ; nominatif masculin d'un groupe nominal indéfini → **Ich bin kein Deutscher**, *Je ne suis pas allemand*. Il n'existe pas de féminin au pluriel, mais on peut toujours dire **die deutschen Frauen**, *les femmes allemandes* ou **deutsche Frauen**, *[des] femmes allemandes*.

6.2 Les habitants de villes

Les noms des habitants de ville se forment généralement à l'aide du nom de la ville + **-er (-)** au masculin et **-erin (nen)** au féminin : **Berlin** → **der Berliner und die Berlinerin**, *le Berlinois et la Berlinoise*. Il faut parfois supprimer une lettre ou deux : **München** → **der Münchner und die Münchnerin**, *le Munichois et la Munichoise*. Par ailleurs, les noms de ville peuvent aussi être employés comme un adjectif épithète. Ils se terminent par **-er**, ne se déclinent pas et prennent une majuscule : **die Konstanzer Innenstadt**, *le centre ville de Constance* ; **das Münchner Bier**, *la bière de Munich* ; **die Berliner Mauer**, *le mur de Berlin*.

7 *viel* et *sehr*

Associés à un verbe, ils se traduisent tous les deux par *beaucoup* mais :
a) **viel** se réfère à la quantité : **Er trinkt viel**, *Il boit beaucoup* ; **Sie arbeitet nicht viel**, *Elle ne travaille pas beaucoup*.
b) **sehr** se réfère à l'intensité : **Es hat mir sehr gefallen**, *Ça m'a beaucoup plu* ; **Ich freue mich sehr**, *Je me réjouis beaucoup*.

Devant un adjectif ou un adverbe, **sehr** se traduit par *très* : **Er ist sehr jung**, *Il est très jeune*.

Cinquante-sixième leçon / 56

Wiederholungsdialog

1 – Du hast recht. Es ist sehr schön hier.
2 – Ich freue mich, dass es dir gefällt. Setz dich bitte! Trinkst du lieber Wein oder Bier?
3 – Bier, bitte! Ich würde gern hier wohnen.
4 – Wirklich?!
5 – Ja. Ich habe die Nase voll von der Stadt und meinem Job. Ich wohne in einer großen Stadt, aber ich kenne fast niemanden. Ich habe keine Zeit.
6 Jeden Tag arbeite ich zehn Stunden, manchmal auch zwölf.
7 Hier ist es wunderschön: Sonne, Ruhe, blaues Meer und gutes Bier. Was braucht man mehr?

Traduction
1 Tu as raison. C'est très beau ici. **2** Je suis content que ça te plaise. Assois-toi, s'il te plaît ! Tu préfères boire du vin ou de la bière ? **3** De la bière, s'il te plaît. Je vivrais volontiers ici. **4** Vraiment ?! **5** Oui. J'en ai ras le bol de la ville et de mon job. J'habite dans une grande ville mais je ne connais presque personne. Je n'ai pas le temps. **6** Je travaille chaque jour dix heures, même douze quelquefois. **7** Ici, c'est magnifique : le soleil, la tranquilité, la mer bleue et la bonne bière. De quoi d'autre a-t-on besoin ?

Übersetzen Sie bitte!
❶ Warum sitzt du auf dem Boden? ❷ Wir werden ein Boot kaufen. ❸ Ist er Japaner? ❹ Wir können den Tisch in die Küche stellen. ❺ Er ist kein Deutscher.

Corrigé
❶ Pouquoi es-tu assis par terre *(sur le sol)* ? ❷ Nous achèterons une barque. ❸ Est-il japonais ? ❹ Nous pouvons mettre la table dans la cuisine. ❺ Il n'est pas allemand.

Deuxième vague : 7ᵉ leçon

Siebenundfünfzigste Lektion

Guten Appetit!

1 – Ent**schul**digung, wir **wür**den gern be**stel**len.
2 – Was darf es sein? [1]
3 – **Zwei**mal **Wie**ner **Schni**tzel mit **Po**mmes **Fri**tes, **bi**tte.
4 – Und was **möch**ten Sie **trin**ken?
5 – Zwei **Glä**ser **Rot**wein, **bi**tte.
6 – Ich **ko**mme so**fort** mit den Ge**trän**ken.
7 – Ich **ha**be **ei**nen **Bä**renhunger. [2] Sie nicht?
8 – Ich **ha**be immer **Hun**ger **o**der zu**min**dest immer Lust zu **es**sen [3].
9 – **Um**so be**sser** [4], denn [5] ich **möch**te Sie **nach**her in ein traditio**nel**les **Kaf**feehaus **aus**führen, um ein Stück der origi**na**len **Sa**chertorte zu pro**bie**ren [6].
10 – Mit Vergnü**gen**! Mir läuft schon das **Wa**sser im Mund zu**sam**men. [7]

Prononciation
... apé**ti**'t 3 tsvaï-ma:l **vi:**n^a **chni**tsël ... **po**'m **fri**'t ... 5 ... **glè:**z^a **ro:**t-vaïn ... 6 ... gué**trèn̈kën** 7 ... **bè:**rën-Houng^a ... 8 ... tsou**min**dëst ... 9 **oum**so ... dèn ... **na:ch**Hé:^{a} ... traditsio**nè**lës **ka**fé-Haouss **aous**fu:rën ... origi**na**lën **Za**ch^a-tortë ... 10 ... fèr**gnu:**guën ... loïft ... mount ...

Remarque de prononciation
(8) Insistez sur **ich** pour traduire le pronom tonique *moi*.

Cinquante-septième leçon

Bon appétit !

1 – Excusez-moi *(pardon)*, nous aimerions commander.
2 – Vous désirez ? *(que peut ça être)*
3 – Deux *(deux fois)* escalopes viennoises avec [des] pommes frites, s'il vous plaît.
4 – Et que désirez-vous boire ?
5 – Deux verres de vin rouge *(rouge-vin)*, s'il vous plaît.
6 – J'arrive tout de suite avec les boissons.
7 – J'ai une faim de loup *(ours-faim)*. Pas vous ?
8 – [Moi], j'ai toujours faim ou du moins, toujours envie de manger.
9 – Tant *(d'autant)* mieux car j'aimerais vous emmener ensuite dans un café traditionnel pour goûter à un morceau de la véritable *(originale)* "Sachertorte".
10 – Avec plaisir ! J'en ai déjà l'eau à la bouche. *(à-moi court déjà l'eau dans-la bouche ensemble)*

Notes

1 Avant de passer commande dans un restaurant, on vous demandera : **Was darf es (für Sie) sein?** ("que peut/a-le-droit ça (pour vous) être") ou **Sie wünschen** [**vu'n**chën], **bitte?**, *Vous désirez ?*

2 Plusieurs expressions idiomatiques allemandes et françaises font référence à des animaux. Il est intéressant de constater que les animaux ne sont pas toujours les mêmes selon la langue. Voici d'abord les noms des animaux puis les expressions : **der Bär (en)** [**bè:**ª], *l'ours* ; **der Wolf** (¨e) [**volf**], *le loup* ; **der Hund (e)** [**Hount**], *le chien* ; **der Frosch** (¨e) [**froch**], *la grenouille* ; **die Katze (n)** [**katsë**], *le chat* → **Ich habe einen Bärenhunger**, *J'ai une faim de loup* ; **Er ist bekannt** [**béka'nt**] **wie ein bunter** [**bount**ª] **Hund**, *Il est connu comme le loup blanc* ("chien bariolé") ; **Ich habe einen Frosch im Hals** [**Hals**], *J'ai un chat* ("une grenouille") *dans la gorge*.

57 / Siebenundfünfzigste Lektion

3 La tournure **(keine) Lust haben**, *(ne pas) avoir envie*, régit une proposition subordonnée infinitive introduite par **zu** : **Ich habe Lust zu essen**, *J'ai envie de manger*. Notez bien que dans le cas d'un verbe à particule séparable, **zu** vient s'intercaler entre la particule et le verbe : **Ich habe keine Lust, aufzustehen**, *Je n'ai pas envie de me lever*.

4 À noter : **Umso besser!**, *Tant mieux !*

5 **denn**, *car*, est une conjonction de coordination. Elle introduit une proposition principale avec le verbe conjugué occupant la deuxième place, la place de **denn** équivalant à la position zéro : (...), **denn ich möchte Sie nachher in ein traditionelles Kaffeehaus ausführen**, *(...) car j'aimerais vous emmener ensuite dans un café traditionnel* ; **Er bleibt zu Hause, denn er ist krank**, *Il reste à la maison car il est malade*. La virgule avant **denn** est impérative.

***

Übung 1 – Übersetzen Sie bitte!
❶ Was darf es sein? **❷** Hast du Lust, bei uns zu essen? **❸** Ich bleibe zu Hause, denn ich bin müde. **❹** Ich fliege nach Berlin, um Deutsch zu lernen. **❺** Sie hat einen Frosch im Hals.

***

Übung 2 – Ergänzen Sie bitte!
❶ J'ai une faim de loup.
   Ich habe . . . .

❷ Vous désirez ?
   . . . . ?

❸ Je ne vis pas pour travailler.
   Ich lebe nicht, ... arbeiten.

❹ Elle ne vient pas car elle n'a pas le temps.
   Sie kommt nicht, denn . . . . . . keine Zeit.

❺ J'en ai déjà l'eau à la bouche.
   Mir läuft schon das . . . . . . im . . . . zusammen.

6 La proposition infinitive introduite par **um ... zu** (déjà rencontrée en L50, ph. 2) sert à exprimer le but d'une action et se traduit par *pour / afin de*. L'infinitif du verbe se place à la fin directement précédé de **zu** et le(s) complément(s) (s'il y a) se place(nt) entre **um** et **zu** : ... **um ein Stück der originalen Sachertorte zu probieren**, ... *pour goûter un morceau de la véritable "Sachertorte"* ; **Lebe nicht, um zu arbeiten, arbeite, um zu leben**, *Ne vis pas pour travailler, travaille pour vivre*. Dans le cas d'un verbe à particule séparable, **zu** se place entre la particule et le verbe : **Was kann ich machen, um nicht zuzunehmen?**, *Qu'est-ce que je peux faire pour ne pas grossir ?*

7 Pour finir, voici une expression idiomatique à retenir : **Mir läuft schon das Wasser im Mund zusammen**, *J'en ai déjà l'eau à la bouche*.

***

Corrigé de l'exercice 1
❶ Vous désirez ? ❷ Tu as envie de manger chez nous ? ❸ Je reste à la maison car je suis fatiguée. ❹ Je vais *(vole)* à Berlin pour apprendre l'allemand. ❺ Elle a un chat dans la gorge.

***

Corrigé de l'exercice 2
❶ – einen Bärenhunger ❷ Sie wünschen ❸ – um zu – ❹ – sie hat – ❺ – Wasser – Mund –

Si vous partez en séjour à Vienne, n'hésitez pas à pousser la porte d'un de ses cafés traditionnels. Inscrits depuis 2011 au patrimoine mondial immatériel de l'UNESCO, ils font partie des incontournables à faire dans la capitale autrichienne. Leur histoire commence à la fin du XVIIe siècle et on doit leur installation à un Arménien. Si l'on en croit les Viennois, il se serait emparé de sacs remplis de grains de café lors du retrait des troupes turques de Vienne en 1683. Rapidement, le public se prend d'intérêt pour cette nouvelle boisson chaude et les établissements où l'on peut en consommer deviennent des lieux de rencontre pour une clientèle aisée et majoritairement masculine. Ils y viennent pour discuter, fumer, lire le journal ou jouer (au billard par exemple). Peu à peu apparaît un autre public : des artistes, écrivains,

Achtundfünfzigste Lektion

Der Schmeichler

1 – **Ha**llo **E**lena! Wie geht's? **Lan**ge nicht ge**se**hen!
2 – **Ha**llo!
3 – Was machst du hier?
4 – Das **Glei**che wie¹ du, Sport.
5 – **A**ber ich **dach**te, du magst **kei**nen Sport².
6 – Mag ich auch nicht.³ Es ist **a**ber **not**wendig, weil ich **Rü**ckenschmerzen **ha**be⁴.
7 Viel**leicht** sind es die **ers**ten **Al**terserscheinungen?
8 – Ach! Was er**zählst** du da? Du siehst fan**tas**tisch aus und die **neu**e Fri**sur** steht dir sehr gut⁵.
9 – Ach, **Fred**dy! Du warst schon **i**mmer ein **Schmeich**ler.
10 – Das **mei**ne ich **wirk**lich so.
11 – Ja, ja. Ich muss jetzt los. Tschüs!
12 – Hey, **war**te doch mal!

hommes politiques... Nous sommes à la fin du XIXe siècle et c'est l'explosion des cafés littéraires. Le café viennois traditionnel prend alors la forme qu'on lui connaît désormais. À cette époque, Vienne compte plusieurs centaines de cafés. Leur déclin est amorcé après la seconde guerre mondiale avec l'apparition de nouvelles formes de loisirs, notamment la télévision. Aujourd'hui, il existe encore plusieurs dizaines d'établissements. Ils font partie de l'histoire de la ville et valent le détour. Leur décor ainsi que leur grande variété de cafés et de pâtisseries, dont la fameuse "Sachertorte", tarte au chocolat créée en 1832 par Franz Sacher, continuent d'enchanter les clients.

Deuxième vague : 8e leçon

Cinquante-huitième leçon

Le flatteur

1 – Salut Elena ! Comment vas-tu ? Ça fait longtemps ! *(longtemps pas vu)*
2 – Salut !
3 – Qu'est-ce tu fais ici ?
4 – La même chose *(le pareil)* que toi, [du] sport.
5 – Mais je pensais que tu n'aimais pas le sport.
6 – C'est vrai, j'aime pas *(aime je aussi pas)*. Mais c'est nécessaire parce que j'ai mal au dos *(douleurs-dos)*.
7 Peut-être que ce sont les premiers signes de l'âge *(âge-apparitions)* ?
8 – Qu'est-ce que tu racontes ! *(que racontes tu là)* Tu as l'air magnifique et ta *(la)* nouvelle coiffure te va très bien.
9 – Ah, Freddy ! Tu as toujours été flatteur. *(tu étais déjà toujours un flatteur)*
10 – Je le pense vraiment.
11 – C'est ça. *(oui oui)* Il faut que j'y aille. Salut !
12 – Hé, mais attends ! *(attends donc fois)*

Prononciation
... **chmaïch**l[a] **1** ... **lañgue** ... gué**zé:**ën **4** ... **glaï**chë ... chpor't ... **5** ... **dacht**ë ... ma:kst ... **6** ... **no:t**vèndich ... vaïl ... **ru**kën-chmèrtsën **7** ... **alt**[a]s-èrchaïnouñgën **8** ... fa'**nta**stich ... fri**zou:**[a] ...

Notes

1 La conjonction **wie** se traduit par *que* dans une comparaison d'égalité : **Das Gleiche wie du**, *La même chose que (toi...)*. Souvenez-vous que pour exprimer un rapport d'égalité avec un adverbe/adjectif, on emploie **so**, *aussi* + adjectif/adverbe + **wie**, *que*, ex. : **Man ist so alt, wie man sich fühlt**, *L'âge, c'est dans la tête* (litt. "on est aussi vieux que on se sent") (L24, ph. 6) ; **Er ist so groß *[gro:ss]* wie ich**, *Il est aussi grand que moi*.

2 • **denken**, *penser*, fait partie des verbes dits "faibles irréguliers". On les nomme ainsi car ils prennent les terminaisons d'un verbe régulier (faible) **-te, -test**... au prétérit et **-t** pour le participe passé en changeant toutefois de radical, comme un verbe irrégulier (fort) : **ich d**a**chte, du d**a**chtest, er/sie/es d**a**chte, wir d**a**chten, ihr d**a**chtet, sie/Sie d**a**chten** et **ged**a**cht** pour le participe passé. Vous connaissez d'autres verbes faibles irréguliers : **bringen**, *apporter* (**ich br**a**chte** ... / **habe ... gebr**a**cht**) ; **kennen**, *connaître* (**ich k**a**nnte** ... / **habe ... gek**a**nnt**) ; **wissen**, *savoir* (**ich wusste** ... / **habe ... gewusst**).

• Après des verbes introduisant un discours indirect (= verbes de déclaration ou d'opinion) comme **denken**, *penser* / **glauben**, *croire* / **hoffen** *[Hofën]*, *espérer* / **sagen**, *dire* etc., la conjonction de subordination **dass**, *que*, peut être omise. Dans ce cas, le verbe conjugué du discours indirect se place en deuxième position comme dans une proposition principale : **Ich dachte, du magst keinen Sport**, *Je pensais que tu n'aimais pas le sport* ; **Ich glaube, es geht besser**, *Je crois que ça va mieux*. Attention ! Avec une négation, cette construction est impossible : ~~Ich glaube nicht, es geht besser~~.

***

Übung 1 – Übersetzen Sie bitte!

❶ Ich kannte ihn nicht. ❷ Es steht ihr gut. ❸ Er bleibt zu Hause, weil er müde ist. ❹ Sie wird später kommen, denn sie muss noch arbeiten. ❺ Ich wusste das nicht.

Cinquante-huitième leçon / 58

3 Cette phrase déclarative avec le verbe conjugué en tête est un peu particulière. Elle relève du langage parlé et sous-entend ce que le locuteur a dit auparavant : **Ich dachte, du magst keinen Sport. – (Sport) Mag ich auch nicht**, *Je pensais que tu n'aimais pas le sport – (Le sport) C'est vrai, j'aime pas* ; **Ich dachte, du trinkst keinen Wein. – (Wein) Trinke ich auch nicht**, *Je pensais que tu ne buvais pas de vin. – (Du vin) C'est vrai, j'en bois pas.*

4 • Pour exprimer la cause, on peut aussi employer la conjonction de subordination **weil**, *parce que* : **(…), weil ich Rückenschmerzen habe**, *(…) parce que j'ai mal au dos*. N'oubliez pas de mettre le verbe conjugué à la fin.
• **Ich habe Schmerzen** signifie *J'ai mal / J'ai des douleurs*, et pour préciser où vous avez mal, il suffit de former un nom composé avec le nom de la partie du corps + **Schmerzen** : **Ich habe Rückenschmerzen / Kopfschmerzen** *[kopf-chmèrtsën]* **/ Bauchschmerzen** *[baoucH-chmèrtsën]* **/ Halsschmerzen** *[Halss-chmèrtsën]* **/ Zahnschmerzen** *[tsa:n-chmèrtsën]* **/ Ohrenschmerzen** *[o:rën-chmèrtsën] / J'ai mal au dos / à la tête / au ventre / à la gorge / aux dents / aux oreilles.*

5 Souvenez-vous que pour dire qu'*une coiffure, un vêtement, une couleur (ne) va (pas) bien à qqn*, on emploie la tournure **(nicht) gut stehen**. Elle régit un complément datif : **Die Frisur/Blau/Grau** *[graou]* **/ Der Mantel** *[ma'ntël]***… steht dir sehr gut**, *La coiffure / Le bleu / Le gris / Le manteau… te va très bien* ; **Wie steht es mir?**, *Comment ça me va ?*
N.B. : En allemand, les couleurs s'emploient sans article.

Corrigé de l'exercice 1

❶ Je ne le connaissais pas. ❷ Ça lui va bien. ❸ Il reste à la maison parce qu'il est fatigué. ❹ Elle viendra plus tard car elle doit encore travailler. ❺ Je ne le savais pas.

Übung 2 – Ergänzen Sie bitte!

❶ Ça fait longtemps !
..... nicht ....!

❷ La couleur vous va très bien. *("vous" de vouvoiement)*
Die Farbe .... sehr gut.

❸ Elle est aussi grande que toi ?
Ist sie .. groß ... du?

❹ Ma fille a mal au ventre.
Meine Tochter hat ....

Neunundfünfzigste Lektion

Eine Tischreservierung

1 – **Res**taurant „Am Rhein" **gu**ten Tag!
2 – **Gu**ten Tag. Ich **möch**te **ei**nen Tisch für **mor**gen Abend [1] reservieren. **Neun**zehn Uhr **drei**ßig.
3 – Wie **vie**le Per**so**nen?
4 – Vier, auf der Ter**ra**sse, wenn **mög**lich.
5 – Ja, na**tür**lich. Auf **wel**chen **Na**men soll ich reser**vie**ren? [2]
6 – Ahmadzai.
7 – Ahmadzai mit h und mit dz?
8 – Ja?! Das über**rascht** [3] mich, dass Sie **wi**ssen, wie man **mei**nen **Nach**namen schreibt. **Meis**tens muss ich ihn buchsta**bie**ren [4].
9 – Ich **ha**be **ei**nen Freund, **der** auch so heißt. [5] Sein **Va**ter ist Afg**ha**ne.
10 – Was für ein **Zu**fall!
11 – Ja. Bis **mor**gen Herr Ahmadzai! Ich **freu**e mich, Sie bei uns emp**fan**gen zu **dür**fen. ☐

❺ Tu savais *(savais-tu)* qu'il était à Berlin ?
.... , dass er in Berlin war?

Corrigé de l'exercice 2
❶ Lange – gesehen ❷ – steht Ihnen – ❸ – so – wie – ❹ – Bauchschmerzen ❺ Wusstest du –

Deuxième vague : 9ᵉ leçon

Cinquante-neuvième leçon

Réserver une table *(table réservation)*

- **1** – Restaurant "Au [bord du] Rhin" bonjour !
- **2** – Bonjour. J'aimerais réserver une table pour demain soir s'il vous plaît. 19 heures 30.
- **3** – Combien de personnes ?
- **4** – Quatre, en *(sur la)* terrasse si possible.
- **5** – Oui, bien sûr. À *(sur)* quel nom dois-je réserver ?
- **6** – Ahmadzai.
- **7** – Ahmadzai avec [un] h et avec dz ?
- **8** – Oui ?! Ça me surprend que vous sachiez écrire mon nom de famille *(comment on mon après-nom écrit)*. La plupart du temps, je dois l'épeler.
- **9** – J'ai un ami qui s'appelle comme ça aussi. Son père est afghan.
- **10** – Quelle coïncidence !
- **11** – Oui. À demain monsieur Ahmadzai ! Je suis ravie *(réjouis me)* de pouvoir vous accueillir chez nous.

Prononciation
... **tich**-rézèrvi:rou**ñg 1** ... ra**ïn** ... **2** ... rézèr**vi:**rën ... **noïn**-tsé:n ... dra**ï**ssich **4** ... té**ra**ssë ... **5** ... natu:ªlich ... **7** ... ha ... dé tsèt **8** ... u:bªracht ... **na:cH**-na:men ... **maï**stèns ... boucHchta**bi:**rën **9** ... afga:në **10** ... **tsou:**fal **11** ... èmpf**añ**guën ...

Remarque de prononciation
Souvenez-vous que les lettres suivantes ont une prononciation différente du français : c [tsé] ; e [é] ; g [gué] ; h [ha] ; j [yotte] ; q [cou] ; u [ou] ; v [faou] ; w [v] ; y [upsilonne] ; z [tsèt]. Les voyelles avec **Umlaut** quant à elles se prononcent comme suit : ä [è] ; ö [eu] ; ü [u] ; et pour finir : β [èszett] également appelé **scharfes s** [charfèss s] ("aïgu s").

Notes

1 **morgen**, *demain*, ou **gestern**, *hier* + moment de la journée. Ces deux constructions sont identiques dans les deux langues : **morgen Abend / morgen Mittag**, *demain soir / demain midi* ; **gestern Morgen / gestern Nachmittag**, *hier matin / hier après-midi*. En allemand, il existe la même construction avec **heute**, *aujourd'hui* + moment de la journée : **heute Morgen / heute Mittag**, *ce matin / ce midi*. Exception ! Pour *demain matin*, on dit **morgen früh** et non pas ~~morgen Morgen~~.

2 • **auf den Namen ... reservieren**, *réserver au nom de...* et **eine Reservierung auf den Namen ...**, *une réservation au nom de...* sont des tournures à l'accusatif : **Auf welchen Namen soll ich reservieren?**, *À quel nom dois-je réserver ?* ; **Ich habe einen Tisch auf den Namen Schmidt reserviert**, *J'ai réservé une table au nom de Schmidt* ; **Wir haben eine Reservierung auf den Namen Schmidt**, *Nous avons une réservation au nom de Schmidt*. Dans certains cas, comme dans cette tournure, il n'est pas toujours possible de justifier avec une règle l'emploi de l'accusatif ou du datif. Ces exemples sont à mémoriser.

• Le nom **der Name** et les noms composés comme **der Vorname (n)**, *le prénom*, **der Nachname (n)**, ou **der Familienname (n)**, *le nom de famille* (N), ont une déclinaison particulière. Ajout d'un **-n** à l'accusatif et au datif et d'un **-ns** au génitif : **den Namen** (A) ; **dem Namen** (D) ; **des Namens** (G). Au pluriel, ils prennent un **-n** à tous les cas : **die Namen** (N/A) ; **den Namen** (D) ; **der Namen** (G). Parmi les noms se déclinant

Cinquante-neuvième leçon / 59

sur le même modèle, notez **der Buchstabe (n)** *[bou:cH-chta:bë]*, *la lettre (de l'alphabet)* ; **der Gedanke (n)** *[guédañkë]*, *la pensée / l'idée*. En grammaire, on les nomme "masculins mixtes".

3 Jusqu'ici, nous avons vu les verbes à particule séparable et inséparable. Il existe une troisième catégorie, les verbes à particule mixte. Une particule est dite mixte quand elle est quelques fois séparable et quelques fois inséparable. Ceci dépend du verbe. Les verbes construits avec la particule **über** sont majoritairement inséparables, ex. : **überraschen**, *surprendre/étonner* → **Das überrascht mich (nicht)**, *Ça (ne) m'étonne (pas)* ; **über**holen *[u:bᵃho:lën]*, *doubler/dépasser (en voiture)* → **Er hat mich überholt**, *Il m'a doublé* ; **über**setzen *[u:bᵃzètsën]*, *traduire* → **Übersetzen Sie!**, *Traduisez !* ; **über**legen *[u:bᵃlé:guën]*, *réfléchir* → **Überleg mal!**, *Réfléchis !* Parmi les verbes où **über** est séparable, notez **über**kochen *[u:bᵃkocHën]*, *déborder* → **Die Milch kocht gleich über!**, *Le lait va déborder !* ("le lait déborde tout de suite") La règle à ce sujet étant complexe, mieux vaut apprendre ces verbes un par un avec l'emploi de leur particule. Souvenez-vous que les verbes à particule séparable portent l'accent tonique sur la particule tandis que les verbes à particule inséparable portent leur accent tonique sur la syllabe suivant la particule. Comme vous pouvez constater avec la transcription phonétique, cette règle s'applique aussi aux verbes mixtes.

4 Si vous voulez que quelqu'un épelle son nom, dites tout simplement : **Können/Könnten Sie bitte Ihren Namen buchstabieren?**, *Pouvez/Pourriez-vous épeler votre nom s'il vous plaît ?* Par ailleurs, les lettres sont neutres en allemand : **das A**, *le A* ; **großes B**, *B majuscule* ("grand") ; **kleines s**, *s minuscule* ("petit").

5 Nous allons aborder les pronoms relatifs sujets, c'est-à-dire au nominatif. Ils sont identiques aux articles définis : **der** (m.), **die** (f.), **das** (n.), **die** (pl.), *qui*. On les emploie lorsqu'ils ont la fonction de sujet dans la proposition relative ; le genre ou le nombre du pronom relatif dépend de l'antécédent (= nom auquel il se rapporte). Dans le premier exemple, l'antécédent est un masculin et dans le deuxième, un féminin : **Ich habe einen Freund, der auch so heißt**, *J'ai un ami qui s'appelle comme ça aussi* ; **Ich habe eine Freundin, die auch so heißt**, *J'ai une amie qui…* N'oubliez pas que la proposition subordonnée relative a la même syntaxe que la proposition subordonnée conjonctive : le verbe conjugué est à la fin.

Übung 1 – Übersetzen Sie bitte!

❶ Kanntest du den Namen? ❷ Meine Eltern haben einen Freund, der deine Mutter kennt. ❸ Könnten Sie bitte Ihren Vornamen buchstabieren? ❹ Sie ruft ihn morgen früh an. ❺ Was habt ihr gestern Nachmittag gemacht?

***

Übung 2 – Ergänzen Sie bitte!

❶ À quel nom dois-je réserver la table ?
.... Namen soll ich den Tisch reservieren?

❷ Où étiez-vous hier midi ?
Wo wart ihr .... ?

❸ Où sont les gens qui habitent ici ?
Wo sind die ....., ... hier wohnen?

❹ Ça ne m'étonne pas.
Das .... nicht.

Sechzigste Lektion

Schatz, es geht los!

1 – Schatz, wie geht's?
2 – Es kommt. Tobias, könntest du bitte schneller [1] fahren?
3 – Tut mir leid! Ich wollte einen kürzeren [2] Weg nehmen, aber in der Aufregung habe ich mich verfahren [3].
4 – Halt mal hier an! [4] Wir können den Polizisten [5] nach dem Weg fragen [6].
5 Guten Tag! Könnten Sie uns bitte sagen, wie wir zum Krankenhaus kommen [7]?

Corrigé de l'exercice 1

❶ Tu connaissais le nom ? ❷ Mes parents ont un ami qui connaît ta mère. ❸ Pourriez-vous épeler votre prénom s'il vous plaît ? ❹ Elle l'appellera *(l'appelle)* demain matin. ❺ Qu'est-ce que vous avez fait hier après-midi ?

***

❺ J'ai une amie qui travaille à Berlin.
 Ich habe eine .... , ... in Berlin arbeitet.

Corrigé de l'exercice 2
❶ Auf welchen – ❷ – gestern Mittag ❸ – Leute, die – ❹ – überrascht mich – ❺ – Freundin, die –

Deuxième vague : 10ᵉ leçon

Soixantième leçon

Chérie *(trésor)*, ça commence !

1 – Chérie, comment ça va ?
2 – Il arrive. Tobias, tu pourrais rouler un peu *(un-peu)* plus vite ?
3 – Désolé ! Je voulais prendre un raccourci *(chemin plus-court)* mais dans l'affolement, je me suis trompé de route.
4 – Arrête[-toi] ici. Nous pouvons demander le chemin au policier *(le policier après le chemin demander)*.
5   Bonjour ! Pourriez-vous s'il vous plaît nous indiquer *(dire)* le chemin pour aller à l'hôpital *(comment on à-l'hôpital vient)* ?

6 – Es ist ganz **ein**fach. Nach der **Am**pel **bie**gen Sie rechts [8] ab, dann **fah**ren Sie **i**mmer gerade**aus** bis zur **Kreu**zung,

7 und da **se**hen Sie schon das **Kran**kenhaus auf der **rech**ten **Sei**te.

8 – **Vie**len Dank!

9 *(ein paar **Stun**den später)*

10 – **Herz**lichen **Glück**wunsch! [9] Es ist ein **Jun**ge. □

Prononciation

chats ... **2** ... **chnèl**ᵃ ... **kur**tsërën ... **aou**fré:**goung** ... **fèr**fa:rën
4 ... poli**tsis**tën ... **5** ... **krañ**kën-**Haouss** ... **6** ... **a'm**pël **bi:**guën ...
kroïtsoung **7** ... **rèch**tën **zaï**të **10** ... **youñ**guë

Notes

1. Le comparatif de supériorité indique qu'une qualité/quantité est plus importante qu'une autre. En allemand, il se forme généralement en ajoutant la terminaison **-er** à l'adjectif qualificatif attribut/adverbe : **schnell**, *vite* → **schneller**, *plus vite* ; **spät**, *tard* → **später**, *plus tard*. *N.B.* 1) Les monosyllabes prennent souvent, en plus de la terminaison, un *Umlaut* sur **a**, **o**, **u** : **alt**, *vieux/âgé* → **älter**, *plus vieux/âgé*. 2) Il existe des formes irrégulières comme : **gut**, *bien/bon* → **besser**, *mieux/meilleur* ; **hoch**, *haut* → **höher** *[heu:ᵃ]*, *plus haut* ; **viel**, *beaucoup* → **mehr**, *plus*. 3) L'élément comparé (si indiqué) est précédé de **als**, *que* : **Sie isst mehr als ich**, *Elle mange plus que moi*.

2. Les adjectifs épithètes mis au comparatif de supériorité suivent la même règle que les adjectifs attributs/adverbes. Il suffit d'y ajouter la terminaison de la déclinaison, ex. : **kurz**, *court* → **kürzer**, *plus court* → **Ich wollte einen kürzeren Weg nehmen**, *Je voulais prendre un chemin plus court*. Attention ! Les adjectifs se terminant par **-el** ou **-er** perdent généralement le **e**, ex. : **dunkel** *[douñkël]*, *sombre* → **Gibt es keine dunklere Farbe**, *Il n'y a pas de couleur plus sombre ?*

3. **sich verfahren**, *se tromper de route*, s'emploie pour un conducteur de véhicule. Vous retrouvez le verbe **fahren**, *rouler/conduire*. Pour un piéton, *se tromper de chemin* se traduit par **sich verlaufen** *[fèrlaoufën]*. Vous retrouvez le verbe **laufen** *[laoufën]*, *marcher (vite) / courir*. Souvenez-vous que **ver-** est une particule inséparable. L'accent tonique se place donc sur la syllabe suivant **ver-**.

Soixantième leçon / 60

6 – C'est très simple. Après le feu tricolore, vous tournez à droite, puis vous continuez toujours tout droit jusqu'au croisement
7 et là vous verrez *(voyez)* déjà l'hôpital sur le côté droit.
8 – Merci beaucoup !
9 *(quelques heures plus tard)*
10 – Toutes nos félicitations ! C'est un garçon.

4 anhalten, *s'arrêter*, n'est pas un verbe pronominal contrairement au français et **an-** est une particule séparable et porte donc l'accent tonique : **ich halte an, du hältst an** …, *je m'arrête, tu t'arrêtes*… Il peut aussi être employé comme verbe transitif : **jdn anhalten**, *arrêter qqn* → **Die Polizei hat mich angehalten**, *La police m'a arrêté*.

5 La plupart des masculins se terminant par **-e** ou **-af**, **-ant**, **-at**, **-ekt**, **-ent**, **-ik**, **-ist**, **-it**, **-loge**, **-oph** + une liste de masculins dont **der Herr**, *le monsieur* ; **der Mensch**, *l'homme / la personne*, sont nommés "masculins faibles" en grammaire à cause de leur déclinaison particulière. Ils prennent la terminaison **-(e)n** à tous les cas du singulier et du pluriel sauf au nominatif singulier. Le **(e)** vaut généralement pour les noms se terminant par une consonne, ex. : **der Junge** (N), **den Jungen** (A), **dem Jungen** (D), **des Jungen** (G) / **die Jungen** (N/A), **den Jungen** (D), **der Jungen** (G), *le garçon / les garçons* ; **der Polizist** (N), **den Polizisten** (A), **dem Polizisten** (D), **des Polizisten** (G) / **die Polizisten** (N/A), **den Polizisten** (D), **der Polizisten** (G), *le policier / les policiers*.

6 jemanden nach etwas fragen, *demander qqch. à qqn*, est un verbe à régime prépositionnel régissant un datif : **nach dem Weg / nach der Uhrzeit** *[u:ᵃ-tsaït]* **/ nach dem Namen … fragen**, litt. "après le chemin / après l'heure / après le nom… demander".

7 Pour demander votre chemin, vous pouvez dire **Wie komme ich / kommen wir zum Bahnhof, zum Flughafen** *[flou:k-Ha:fën]* **/ zum Krankenhaus …?** ("comment vais-je / allons-nous…"), *Quel est le chemin / Comment faire pour aller à la gare, à l'aéroport, à l'hôpital… ?* *N.B.* Dans l'exemple du dialogue, il s'agit d'une question indirecte. La question est une proposition subordonnée, d'où le verbe conjugué, **kommen**, en dernière position.

zweihundertachtundvierzig • 248

8 rechts/links, *à droite / à gauche*, sont des adverbes ; **recht-/link-** + terminaison de la déclinaison sont des adjectifs épithètes : **Biegen Sie rechts/links ab**, *Tournez à droite / à gauche* ; **Das Krankenhaus ist auf der rechten/linken Seite** ("… sur le droit/gauche côté"), *L'hôpital est sur le côté droit/gauche*.

***

Übung 1 – Übersetzen Sie bitte!

❶ Kannst du etwas früher kommen? ❷ Herzlichen Glückwunsch zum Abi! ❸ Wie komme ich zum Bahnhof? ❹ Du kannst ihn nach dem Weg fragen. ❺ Mein Bruder ist größer als ich.

***

Übung 2 – Ergänzen Sie bitte!

❶ Ils ont un petit garçon.
   Sie haben einen ....

❷ Il est plus petit que toi.
   Er ist .... du.

❸ Il écrit de *(avec)* la main gauche.
   Er schreibt mit der ....

❹ Comment faire pour aller à l'aéroport ?
   Wie ..... ich ... Flughafen?

❺ Nous nous sommes trompés de chemin. *(piétons)*
   Wir haben ... .

Einundsechzigste Lektion

Glück in der Liebe!

1 – **We**ssen **Au**to [1] ist das?
2 – Meinst du das **grü**ne?
3 – Ja.
4 – Das ist Sa**bi**nes **Au**to [2].

9 Voici plusieurs exemples avec la tournure **Herzlichen Glückwunsch!**, *Toutes mes/nos félicitations !* : **Herzlichen Glückwunsch zum Baby** *[bé:bi]* **/ zum Examen** *[éxa:mën]* **/ zum Geburtstag …!**, *Toutes mes/nos félicitations pour le bébé / pour l'examen… ! / Joyeux anniversaire !*

***

Corrigé de l'exercice 1
❶ Tu peux venir un peu plus tôt ? ❷ Toutes mes félicitations pour le bac ! ❸ Quel est le chemin pour aller à la gare ? ❹ Tu peux lui demander le chemin. ❺ Mon frère est plus grand que moi.

Corrigé de l'exercice 2
❶ – kleinen Jungen ❷ – kleiner als – ❸ – linken Hand ❹ – komme – zum – ❺ – uns verlaufen

Deuxième vague : 11e leçon

Soixante et unième leçon

Chanceux en *(chance dans l')* amour !

1 – À qui appartient la voiture ? *(de-qui voiture est ça)*
2 – Tu veux dire *(penses)* la verte ?
3 – Oui.
4 – C'est la voiture de Sabine.

61 / Einundsechzigste Lektion

5 – Nicht schlecht! Und das mit **Pano**ra**m**adach. Hat sie den **Jack**pot ge**knackt** [3]?
6 – Ja **o**der so**gar be**sser. Kannst du dich an den **net**ten Archi**tek**ten erinnern [4], den wir auf Lars' **Fe**te **ke**nnengelernt **ha**ben [5]?
7 – Klar. So ein char**man**ter Mann! Und? Was ist mit ihm?
8 – Er soll sehr reich sein [6] und seit der **Fe**te geht er mit Sa**bi**ne aus [7]. Es war **Lie**be auf den **ers**ten Blick [8].
9 – Ach, das wird nicht **lan**ge **hal**ten.
10 – An**schei**nend **wo**llen sie **hei**raten.
11 – **Wirk**lich?

Prononciation
... li:bë **1** vèssën ... **2** ... gru:në **4** ... zabi:nëss ... **5** ... panora:madacH **djèk**pot guëknakt **6** ... arçhitèktën èrinërn ... larss **fé**:të **kè**nën-guëlèrnt ... **7** ... char**ma'nt**[a] ... **8** ... blik **10** a'n**chaï**nënt ...

Notes

[1] Le pronom interrogatif **wessen** est le génitif de **wer**, *qui*, et pose la question *à/de qui* pour connaître le possesseur. Il se place devant le nom désignant la chose possédée / la personne ou l'animal avec lequel/ laquelle il existe un lien d'appartenance. Attention ce nom ne prend pas d'article ! **Wessen** Ø **Auto ist das?** ("de qui voiture est ça"), *À qui appartient la voiture ?* ; **Wessen** Ø **Idee ist es?** ("de qui idée est ce"), *De qui vient l'idée ?*

[2] Pour exprimer la possession avec un nom propre, on peut employer soit la préposition **von**, *de*, suivie du nom propre (cette construction relève du langage parlé), soit le génitif saxon. Pour former le génitif saxon, il faut ajouter un **s** à la fin du nom propre, placer le nom propre directement devant le nom commun et supprimer l'article. Attention ! Les noms propres se terminant par **-s** / **-ß** / **-x** / **-z** prennent une apostrophe à la place du **s** : **das Auto/die Schwester von Sabine** / **Sabines**

Soixante et unième leçon / 61

5 – Pas mal ! Et [en plus] *(ça)* avec toit panoramique. Elle a gagné le jackpot ?

6 – Oui ou même mieux. Tu te souviens de cet architecte sympathique que nous avons rencontré à la fête de Lars *(que nous sur Lars fête connaître-appris avons)* ?

7 – Bien sûr. Un homme si charmant ! *(un si charmant homme)* Et ? Qu'en est-il ? *(quoi est avec lui)*

8 – On dit qu'il est très riche *(il doit très riche être)* et depuis la fête, il sort avec Sabine. Ça a été le coup de foudre *(amour sur le premier regard)*.

9 – Ah, ça ne tiendra pas longtemps.

10 – Apparemment ils veulent [se] marier.

11 – Vraiment ?

Ø **Auto/Schwester** …, *la voiture/sœur de Sabine* ; **Die Fete von Lars / Lars' Fete**, *la fête de Lars* (ph. 6).

3 Le verbe **knacken** signifie *craquer/casser* : **Das Holz *[Holts]* knackt unter den Füßen *[fu:ssën]***, *Le bois craque sous les pieds* ; **Kannst du mir eine Nuss *[nouss]* knacken?**, *Tu peux me casser une noix ?* Cependant dans l'expression familière **den Jackpot knacken**, il signifie *gagner*.

4 **sich erinnern an**, *se souvenir de*, fait partie des verbes construits avec une préposition. Il régit un accusatif : **Kannst du dich an den netten Architekten / dieses schöne Hotel erinnern**, *Tu te souviens de cet architecte sympathique / ce bel hôtel*. N.B. Employé sans pronom réfléchi, **jdn an jdn/etwas erinnern** signifie *rappeler qqn/qqch. à qqn* : **Er erinnert mich an meinen Lehrer**, *Il me rappelle mon professeur*.

5 • Après les pronoms relatifs au nominatif (*cf.* L59, N5), voyons les pronoms relatifs à l'accusatif. Ils correspondent également aux articles définis : **den** (m.), **die** (f.), **das** (n.), **die** (pl.), *que*. On les emploie lorsqu'ils ont la fonction de COD dans la proposition relative ; le genre ou le nombre dépend de l'antécédent. Dans l'exemple du dialogue, l'antécédent est un masculin et dans les autres exemples, un masculin et un pluriel : **Kannst du dich noch an den Architekten erinnern, den wir auf Lars' Fete kennengelernt haben?**, *Tu te souviens de l'architecte que nous avons rencontré à la fête de Lars ?* ; **Wer ist der Mann, den** Paul

eingeladen hat?, *Qui est le monsieur que Paul a invité ?* ; **Wer sind die Leute, die** Paul eingeladen hat?, *Qui sont les gens que Paul a invités ?*
• **kennenlernen**, *connaître / faire connaissance* (traduit parfois par *rencontrer*) est un verbe composé de deux verbes : **kennen**, *connaître*, et **lernen**, *apprendre*. **kennen** s'emploie comme une particule séparable : **Ich lerne ihn langsam kennen**, *J'apprends doucement à le connaître*. Retenez aussi cette tournure **Freut mich dich/euch/Sie kennenzulernen** ("réjouis me te/vous connaître-apprendre"), *Ravi(e) de faire ta/votre connaissance*.

6 Pour rapporter une information/rumeur, on peut employer le verbe de modalité **sollen**, *devoir* : **Er soll** sehr reich sein ("il doit très riche être"), *On dit qu'il est très riche* ; **Der Präsident soll** in Italien Urlaub ma-

***

Übung 1 – Übersetzen Sie bitte!
❶ Ich erinnere mich an dich. ❷ Wessen Buch ist das? ❸ Wir gehen nicht oft aus. ❹ Wo hast du ihn kennengelernt? ❺ Habt ihr Annas Haus gesehen?

***

Übung 2 – Ergänzen Sie bitte!
❶ Ravi de faire ta connaissance.
   Freut mich, ...

❷ À qui appartient l'ordinateur ?
   .... ist das?

❸ Tu te souviens de notre professeur d'allemand ? *(peux-tu te... souvenir)*
   Kannst du dich .. unseren Deutschlehrer ....?

❹ C'est le frère de Max.
   Das ist ....

❺ Où est le livre que tu as lu ?
   Wo ist das ...., ... du gelesen hast?

7 **ausgehen** (verbe à particule séparable) signifie *sortir (quelque part)* et **mit jemandem ausgehen**, *sortir avec qqn*, dans le sens de *sortir avec des gens/amis* ou *être ensemble* (en couple) : **Willst du heute Abend ausgehen?**, *Veux-tu sortir ce soir ?* ; **Mit wem gehst du heute Abend aus?**, *Avec qui sors-tu ce soir ?* La phrase **Er geht mit Sabine aus**, *Il sort avec Sabine*, est, dans ce contexte, employée dans le sens de **Sie sind zusammen**, *Ils sont ensemble*.

8 Terminons sur une note romantique. Pour le *coup de foudre*, les germanophones parlent de **Liebe auf den ersten Blick** litt. "amour sur le premier regard".

***

Corrigé de l'exercice 1
❶ Je me souviens de toi. ❷ À qui appartient le livre ? ❸ Nous ne sortons pas souvent. ❹ Où as-tu fait sa connaissance ? ❺ Vous avez vu la maison d'Anna ?

***

Corrigé de l'exercice 2
❶ – dich kennenzulernen ❷ Wessen Computer – ❸ – an – erinnern ❹ – Max' Bruder ❺ – Buch, das –

Deuxième vague : 12e leçon

62

Zweiundsechzigste Lektion

Eine Margerite

1 – Schau mal, wer da ist [1].
2 – Ja, ich weiß.
3 – Na dann, worauf [2] wartest du? Geh doch zu ihm hin! [3]
4 – Ja, aber wie soll ich ihn ansprechen?
5 – Frag ihn, ob [4] er was [5] trinken möchte.
6 – Hmm...
7 – Entweder jetzt oder nie! [6] Er steht da allein.
8 – Ich traue mich [7] nicht.
9 – Wer nicht wagt, der nicht gewinnt. [8]
10 – Gib mir bitte diese Margerite.
11 – Was willst du mit einer Margerite [9]?
12 – Gib doch mal her! Er liebt mich, von Herzen, mit Schmerzen, ganz viel, ein bisschen, gar nicht. Er liebt mich ...

Prononciation

... margari:të 3 ... voraouf ... Hi'n 4 ... a'nchprèchën 5 ... op ... 7 èntvé:d^a ... ni: ... alaïn ... 8 ... traouë ... 9 ... va:kt ... 12 ... Hé:^a ... bissçhën ga:^a ...

Notes

[1] **wer da ist**, *qui est là*, est une question indirecte. Le verbe conjugué est, dans ce cas, en fin de proposition.

[2] Jusqu'ici, vous connaissez le pronom interrogatif **was** traduit *que/quoi*. Dans le cas d'un verbe construit avec une préposition, *que/quoi* devient alors **wo** + (**r**) + préposition régie par le verbe, ex. : **warten auf** (+ acc.), *attendre* → **Worauf wartest du?**, *Qu'est-ce que tu attends ?* ; **sich erin-**

Soixante-deuxième leçon

Une marguerite

1 – Regarde qui est là.
2 – Oui, je sais.
3 – Eh bien, qu'est-ce que tu attends ? Vas-y ! *(va donc chez lui y)*
4 – Oui mais comment l'aborder *(dois-je l'aborder)* ?
5 – Demande-lui s'il veut boire quelque chose ?
6 – Mmm…
7 – C'est maintenant ou jamais. *(soit maintenant, soit jamais)* Il est *(debout)* là [tout] seul.
8 – Je n'ose pas.
9 – Qui ne risque rien *(pas)*, n'a rien *(il pas gagne)*.
10 – Donne-moi cette marguerite s'il te plaît.
11 – Mais qu'est-ce que tu veux [faire] avec une marguerite ? *(quoi veux tu avec une marguerite)*
12 – Allez donne ! *(donne donc fois)* Il m'aime, il ne m'aime pas, un peu, beaucoup, passionnément, à la folie, pas du tout *(de cœur, avec douleurs, vraiment beaucoup, un peu, absolument pas)*. Il m'aime…

nern an (+ acc.), *se souvenir de* → **Woran erinnerst du dich?**, *De quoi te souviens-tu ?*

3 **hin** et **her** (ph. 12) sont des particules séparables fréquemment employées. La première exprime un éloignement du point d'observation et se traduit souvent par *y*. La deuxième exprime un rapprochement du point d'observation et se traduit généralement par un verbe exprimant le rapprochement, ex. : **Geh doch zu ihm hin!**, *Vas-y !* ; **Wann fahrt ihr hin?**, *Quand est-ce que vous y allez ?* ; **Gib doch mal her!**, *Allez donne / passe-la moi ! par ici !* (ph. 12) ; **Komm/Kommen Sie her!**, *Viens/Venez !* Vous retrouvez ces mêmes notions d'éloignement ou de rapprochement dans les pronoms interrogatifs **wohin**, *où* directionnel et **woher**, *d'où* : **Wo gehst du hin? / Wohin gehst du?**, *Où vas-tu ?* →

éloignement ; **Wo** kommst du **her**? / **Woher** kommst du?, *D'où viens-tu ?* → rapprochement. Dans le cas des interrogatifs **wohin** et **woher**, les particules peuvent se détacher ou non.

4. Ne confondez pas **wenn** avec **ob**. Ces deux conjonctions de subordination se traduisent par *si* mais **wenn** exprime la condition (*cf.* L47, N8) tandis que **ob** exprime le doute ou l'interrogation et sous-entend *si (ou non)*. **ob** s'emploie souvent avec les verbes **fragen**, *demander* ; **wissen**, *savoir*, dans une proposition négative ou interrogative : **Frag** ihn doch, **ob** er was trinken möchte, *Demande-lui donc s'il veut boire quelque chose (ou non)* ; **Sie wissen nicht, ob** er kommt, *Ils ne savent pas s'il vient (ou non)*.

5. Rappel ! Dans le langage courant, on emploie souvent la contraction **was** à la place de **etwas**, *quelque chose*.

6. • Vous connaissez déjà une conjonction double : **weder ... noch**, *ni... ni* (L50, ph. 5). En voici une autre : **entweder ... oder**, *soit... soit* → **Wir kommen entweder** Montag **oder** Dienstag, *Nous venons soit lundi soit*

***

Übung 1 – Übersetzen Sie bitte!

❶ Kommt schnell her! ❷ Wir fahren entweder nach Berlin oder nach Heidelberg. ❸ Wissen Sie, ob er kommt? ❹ Woran denkt sie? ❺ Ich habe weder seinen Vater, noch seine Mutter gesehen.

***

Übung 2 – Ergänzen Sie bitte!

❶ Qu'est-ce que vous attendez ?
.... ihr?

❷ Pourquoi n'ose-t-elle pas ?
Warum ..... sie .... nicht?

❸ Elle demande si tu veux venir avec nous.
Sie ....., .. du mitkommen willst.

❹ Je viendrai, si je peux.
Ich komme, ... ich .....

❺ Les enfants, venez !
Kinder, ...!

mardi. Notez aussi la tournure **Entweder jetzt oder nie** ("soit maintenant soit jamais"), *C'est maintenant ou jamais*.
• **nie** (fam.) est la contraction de **niemals**, *jamais*.

7 **sich trauen**, *oser*, est un verbe pronominal : **ich traue mich, du traust dich, er/sie/es traut sich**…

8 Voici une nouvelle expression idiomatique qui pourra toujours vous servir : **Wer nicht wagt, der nicht gewinnt** ("qui pas ose, il pas gagne"), *Qui ne tente rien, n'a rien*.

9 **Was willst du mit einer Margerite?** sous-entendu **machen**, *Qu'est-ce que tu veux faire avec une marguerite ?* Parmi les noms de fleurs les plus courants, notez : **der Löwenzahn** (sing.) *[leu:vën-tsa:n]*, *le pissenlit* ; **die Nelke** (n) *[nèlkë]*, *l'œillet* ; **die Rose** (n) *[ro:zë]*, *la rose* ; **das Schneeglöckchen** (-) *[chné:gleukçhën]*, *le perce-neige* ; **die Tulpe** (n) *[toulpë]*, *la tulipe*.

***

Corrigé de l'exercice 1
❶ Venez vite ! ❷ Nous allons soit à Berlin, soit à Heidelberg. ❸ Savez-vous s'il vient ? ❹ À quoi pense-t-elle ? ❺ Je n'ai vu ni son père, ni sa mère.

Corrigé de l'exercice 2
❶ Worauf wartet – ❷ – traut – sich – ❸ – fragt, ob – ❹ – wenn – kann ❺ – kommt her

Il existe plusieurs versions du jeu de la marguerite. Dans un jeu d'enfant du début du XIXᵉ siècle, les paroles sont : „**Er/Sie liebt mich von Herzen, mit Schmerzen, über alle Maßen, kann nicht von mir lassen, klein wenig, gar nicht**" *litt. "il (elle) m'aime de cœur, avec douleurs, au-dessus-de toutes mesures, peut pas de moi laisser, petit peu, absolument pas". Dans* Faust *de Goethe, œuvre majeure du poète allemand, la jeune Gretchen tombe amoureuse de* **Faust** *et effeuille une marguerite pour savoir s'il l'aime. Ses mots sont :* „**Er liebt mich – liebt mich nicht (…) Liebt mich – Nicht – Liebt mich – Nicht – Er liebt mich**", *"Il m'aime – ne m'aime pas (…) M'aime – Pas – M'aime – Pas – Il m'aime".*

Dreiundsechzigste Lektion

Wiederholung – Révision

1 Les masculins faibles et mixtes

Les masculins faibles correspondent aux noms masculins se terminant par **-e** ou **-af**, **-ant**, **-at**, **-ekt**, **-ent**, **-ik**, **-ist**, **-it**, **-loge**, **-oph**, ainsi qu'une liste d'autres noms dont **der Herr**, *le monsieur* ; **der Mensch**, *l'homme / la personne*. On les nomme ainsi à cause de leur déclinaison particulière. Ils prennent **-(e)n** à tous les cas du singulier et du pluriel, excepté au nominatif singulier. Le **(e)** vaut généralement pour les noms se terminant par une consonne. Exemples :

	Nominatif	Accusatif	Datif	Génitif	
sing.	der Junge	den Jungen	dem Jungen	des Jungen	*le garçon*
pl.	die Jungen	die Jungen	den Jungen	der Jungen	*les garçons*

	Nominatif	Accusatif	Datif	Génitif	
sing.	der Polizist	den Polizisten	dem Polizisten	des Polizisten	*le policier*
pl.	die Polizisten	die Polizisten	den Polizisten	der Polizisten	*les policiers*

Voici venu le moment de faire une révision. Vous remarquerez que petit à petit, les nouveaux points de grammaire viennent s'imbriquer dans des points de grammaire des séries précédentes. Le chemin est encore long mais le tout commence à prendre forme. Continuez à étudier régulièrement et n'hésitez pas à noter ce qui ne vous semble pas clair. Vous trouverez une explication dans les leçons à venir. L'essentiel est que vous commenciez à pouvoir vous exprimer.

Deuxième vague : 13ᵉ leçon

Soixante-troisième leçon

Les masculins mixtes suivent la même déclinaison que les masculins faibles mais prennent en plus un **s** au génitif : **der Name** (N), **den Namen** (A), **dem Namen** (D), **des Namens** (G).

2 Le pronom interrogatif *wer*, "qui"

Voici la déclinaison complète du pronom interrogatif **wer**, *qui* :
– nominatif : **Wer ist das?**, *Qui est-ce ?* ; **Wer hat angerufen?**, *Qui a appelé ?* ;
– accusatif : **Wen möchten Sie sprechen?**, *À qui souhaitez-vous parler ?* (Souvenez-vous que **sprechen** régit un accusatif.) ; **Wen hast du eingeladen?**, *Qui as-tu invité ?* ;
– datif : **Wem darf ich noch ein Stück Kuchen anbieten?**, *À qui puis-je offrir un autre morceau de gâteau ?* ; **Wem schreibst du?**, *À qui écris-tu ?* ;
– génitif : **Wessen Auto ist das?**, *À qui appartient la voiture ?* ; **Wessen Buch liest du?**, *Tu lis le livre de qui ?*

3 Le génitif saxon

Pour exprimer la possession avec un nom propre, il existe deux constructions possibles :
1) l'emploi de la préposition **von**, *de* + nom propre (langage parlé) :
das Auto von Sabine, *la voiture de Sabine* ;
die Frau von Thomas, *la femme de Thomas* ;

2) l'emploi du génitif saxon qui se forme comme suit : ajouter un **s** au nom propre, placer le nom propre directement devant le nom commun et supprimer l'article au nom commun. Les noms propres se terminant par **-s** / **-ß** / **-x** / **-z** prennent une apostrophe à la place d'un **s**, ex. :
Sabines Ø Auto/Schwester/Mutter, *la voiture/sœur/mère de Sabine* ;
Lars' Fete, *la fête de Lars* ;
Max' Eltern, *les parents de Max*.

4 L'expression de la cause avec *denn*, "car", et *weil*, "parce que"

Pour exprimer la cause, on peut employer :
1) la conjonction de coordination **denn**, *car*. Elle introduit une proposition principale et le verbe conjugué se trouve en seconde position. *N.B.* **denn** est considérée comme "hors décompte" (= en position 0 dans la phrase) ;
2) la conjonction de subordination **weil**, *parce que*. Elle introduit une proposition subordonnée avec le verbe à la fin, ex. :
Um so besser, denn ich möchte dich nachher in ein traditionelles Kaffeehaus ausführen, *Tant mieux car j'aimerais t'emmener après dans un café traditionnel viennois* ;
Um so besser, weil ich dich nachher in ein traditionelles Kaffeehaus ausführen, möchte, *Tant mieux parce que j'aimerais…* ;
Ich muss etwas machen, denn ich habe Rückenschmerzen, *Je dois faire quelque chose car j'ai mal au dos* ;
Ich muss etwas machen, weil ich Rückenschmerzen habe, *Je dois faire quelque chose parce que…*

5 *wenn* ou *ob* ?

Il s'agit de conjonctions de subordination traduites par *si* mais :
– **wenn** exprime la condition :
Wenn du in einer Viertelstunde nicht da bist, suchen wir jemand anders, *Si tu n'es pas là dans un quart d'heure, on cherche quelqu'un d'autre* ;
Wenn du willst, komme ich etwas früher, *Si tu veux, je viendrai un peu plus tôt* ;
– **ob** exprime le doute ou l'interrogation et sous-entend *si (ou non)*.

On l'emploie souvent avec les verbes **fragen**, *demander* ; **wissen**, *savoir* dans une question ou négation :
Frag ihn doch, **ob** er was trinken möchte, *Demande-lui donc s'il veut boire quelque chose (ou non)* ;
Sie wissen nicht, ob er kommt, *Ils ne savent pas s'il vient (ou non)* ;
Wissen Sie, **ob** er mit seinem Bruder kommt?, *Savez-vous s'il vient avec son frère (ou non) ?*

6 Les propositions infinitives

Il existe différents types de propositions infinitives. Jusqu'ici nous avons vu :
1) la proposition infinitive construite avec **zu**, *à/de*. Celle-ci est introduite par certains verbes ou tournures comme **sich freuen**, *se réjouir* ; **helfen**, *aider* ; **hoffen**, *espérer** ; **Lust haben**, *avoir envie* ; **nichts/viel haben**, *avoir rien/beaucoup* ; **scheinen** *sembler* / paraître* / avoir l'air* ; **sich trauen**, *oser** ; **vergessen**, *oublier* ; **versuchen**, *essayer* ; **Zeit haben**, *avoir le temps*… Dans certains cas, l'infinitif français est également précédé de *à/de*. D'autres fois non ; il s'agit des exemples marqués d'un *.

La proposition infinitive est habituellement placée après la proposition principale (mais elle peut aussi se placer devant) et **zu** précède directement l'infinitif. Dans le cas d'un verbe à particule séparable, **zu** vient s'intercaler entre la particule et le verbe. Vous noterez également la virgule impérative lorsque la proposition infinitive comporte un complément (ou plusieurs). Exemples :
Sie traut sich nicht anzurufen, *Elle n'ose pas appeler* ;
Hilf mir lieber, meinen Pass **zu** finden, *Aide-moi plutôt à trouver mon passeport*.
Dans le cas du verbe **helfen**, la proposition infinitive se construit généralement sans **zu** si elle ne comporte pas de complément :
Er hilft Ø tragen, *Il aide à porter*.
N.B. Comme en français, les verbes de modalité régissent une proposition infinitive sans **zu** : **Er will dich Ø sehen**, *Il veut te voir*.

2) la proposition infinitive **um … zu**, *pour/afin de*… Elle exprime le but d'une action et se place soit avant, soit après la proposition principale. **zu** précède directement l'infinitif et **um** est placé devant le(s) complément(s) ou devant le groupe **zu** + verbe à l'infinitif, si la

proposition ne comporte pas de complément. Exemples :
Umso besser, denn ich möchte Sie nachher in ein traditionelles Kaffeehaus ausführen, um ein Stück der originalen Sachertorte zu probieren, *Tant mieux car je voudrais vous emmener après dans un café traditionnel pour goûter un morceau de la véritable "Sachertorte"* ;
Um das zu feiern, werden wir Ihnen etwas Umgangssprache beibringen, *Pour célébrer ça, nous allons vous enseigner un peu de langage familier*.

7 Le comparatif d'égalité et de supériorité

Le comparatif d'égalité se construit avec **(genau)so** + adjectif/adverbe + **wie** :
Ich bin so groß wie du, *Je suis aussi grande que toi* ;
Es war nicht so gut wie ich dachte, *Ce n'était pas aussi bien que je le pensais*.

Le comparatif de supériorité indique qu'une qualité/quantité est plus importante qu'une autre. Il se forme généralement en ajoutant la terminaison **-er** à l'adjectif qualificatif attribut/adverbe + **Umlaut** sur **a**, **o**, **u** pour la grande majorité des monosyllabes. L'élément comparé (si indiqué) est précédé de **als**, *que*. Pour les adjectifs épithètes, la règle est la même. Il suffit d'ajouter la terminaison propre à la déclinaison.
– attribut → **Könntest du bitte schneller fahren?**, *Pourrais-tu, s'il te plaît, rouler plus vite ?* ;
– épithète → **Ich kenne einen schnelleren Weg**, *Je connais un chemin plus rapide* ;
– attribut → **Er ist älter als ich**, *Il est plus âgé que moi* ;
– épithète → **Ich habe eine ältere Schwester**, *J'ai une sœur plus âgée*.

Attention les adjectifs terminés en **-el** ou **-er** perdent généralement le **e** !
– **dunkel**, *sombre* → **dunkler**, *plus sombre* → **Die dunkleren Schuhe finde ich schöner**, *Je préfère les chaussures plus foncées* ;
– **teuer**, *cher* → **teurer**, *plus cher* → **Warum ist es teurer?**, *Pourquoi est-ce que c'est plus cher ?*

Attention aux irrégularités !

– **gut**, *bien/bon* → **besser**, *mieux/meilleur* → **Heute war es besser als gestern**, *Aujourd'hui, c'était mieux qu'hier* ;
– **hoch**, *haut* → **höher**, *plus haut* → **Ich brauche einen höheren Tisch**, *J'ai besoin d'une table plus haute* ;
– **viel**, *beaucoup* → **mehr**, *plus/plusieurs* → **Ich habe mehr gegessen als du**, *J'ai mangé plus que toi*.

8 Les particules *hin* et *her*

Ces particules sont souvent employées avec des verbes ainsi qu'avec les pronoms interrogatifs **wohin**, *où directionnel*, et **woher**, *d'où* :
– **hin** exprime un éloignement du point d'observation et correspond au *y* directionnel en français. Exemples :
Geh doch zu ihm hin! *Vas-y !* ;
Wann fahrt ihr hin?, *Quand est-ce que vous y allez ?* ;
Wo gehst du hin? / Wohin gehst du?, *Où vas-tu ?* ;

– **her** exprime un rapprochement du point d'observation. Exemples :
Gib doch mal her! *Donne/Passe-la moi !* ;
Komm/Kommen Sie her!, *Viens/Venez !* ;
Wo kommst du her? / Woher kommst du?, *D'où viens-tu ?*

9 Se situer dans le temps

Commençons par revoir les moments de la journée : **der Morgen**, *le matin* ; **der Vormittag**, *la matinée* ; **der Mittag**, *le midi* ; **der Nachmittag**, *l'après-midi* ; **der Abend**, *le soir* ; **die Nacht**, *la nuit*.
Afin de les situer dans le temps, on emploie les adverbes de temps : **(vor)gestern**, *(avant-)hier* ; **heute**, *aujourd'hui* ; **(über)morgen**, *(après-)demain*. Exemples :
vorgestern Morgen, *avant-hier matin* ; **gestern Nachmittag**, *hier après-midi* ; **heute Morgen**, *ce matin ("aujourd'hui matin")* ; **morgen Abend**, *demain soir* ; **übermorgen Mittag**, *après-demain midi*.
Attention ! Pour *demain matin*, on dit **morgen früh** et non pas ~~morgen Morgen~~.

63 / Dreiundsechzigste Lektion

Wiederholungsdialog

1 – Liebe Hannah,
2 tut mir leid, ich konnte nicht früher schreiben. Ich hatte viel zu tun.
3 Wie du vielleicht schon weißt, wohne ich seit Mai in Wien.
4 Am Anfang war es nicht einfach, weil ich nicht gut Deutsch konnte. Aber jetzt spreche ich besser.
5 Das freut mich sehr, denn ich war nie eine gute Schülerin in Deutsch.
6 Der Lehrer, den ich jetzt habe, ist sehr gut. Das hilft!
7 Und ich habe auch einen netten deutschen Architekten kennengelernt. Das hilft auch!!

***

Übersetzen Sie bitte!

❶ Der rote Pulli ist größer als der grüne. ❷ Was machst du morgen früh? ❸ Er fragt sich, ob sie es schon weiß. ❹ Was brauchst du, um den Kuchen zu backen? ❺ Wir kommen entweder heute Mittag oder morgen früh.

8 Möchtest du nicht ein paar Tage bei mir verbringen? Wien ist eine schöne Stadt und mein Freund möchte dich kennenlernen.
9 Herzliche Grüße
10 Deine Steffi

Traduction
1 Chère Hannah, **2** Désolée, je n'ai pas pu *(pouvais)* écrire plus tôt. J'avais beaucoup à faire. **3** Comme tu le sais peut-être déjà, j'habite depuis mai à Vienne. **4** Au début, ce n'était pas facile parce que je ne parlais pas bien l'allemand, mais maintenant, je parle mieux. **5** Ça me fait plaisir car je n'ai jamais été une bonne élève en allemand. **6** Le professeur que j'ai maintenant est très bien. Ça aide ! **7** Et j'ai aussi fait la connaissance d'un architecte allemand sympathique. Ça aide aussi !!! **8** Ne voudrais-tu pas passer quelques jours chez moi ? Vienne est une belle ville et mon ami aimerait faire ta connaissance. **9** Je t'embrasse, **10** Steffi

***

Corrigé
❶ Le pull rouge est plus grand que le vert. ❷ Que fais-tu demain matin ? ❸ Il se demande si elle le sait déjà. ❹ De quoi as-tu besoin pour faire le gâteau ? ❺ Nous venons soit ce midi, soit demain matin.

Deuxième vague : 14ᵉ leçon

64 Vierundsechzigste Lektion

Ein verständnisvolles Management

1 – Was für eine Hitze! Findet ihr nicht auch?
2 – O doch, es ist unerträglich!
3 Ich habe gestern in den Nachrichten gehört, [1] dass es der heißeste und trockenste Juli [2] seit 1881 (achtzehnhunderteinundachtzig) [3] ist.
4 – Ich verstehe nicht, warum es kein Recht auf Hitzefrei gibt. [4]
5 Wer kann schon bei dem Wetter [5] arbeiten?
6 – Ich schlage vor, wir schreiben dem Management eine E-Mail [6].
7 – Ich persönlich würde zuerst mit Herrn Jansen sprechen. [7]
8 – Gute Idee!
9 – Ja, sogar sehr gute Idee.
10 – Guten Morgen!
11 – Guten Morgen Herr Jansen!
12 – Was für eine Hitze! Finden Sie nicht auch?
13 – Mmh …
14 Ich habe eben mit dem Management gesprochen. [8] Heute ab 14 (vierzehn) Uhr dürfen Sie nach Hause gehen.

Prononciation
... fèrchtèntnissfolès mènèdjmënt 1 ... Hitsë ... 2 ... ounèrtrè:kliçh 3 ... na:chriçhtën ... Haïssëstë ... trokënstë ... acHt-tsé:n-Houndtaïn-ount-acHt-tsiçh ... 4 ... rèçht ... Hitsë-fraï ... 6 ... i-maïl 7 ... pèrzeu:nliçh ... tsouèrst ... 14 ... é:bën ...

267 • zweihundertsiebenundsechzig

Soixante-quatrième leçon

Une direction compréhensive
(compréhension-pleine)

1 – Quelle chaleur ! Vous ne trouvez pas ?
2 – Oh si, c'est insupportable !
3 J'ai entendu hier aux *(dans les)* informations que c'est le mois de juillet le plus chaud et le plus sec depuis 1881.
4 – Je ne comprends pas pourquoi il n'existe pas de *(pas-de)* droit aux congés canicule *(sur canicule-libre)*.
5 Qui arrive [à] *(peut déjà)* travailler par ce temps ?
6 – Je propose d'écrire *(nous écrivons)* un e-mail à la direction.
7 – [Moi], j'[en] parlerais d'abord à M. Jansen.
8 – Bonne idée !
9 – Oui, très bonne idée même !
10 – Bonjour !
11 – Bonjour M. Jansen !
12 – Quelle chaleur ! Vous ne trouvez pas ?
13 – Mmm…
14 Je viens de parler avec la direction. À partir d'aujourd'hui 14 heures, vous avez le droit de rentrer *(aller)* à la maison.

Notes

1 Notez bien que l'expression *entendre aux informations*, se dit littéralement "entendre dans les informations" : **in den Nachrichten** hören. Il s'agit par ailleurs d'un datif pluriel.

2 Nous avons ici deux exemples d'adjectifs épithètes au superlatif. En règle générale, le superlatif se forme en ajoutant un **-(e)st** à la fin de l'adjectif épithète + terminaison de la déclinaison, le **(e)** phonétique étant généralement utilisé pour les adjectifs se terminant par **d**, **s**, **ß**, **t** ou **z**. La plupart des monosyllabes prennent un **Umlaut** sur le **a**, **o** ou **u** : **heiß**, *très chaud*, et **trocken**, *sec* → **der heißeste und trockenste Juli**, *le mois de juillet le plus chaud et le plus sec* ; **alt**, *vieux/âgé* → **die älteste Frau der Welt**, *la femme la plus âgée du monde*.

3 Pour les siècles, on compte en centaines jusqu'à 1900 et en milliers à partir de 2000, comme en français : **1881 achtzehnhunderteinundachtzig** ; **1900 neunzehnhundert** ; **2022 zweitausendzweiundzwanzig**.

4 **es gibt**, *il y a*, ou quelques fois *il existe*, régit un accusatif, ex. : neutre → **Warum gibt es kein Recht auf Hitzefrei**, *Pourquoi n'existe-t-il pas de droit aux congés canicule ?* ; masculin → **Wo gibt es einen Bankautomaten** *[bañk-aoutoma:tën]*?, *Où y a-t-il un distributeur automatique ?* Notez au passage sa forme au prétérit : **es gab**, *il y avait*.

5 Souvenez-vous que la préposition **bei** peut aussi s'employer dans le sens de *par* et qu'elle régit le datif : **bei dem Wetter**, *par ce temps* ; **bei 40 (vierzig) Grad**, *par 40 degrés* ; **bei schlechtem oder gutem Wetter**, *par mauvais ou par beau temps*.

6 • Dans une phrase composée d'un complément accusatif et d'un complément datif, la place des compléments varie selon qu'il s'agit de groupes nominaux ou pronoms personnels :
- GN (= groupe nominal) datif avant GN accusatif : **Wir schreiben dem Management** (D) **eine Mail** (A), *Nous écrivons un e-mail à la direction* ;
- pronom accusatif avant pronom datif : **Wir schreiben sie** (A) **ihm** (D), *Nous le lui écrivons* ;
- pronom avant GN indépendamment du cas : **Wir schreiben sie** (A) **dem Management** (D), *Nous l'écrivons à la direction* ; **Wir haben ihm** (D) **die Mail** (A) **geschrieben**, *Nous lui avons écrit l'e-mail*.

N.B. Les compléments se placent toujours derrière le verbe conjugué ou auxiliaire dans le cas d'un temps composé.

***

▶ Übung 1 – Übersetzen Sie bitte!

❶ Es gibt ein Problem. ❷ Er hat mich eben angerufen. ❸ Wir nehmen den kürzesten Weg. ❹ Was können sie bei dem Wetter machen? ❺ Früher gab es keine Handys.

• On dit généralement die E-Mail mais en Autriche et en Suisse, on dit aussi das E-Mail. Il n'est pas rare qu'un nom, généralement d'origine étrangère, ait plusieurs genres. Voici d'autres exemples : die Cola *[co:la]*, *le cola*, ou das Cola en Suisse, en Autriche ou en Bavière ; das Blog *[blog]*, *le blog*, ou der Blog pour les Autrichiens, das Baguette *[baguèt]*, *la baguette*, ou die Baguette pour ceux qui lui préfèrent son genre d'origine.

7 Pour exprimer un souhait / qqch. d'irréel, l'allemand emploie aujourd'hui de plus en plus, et notamment à l'oral, la forme avec l'auxiliaire würde/würdest … (= conditionnel de werden et équivalent de ***would*** en anglais) + infinitif du verbe. Elle se traduit généralement par le conditionnel présent : Ich würde zuerst mit Herrn Jansen sprechen, *J'en parlerais d'abord à M. Jansen* ; Wir würden uns sehr freuen, Sie kennenzulernen, *Nous nous réjouirions de faire votre connaissance*. Vous trouverez la conjugaison complète dans la leçon de révision.

8 L'adverbe eben + verbe au passé se traduit soit par le passé récent *venir de*, soit par *à l'instant*. Il se place derrière le verbe conjugué / l'auxiliaire : Er war eben noch da, *Il était encore là à l'instant*.

Corrigé de l'exercice 1
❶ Il y a un problème. ❷ Il vient de m'appeler. ❸ Nous prenons le chemin le plus court. ❹ Que peuvent-ils faire par ce temps ? ❺ Avant, il n'y avait pas de téléphones portables.

Übung 2 – Ergänzen Sie bitte!

1 Là, il y a un distributeur automatique.
   Da .... es ..... Bankautomaten.

2 les plus grandes femmes du monde
   die .... der Welt

3 Il donne le livre au professeur.
   Er gibt dem .... das .....

4 Il le lui donne. *(le = livre ; lui = professeur)*
   Er gibt ......

5 Je viens de recevoir l'e-mail.
   Ich .... die E-Mail bekommen.

Fünfundsechzigste Lektion

Es regnet wie aus Kübeln [1]

1 – So viel **Re**gen und das im **Ju**ni, das **ha**be ich **sel**ten er**lebt** [2].
2 – Ich auch.
3 Am **lieb**sten **wür**de ich mit dir auf **ei**ne **grie**chische **In**sel **flie**gen [3] und ein **Fi**scherhäuschen an **ei**nem **schö**nen **Sand**strand **mie**ten.
4 Das **wä**re echt cool.
5 – He, komm zu**rück** in die Reali**tät**!
6 – Nein, **ernst**haft. Wir **woll**ten schon **i**mmer mal da**hin** und jetzt ist die Na**tur** am **schön**sten [4].
7 – Das **wä**re nicht ver**nünf**tig, wir **ha**ben **Ar**beit.
8 – Mein **Groß**vater **sag**te **i**mmer: „Es ist ver**nünf**tig, auch mal **un**vernünftig [5] zu sein."
9 – Mmh ... Lass mich darüber **nach**denken.   □

Corrigé de l'exercice 2
❶ – gibt – einen – ❷ – größten Frauen – ❸ – Lehrer – Buch ❹ – es ihm ❺ – habe eben –

***

*Le droit aux congés canicule „**Hitzefrei**", litt. "canicule-libre", existe depuis 1892 en Allemagne. À l'origine, dans les établissements scolaires, lorsque la température atteignait 25 degrés, les écoliers allemands étaient libérés après la quatrième heure de cours (vers 11 h 30 - 12 h 00). Aujourd'hui, la décision incombe aux directeurs des établissements scolaires de décider à partir de quelle température il est préférable d'interrompre les cours. Ce droit ne vaut pas pour les entreprises. Toutefois, un chef d'entreprise peut décider d'écourter la journée de travail en cas de forte chaleur.*

Deuxième vague : 15ᵉ leçon

Soixante-cinquième leçon

Il pleut des cordes *(comme de seaux)*

1 – Autant [de] *(si beaucoup)* pluie, qui plus est *(et ça)* en juin, j'ai rarement vu ça.
2 – Moi aussi. *(je aussi)*
3 Si je pouvais, je partirais *(de préférence volerais-je)* avec toi sur une île grecque et [je] louerais une petite maison de pêcheur, sur une belle plage de sable.
4 Ce serait vraiment cool.
5 – Eh, reviens à la réalité !
6 – Non, sérieusement. On a toujours *(voulait depuis toujours)* voulu y aller et [c'est] maintenant [que] la nature est la plus belle *(maintenant est la nature au plus-belle)*.
7 – Ce ne serait pas raisonnable, nous avons [du] travail.
8 – Mon grand-père disait toujours : "Il est raisonnable d'être quelques fois *(aussi fois)* déraisonnable."
9 – Mmm... Laisse-moi y réfléchir

Prononciation

... **ku:**bëln **1** ... **zèl**tën èr**lé:**pt **3** ... **li:p**stën ... **gri:**çhichë **i'n**zël ... **fich**ª-hoïssçhën ... **za'nt**-chtra'nt ... **5** ... réali**tè:**t **6** ... **èrnst**Haft ... da**Hi'n** ... natu:ª ... **cheu:n**stën **7** ... fèr**nu:'nf**tiçh ... **ar**baït **8** ... **oun**fèrnu'nftik ... **9** ... **na:cH**dèñkën

Notes

1 Quand il pleut beaucoup, on dit **Es regnet wie aus Kübeln / Eimern** *[aïmªn]*, litt. "il pleut comme de seaux" ou bien **Es regnet in Strömen** *[chtreu:mën]*, *Il pleut à flots*.

2 • Comme vous le savez déjà, la syntaxe de la phrase allemande est assez libre. Ce qui importe, c'est la place du verbe conjugué (deuxième position dans une proposition indépendante ou principale en tête de phrase, en tête dans une proposition principale placée derrière une proposition subordonnée et à la fin dans une proposition subordonnée), les autres éléments peuvent graviter autour de ce noyau verbal. Ainsi, il n'est pas rare qu'une proposition commence par un COD : **Das** (= COD) **habe ich selten gesehen**, *J'ai rarement vu ça* ; **Das Problem** (= COD) **hatte ich noch nie**, *Je n'ai jamais eu ce problème*.
• **etwas erleben** signifie *vivre qqch.* dans le sens de *voir/endurer/connaître*.

3 • Vous connaissez déjà les adverbes **gern** et **lieber**. Le premier sert à indiquer que l'on aime bien qqn ou qqch. (L54, ph. 1), le deuxième que l'on préfère qqn ou qqch. (L54, ph. 2) par rapport à qqn d'autre ou autre chose (= comparatif de supériorité). Pour indiquer la préférence absolue par rapport à plusieurs personnes ou choses (= superlatif), on emploie **am liebsten** placé soit en début de phrase, soit après le verbe conjugué. Cette construction n'existe pas en français et se traduit par le verbe *préférer / aimer (le plus)* ou d'autres phrases/tournures exprimant un superlatif, ex. : **Ich esse am liebsten / Am liebsten esse ich Schokoladeneis**, *Je préfère manger de la glace au chocolat*.

***

Übung 1 – Übersetzen Sie bitte!

❶ Es ist sehr unangenehm. ❷ Wer ist am ältesten in deiner Familie? ❸ Er ist unfreundlich. ❹ Was isst du am liebsten? ❺ Ich würde lieber hier bleiben.

• Vous connaissez également la tournure conditionnelle **ich würde gern** / **du würdest gern** ... + infinitif du verbe *j'aimerais (bien) / tu aimerais (bien)...* + infinitif du verbe ou verbe au conditionnel + *volontiers* (L51, N6). Là aussi, on emploie **lieber**, *mieux aimer / préférer* pour exprimer le comparatif de supériorité et **am liebsten**, *préférer*, pour le superlatif : Würdest du **lieber** nach Frankreich *[frañkraïch]* fliegen oder nach Italien *[ita:liën]* fliegen?, *Tu préfèrerais aller en France ou en Italie ?* ; **Am liebsten** würde ich mit dir auf eine griechische Insel fliegen, *Si je pouvais, j'irais avec toi sur une île grecque.*

4 Dans la leçon précédente, nous avons vu comment former le superlatif des adjectifs épithètes. Voyons maintenant la règle concernant les adjectifs attributs. On emploie **am** + le suffixe **-(e)sten** que l'on ajoute à l'adjectif. Tout comme pour les adjectifs épithètes, le (e) phonétique est généralement utilisé pour les adjectifs se terminant par **d, s, t, z** ou **ß**, et la plupart des monosyllabes prennent un **Umlaut** sur **a, o** ou **u** : Zu dieser Jahreszeit *[ya:rës-tsaït]* ist ("à cette saison est") die Natur **am** schön**sten**, *C'est la saison où la nature est la plus belle* ; Wo ist es **am** heiß**esten**?, *Où fait-il le plus chaud ?* ; Wer ist **am** jüng**sten** in deiner Familie?, *Qui est le plus jeune dans ta famille ?*

5 Souvenez-vous que le préfixe **un-/Un-** sert à exprimer le contraire : möglich/**un**möglich, *possible/impossible* ; Glück/**Un**glück, *bonheur, chance/malheur, malchance.*

***

Corrigé de l'exercice 1
❶ C'est très désagréable. ❷ Qui est le plus vieux dans ta famille ? ❸ Il est désagréable / pas aimable. ❹ Qu'est ce que tu préfères manger ? *(superlatif)* ❺ Je préférerais rester ici. *(comparatif de supériorité)*

Übung 2 – Ergänzen Sie bitte!

❶ Je préférerais rester ici. *(superlatif)*
 . . . . würde ich hier bleiben.

❷ Il pleut des cordes. *(deux possibilités)*
 Es regnet wie aus . . . . . . / . . . .

❸ Ce qui était autrefois impossible est aujourd'hui possible.
 Was früher . . . . war, ist heute . . . .

❹ Quand est-ce qu'il fait le plus chaud ?
 Wann ist es . . . . ?

Sechsundsechzigste Lektion

Liebe Sabine,

1 – tut mir leid, dass ich mich nicht **frü**her ge**mel**det **ha**be [1]. Ich **ha**be **lei**der nicht oft Emp**fang**.
2 Ich muss **ehr**lich **sa**gen, dass die **Rei**se **an**strengend ist.
3 Das Land ist schön und hat **vie**le **Se**henswürdigkeiten.
4 Am **mei**sten [2] ge**fal**len mir die **al**ten **Tem**pel, aber was zu viel ist, ist zu viel [3].
5 Wir sind von **mor**gens bis **a**bends **un**terwegs [4] und **müs**sen **i**mmer früh **auf**stehen.
6 Das macht mich **fer**tig. [5] Du kennst mich ja!
7 Zum Glück sind wir **ei**ne **net**te **Rei**segruppe. Das moti**viert** mich, **mor**gens aus dem Bett zu **stei**gen [6].
8 Ich muss jetzt los. Wir **ma**chen gleich **ei**nen **Aus**flug an **ei**nen See [7].
9 Ich **hof**fe, es geht dir gut.
10 **Lie**be **Grü**ße,
11 **dei**ne **An**na.

❺ J'aimerais mieux venir un peu plus tôt.
   Ich .... etwas früher kommen.

Corrigé de l'exercice 2
❶ Am liebsten – ❷ – Kübeln/Eimern ❸ – unmöglich – möglich ❹ – am wärmsten ❺ – würde lieber –

Deuxième vague : 16e leçon

Soixante-sixième leçon

Chère Sabine,

1 – Désolée de ne pas m'être manifestée plus tôt *(que je me pas plus-tôt manifesté ai)*. Malheureusement, je n'ai pas souvent de réseau.
2 Honnêtement, je dois dire que le voyage est fatigant.
3 Le pays est beau et il y a beaucoup à visiter *(et a beaucoup curiosités)*.
4 Ce qui me plaît le plus, ce sont *(au plus plaisent à-moi)* les anciens temples mais trop c'est trop *(quoi est trop-beaucoup, est trop-beaucoup)*.
5 Nous sommes partis du matin au soir et devons toujours nous lever tôt.
6 Ça me tue *(fait me fini)*. Tu me connais !
7 Nous sommes heureusement un groupe *(voyage-groupe)* sympa. Ça me motive à sortir *(descendre)* du lit le matin.
8 Il faut que j'y aille. Nous allons faire *(faisons tout-de-suite)* une excursion au bord d'un lac.
9 J'espère que tu vas bien.
10 Je t'embrasse *(affectueuses salutations)*,
11 Anna

Prononciation
1 ... gué**mèl**dët ... èm**pfañg 2** ... **é:**ªliçh ... **a'n**chtrèñgën't **3** ... **zé:**ënsvurdiçhkaïtën **4** ... **maïs**tën ... **tèm**pël ... **5** ... **mor**guëns ... **a:**bënds **ount**ªvé:ks ... **6** ... **fèr**tik ... **7** ... **raï**zë-groupë ... motivi:ªt ... **chtaï**guën **8** ... **aous**flu:k ... ze:

Notes

1 Comme vous le savez déjà, dans la proposition subordonnée le verbe conjugué est toujours à la fin (*cf.* ph. 2). Si le verbe est conjugué à un temps composé, comme par exemple le parfait ou le futur, l'auxiliaire qui équivaut au verbe conjugué passe donc derrière le participe passé / l'infinitif. Observez bien ces exemples illustrant le passage d'une proposition indépendante à une proposition subordonnée : **Ich habe** mich nicht früher gemeldet ↔ Tut mir leid, dass ich mich nicht früher gemeldet **habe**, *Désolée de ne pas m'être manifestée plus tôt* ; **Es wird** vielleicht regnen ↔ Sie sagen, dass es vielleicht regnen **wird**, *Ils disent qu'il va peut-être pleuvoir*.

2 **am meisten**, *le plus*, est le superlatif de **viel**, *beaucoup*.

3 *beaucoup* se traduit par **viel** et *trop* par **zu viel** (litt. "trop beaucoup") : **Er isst viel / zu viel**, *Il mange beaucoup/trop*.

4 • Pour indiquer qu'une action se répète à un/plusieurs moment(s) de la journée ou durant un/plusieurs jours(s) de la semaine, il suffit d'ajouter un **-s** final au moment/jour en question et de mettre une minuscule, ex. : **von morgens bis abends**, *du matin au soir* ; **sonntags geschlossen** [gué**chlo**ssën], *fermé le dimanche*.

• La tournure **unterwegs sein** signifie *être parti / en route* : **Wir sind** von morgens bis abends **unterwegs**, *Nous sommes partis du matin au soir* ; **Wir sind** schon **unterwegs**, *Nous sommes déjà en route*.

***

Übung 1 – Übersetzen Sie bitte!

❶ Montags arbeite ich nicht. ❷ Wir waren an der Nordsee. ❸ Am Dienstag ist alles fertig. ❹ Ich habe zu viel Arbeit. ❺ Was hat euch am meisten gefallen?

Soixante-sixième leçon / 66

5 Selon le contexte, l'adjectif **fertig** se traduit par *prêt/fini/terminé* ou d'autres mots indiquant l'action d'accomplir/d'achever qqch., ex. : **Das Essen ist fertig**, *Le repas est prêt* ; **Ich bin noch nicht fertig** (litt. "je ne suis pas encore terminé"), *Je n'ai pas encore fini*. Toutefois, l'expression **Das macht mich fertig** se traduit par *Ça me tue / m'achève*.

6 Selon la préposition avec laquelle il se construit, le verbe **steigen** se traduit par *monter/escalader/descendre*, ex. : **Ich steige aus dem Bett / dem Zug *[tsou:k]* / dem Auto / dem Taxi *[taxi]***, *Je descends du lit / du train / de la voiture / du taxi* ; **Ich steige in den Zug / ins Auto / ins Taxi**, *Je monte dans le train / la voiture / le taxi* ; **Ich steige auf einen Berg *[bè:ᵃk]***, *J'escalade une montagne*. Employé sans préposition, **steigen** signifie *monter* dans le sens d'*augmenter* : **Die Preise *[praïzë]* sind gestiegen**, *Les prix ont augmenté*.

7 Attention ! **Der See** (masculin) signifie *le lac* et **die See** (féminin, également prononcé *[zé:]*), *la mer*, ex. : **Wir machen einen Ausflug an einen See** (accusatif masculin), *Nous faisons une excursion au bord d'un lac* ; **Wir fahren an die Nordsee** (accusatif féminin), *Nous allons au bord de la mer du Nord*. Ces termes sont également homonymes au pluriel : **die Seen *[zé:ën]***.

Corrigé de l'exercice 1
❶ Je ne travaille pas le lundi. ❷ Nous étions au bord de la mer du Nord. ❸ Mardi, tout sera prêt. ❹ J'ai trop de travail. ❺ Qu'est-ce qui vous a le plus plu ?

zweihundertachtundsiebzig • 278

Übung 2 – Ergänzen Sie bitte!

1. Je ne sais pas s'ils ont déjà mangé.
   Ich weiß nicht, ob sie schon ....

2. Ça me tue.
   Das ..... mich ....

3. fermé le samedi et le dimache
   .... und .... geschlossen

4. J'étais partie toute la journée.
   Ich ... den ganzen Tag ....

Siebenundsechzigste Lektion

Schloss Neuschwanstein

1 – Fliegst du über **Weih**nachten [1] nach **Hau**se?
2 – Nein, ich **blei**be in **Deutsch**land.
3 – **Hät**test [2] du Lust, mit mir nach **Ba**yern zu **fah**ren? Ich **ha**be da **ei**nen **Cou**sin, bei dem [3] wir **um**sonst **woh**nen **könn**ten.
4 – Sehr **ger**ne! **Ba**yern steht ganz **o**ben auf **mei**ner „To-do-**Lis**te" [4]. Wie heißt **noch**mal das be**kann**te Schloss von **Lud**wig II. (dem **Zwei**ten) [5]?
5 – Es gibt **meh**rere. **He**rrenchiemsee, **Lin**derhof ...
6 – Nein, ich **mei**ne das Schloss, das auf **ei**nem **Fel**sen steht.
7 – **Neu**schwanstein.
8 – Ja, ge**nau**. Ich **wür**de es sehr **ger**ne be**sich**tigen.
9 – Das **kön**nen wir **ma**chen. Mit etwas Glück schneit es bis da**hin** [6]. Im Schnee ist es noch **mär**chenhafter.

Corrigé de l'exercice 2

❶ – gegessen haben ❷ – macht – fertig ❸ samstags – sonntags ❹ – war – unterwegs ❺ – kommen wird

Deuxième vague : 17ᵉ leçon

Soixante-septième leçon

Le château [de] Neuschwanstein

1 – Tu rentres *(voles)* à la maison pour *(au-dessus-de)* Noël ?
2 – Non, je reste en Allemagne.
3 – Ça te dirait *(aurais-tu envie)* d'aller avec moi en Bavière ? J'ai *(là)* un cousin chez qui nous pourrions loger gratuitement.
4 – Très volontiers ! [La] Bavière arrive en tête *(est-située entièrement en-haut)* dans ma "to do list". Comment [s']appelle le fameux château de Louis II ?
5 – Il y [en] a plusieurs. Herrenchiemsee, Linderhof...
6 – Non, je veux parler du château situé sur un rocher *(qui sur un rocher est-situé)*.
7 – Neuschwanstein.
8 – Oui, exactement. J'aimerais beaucoup *(très volontiers)* le visiter.
9 – Ça peut se faire. *(nous pouvons ça faire)* Avec un peu [de] chance, il neigera d'ici là. Sous la *(dans-la)* neige, c'est encore plus féérique.

Prononciation
chloss **neu**chwa:nchtaïn **1** ... **vaï**nacHtën ... **3** ... **baï**ᵃn ... oum**zo**'nst ... **4** ... **o:**bën ... tou dou: **list**ë ... **lou:t**viçh ... **5** ... **Hè**rën-ki:mzé: **li'nd**ᵉ-Ho:f **6** ... **fèl**zën ... **8** ... bé**ziçh**tiguën **9** ... chnaït ... chné: ... **mé:**ᵃçhën-Haftᵃ

Notes

1 **über** fait partie des prépositions dites "polysémiques" (= servant à exprimer plusieurs rapports). Comme vous le savez déjà, elle peut être employée comme préposition de lieu (il s'agit d'une préposition mixte) et signifie *au-dessus de*. Elle peut également être employée comme préposition de temps avec certains noms, dont les noms désignant les fêtes. Elle se traduit alors par *pour/pendant/à* : **über** Weihnachten / Ostern *[o:stᵉn]* / Pfingsten *[pfiñgstën]*, *à Noël / Pâques / la Pentecôte*. Notez également les emplois suivants : **übers** (contraction de **über das**) Wochenende *[vocHën-èndë]*, *pendant le week-end* ; **über** Nacht, *pendant la nuit* ; **über** lange Jahre, *pendant de longues années*.

2 Le conditionnel présent du verbe **haben** se forme sur le prétérit + Umlaut : ich hätte, du hättest, er/sie/es hätte, wir hätten, ihr hättet, sie/Sie hätten, *j'aurais...* Il en va de même pour le verbe **können** : ich könnte, du könntest, er/sie/es könnte ..., *je pourrais...*

3 Poursuivons avec les propositions relatives et commençons par les pronoms relatifs au datif. Ils correspondent également aux articles définis, sauf au pluriel : **dem** (m.), **der** (f.), **dem** (n.), **denen** (pl.), *à qui*, ex. : Wie heißt die Person, **der** du geschrieben hast?, *Comment s'appelle la personne à qui tu as écrit ?* Comme en français, une proposition relative peut être introduite par une préposition. Le cas du pronom relatif est donc régi par la préposition ; le genre ou le nombre dépend de l'antécédent. Dans la phrase 3 du dialogue, l'antécédent **einen Cousin**, *un cousin*, est un masculin et **bei** régit le datif : ... einen Cousin, **bei dem**

***

 Übung 1 – Übersetzen Sie bitte!

❶ Ich gehe nicht dahin. ❷ Ich bin übers Wochenende nach Wien geflogen. ❸ Anna kennt die Familie, bei der du gewohnt hast. ❹ Was könntest du machen? ❺ Wir bleiben zu Hause.

wir wohnen könnten, *un cousin chez qui nous pourrions habiter*. Voici deux autres exemples :
1) **die Cousine** = antécédent féminin et **mit** + datif : **Kennst du meine Cousine, mit der ich in Berlin war?**, *Tu connais ma cousine avec qui j'étais à Berlin ?* Notez que les termes **Cousin/e** se prononcent presque comme en français ; il suffit d'allonger légèrement la deuxième syllabe ;
2) **die Leute** = antécédent pluriel et **für** + accusatif : **Kennst du die Leute, für die ich arbeite**, *Tu connais les gens pour qui je travaille*.

4 Voici un autre anglicisme meine ***To-do***-Liste, *ma* **to do list** ou *liste de choses à faire*.

5 Pour les titres en allemand, on emploie les nombres ordinaux précédés de l'article défini. Ils se déclinent comme un groupe nominal défini, ex. : **von Ludwig II.** (**dem Zweiten**), *de Louis II* (datif) ; **Ludwig XIV.** (**der Vierzehnte**) **war …** , *Louis XIV était…* (nominatif). N'oubliez pas de mettre un point derrière les nombres ordinaux écrits en chiffres romains ou arabes.

6 **dahin** peut être employé comme adverbe de temps que l'on traduira *là* ; il peut également être un adverbe de lieu traduit par *y* : **Mit etwas Glück schneit es bis dahin**, *Avec un peu de chance, il neigera d'ici là* ; **Das kann bis dahin warten**, *Ça peut attendre jusque là* ; **Wir wollten schon immer mal dahin**, *On a toujours voulu y aller* (L65, ph. 6) ; **Wir gehen alle dahin**, *Nous y allons tous*.

Corrigé de l'exercice 1
❶ Je n'y vais pas. ❷ Je suis parti à Vienne pendant le week-end. ❸ Anna connaît la famille chez qui tu as habité. ❹ Qu'est-ce que tu pourrais faire ? ❺ Nous restons à la maison.

Übung 2 – Ergänzen Sie bitte!

❶ Comment s'appellent les gens chez qui tu étais ?
   Wie heißen die Leute, ... du warst?

❷ Auriez-vous envie d'aller en Bavière ? *(vouvoiement)*
   . . . . Lust, nach Bayern zu fahren?

❸ Vous auriez le temps de m'aider ? *("vous" de tutoiement)*
   . . . . Zeit, mir zu helfen?

❹ la vie de Louis XVI
   das Leben von Ludwig XVI. (. . . . .)

❺ Pourriez-vous m'aider s'il vous plaît ? *(tutoiement)*
   . . . . mir bitte helfen?

***

Ludwig II., Louis II *de Bavière, qui régna de 1864 jusqu'en 1886, est avant tout connu pour ses châteaux extravagants. Il fit d'abord construire* **Neuschwanstein**, *en français la "pierre du nouveau cygne", qui est certainement son château le plus connu. La première pierre fut posée le 5 septembre 1869. Dressé sur un éperon rocheux haut de 200 mètres près de* **Füssen** *dans l'***Allgäu**, *le château semble tout*

Achtundsechzigste Lektion

Der Chef ist schlecht gelaunt [1]

1 – Ich hol' mir kurz 'nen [2] **Ka**ffee. **Möch**t'st auch **ei**nen?

2 – Ja, **bi**tte.
   (...)

3 – Uh! Der Chef ist **heu**te mit dem **lin**ken Bein **auf**gestanden.

4 – Wa**rum**? Was ist pa**ssiert**?

5 – Er hat sich **ü**ber den **neu**en **Mit**arbeiter **auf**geregt [3], dann **ü**ber mich, weil ich uns 'nen **Ka**ffee **ho**len **woll**te.

Corrigé de l'exercice 2

❶ – bei denen – ❷ Hätten Sie – ❸ Hättet ihr – ❹ dem Sechzehnten – ❺ Könntet ihr –

***

droit sorti d'un conte de fées, à l'image de son concepteur. On peut y voir sa fantaisie, son intérêt pour les légendes germaniques, son goût prononcé pour l'art et la musique, en particulier pour Richard Wagner, son idole. Mais le roi ne vécut que très peu de temps dans ce château et ne le vit jamais terminé. Il fit ensuite construire **Linderhof**, *puis* **Herrenchiemsee**, *une réplique du château de Versailles situé au bord du* **Chiemsee** *[ki:mzé:], plus grand lac de Bavière. Cependant, cette attitude extravagante n'était pas au goût de tous et Louis II fut destitué du pouvoir le 11 juin 1886. Deux jours plus tard, on le retrouva mystérieusement noyé avec son médecin psychiatre. Peu de rois ont suscité autant de controverses que Louis II. Pour certains, il était le "roi féérique", pour d'autres le "roi fou". Peut-être était-il les deux à la fois ? Une chose est certaine : ses châteaux enchantent aujourd'hui des millions de visiteurs.*

Deuxième vague : 18ᵉ leçon

Soixante-huitième leçon

Le chef est de mauvaise humeur *(mal luné)*

1 – J'vais vite fait m'chercher *(cherche me court)* un café. [T'en] veux un aussi ? *(souhaiterais aussi un)*
2 – Oui, s'il te plaît.
(...)
3 – Ouh, le chef [s']est levé du pied *(jambe)* gauche aujourd'hui.
4 – Pourquoi ? Qu'[est-ce qui s']est passé ?
5 – Il s'est énervé contre *(il a s'énervé au-dessus-de)* le nouveau collaborateur, puis contre *(au-dessus-de)* moi parce que je voulais [aller] nous chercher un café.

6 – Viel**leicht**, weil **heu**te **Mon**tag ist.
7 – Ja, viel**leicht**.
8 – Ich **ha**be **ei**ne **Freun**din, **de**ren ⁴ Chef **je**den **Mon**tag schlecht ge**launt** ins Büro kommt. Aber ge**nug** ge**re**det. Lass uns **ar**beiten, be**vor** wir noch mehr **Är**ger be**kom**men ⁵.

Prononciation
... gué**laount** 1 ... Ho:l ... nën ... **meuçh**ts't ... **3** ... baïn **aouf**guéchta'ndën **4** ... pa**ssi**:ªt **5** ... **mit**arbaïtª **aouf**guéré:kt ... **8** ... dé:rën ... buro: ... gué**nou:k** gueré:dët ... béfo:ª ... èrgª ...

Notes

1 Notez les tournures suivantes pour traduire *être de bonne/mauvaise humeur* : gut/schlecht gelaunt sein ou gute/schlechte Laune *[laounë]* haben, ex. : **Der Chef** ist schlecht gelaunt / hat schlechte Laune, *Le chef est de mauvaise humeur* ; **Sie** ist immer gut gelaunt / hat immer gute Laune, *Elle est toujours de bonne humeur*. Retenez aussi cette expression idiomatique proche du français (ph. 3) : **Er/Sie ist mit dem linken Bein/Fuß aufgestanden**, litt. "il/elle s'est levé(e) avec la gauche jambe / le gauche pied", *Il/Elle s'est levée du pied gauche*.

2 • Vous connaissez déjà les pronoms réfléchis à l'accusatif (L35, §6). Si la phrase/proposition comporte déjà un COD, on emploie les pronoms réfléchis au datif. Ils sont semblables aux pronoms personnels, sauf aux 3ᵉ personnes du singulier et du pluriel : **ich hole mir / du holst dir / er, sie, es holt sich / wir holen uns / ihr holt euch / sie, Sie holen sich einen Kaffee** (= COD), *je vais me chercher... un café*. **Ich wünsche mir ein neues Auto**, *J'aimerais ("je me souhaite") une nouvelle voiture* ; **Was wünschst du dir zum Geburtstag?**, *Que souhaites-tu ("souhaites tu te") pour ton anniversaire ?* Notez au passage que **wünschen** s'emploie aussi sans pronom réfléchi : **Ich wünsche dir viel Glück**, *Je te souhaite bonne chance*.

• Il est important que vous vous habituiez petit à petit à la langue parlée qui ne correspond pas toujours à la langue écrite. Voici quelques exemples qui vous aideront à mieux comprendre les gens dans la rue. À l'oral, les allemands ont tendance à élider le -e de la terminaison des verbes : **ich hole → hol'**, *je cherche* ; **ich hoffe → hoff'**, *j'espère* ; **möchtest du → möcht'st**, *souhaites-tu*. Dans ce dernier exemple, on élide même

Soixante-huitième leçon / 68

6 – Peut-être parce que c'est lundi.
7 – Oui, peut-être.
8 – J'ai une amie dont [le] chef arrive tous les lundis de mauvaise humeur au bureau. Mais assez parlé. Travaillons avant d'avoir encore plus d'ennuis.

---

le pronom personnel **du** ; et à la place des articles indéfinis **einen** et **einem**, *un*, vous entendrez souvent **'nen** et **'nem** et l'article indéfini **eine**, *une*, devient **'ne**.
• **kurz** signifie ici *vite / vite fait*.

3 Voyons de plus près le verbe **sich (über jdn/etwas) aufregen**, *s'énerver (contre qqn / à cause de qqch.)*. Il s'agit d'un verbe complexe. Il est non seulement pronominal mais il a aussi une particule séparable. Souvenez-vous aussi que les verbes pronominaux allemands forment leur parfait avec l'auxiliaire **haben** : **ich habe mich auf**geregt / **du hast dich auf**geregt …, *je me suis énervé, tu t'es énervé…* Il peut aussi régir un complément prépositionnel accusatif introduit par **über** (litt. "sur") : **Ich habe mich über ihn / seinen Fehler [fé:ᵃ] aufgeregt**, *Je me suis énervé contre lui / à cause de son erreur*. Attention ! Un complément prépositionnel accusatif n'équivaut pas à un COD. C'est pourquoi le pronom réfléchi est à l'acusatif.

4 Cet exemple introduit un pronom relatif au génitif féminin **deren**, *dont (le, la, les)*. Notez également **dessen** *[dèssën]* (m.) ; **dessen** (n.) ; **deren** (pl.), *dont (le, la, les)*. Ces pronoms se placent juste devant le(s) nom(s) (sans article) au(x)quel(s) ils se rapportent. Le genre ou le nombre dépend comme toujours de l'antécédent : **Ich habe einen Freund, dessen** (m.) **Chef jeden Montag schlecht gelaunt ins Büro kommt**, *J'ai un ami dont le chef arrive tous les lundis de mauvaise humeur au bureau* ; **Ich kenne ein Mädchen, dessen** (n.) **Vater Geiger [gaïgᵃ] ist**, *J'ai une amie dont le père est violoniste* ; **Michael und Sabine, deren** (pl.) **Vater Dirigent [dirigènt] ist, haben den ersten Preis [praïss] gewonnen**, *Michaël et Sabine, dont le père est chef d'orchestre, ont remporté le premier prix*.

5 *avoir des ennuis (avec qqn)* se traduit par **(mit jdm) Ärger bekommen**. Vous noterez également que **bekommen**, *recevons*, est un indicatif présent. Le subjonctif tel qu'il est employé en français n'existe pas en allemand.

Übung 1 – Übersetzen Sie bitte!

❶ Mein Vater hat sich ein neues Auto gekauft. ❷ Warum seid ihr immer schlecht gelaunt? ❸ Das ist Herr Schmidt, dessen Frau in der Lotterie gewonnen hat. ❹ Du wirst Ärger bekommen. ❺ Sie hat sich über deine Schwester aufgeregt.

***

Übung 2 – Ergänzen Sie bitte!

❶ Sabine, dont les parents vivent en Allemagne, va t'appeler.
Sabine, ………… in Deutschland wohnen, wird dich anrufen.

❷ Voici Mme Jansen dont le fils a remporté le premier prix.
Das ist Frau Jansen, ……… den ersten Preis gewonnen hat.

❸ J'ai peur que nous ayons des ennuis.
Ich habe Angst, dass wir …… ……… .

❹ Elle s'énerve toujours contre moi.
Sie …. sich immer …. mich auf.

❺ Je me suis acheté une nouvelle voiture.
Ich …… … ein neues Auto gekauft.

Neunundsechzigste Lektion

Schwäbische Maultaschen

1 – Ent**schul**digen Sie, dass ich Sie so spät **stö**re. Ich bin **Pe**ter, der **neu**e **Nach**bar. Ich **ko**mme aus **Ber**lin.

2 – **An**genehm! Ich **hei**ße **Tho**mas. Wie kann ich **Ih**nen **hel**fen ¹?

3 – **Könn**ten Sie mir **bit**te **sa**gen, wo es hier ein **Le**bensmittelgeschäft gibt?

4 – Es gibt eins ² **ne**ben der **Tank**stelle, **a**ber um die **Uhr**zeit hat es schon zu.

Corrigé de l'exercice 1

❶ Mon père s'est acheté une nouvelle voiture. ❷ Pourquoi êtes-vous toujours de mauvaise humeur ? ❸ Voici M. Schmidt dont la femme a gagné à la loterie. ❹ Tu vas avoir des ennuis. ❺ Elle s'est énervée contre ta sœur.

Corrigé de l'exercice 2

❶ – deren Eltern – ❷ – deren Sohn – ❸ – Ärger bekommen ❹ – regt – über – ❺ – habe mir –

Deuxième vague : 19e leçon

Soixante-neuvième leçon

[Les] ravioles *(gueule-sacs)* souabes

1 – Excusez-moi de [vous] déranger si tard. *(excusez vous que je vous si tard dérange)* Je suis Peter, le nouveau voisin. Je viens de Berlin.
2 – Enchanté, je m'appelle Thomas. En quoi puis-je vous aider ?
3 – Pourriez-vous me dire s'il vous plaît où il y a une épicerie *(vie-moyens-magasin)* ici ?
4 – Il y en a une à côté de la station-service *(prendre-de-l'essence-endroit)*, mais elle est *(a)* déjà fermée à cette heure-ci.

69 / Neunundsechzigste Lektion

5 – **A**ber es ist erst ³ zehn vor **sie**ben.
6 – Wir sind hier auf dem Land ⁴.
7 – Hm ... Wo **könn**te ich sonst zu **e**ssen **kau**fen? **Ha**ben Sie **ei**ne Idee?
8 – **Blei**ben Sie doch bei uns zum **A**bendessen.
9 – Ich will nicht **stö**ren.
10 – Sie **stö**ren **kei**neswegs. **Au**ßerdem **ha**ben wir **Maul**taschen **vor**bereitet. Da**zu kön**nen Sie nicht Nein **sa**gen.
11 Das ist **ei**ne Spezial**tät** hier in **Schwa**ben. ☐

Prononciation

chvè:bichë maoul-tachën 1 **è**nt**chou**ldiguën ... **chteu:**rë ... **pé:**tᵃ ... **nacH**ba:ᵃ ... **bèr**li:n 3 ... **lé:**bens-mittël-guéchèft ... 4 ... aïnss ... **tañk**-chtèlle ... 10 ... **kaï**nësvé:kss **aou**ssᵃ**dé:**m ... **fo:**ᵃbéraïtët ... 11 ... **chpétsialit**è:**t** ... **chva:**bën

Notes

1 Rappel : en général, l'accusatif allemand correspond au COD et le datif au COI. Cependant, comme toujours, il y a des exceptions. Voici les principales, avec une nouveauté :
1) verbes allemands + accusatif et verbes français + COI : **etw. brauchen**, *avoir besoin de qqch.* ; **jdn fragen**, *demander à qqn* ; quelques fois **jdn sprechen** au lieu de **mit jdm sprechen** *parler à qqn* ;
2) verbes allemands + datif et verbes français + COD : **jdm danken**, *remercier qqn* ; **jdm gratulieren**, *féliciter qqn* ; **jdm helfen**, *aider qqn* ; **jdm widersprechen** *[widᵃ-chprèchën]* (notez que **wider-** est une particule inséparable), *contredire qqn* ; **jdm zuhören**, *écouter qqn*.

2 **eins** est un pronom indéfini qui remplace un groupe nominal indéfini neutre à l'accusatif. Observez bien les exemples suivants avec la déclinaison complète à l'accusatif : **Gibt es hier einen Fußballplatz** *[fou:ss-bal-plats]* (m.) / **eine Buchhandlung** (f.) *[bou:cH-Ha'ndlouñg]* / **ein Lebensmittelgeschäft** (n.) / **Geschäfte** (pl.)? – **Ja es gibt einen** (m.) / **eine** (f.) / **eins** (n.) / **welche** (pl.), *Y a-t-il un terrain de football / une librairie / épicerie / des magasins ici ? – Oui, il y en a (un/e)*. Notez également la négation : **Kennst du einen Campingplatz** *[Kèmpiñg-plats]* (m.) /

Soixante-neuvième leçon / 69

5 – Mais il [n']est que sept heures moins dix.
6 – Nous sommes à *(sur)* la campagne, ici.
7 – Mmm... Où d'autre *(autrement)* pourrais-je acheter à manger ? Vous avez une idée ?
8 – Restez donc chez nous pour le dîner.
9 – Je ne veux pas déranger.
10 – Vous ne dérangez aucunement. En plus *(en-plus)* nous avons préparé des ravioles. Vous ne pouvez pas refuser ça. *(à-ça pouvez vous pas non dire)*
11 C'est une spécialité ici en Souabe.

---

eine Jugendherberge *[you:guënt-Hèrbèrguë]* (f.) / ein Hotel *[Hotèl]* (n.) / Leute (pl.) in der Gegend? – Nein, ich kenne leider keinen (m.) / keine (f.) / keins (n.) / keine (pl.), *Connais-tu un camping / une auberge de jeunesse / un hôtel / des gens dans la région ? – Non, je n'en connais malheureusement pas.*

3 Les adverbes **nur** et **erst** se traduisent tous les deux par *ne... que* mais attention ! **nur** indique une restriction définitive et a le sens de *seulement* : **Es dauert nur zwei Minuten**, *Ça ne dure que (seulement) deux minutes* (L33, ph. 7) ; **Ich habe nur zehn Euro**, *Je n'ai que (seulement) dix euros*. **erst** indique une restriction par rapport à un point dans le temps dans le sens de *pas plus tard que / pas plus tôt que / pas avant*. Cette restriction peut n'être que provisoire, ex.: **Es ist erst sieben Uhr**, *Il n'est (pas plus tard) que sept heures* ; **Sie kommt erst am Montag**, *Elle ne viendra (pas plus tôt) que lundi* ; **Sie ist erst 5 Jahre alt**, *Elle n'a que cinq ans* (mais elle va grandir). **erst** peut également être employé dans le sens de *d'abord*. Il s'agit de la contraction de **zuerst**, ex.: **Aber (zu)erst muss ich etwas essen**, *Mais d'abord, il faut que je mange quelque chose*.

4 **das Land** (¨er), *le pays*, et **das Land** (sing.), *la campagne*, sont des homonymes. Ce dernier se construit avec la préposition **auf** tandis que **das Land**, *le pays*, se construit avec **in**. **Wollt ihr mit uns aufs** (contraction de **auf das**) **Land fahren?**, *Vous voulez venir avec nous à la campagne ?* ; **Wir wohnen auf dem Land**, *Nous habitons à la campagne* ; **Sie hat in vielen Ländern gelebt**, *Elle a vécu dans plusieurs pays*.

69 / Neunundsechzigste Lektion

▶ Übung 1 – Übersetzen Sie bitte!
❶ Es ist erst ein Uhr. ❷ Ich suche ein Hotel. Ich kenne leider keins. ❸ Sie haben nur eine Woche Ferien. ❹ Hörst du mir zu? ❺ Vielleicht fahre ich aufs Land.

***

Übung 2 – Ergänzen Sie bitte!
❶ Max n'a que 7 ans.
   Max . . . . sieben Jahre alt.

❷ La maison n'a qu'une chambre à coucher.
   Das Haus . . . . . . ein Schlafzimmer.

❸ Il me contredit toujours.
   Er. . . . . immer.

❹ Je cherche un hôtel. Tu en connais un ?
   Ich suche ein Hotel. . . . . . . du . . . . ?

❺ Nous habitons dans un beau pays.
   Wir wohnen . . einem schönen . . . . . .

***

Schwaben, la Souabe, *est une région historique, culturelle et linguistique du sud-ouest de l'Allemagne. Le même mot français désigne également les habitants,* **der Schwabe(n) / die Schwäbin(nen)**, *et le dialecte,* **Schwäbisch**, *que les autres Allemands ont du mal à comprendre à cause de l'accent très particulier. Les Souabes disent eux-mêmes :* **Die Schwaben können alles außer Hochdeutsch [Hoch**doïtch**] *(haut-allemand)* sprechen**, *Les Souabes savent tout faire, sauf parler l'allemand standard. Notez que le terme* **Standarddeutsch**, *traduction littérale du terme français* allemand standard, *est rarement utilisé par les germanophones. Ils lui préfèrent le mot* **Hochdeutsch** *en raison du fait que l'allemand standard est issu des variétés linguistiques parlées dans la moitié sud du pays où se trouvent les régions les plus élevées/montagneuses. Mais revenons au dialecte souabe. Voici quelques-unes des ses particularités linguistiques :* **ist**, est, *se prononce [isch], l'adjectif* **müde**, fatigué, *se prononce [mied] et les diminutifs sont formés à l'aide de la terminaison* **-le** *et non* **-chen**. *Le son* **a'** *quant à lui traduit les articles*

Soixante-neuvième leçon / 69

Corrigé de l'exercice 1
❶ Il n'est qu'une heure. ❷ Je cherche un hôtel. Je n'en connais pas malheureusement. ❸ Ils/Elles n'ont *ou* Vous n'avez qu'une semaine de vacances. ❹ Tu m'écoutes ? ❺ Je vais peut-être aller à la campagne.

***

Corrigé de l'exercice 2
❶ – ist erst – ❷ – hat nur – ❸ – widerspricht mir – ❹ – Kennst – eins
❺ – in – Land

indéfinis **ein(e)**, un(e), *sans faire la différence entre les genres ou les cas. Au fond, c'est pratique !*
a' Mädle = ein Mädchen, une fille ;
a' Gabele = eine kleine Gabel, une petite fourchette ;
das Häussle = das Häuschen [*Hoïss*ç*hën*], la maisonnette ;
a'bissle = ein bisschen, un peu.
Et pour finir, notez que les termes **Ade** [*adé:*], **Adele** [*adé:le*] *pour les intimes, signifient* Au revoir ! / Salut !

Voici une nouvelle série qui se termine. Maintenez vos efforts. Vous êtes sur la bonne voie ! En plus de nouveaux points de grammaire, vous avez également appris certaines particularités du langage parlé et du dialecte souabe. Félicitations ! À partir de maintenant, vous pouvez dire Ich schwäble *(litt. "je souabe")*, Je parle souabe !

Deuxième vague : 20ᵉ leçon

Siebzigste Lektion

Wiederholung – Révision

1 Les pronoms relatifs

Ils introduisent une proposition subordonnée relative. Comme dans toute proposition subordonnée, le verbe conjugué se trouve en dernière position.

Ils s'accordent en genre et en nombre avec leur antécédent et se mettent au cas correspondant à leur fonction dans la proposition subordonnée relative.

Les pronoms relatifs correspondent aux articles définis, excepté au datif pluriel et au génitif singulier et pluriel.

La proposition subordonnée relative peut être introduite par une préposition. C'est elle qui détermine le cas auquel se met le pronom relatif.

	Masculin	Féminin	Neutre	Pluriel
Nominatif	der	die	das	die
Accusatif	den	die	das	die
Datif	dem	der	dem	denen
Génitif	dessen	deren	dessen	deren

Exemples :
Kennst du den Mann, der hier ist?
      (m.)   N
Tu connais le monsieur qui est ici ?

Die Frau, die wir getroffen haben, ist meine Lehrerin,
  (f.)   A
La femme que nous avons rencontrée est ma professeure.

Wer ist das Mädchen, dem du gratuliert hast?,
       (n.)   D
Qui est la fille que tu as félicitée ?

Die Leute, mit denen ich zusammenarbeite, sind nett,
  (pl.)   D
Les gens avec lesquels je travaille sont sympas.

Soixante-dixième leçon

Die Eltern, deren Tochter bei uns wohnt, sind da,
  (pl.)   G
Les parents dont la fille habite chez nous sont là.

2 La phrase déclarative avec un complément accusatif et datif

Lorsque la phrase comporte un complément accusatif et un complément datif, l'ordre des compléments est le suivant :
– GN datif suivi du GN accusatif :
Er gibt seinem Vater das Buch, *Il donne le livre à son père.*
         D   A
– pronom accusatif suivi du pronom datif :
Er gibt es ihm, *Il le lui donne.*
         A D
– pronom suivi du GN indépendamment du cas :
Er gibt ihm das Buch, *Il lui donne le livre.*
         D   A
Er gibt es seinem Vater, *Il le donne à son père.*
         A   D

3 Le superlatif

Le superlatif sert à exprimer le plus haut degré d'une qualité ou d'un défaut.
Dans le cas d'un adjectif attribut ou d'un adjectif employé comme adverbe, il se forme avec **am** + **-sten** à la fin de l'adjectif :
Hier ist es am schönsten, *Ici, c'est le plus beau* ;
Anna läuft am schnellsten, *Anna court le plus vite.*
Les adjectifs se terminant par **d, s, ß, t** ou **z** prennent généralement un **e** phonétique et la plupart des monosyllabes prennent un **Umlaut** sur **a, o** ou **u** :
Im Juli ist es am heißesten, *C'est en juillet qu'il fait le plus chaud* ;
Wann sind die Tage am längsten?,
Quand est-ce que les jours sont les plus longs ?
Dans le cas d'un adjectif épithète, le superlatif se forme avec **-st-** à la fin de l'adjectif + la terminaison de la déclinaison. La règle du **e**

phonétique et la règle du **Umlaut** sont les mêmes que pour l'adjectif attribut / adverbe :
Er hat die teuersten Schuhe gekauft,
Il a acheté les chaussures les plus chères ;
Wie alt ist die älteste Frau der Welt?,
Quel âge a la femme la plus vieille du monde ?

Attention aux irrégularités !
– **groß**, *grand* → **am größten / der größte**, *le plus grand* → **Wer ist am größten von allen?**, *Qui est le plus grand de tous ?* ;
– **gut**, *bien/bon* → **am besten / der beste**, *le mieux/meilleur* → **die 10 besten Restaurants in Wien**, *les 10 meilleurs restaurants à Vienne* ;
– **nah** *[na:]*, *proche* → **am nächsten / der nächste** *[nèks:të/nèks:tën]*, *le plus proche* → **Wo ist die nächste Tankstelle?**, *Où est la pompe à essence la plus proche ?* ;
– **viel**, *beaucoup* → **am meisten / die meisten** (pl.), *le plus* → **Wer von uns isst am meisten?**, *Qui de nous mange le plus ?*

4 gern – lieber – am liebsten

L'adverbe **gern** permet d'indiquer que l'on aime bien (faire) qqch. Il se place derrière le groupe sujet/verbe conjugué ou auxiliaire pour un temps composé :
Was trinkst du gern zum Frühstück?,
Qu'est-ce que tu aimes boire au petit-déjeuner ?
Ich koche gern. Und du?, *J'aime cuisiner. Et toi ?*
Warum liest du nicht gern?, *Pourquoi n'aimes-tu pas lire ?*

Pour indiquer que l'on préfère (faire) une chose plutôt qu'une autre, on emploie le comparatif de supériorité **lieber** et pour indiquer la préférence absolue par rapport à trois possibilités ou plus, on emploie le superlatif **am liebsten**. **lieber** occupe la même place que **gern** dans la phrase ; **am liebsten** peut soit occuper la même place que **gern**, soit être en tête de phrase :
Ich trinke lieber Bier als Wein, *Je préfère boire de la bière que du vin.*
Was isst du am liebsten? Ein Wienerschnitzel, einen Hamburger oder Maultaschen?, *Qu'est-ce que tu préfères manger ? Une escalope viennoise, un burger ou des ravioles ?*

Ich esse am liebsten Maultaschen / **Am liebsten esse** ich Maultaschen, *Je préfère manger des ravioles.*

Notez aussi l'emploi de ces adverbes avec la tournure conditionnelle **ich würde, du würdest** ... + verbe à l'infinitif équivalent à *I would*, *you would*... en anglais + verbe à l'infinitif en anglais. Leur place au sein de la phrase est la même qu'indiquée dans le paragraphe précédent :
Ich würde gern in Berlin wohnen, *J'habiterais volontiers à Berlin.*
Ich würde lieber in München wohnen (als in Berlin),
Je préférerais vivre à Munich (qu'à Berlin).
Ich würde am liebsten / Am liebsten würde ich an einem See wohnen, *Je préférerais vivre au bord d'un lac* (que n'importe où ailleurs) / *Si je pouvais, je vivrais au bord d'un lac.*

5 La répétition

Pour indiquer qu'une action se répète à un/des moment(s) précis de la journée ou un/des jour(s) précis de la semaine, il suffit d'ajouter un **-s** final au(x) nom(s) indiquant le(s) moment(s) ou le(s) jour(s) en question et mettre une minuscule.
Exemples :
Ich gehe lieber morgens laufen, *Je préfère aller courir le matin.*
Ich gehe montags, mittwochs und freitags schwimmen,
Je vais nager les lundis, mercredis et vendredis.

6 Les pronoms réfléchis datif

	sich ein Auto kaufen *s'acheter une voiture*
ich	kaufe mir ein Auto
du	kaufst dir ein Auto
er, sie, es	kauft sich ein Auto
wir	kaufen uns ein Auto
ihr	kauft euch ein Auto
sie	kaufen sich ein Auto
Sie	kaufen sich ein Auto

Un verbe pronominal se construit avec un pronom réfléchi datif si la phrase comporte déjà un complément accusatif :
Ich hole mir einen Kaffee, *Je vais me chercher un café.*
Was wünschst du dir zum Geburtstag?, *Que souhaites-tu pour ton anniversaire ?* (litt. "que souhaites tu te")
Attention ! Si la phrase comporte un groupe prépositionnel, le verbe pronominal se conjugue avec les pronoms réfléchis accusatif. Un groupe prépositionnel n'équivaut pas à un complément accusatif !
Ich habe mich über meinen Chef aufgeregt,
Je me suis énervé à cause de mon chef.

7 Les adverbes *nur* et *erst*

Ils se traduisent tous les deux par *ne... que* mais attention !
– **nur** indique une restriction définitive et a le sens de *seulement* :
Die Wohnung hat nur zwei Schlafzimmer,
L'appartement n'a que deux chambres à coucher.
Ich habe nur eine Übung gemacht und das ist genug,
Je n'ai fait qu'un exercice et c'est assez.

– **erst** indique une restriction par rapport à un point dans le temps dans le sens de *pas plus tard que / pas plus tôt que / pas avant*. Cette restriction peut être provisoire :
Ich habe erst eine Übung gemacht, aber ich mache jetzt noch zwei Übungen, *Je n'ai fait qu'un exercice mais maintenant, je vais encore en faire deux autres.*
Ich bin erst um 10 Uhr aufgestanden, *Je ne me suis pas levé avant 10 heures.*

8 Les pronoms indéfinis *einen, eine, eins, welche*

einen (m.) / **eine** (f.) / **eins** (n.) et **welche** (pl.) sont des pronoms indéfinis accusatif. Ils remplacent un groupe nominal indéfini à l'accusatif et se traduisent par *en (... un/une)*. À la forme négative, on emploie **keinen** (m.) / **keine** (f.) / **keins** (n.) et **keine** (pl.). Ces pronoms se déclinent à tous les cas mais voyons d'abord leur emploi à l'accusatif. Exemples :
Neutre : **Hast du ein Auto? – Ja, ich habe eins**, *As-tu une voiture ? – Oui, j'en ai une.*

Masculin : **Kennst du einen guten Deutschlehrer? – Nein, ich kenne leider keinen**, *Connais-tu un bon professeur d'allemand ? – Non, je n'en connais pas malheureusement.*
Pluriel : **Ich brauche schwarze Strümpfe. Hast du welche?**, *J'ai besoin de chaussettes noires. Tu en as ?*

Wiederholungsdialog

 1 – Ich gehe mir etwas zu essen kaufen.
 2 – Jetzt schon?! Es ist erst zwanzig vor zwölf.
 3 – Ich habe einen Bärenhunger. Ich habe heute Morgen nur einen Kaffee getrunken.
 4 – Wo gibt es hier ein Lebensmittelgeschäft? Ich würde auch gern etwas essen.
 5 – Neben der Firma gibt es ein kleines Restaurant, das mittags Hamburger verkauft.
 6 – Ich komme mit dir.
 7 – Gerne … Erzähl mal! Wie gefällt dir das Leben hier auf dem Land?
 8 – Es ist nicht immer einfach, aber es gefällt mir und ich arbeite gern mit euch zusammen.
 9 Mein größtes Problem ist die Sprache.
 10 – Oh, ich verstehe. Wir Schwaben sagen: „Wir können alles. Außer Hochdeutsch".

Traduction

1 Je vais m'acheter quelque chose à manger. **2** Maintenant déjà ?! Il n'est que midi moins vingt. **3** J'ai une faim de loup. Je n'ai bu qu'un café ce matin. **4** Où y a-t-il une épicerie ici ? [Moi] aussi, je mangerais volontiers quelque chose. **5** À côté de la société, il y a un petit restaurant qui vend des burgers le midi. **6** Je viens avec toi. **7** Volontiers... Alors, raconte ! *(raconte fois)* Tu aimes bien *(comment plaît à toi)* la vie à la campagne ? **8** Ce n'est pas toujours facile mais ça me plaît et j'aime bien travailler avec vous *(je travaille volontiers avec vous ensemble)*. **9** Mon plus grand problème, c'est la langue. **10** Oh, je comprends. Nous [les] Souabes, [nous] disons : "Nous savons tout [faire]. Sauf [parler] le haut allemand."

Übersetzen Sie bitte!

① Wer von euch rennt am schnellsten? ② Ich habe am meisten gegessen. ③ Er hat sich etwas zu essen gekauft. ④ Ein Restaurant? Ich glaube, es gibt eins neben dem Lebensmittelgeschäft. ⑤ Wie verbringen Sie am liebsten das Wochenende?

Einundsiebzigste Lektion

Das Tagesgericht

1 – Hier hast du die Übersetzung.
2 – Danke! Hast du auch daran gedacht [1] die E-Mail zu schreiben?
3 – Das mache ich heute Nachmittag. Ich muss erstmal was essen. Kommst du mit?
4 – Jetzt? Unmöglich!
5 – Du weißt ja, dass man ab 12.30 [2] Uhr nur schwer [3] einen Tisch bekommt. Wenn du willst, halte ich dir einen Platz frei. [4]
6 – Nein, danke.
7 – Mit leerem Magen ist nicht gut arbeiten.
8 – Ich weiß, es handelt sich aber um einen wichtigen Auftrag [5].
9 – Schade! ... Also, tschüss! Ich erzähle dir dann, wie der Sauerbraten geschmeckt hat.
10 – Heute gibt's Sauerbraten?! Sag das doch gleich! □

Prononciation
... *ta:güess-guériçht* 1 ... *u:bᵃzètsouñg* 2 ... *guédacHt* ... *chraïbën* 7 ... *lé:rëm ma:guën* ... 8 ... *Ha'ndëlt* ... *viçHtiguën aouftra:k* 9 ... *zaouᵃ-bra:tën* ...

Corrigé

❶ Qui de vous court le plus vite ? ❷ J'ai mangé le plus. ❸ Il s'est acheté quelque chose à manger. ❹ Un restaurant ? Je crois qu'il y en a un à côté de l'épicerie. ❺ Comment préférez-vous passer le week-end ?

Deuxième vague : 21ᵉ leçon

Soixante et onzième leçon

Le plat du jour

1 – Voici la traduction.
2 – Merci. As-tu aussi pensé à écrire l'e-mail ?
3 – Je le ferai cet après-midi. Il faut d'abord que je mange quelque chose. Tu viens avec [moi] ?
4 – Maintenant ? Impossible !
5 – Tu sais bien qu'à partir de 12 h 30 heures il est difficile d'avoir une table. *(que on à-partir-de 12.30 heures seulement difficilement une table reçoit)* Si tu veux, je te garde une place. *(tiens je à-toi une place libre)*
6 – Non, merci.
7 – Ce n'est pas bon de travailler le ventre vide. *(avec vide estomac est pas bon travailler)*
8 – Je sais mais il s'agit d'un gros *(important)* contrat.
9 – Dommage !... Bon ben, salut ! Je te raconterai quel goût avait le rôti de bœuf mariné.
10 – Il y a du rôti de bœuf mariné aujourd'hui ?! Il fallait le dire plus tôt ! *(dis ça donc tout-de-suite)*

Notes

1 • Les pronoms adverbiaux construits avec **da** + préposition ou **da** + **r** devant une préposition commençant par une voyelle portent sur une chose / un concept / une action mais pas sur un être vivant. Ils permettent :

71 / Einundsiebzigste Lektion

- d'éviter la répétition d'un complément prépositionnel : **fahren mit** (+ dat.), *rouler* ou *aller en/avec*, ici *se servir de* → **Das ist mein neues Fahrrad** *[fa:rat]*. – **Super, fährst du auch damit** (= **mit deinem neuen Fahrrad**) **zur Arbeit?**, *C'est mon nouveau vélo. – Super, tu t'en sers aussi pour aller au travail ?* ("roules tu aussi ça-avec au travail") ;
- d'annoncer ou de reprendre une proposition : **nachdenken über** (+ acc.), *réfléchir à* → **Wir könnten nach Bayern fahren. – Ich muss darüber nachdenken**, *Nous pourrions aller en Bavière – Il faut que j'y réfléchisse.*

Selon le contexte, ces pronoms adverbiaux se traduisent par *y* ou *en* ou ne se traduisent pas (ph. 2). *N.B.* Pour un être vivant, on emploie la préposition + le pronom personnel décliné : **denken an** (+ acc.), *penser à* → **Ich denke an die Kinder. – Ich denke auch an sie**, *Je pense aux enfants. – Je pense aussi à eux.*

- Souvenez-vous que **denken** a une conjugaison particulière au passé (*cf.* L58, N2) : **ich dachte**, *je pensais* ; **er hat gedacht**, *il a pensé.* Cette conjugaison vaut aussi pour les verbes à particule construits avec **denken** comme **nachdenken** : **wir dachten nach**, *nous réfléchissions.*

2 La préposition **ab**, *à partir de / de* s'emploie aussi bien comme préposition de temps que comme préposition de lieu et régit un datif, ex. : **Ab dem ersten Januar können Sie mich unter folgender *[folguënd^e]***

***

▶ Übung 1 – Übersetzen Sie bitte!

❶ **Ich habe viel darüber nachgedacht.** ❷ **Hast du was gefunden?** ❸ **Ich warte darauf, dass er mich anruft.** ❹ **Wenn ich kann, dann komme ich mit.** ❺ **Ab wie viel Uhr kann ich dich anrufen?**

***

Übung 2 – Ergänzen Sie bitte!

❶ Si j'ai le temps, je lui écrirai.
   Hat er ...., ihn anzurufen?

❷ Si j'ai le temps, je lui écrirai.
   Wenn ich Zeit habe, ... ihm.

❸ N'y pense plus et bois quelque chose. *(langage parlé)*
   Denk nicht mehr daran und ....

❹ Le train part de Munich.
   Der Zug .... München.

Nummer erreichen *[èrraïçhën]*, *À partir du 1ᵉʳ janvier, vous pourrez me joindre au numéro suivant* ; **Der Zug fährt ab Hamburg**, *Le train part de Hambourg*. N.B. Si le complément de temps ne comporte pas d'article, **ab** peut aussi bien régir un accusatif, qu'un datif : **ab nächste/nächster Woche** ; **ab 18 Jahre/Jahren**.

3 Vous connaissez déjà l'adjectif **schwer**, *lourd*. Employé comme adverbe, **schwer** se traduit par *difficilement*.

4 La conjonction de subordination **wenn**, *si*, permet d'exprimer l'hypothèse. Si la condition est réalisable dans le présent, l'allemand utilise le présent de l'indicatif dans les deux propositions. Comme en français, la proposition subordonnée introduite par **wenn** peut être en tête de phrase. Dans ce cas, n'oubliez pas que le verbe conjugué de la proposition principale passe devant le sujet : **Ich halte dir einen Platz frei, wenn du willst / Wenn du willst, halte ich dir einen Platz frei**, *Je te garde une place si tu veux / Si tu veux...* Souvenez-vous que la proposition principale peut être introduite par **dann**, *alors*, lorsqu'elle est placée derrière la proposition subordonnée : **Wenn ich Zeit habe, (dann) helfe ich dir**, *Si j'ai le temps, je t'aiderai* (*cf.* L50, N7).

5 Notez cette tournure : **es handelt sich um** + acc., *il s'agit de*.

***

Corrigé de l'exercice 1
❶ J'y ai beaucoup réfléchi. ❷ Tu as trouvé quelque chose ? ❸ J'attends qu'il m'appelle. ❹ Si je peux, je viendrai avec vous/toi. ❺ À partir de quelle heure puis-je t'appeler ?

***

❺ À partir du mois prochain, je travaillerai à Berlin. *(tournure dative – 2 possibilités)*

.... Monat arbeite ich in Berlin.

Corrigé de l'exercice 2
❶ – daran gedacht – ❷ – schreibe ich – ❸ – trink was ❹ – fährt ab – ❺ Ab nächstem (*ou* Ab nächsten) –

Deuxième vague : 22ᵉ leçon

Zweiundsiebzigste Lektion

Der Glückstag

1 – Sechs Uhr früh. Der **We**cker [1] **klin**gelt [2] und ich bin soooo **mü**de. **Ers**ter Ge**dan**ke: Ich bin kein **Früh**aufsteher [3].
2 Zehn nach sechs. Der **We**cker **klin**gelt **wie**der [4]. **Zwei**ter Ge**dan**ke: **Ar**beit und Kar**rie**re – das ist nichts für mich.
3 Der **We**cker **klin**gelt ein **drit**tes Mal, ich **blei**be aber im Bett **lie**gen [5] und **träu**me.
4 Wenn ich reich **wä**re, **wür**de ich **ei**nen **an**deren Job **ma**chen. [6] Ich **wür**de nur **halb**tags **ar**beiten, **nach**mittags.
5 So **könn**te ich **je**den **Mor**gen **aus**schlafen [7]. Ich **hät**te auch mehr Zeit für **mei**ne **Ho**bbys.
6 Ich ... Es **klin**gelt schon **wie**der. **Die**ses Mal ist es mein **Han**dy, ge**nau**er ge**sagt**, mein Chef.
7 **Sei**ne **Sti**mme klingt nicht sehr **freund**lich. „Es ist spät und **alle war**ten auf Sie" sagt er und legt **wie**der auf [8].
8 Ich **ste**he auf, **zie**he mich an [9] und **ma**che mich auf den Weg.
9 **Lie**be **Le**ser, **glau**ben Sie bloß nicht [10], dass ich zur **Ar**beit **ge**he.
10 Nein, ich **ge**he mir **ei**nen Lotte**rie**schein **kau**fen. **Heu**te ist mein **Glücks**tag. Ich **spü**re es. ☐

Prononciation
*1 ... **vèk**[a] ... **kliñ**güelt ... **fru:**aoufsté:[a] 2 ... kar**ié:**rë ... 3 ... **troï**më 4 ... **halp**ta:kss ... 5 ... **aous**schla:fën ... **Ho**biss 7 ... **chti**më ... 8 ... **tsi:**ë ... 9 ... **lé:**z[a] ... blo:ss ... 10 ... loter**i:**-**chaïn** ... **chpu:**rë ...*

303 • dreihundertdrei

Soixante-douzième leçon

Le jour de chance

1 – Six heures du matin *(tôt)*. Le réveil sonne et je suis siiii fatigué. Première pensée : je [ne] suis pas un lève-tôt.
2 6 h 10. Le réveil sonne de nouveau. Deuxième pensée : travail et carrière – ce n'est pas fait pour moi *(ce est rien pour moi)*.
3 Le réveil sonne une troisième fois mais [moi] je reste au lit *(coucher)* et [je] rêve.
4 Si j'étais riche, je ferais un autre job. Je [ne] travaillerais qu'[à] mi-temps *(mi-journée)*, l'après-midi.
5 Comme ça, je pourrais faire la grasse-matinée tous les jours *(chaque matin)*. J'aurais aussi plus de temps pour mes loisirs.
6 Je… Ça sonne encore une fois *(déjà encore)*. Cette fois-ci, c'est mon portable, plus exactement *(plus-exactement dit)* mon chef.
7 Sa voix [n']est *(sonne)* pas très aimable. "Il est tard et tout le monde vous attend" dit-il et raccroche.
8 Je me lève, m'habille et me mets en *(sur le)* chemin.
9 Chers lecteurs, n'allez surtout pas croire *(croyez vous surtout pas)* que je vais au travail.
10 Non, je vais m'acheter un billet de loterie. Aujourd'hui, c'est mon jour de chance. Je le sens.

Notes

1 Les mots se terminant par **-er** sont généralement masculins et ne prennent pas de marque du pluriel : **der/die** Wecker, *le/s réveil/s* ; **der/die** Frühaufsteher, *le/s lève-tôt* (ph. 1). Cependant, **die** Mutter, **die** Schwester und **die** Tochter, *la mère, la sœur et la fille* sont des noms féminins car ils se réfèrent à des êtres de sexe féminin.

2 Ne confondez pas **klingeln** (**klingelte** – **geklingelt** au passé) avec **klingen** (**klang** – **geklungen** au passé). Pour une sonnerie de réveil / de téléphone (ph. 6) ou l'action de sonner à la porte, on emploie **klingeln** : **Es klingelt (an der Tür)**, *On sonne* ("ça sonne") *(à la porte)*. Pour parler du son, par exemple de la voix (ph. 7), on emploie le verbe **klingen**, ex. : **Deine Stimme klingt komisch**, *Ta voix sonne bizarre*.

3 Le contraire de **der Frühaufsteher** (pl. **die Frühaufsteher**), *le lève-tôt*, est **der Spätaufsteher** (pl. **die Spätaufsteher**), *le/s lève-tard*. C'est logique, non ?

4 L'adverbe **wieder** indique la répétition. Il se traduit par *encore / de nouveau* ou le préfixe *re-/ré-* : **Ich will es wieder versuchen**, *Je veux réessayer*. L'adverbe **schon wieder** marque en plus de la répétition une certaine irritation due à celle-ci. Il se traduit par *encore (une fois)* ou d'autres tournures marquant un certain agacement.

5 Notez bien la construction **bleiben** + verbe de position à l'infinitif. Attention ! En français, on emploie le participe passé du verbe de position : **Bleiben Sie sitzen!**, *Restez assis !*

6 Si la condition n'est pas réalisée dans le présent, l'allemand utilise le conditionnel présent dit **Konjunktiv II** *[ko'nyouñkt:f tsvaï]* (litt. "subjonctif II") dans les deux propositions : **Wenn ich Zeit hätte, (dann) würde ich einen Kuchen backen** ("si je temps aurais, ferais je un gâteau"), *Si j'avais le temps, je ferais un gâteau*. Jusqu'ici, vous connaissez le conditionnel formé avec **würden** + infinitif du verbe L64, N7. Pour les verbes/auxiliaires **sein**, **haben** et **werden**, les verbes de modalité et **wissen** ainsi que quelques verbes irréguliers, le **Konjunktiv II** se forme sur le radical du prétérit du verbe + inflexion (sauf pour **wollen** et **sollen**) + terminaisons **-e, -est, -e, -en, -et, -en**, ex. : **ich hätte**, *j'aurais* ; **du könntest**, *tu pourrais* ; **sie käme**, *elle viendrait*. Attention ! Généralement, **sein** perd son **-e-** aux 2ᵉ personnes du singulier et du pluriel : **du wärst / ihr wärt**, *tu serais / vous seriez*.

***

 Übung 1 – Übersetzen Sie bitte!

❶ **Was müsste sie machen?** ❷ **Es klingelt.** ❸ **Ich würde eine andere Arbeit suchen.** ❹ **Für diese Arbeit bräuchten wir etwas mehr Zeit.** ❺ **Würden Sie mitkommen?**

Soixante-douzième leçon / 72

7 Profitons de cette leçon pour étudier différentes (pas toutes !) significations de certaines particules séparables. Commençons par **aus-** qui exprime l'idée :
a) d'aller au bout, de clore quelque chose → **aus**schlafen, *faire la grasse matinée* (= aller "à la fin du sommeil nécessaire") ; **sein Glas aus**trinken, *finir/vider son verre* ;
b) de sortir → **aus**gehen, *sortir (le soir au restaurant, en discothèque…)* ; **aus dem Zug, Bus aus**steigen, *descendre du train, du bus* ;
c) d'éteindre → **das Licht aus**schalten ou **aus**machen, *éteindre la lumière*.

8 **auf-** exprime l'idée :
a) d'aller au bout, de clore quelque chose également → **auf**legen, *raccrocher* ; **auf**essen, *finir son assiette* ;
b) d'un mouvement vers le haut → **auf**stehen, *se lever* ;
c) d'ouvrir → **auf**machen, *ouvrir*.

9 **an-** est une particule très complexe et mieux vaut mémoriser les verbes sans plus d'explication (du moins pour l'instant). Notez toutefois que **an-** exprime aussi l'idée d'allumer → **das Licht an**schalten ou **an**machen, *allumer la lumière*. Notez au passage que **anziehen** peut, comme en français, s'employer sans le pronom réfléchi : **Die Mutter zieht ihr Kind an**, *La mère habille son enfant*.

10 L'adverbe **bloß** équivaut à *donc* dans une phrase affirmative et à *surtout pas* (ph. 9) dans une phrase négative : **Was machst du bloß hier?**, *Que fais-tu donc ici ?*

Corrigé de l'exercice 1

❶ Que devrait-elle faire ? ❷ On sonne. ❸ Je chercherais un autre travail. ❹ Pour ce travail, nous aurions besoin d'un peu plus de temps. ❺ Vous viendriez avec nous/moi ?

Übung 2 – Ergänzen Sie bitte!

❶ On a sonné.
   Es ....

❷ Si je pouvais, je resterais ici.
   Wenn ich könnte, ... hier bleiben.

❸ Peux-tu éteindre ton portable, s'il te plaît ?
   Kannst du bitte dein ..../ .... ?

❹ Reste assis et ne me contredis pas !
   .... und widersprich mir nicht!

Dreiundsiebzigste Lektion

Wie viele Wörter brauchen Sie, um Deutsch zu sprechen?

1 – Im **Du**den -
2   für **die**jenigen, die [1] es nicht **wi**ssen, der **Du**den ist ein **Recht**schreibwörterbuch [2] der **deu**tschen **Spra**che -
3   **ste**hen um die 145 000 **Stich**wörter.
4   Nur **kei**ne **Pa**nik!
5   Das heißt jetzt nicht, dass sie all **die**se **Wör**ter [3] **ler**nen **mü**ssen.
6   **Meh**rere **Sprach**wissenschaftler **ka**men [4] **näm**lich zu **fol**gendem Schluss: Für **All**tagsgespräche **rei**chen 400 bis 800 **Wör**ter aus.
7   Mit 2 500 **Wör**tern **kö**nnen Sie fast **al**les **aus**drücken, was [5] Sie **möch**ten, auch wenn ein **Mut**tersprachler [6] **man**che **Sät**ze [7] **an**ders formu**lie**ren **wür**de.

5 Demain, je ferai *(fais)* la grasse matinée.
Morgen ……. ich ….

Corrigé de l'exercice 2
❶ – hat geklingelt ❷ – würde ich – ❸ – Handy ausschalten/ausmachen
❹ Bleib sitzen – ❺ – schlafe – aus

Deuxième vague : 23ᵉ leçon

Soixante-treizième leçon

Combien de mots vous faut-il pour parler allemand ?

1 – *(dans)* Le *Duden* –
2 pour ceux qui ne le savent pas, le *Duden* est un dictionnaire orthographique *(orthographier-mots-livre)* de la langue allemande –
3 contient *(sont posées)* environ 145 000 entrées.
4 Pas de *(seulement pas de)* panique !
5 Ça ne veut pas dire qu'il faut que vous appreniez tous ces mots.
6 En effet, plusieurs linguistes *(langue-scientifiques)* sont parvenus *(vinrent)* à la conclusion suivante : pour les conversations courantes *(quotidien-conversations)*, il suffit de [connaître] *(suffisent)* 400 à 800 mots.
7 Avec 2 500 mots, vous êtes en mesure d'exprimer presque tout ce que vous voulez, même si un locuteur natif formulerait certaines phrases différemment.

73 / Dreiundsiebzigste Lektion

8 Das ist nicht schlimm. **Haupt**sache [8], Sie **kön**nen sich ver**ständ**lich **ma**chen.
9 Viel**leicht möch**ten Sie auch **wis**sen, wie **vie**le **Wör**ter Sie **brau**chen, um **deu**tsche **Bü**cher im Ori**gi**nal zu **le**sen?
10 Für **an**gesehene Au**to**ren unge**fähr** 20 000, für **Goe**the **al**lerdings **et**was mehr. Er be**nutz**te 100 000 **Wör**ter…

 Prononciation
*1 … dou:dën … 2 … di:yé:niguën … **rècht**chraïp-veurt^e-bou:ch … 3 … **chtich**veurt^e 4 … **pa**:nik 6 … **chpra:cH**-vissënchaftl^e chlouss … **all**ta:ks-guéchprè:chë raïchën … 7 … **aouss**drukën … **mout**^echpra:chl^e … **zèt**së … formou**li:**rën … 8 … chli:m **Haupt**zachë … fèr**chtënd**lich … 9 … origui**na:l** … 10 … a'**n**guézé:ënë aou**to:**rën … **geu:**të al^edïngss …*

Notes

1 derjenige (m.), *celui* ; diejenige (f.), *celle* ; dasjenige (n.), diejenigen (pl.), *ceux*, sont des pronoms démonstratifs utilisés exclusivement comme antécédent d'un pronom relatif. **der-, die-, das-, die-** se déclinent comme des articles définis, **-jenige** comme un adjectif épithète, ex. : N m. → **Derjenige**, der die meisten Karten *[kartën]* hat, hat verloren, *Celui qui a le plus de cartes a perdu*. Par ailleurs, ils sont souvent remplacés par les autres pronoms démonstratifs **der/die/das/die**, ex. : N m. → **Der**, der die meisten Karten *[kartën]* hat, hat verloren, *Celui qui a le plus de cartes a perdu* ; A pl. → Für **diejenigen/die**, die es noch nicht wussten, *Pour ceux qui ne le savaient pas encore*.

2 Avez-vous compté le nombre de lettres que comporte le mot **Rechtschreibwörterbuch**, *dictionnaire orthographique* ? Vingt-deux, et vingt-quatre au pluriel, **Rechtschreibwörterbücher** ! Il s'agit d'un mot composé du verbe **rechtschreiben**, *orthographier*, et du nom **das Wörterbuch**, *dictionnaire*, qui est lui-même composé de deux mots : **die Wörter**, *les mots* + **das Buch**, *le livre*.

3 Suivi d'un déterminant au singulier, le pronom indéfini **all** est invariable : **mit all dem Geld** *[guèlt]*, *avec tout cet argent*. Suivi d'un déter-

Soixante-treizième leçon / 73

8 Ce n'est pas grave. [Le] principal *(principal-chose)*, [c'est que] vous arriviez à vous faire comprendre *(vous pouvez compréhensible faire)*.
9 Peut-être aimeriez-vous aussi savoir combien de mots il vous faut pour lire des livres allemands en [version] originale *(dans-l'original)* ?
10 Pour [des] auteurs renommés environ 20 000, pour Goethe cependant, un peu plus. Il employait 100 000 mots…

minant au pluriel, **all** peut se décliner ou non : **all/alle diese Wörter**, *tous ces mots*.

4 Le verbe **kommen** est irrégulier au passé. Prétérit : **ich kam, du kamst, er kam, wir kamen, ihr kamt, sie/Sie kamen** ; participe passé : **gekommen**.

5 Dans cet exemple, **was** a la fonction de pronom relatif. On l'emploie après les indéfinis **alles**, *tout* ; **nichts**, *rien* ; **vieles**, *beaucoup de choses* ; **etwas**, *quelque chose*, le démonstratif **das** et un superlatif. Il peut être sujet ou COD comme dans le dialogue, ex. : sujet = N → **Du bist für mich alles, was in meinem Leben zählt**, *Tu es pour moi tout ce qui compte dans ma vie*. On l'emploie également lorsqu'il se réfère à la proposition principale : **Er spricht gut Deutsch, was ein großer Vorteil ist**, *Il parle bien allemand ce qui est un gros avantage*.

6 Les noms se terminant par **-ler** sont généralement masculins et ne prennent pas de marque du pluriel : **der Muttersprachler / die Muttersprachler (-)**, *le locuteur natif / les locuteurs natifs*.

7 L'indéfini **manche**, *certain(e)s*, s'emploie aussi bien comme déterminant indéfini (ph. 7) que comme pronom : **Manche wollten nicht bleiben**, *Certains ne voulaient pas rester*. Ils se déclinent comme l'article **die** pluriel.

8 **die Hauptsache** signifie *le principal / le plus important*. Employé sans article et suivi d'une proposition, il se traduit par *le principal / le plus important, c'est que…* : **Hauptsache, du bleibst!**, *Le principal / Le plus important, c'est que tu restes !* Le préfixe **Haupt-** quant à lui indique qu'il s'agit de la chose/personne principale. Il vient se greffer au nom : **der Bahnhof**, *la gare* → **der Hauptbahnhof**, *la gare principale*.

dreihundertzehn • 310

Übung 1 – Übersetzen Sie bitte!

❶ Hauptsache, es geht ihm besser. ❷ Hast du alles, was du brauchst? ❸ Derjenige, der zuerst antwortet, hat gewonnen. ❹ Das ist alles, was ich weiß. ❺ Er kam oft zu spät.

***

Übung 2 – Ergänzen Sie bitte!

❶ la faute, les fautes
   der Fehler, ………

❷ Le principal, c'est que vous soyez bien arrivés.
   …………, … seid gut angekommen.

❸ Malheureusement, il n'y a rien que je puisse faire.
   Leider gibt es ……, … ich tun könnte.

❹ Merci pour tout le travail.
   Danke für …… Arbeit.

❺ Celle qui a trouvé la réponse a gagné. *(indiquer les deux formes possibles de "celle")*
   ……… / …, die die Antwort gefunden hat, hat gewonnen.

***

La première édition du **Duden** *a été publiée le 7 juillet 1880 par Konrad Duden sous le nom de* **Urduden**, *Duden originel. À cette époque, il n'existait pas de règles d'orthographe allemande. Chacun écrivait comme il voulait, ce qui créait certains problèmes de compréhension. Après la seconde guerre mondiale, la maison d'édition sortit deux versions. L'une pour l'Allemagne de l'Ouest et l'autre pour l'Allemagne de l'Est. L'orthographe était la même de part et d'autre de la frontière. Il y avait en revanche des divergences au niveau du vocabulaire. Entre temps, le* **Duden** *était devenu l'ouvrage de référence pour l'orthographe de la langue allemande mais cer-*

Corrigé de l'exercice 1

❶ Le principal, c'est qu'il aille mieux. ❷ Tu as tout ce dont tu as besoin ? ❸ Celui qui répond le premier a gagné. ❹ C'est tout ce que je sais. ❺ Il arrivait souvent en retard *(trop tard)*.

***

Corrigé de l'exercice 2

❶ – die Fehler ❷ Hauptsache, ihr – ❸ – nichts, was – ❹ – all die – ❺ Diejenige/Die –

***

tains éditeurs de l'Ouest commencèrent à attaquer son monopole et publièrent des ouvrages avec des orthographes alternatives. Ceci poussa, en 1955, les ministres de la Culture à faire du **Duden** la référence obligatoire en cas de différences orthographiques, référence qu'il perdit avec la réforme de l'orthographe en 1996. Aujourd'hui, si vous feuilletez cet ouvrage, vous pourrez tomber sur des mots présentant plusieurs orthographes. La version conseillée par le **Duden** est indiquée en premier et surlignée en jaune.

Deuxième vague : 24ᵉ leçon

Vierundsiebzigste Lektion

Hightech

1 – **Gu**ten Tag! Wie kann ich **Ih**nen **hel**fen?
2 – Ich **su**che ein **Ge**schenk für **mei**ne Frau, **ei**ne Uhr [1].
3 – Zu **wel**chem **An**lass, wenn ich **fra**gen darf?
4 – Wir **fei**ern **un**sere **Sil**berhochzeit [2].
5 – **Gra**tu**lie**re! Sie **su**chen **al**so **et**was Be**son**deres [3]. Und wie viel **möch**ten Sie **aus**geben?
6 – Ich **ha**be **kei**ne ge**nau**e **Preis**vorstellung. Ich **möch**te mir zu**erst** ein paar Mo**de**lle **an**sehen [4], im Stil **die**ser Uhr.
7 – Ich **glau**be, ich **ha**be ge**nau** das **rich**tige Modell für Sie. **Schlich**tes De**sign** und **High**tech. Das **Fein**ste vom **Fein**sten [5] und **ein**fach zu be**die**nen.
8 **Drü**cken Sie [6] auf **die**se **Tas**te, **kön**nen Sie telefo**nie**ren.
9 **Drü**cken Sie auf die **an**dere **Tas**te, **kön**nen Sie Ihren Kalorienverbrauch be**rech**nen.
10 Und wenn Sie auf **bei**de **Tas**ten **gleich**zeitig **drü**cken, er**hal**ten Sie den **Wet**terbericht für alle **Län**der der Welt. **High**tech kennt **kei**ne **Gren**zen.
11 – Ja, ich **se**he ... aber **ei**ne **Fra**ge: Kann ich mit der Uhr auch **wis**sen, wie spät es ist? □

Prononciation
2 ... guéchènk ... 3 ... a'nlass ... 4 ... zilbª-Hochtsaït 6 ... praïssfo:ªchtéloung ... modèlë ... sti:l ... 7 ... chlichtëss dizaïn ... faïnstë ... bédi:nën 8 drukën ... tastë ... téléfoni:rën 9 ... kalori:ën-fèrbraoucH bérèçhnën 10 ... glaïçhtsaïtiçh ... èrHaltën ... grèntsën ...

Soixante-quatorzième leçon

La haute technologie

1 – Bonjour ! Je peux vous aider ?
2 – Je cherche un cadeau pour ma femme, une montre.
3 – Pour quelle occasion, si je puis demander ?
4 – Nous célébrons nos noces d'argent *(argent-mariage)*.
5 – Félicitations ! Vous cherchez donc quelque chose de spécial. Et combien voulez-vous mettre *(dépenser)* ?
6 – Je n'ai pas d'idée précise du prix *(précise prix-idée)*. J'aimerais tout d'abord voir quelques modèles *(me quelques modèles regarder)*, dans le style de cette montre.
7 – Je crois [que] j'ai exactement ce qu'il vous faut *(le juste modèle pour vous)*. Design sobre et haute technologie. Le fin du fin, et facile d'emploi *(à faire-fonctionner)*.
8   [Si] vous appuyez sur cette touche, vous pouvez téléphoner.
9   [Si] vous appuyez sur l'autre touche, vous pouvez calculer votre dépense calorique *(calories-dépense)*.
10   Et si vous appuyez sur les deux touches simultanément, vous avez *(obtenez)* le bulletin météo pour tous les pays du monde. [La] haute technologie ne connaît pas de frontières.
11 – Oui, je vois... Mais une question : est-ce qu'avec cette montre je peux aussi savoir quelle heure il est ?

Remarque de prononciation
(6) Dans certaines régions d'Allemagne, le groupe **st-** en début de mot se prononce *[st]* et non *[cht]* comme indiqué en début d'ouvrage.

Notes
1 die Uhr(en) signifie *la montre* et **1/2/3 ... Uhr**, *1/2/3... heure(s)*, les horaires.

2 Commençons d'abord par une petite liste de vocabulaire : **das Silber**, *l'argent* (métal) ; **das Gold** *[golt]*, *l'or* ; **der Diamant(en)** *[dia**ma'nt**]*, *le diamant* ; **das Eisen** *[aïzën]*, *le fer*, et **die Hochzeit(en)**, *le mariage / les noces*. À partir de ces mots, vous pouvez former les noms composés suivants : **die Goldhochzeit**, *les noces d'or* ; **die Diamanthochzeit**, *les noces de diamant*, etc.

3 L'adjectif qui suit **etwas** est un adjectif substantivé. Il prend donc une majuscule et se décline comme un adjectif dans un groupe nominal neutre sans déterminant, ex. : besonders → Sie suchen **etwas Besonderes** (A)?, *Vous cherchez quelque chose de particulier ?* ; neu → Wir beginnen mit **etwas Neuem** (D), *Nous commençons par quelque chose de nouveau*. Pour exprimer la négation, il suffit d'employer **nichts** à la place de **etwas** : neu → Das ist **nichts Neues** (N), *Ce n'est rien de nouveau*. Notez que l'adjectif peut être au comparatif de supériorité : besser → Gibt's **nichts Besseres** als das? (A), *Il n'y a rien de mieux que ça ?*

4 Vous connaissez déjà le verbe **sehen**, *voir*. Le verbe pronominal **sich etwas ansehen** signifie quant à lui *regarder quelque chose* (avec atten-

***

Übung 1 – Übersetzen Sie bitte!

❶ Es ist ein Uhr. ❷ Es gibt nichts Schlimmeres als sein Handy zu verlieren. ❸ Hätte ich Geld, würde ich es machen. ❹ Wir möchten uns ein paar Wohnungen ansehen. ❺ Er hat eine schöne Uhr gekauft.

***

Übung 2 – Ergänzen Sie bitte!

❶ Mes parents célèbrent leurs noces d'or.
Meine Eltern feiern ....

❷ Je serais riche, je t'aiderais.
.... reich, würde ich dir helfen.

❸ Je cherche quelque chose de grand.
Ich suche ....

❹ Il n'y a rien de plus beau.
Es gibt ....

❺ J'aimerais visiter la maison.
Ich möchte ... das Haus ....

tion/intérêt) / *visiter* (un lieu) : **Das musst du dir ansehen**, *Tu dois voir ça* ; **Habt ihr euch das Haus angesehen?**, *Avez-vous visité la maison ?* Rappel ! Le pronom réfléchi est au datif étant donné que la phrase comporte déjà un complément accusatif.

5 **das Feinste vom Feinsten** ("le plus-fin du plus fin"), *le fin du fin*. Il s'agit deux fois de l'adjectif **fein**, *fin*, au superlatif et substantivé. Nous en reparlerons.

6 Dans une phrase hypothétique, on peut supprimer **wenn** en commençant la phrase par le verbe conjugué ; la syntaxe de la proposition principale quant à elle ne change pas : **Wenn Sie auf diese Taste drücken** … ↔ **Drücken Sie auf diese Taste** …, *Si vous appuyez sur cette touche,…* ; **Wenn ich mehr Zeit hätte** … ↔ **Hätte ich mehr Zeit** …, *Si j'avais plus de temps…* Cette construction n'est pas possible si la proposition subordonnée est placée derrière la proposition principale : **Ich würde dir helfen, wenn ich mehr Zeit hätte** ↔ ~~Ich würde dir helfen, hätte ich mehr Zeit~~.

***

Corrigé de l'exercice 1

❶ Il est une heure. ❷ Il n'y a rien de pire que de perdre son portable. ❸ J'aurais de l'argent, je le ferais. ❹ Nous aimerions visiter quelques appartements. ❺ Il a acheté une belle montre.

***

Corrigé de l'exercice 2

❶ – ihre Goldhochzeit ❷ Wäre ich – ❸ – etwas Großes ❹ – nichts Schöneres ❺ – mir – ansehen

Deuxième vague : 25ᵉ leçon

Fünfundsiebzigste Lektion

Willkommen in Madrid [1]

1 – **G**u**t**en **A**bend, Frau **Sei**bert. Ich **h**o**ff**e, Sie **h**a**tt**en **ei**nen **an**genehmen Flug.
2 – Der Flug war sehr **an**genehm, **dan**ke. Es gab **we**nige Passa**gie**re an Bord. [2]
3 – Das macht **ei**nen **gro**ßen **Un**terschied. Wenn Sie mir **bi**tte **fol**gen **wo**llen. Mein **Au**to steht **drau**ßen [3].
4 **Ke**nnen Sie Ma**drid**?
5 – Nein, ich bin zum **ers**ten Mal hier und ich **ha**be **lei**der nicht die **rich**tige **Klei**dung [4] da**bei**.
6 Ich **hä**tte nie ge**dacht** [5], dass es **En**de Ok**to**ber so warm sein **könn**te.
7 – Ja, im Herbst **ha**ben wir **meis**tens noch sehr **schö**nes **We**tter. **A**ber ab **näch**ster **Wo**che soll es kalt **wer**den [6] und **reg**nen. Zum Glück!
8 – Zum Glück **ha**ben Sie ge**sagt**? Dann **ko**mmen Sie doch zu uns! Da **reg**net es an 176 **Ta**gen [7] im Jahr [8].

Prononciation
*vil**ko**mën ... ma**drit** 1 ... a'n**g**ué**né**:mën ... 2 ... passa**gi**:rë ... bort 3 ... oun**t**ᵃ**chi**:t ... **drau**ssën 5 ... **klaï**douŋ ...*

Notes

1 Apprenez à souhaiter la bienvenue dans différentes situations. Vous remarquerez que les compléments sont au datif : **Willkommen in Berlin**, *Bienvenue à Berlin* ; **Willkommen in unserem Hotel**, *Bienvenue dans notre*

Soixante-quinzième leçon

Bienvenue à Madrid

1 – Bonsoir Mme Seibert ! J'espère que votre vol a été agréable *(vous aviez un vol agréable)*.
2 – Le vol était très agréable, merci. Il y avait peu de passagers à bord.
3 – Ça fait toute la *(une grande)* différence. Si vous voulez bien me suivre. Ma voiture est dehors.
4 Vous connaissez Madrid ?
5 – Non, [c'est] la première fois [que] je viens ici et malheureusement, je [n']ai pas [pris] les bons vêtements avec moi *(juste habillement là-avec)*.
6 – Je n'aurais jamais pensé qu'il pouvait *(pourrait)* faire si chaud fin octobre.
7 – Oui, en automne nous avons généralement *(le-plus-souvent)* encore très beau temps. Mais on dit qu'il va faire froid à partir de la semaine prochaine et [qu'il va] pleuvoir. Tant mieux !
8 – Vous avez dit tant mieux ? Dans ce cas, venez donc chez nous ! Il pleut 176 jours par an.

---

hôtel ; **Willkommen zu Hause**, *Bienvenue à la maison* ; **Willkommen in unserer Abteilung** *[ap*taïloungʹ*]*, *Bienvenue dans notre service*. On dit aussi **Herzlich willkommen...** ("chaleureusement"), *bienvenue...*

2 L'indéfini **wenig**, *peu de*, est invariable au singulier. Au pluriel, par contre, il se décline comme un adjectif épithète dans un groupe nominal pluriel sans article. Souvenez-vous qu'il en va de même pour l'indéfini **viel** (L50, N1). Dans le langage parlé toutefois, et contrairement à **viel**, **wenig** peut aussi ne pas se décliner au pluriel, ex. : **Wir waren nur wenige/wenig Passagiere an Bord**, *Il y avait peu de passagers à bord* ; **Ich kenne leider wenige/wenig Leute**, *Je ne connais malheureusement que peu de gens*.

75 / Fünfundsiebzigste Lektion

3 Profitons de cette leçon pour introduire de nouveaux adverbes de lieu : **draußen/drinnen** *[drinën]*, *dehors/dedans* ; **oben** *[o:bën]* / **unten** *[ountën]*, *en haut / en bas* ; **davor** *[dafo:ʳ]* / **dahinter** *[dahi'ntʳ]* / **daneben** *[dané:bën] devant / derrière / à côté*. Au passage, notez que **davor** peut aussi être employé comme adverbe de temps. Il signifie alors *avant*. Vous connaissez déjà son contraire **danach**, *ensuite* ou *après*.

4 Les noms se terminant par **-ung** sont féminins et forment leur pluriel en **-en** : **die Übersetzung** / **die Übersetzungen**, *la traduction / les traductions* ; **die Übung** / **die Übungen**, *l'exercice / les exercices*. **Die Kleidung** par contre est un nom collectif et son emploi au pluriel est rare.

5 Il s'agit d'un conditionnel passé appelé **Konjunktiv II Vergangenheit** *[fèʳgañguënHaït]*, *subjonctif II passé*. Il se construit avec l'auxiliaire **haben** ou **sein** au conditionnel présent + participe passé du verbe en fin de phrase/proposition. La règle concernant l'emploi des auxiliaires est

***

Übung 1 – Übersetzen Sie bitte!
❶ Er hätte mich angerufen. ❷ Schläfst du lieber oben oder unten? ❸ Willkommen in unserer neuen Firma. ❹ Der Chef soll auf Tahiti sein. ❺ Ich habe wenig Zeit.

***

Übung 2 – Ergänzen Sie bitte!

❶ On mange dedans ou dehors ?
Essen wir .... oder ....?

❷ On dit que c'est très beau.
Es .... schön sein.

❸ Ils ont peu d'argent.
Sie haben ....

❹ Je n'aurais rien dit.
Ich ..... nichts ....

❺ Peu de gens parlent russe. *(indiquer les deux formes possibles de "peu de")*
..... / ...... Leute sprechen Russisch.

Soixante-quinzième leçon / 75

la même que pour le parfait (passé composé) (*cf.* L42, §3) : **Ich wäre gern mitgekommen**, *Je serais volontiers venu avec vous*.

6 Souvenez-vous que **sollen**, *devoir*, peut aussi être employé dans le sens de *on dit que*.

7 Devant un complément de temps indiquant le(s) jour(s) ou le(s) moments de la journée, on emploie la préposition **an** + datif : **Wo warst du am Tag der Abreise** *[apraïzë]* / **am Dienstag** / **am Abend?**, *Où étais-tu le jour du départ / le mardi / le soir ?* → **am** = **an dem**. Exception : **die Nacht** se construit avec **in** + datif : **in der Nacht**, *[dans] la nuit*.

8 Devant un complément de temps indiquant la (les) semaine(s), le(s) mois, la (les) saison(s), l'année ou les années, on met **in** + datif : **Wir sind in der ersten Maiwoche** / **im Juli** / **im Winter und im Frühling** / **im Jahr 2019** umgezogen *[oumguétso:guën]*, *Nous avons déménagé la première semaine de mai / en juillet / en hiver et au printemps / en 2019*.

***

Corrigé de l'exercice 1

❶ Il m'aurait appelé. ❷ Tu préfères dormir en haut ou en bas ? ❸ Bienvenue dans notre nouvelle société. ❹ On dit que le chef est à Tahiti. ❺ J'ai peu de temps.

Corrigé de l'exercice 2

❶ – drinnen – draußen ❷ – soll sehr – ❸ – wenig Geld ❹ – hätte – gesagt ❺ Wenig/Wenige –

Deuxième vague : 26ᵉ leçon

76 Sechsundsiebzigste Lektion

Das Vorstellungsgespräch

1 – Wer ist da?
2 – Ich bin's, **Lau**ra. [1]
3 – Ach, du bist es. Sag mal, wie ist es ge**lau**fen [2] ?
4 – Es war nicht schlecht. Der Personal**lei**ter hat mir **vie**le **Fra**gen ge**stellt**, **a**ber …
5 – **A**ber was?
6 – Ich glaube [3], die **an**dere Kandi**da**tin [4] war **bes**ser als ich. Sie war **au**ßerdem top ge**stylt** [5]. Wenn ich das ge**wusst hät**te, **hät**te ich mich auch in **Scha**le ge**wor**fen. [6]
7 – Lass dich nicht so leicht [7] be**ein**drucken. Wie ich dich **ken**ne, hast du das be**stimmt** sehr gut ge**macht**. Und du warst per**fekt an**gezogen. [8]
8 – Ach, ich weiß nicht.
9 – Wie wär's denn jetzt mit [9] **ei**ner **leck**eren **Brat**wurst und **ei**nem Bier da**zu**? **Au**ßer [10] **war**ten, kannst du nichts tun.
10 – Ja, sehr gern. Was **wä**re ich nur **oh**ne dich [11]? □

Prononciation
… **fo:**ᵃchtèlouñgs-guéchprè:çh **4** … pèrzo**na:l**-laïtᵃ … **6** … ka'ndi**da:**ti'n … top gué**staïlt** … **cha:**lë gué**vor**fën **7** … laïcht bé**aïn**droukën … **9** … **bra:t**-vourst … **aouss**ᵃ …

Notes

1 Revenons sur la traduction des pronoms toniques *moi, toi*… En allemand, on emploie les pronoms personnels déclinés selon leur fonction dans la phrase :

Soixante-seizième leçon

L'entretien d'embauche
(présentation-entretien)

1 – Qui est là ?
2 – C'est moi *(je suis ce)*, Laura.
3 – Ah, c'est toi *(tu es ce)*. Alors, comment ça a marché ?
4 – C'était pas mal. Le DRH *(chef-personnel)* m'a posé beaucoup de questions mais...
5 – Mais quoi ?
6 – Je crois que l'autre candidate était mieux que moi. En plus, elle était parfaitement stylée. Si j'avais su, je me serais aussi mise sur mon trente et un *(lancée dans coquille)*.
7 – Ne te laisse pas si facilement impressionner. Telle que *(comme)* je te connais, tu as dû assurer. *(as-tu ça certainement bien fait)* Et tu étais parfaitement [bien] habillée.
8 – Ah, j[e n'] en sais rien.
9 – Que dirais-tu maintenant d'une bonne saucisse grillée avec une bière *(griller-saucisse et une bière ça-à)* ? Il ne te reste rien d'autre à faire que d'attendre. *(sauf attendre pouvons nous rien faire)*
10 – Oui, très volontiers. Que serais-je sans toi ?

---

1) sujet = nominatif : **Ich** bin's, Laura, *C'est moi, Laura.* – Ach, **du** bist es!, *Ah, c'est toi !* (ph. 3) ;
2) COD = accusatif : Es ärgert *[èrgᵃt]* **mich**, *Ça m'énerve.* – **Mich** auch!, *Moi aussi !* ;
3) COI = datif : **Mir** gefällt's gut, *Ça me plaît bien.* – **Mir** auch!, *Moi aussi !*

2 (gut/schlecht) **laufen** signifie *se passer* ou *marcher (bien/mal)* : Es ist **gut/schlecht gelaufen**, *Ça s'est bien/mal passé* ; Und wie **läuft**'s bei

76 / Sechsundsiebzigste Lektion

dir?, *Et comment ça marche pour toi ?* Au sens propre, **laufen** signifie *marcher (d'un bon pas) / courir*.

3 Dans le langage parlé, **ich glaube** est souvent contracté **ich glaub**.

4 Les féminins se terminant par **-in** forment leur pluriel en **-nen** : die Kandidat**in**, *la candidate* → die Kandidat**innen**, *les candidates* ; die Freund**in**, *l'amie* → die Freund**innen**, *les amies*.

5 Voici un exemple type de mot anglais germanisé (= **Denglisch**, *cf.* L6, note culturelle). Le participe passé **gestylt**, *stylé*, vient de l'anglais ***style***, *style*, auquel sont ajoutés le préfixe et la terminaison propres à la formation d'un participe passé en allemand.

6 • Une phrase hypothétique présentée comme irréelle dans le passé se construit avec le conditionnel passé dans les deux propositions : **Wenn ich das gewusst hätte, hätte ich mich in Schale geworfen** ("si j'aurais su..."), *Si j'avais su, je me serais aussi mise sur mon trente et un* ; **Wir wären gern gekommen, wenn wir Zeit gehabt hätten** ("si nous aurions eu..."), *Nous serions venus volontiers si nous avions eu le temps*. Vous trouverez un rappel concernant la place du verbe dans la leçon de révision.
• Pour *se mettre sur son trente et un*, on dit **sich in Schale werfen** (ou bien **sich schmeißen** *[chmaïssën]*), litt. "se lancer" (ou "se jeter") "dans coquille".

***

Übung 1 – Übersetzen Sie bitte!

❶ Es ist gut gelaufen. ❷ Außer dir hat er keinen deutschen Freund. ❸ Wenn du mich angerufen hättest, wäre ich auch gekommen. ❹ Sie ist schon angezogen. ❺ Wie wär's mit einem Kaffee?

***

Übung 2 – Ergänzen Sie bitte!

❶ Je reste chez vous. *("vous" de politesse)*
Ich bleibe ... .

❷ Si j'étais venue, il n'aurait rien dit.
Wenn ich ... ... , hätte er nichts gesagt.

❸ S'ils avaient su, ils seraient restés ici.
Wenn sie das gewusst hätten, ... sie hier ....

❹ Que diriez-vous d'une bière ?
... ...'s mit einem Bier?

Soixante-seizième leçon / 76

7 En allemand, l'adjectif et l'adverbe ont presque toujours une forme identique, ex. : **leicht**, *facile/facilement* ou *léger/légèrement* : **Die Aufgabe ist leicht**, *L'exercice est facile* → **Lass dich nicht so leicht beeindrucken**, *Ne te laisse pas si facilement impressionner* ; **Der Koffer ist leicht**, *La valise est légère* → **Anna ist leicht aufgeregt** *[aoufguéré:kt]*, *Anna est légèrement énervée.*

8 **angezogen**, *habillé*, est le participe passé de **(sich) anziehen**, *(s')habiller* : **Und ich habe mich angezogen**, *Et je me suis habillé.*

9 Retenez cette tournure du langage parlé : **Wie wär's mit …?** ("que serait-il avec…"), *Que dirais-tu / diriez-vous de… ?* ; **Wie wär's mit** einem Milchkaffee *[milçh-kafé]?*, *Que dirais-tu d'un café au lait ?*

10 La préposition **außer** signifie *à part / excepté / sauf* et régit le datif : **Außer den Kindern** habe ich niemanden gesehen, *À part les enfants, je n'ai vu personne*. Vous vous souvenez sûrement des autres prépositions datives : **aus**, *de* (sortie/provenance) ; **bei**, *chez* (locatif) ; **mit**, *avec* ; **nach**, *après* ; **seit**, *depuis* ; **von**, *de/de la part de* ; **zu**, *chez/à* (directionnel) ainsi que **ab**, *à partir de.*

11 Poursuivons avec les prépositions accusatives : **durch**, *à travers* ; **für**, *pour* ; **gegen**, *contre* ; **ohne**, *sans* ; **um** (herum), *autour de.*

***

Corrigé de l'exercice 1
❶ Ça a bien marché. ❷ À part toi, il n'a pas d'ami allemand. ❸ Si tu m'avais appelé, je serais venu aussi. ❹ Elle est déjà habillée. ❺ Que dirais-tu d'un café ?

***

❺ Cet exercice n'est pas si facile.
    Diese Übung ist nicht . . . .

Corrigé de l'exercice 2
❶ – bei Ihnen ❷ – gekommen wäre – ❸ – wären – geblieben ❹ Wie wär – ❺ – so leicht

Deuxième vague : 27ᵉ leçon

Siebenundsiebzigste Lektion

Wiederholung – Révision

1 Les verbes mixtes

On les nomme également "verbes faibles irréguliers" car ils ont pour particularité de changer de radical au passé (comme un verbe irrégulier ou fort) et de prendre les terminaisons d'un verbe régulier ou faible. Il s'agit notamment des verbes **brennen**, *brûler* ; **bringen**, *apporter* ; **denken**, *penser* ; **kennen**, *connaître* ; **nennen**, *nommer* ; **rennen**, *courir*. Voici la conjugaison complète du verbe **rennen** suivie des autres verbes conjugués à la 1ʳᵉ personne du singulier. Les terminaisons (en rouge) et le préfixe **ge-** sont communs à tous les verbes mixtes.

	Présent de l'indicatif **rennen** *courir*	Prétérit **rennen** *courir*	Parfait **rennen** *courir*
ich	renne	rannte	bin gerannt
du	rennst	ranntest	bist gerannt
er, sie, es	rennt	rannte	ist gerannt
wir	rennen	rannten	sind gerannt
ihr	rennt	ranntet	seid gerannt
sie	rennen	rannten	sind gerannt
Sie	rennen	rannten	sind gerannt

brennen	ich brenne	ich brannte	ich habe gebrannt
bringen	ich bringe	ich brachte	ich habe gebracht
denken	ich denke	ich dachte	ich habe gedacht
kennen	ich kenne	ich kannte	ich habe gekannt
nennen	ich nenne	ich nannte	ich habe genannt

Ceci vaut aussi pour les verbes composés d'une particule, séparable ou non. Attention ! Les verbes à particule inséparable forment leur participe passé sans **ge-** : **nachdenken**, *réfléchir* → **ich dachte nach / habe nachgedacht** ; **verbringen**, *passer* (un moment / des vacances) → **ich verbrachte / habe verbracht**.

Soixante-dix-septième leçon

2 Le *Konjunktiv II*

Le **Konjunktiv II** est employé pour exprimer un souhait, un espoir ou quelque chose d'irréel. Il se traduit généralement par le conditionnel en français. Attention ! Le terme **Konjunktiv**, litt. "subjonctif", est trompeur car ce temps n'a rien à voir avec le subjonctif français.
Le **Konjunktiv II** se forme au présent et au passé.
• Au présent, il y a deux façons de le former. Notez bien que la règle suivante concerne avant tout l'évolution de la langue parlée :
a) Le **Konjunktiv II** des verbes/auxiliaires **sein/haben/werden**, des verbes de modalité, du verbe **wissen** et des verbes irréguliers très courants se forme à partir du radical du prétérit du verbe (*cf.* L49, §3) + terminaisons du **Konjunktiv II** + Umlaut, sauf pour **wollen** et **sollen** :

	sein *être*	haben *avoir*	werden *devenir/être*/auxiliaire
ich	wäre	hätte	würde
du	wär(e)st*	hättest	würdest
er, sie, es	wäre	hätte	würde
wir	wären	hätten	würden
ihr	wär(e)t*	hättet	würdet
sie	wären	hätten	würden
Sie	wären	hätten	würden

*On emploie plutôt la forme sans **e**.

	Verbe de modalité **sollen** *devoir*	Verbe de modalité **können** *pouvoir*	Verbe **wissen** *savoir*	Verbe irrégulier **kommen** *venir*
ich	sollte	könnte	wüsste	käme
du	solltest	könntest	wüsstest	kämest
er, sie, es	sollte	könnte	wüsste	käme
wir	sollten	könnten	wüssten	kämen
ihr	solltet	könntet	wüsstet	kämet

sie	sollten	könnten	wüssten	kämen
Sie	sollten	könnten	wüssten	kämen

	Verbe de modalité **müssen** *devoir*	Verbe de modalité **wollen** *vouloir*	Verbe de modalité **mögen** *aimer*	Verbe de modalité **dürfen** *avoir le droit*
ich	müsste	wollte	möchte	dürfte
du	müsstest	wolltest	möchtest	dürftest
er/sie/es	müsste	wollte	möchte	dürfte
wir	müssten	wollten	möchten	dürften
ihr	müsstet	wolltet	möchtet	dürftet
sie	müssten	wollten	möchten	dürften
Sie	müssten	wollten	möchten	dürften

b) Le **Konjunktiv II** des autres verbes (réguliers, irréguliers moins courants, faibles irréguliers) se forme avec **würde** + infinitif du verbe en fin de phrase/proposition :

	sagen *dire*	**aussteigen** *descendre (véhicule)*
ich	würde sagen	würde aussteigen
du	würdest sagen	würdest aussteigen
er, sie, es	würde sagen	würde aussteigen
wir	würden sagen	würden aussteigen
ihr	würdet sagen	würdet aussteigen
sie	würden sagen	würden aussteigen
Sie	würden sagen	würden aussteigen

• Au passé (ceci vaut pour tous les verbes), il se forme avec les auxiliaires **haben** ou **sein** au **Konjunktiv II** présent + participe passé du verbe en fin de phrase/proposition. La règle concernant l'emploi des auxiliaires est la même qu'au parfait (*cf.* L42, §3) :

	arbeiten *travailler*	**rennen** *courir*
ich	hätte gearbeitet	wäre gerannt
du	hättest gearbeitet	wär(e)st gerannt

er, sie, es	hätte gearbeitet	wäre gerannt
wir	hätten gearbeitet	wären gerannt
ihr	hättet gearbeitet	wär(e)t gerannt
sie	hätten gearbeitet	wären gerannt
Sie	hätten gearbeitet	wären gerannt

3 Les phrases hypothétiques

Elles sont introduites par **wenn**, *si*. Elles servent à indiquer les conditions nécessaires pour que puisse se produire une situation/action précise. La proposition subordonnée introduite par **wenn** peut être en tête de phrase ou en deuxième position. Dans le cas où elle est en tête, la proposition principale peut (mais ce n'est pas obligatoire) être introduite par **dann**, *alors*.

– Si la condition est réalisable, l'allemand emploie le présent dans les deux propositions :
Wenn ich Zeit habe, (dann) backe ich einen Kuchen, *Si j'ai le temps, je ferai un gâteau* ;
Ich backe einen Kuchen, wenn ich Zeit habe, *Je ferais un gâteau…*

– Si la condition n'est pas réalisable dans le présent, l'allemand emploie le **Konjunktiv II** présent dans les deux propositions :
Wenn ich Zeit hätte, (dann) würde ich einen Kuchen backen, *Si j'avais le temps, je ferais un gâteau* ;
Ich würde einen Kuchen backen, wenn ich Zeit hätte, *Je ferais un gâteau si …*

– Si la condition n'a pas été réalisée dans le passé, l'allemand emploie le **Konjunktiv II** passé dans les deux propositions :
Wenn ich Zeit gehabt hätte, (dann) hätte ich einen Kuchen gebacken, *Si j'avais eu le temps, j'aurais fait un gâteau* ;
Ich hätte einen Kuchen gebacken, wenn ich Zeit gehabt hätte, *J'aurais fait un gâteau si…*

La phrase conditionnelle peut se construire sans **wenn** si la proposition subordonnée est en tête. Le verbe conjugué vient alors se placer en début de phrase ; la proposition principale quant à elle ne change pas :
Hätte ich Zeit, würde ich einen Kuchen backen, *J'aurais le temps, je ferais un gâteau* ;
Hätte ich Zeit gehabt, hätte ich einen Kuchen gebacken, *J'aurais eu le temps, j'aurais fait un gâteau*.

Rappelons par la même occasion les différentes places occupées par le verbe. Ceci vaut pour toutes les phrases complexes, c'est-à-dire composées d'une proposition principale et subordonnée conjonctive.
a) Dans la proposition principale en tête de phrase, le verbe conjugué occupe la deuxième position ; le participe passé ou l'infinitif (s'il y a) est à la fin.
b) Dans la proposition principale placée derrière la proposition subordonnée, le verbe conjugué est en tête ; le participe passé ou l'infinitif (s'il y a) reste à la fin.
c) Dans la proposition subordonnée, placée en tête de phrase ou placée derrière la proposition principale, le verbe conjugué est à la fin ; le participe passé ou l'infinitif (s'il y a) précède le verbe conjugué.
d) Dans la proposition subordonnée sans **wenn**, le verbe conjugué est en tête ; le participe passé ou l'infinitif (s'il y a) est à la fin.

4 Les pronoms adverbiaux en *da(r)*-

Les pronoms adverbiaux construits avec **da(r)-** s'emploient avec des verbes (ou des adjectifs) à régime prépositionnel comme **warten auf** + acc., *attendre* ; **anfangen mit** + dat., *commencer par/avec* ; **denken an** + acc., *penser à*. La correspondance avec le français est rare. Comme vous pouvez le constater avec les exemples, le verbe français peut soit ne pas régir de préposition, soit en régir une différente de l'allemand. C'est pourquoi il est impératif d'apprendre ces verbes avec leur préposition et le cas qu'ils régissent. Rassurez-vous, nous reviendrons sur ces verbes en fin d'ouvrage.

Poursuivons avec les pronoms adverbiaux. Ils servent à indiquer une chose / un concept / une action. Selon le contexte, ces pronoms adverbiaux se traduisent par un pronom personnel, *y* ou *en* ou ne se traduisent pas.
Si la préposition commence par une voyelle, on ajoute un **r** intercalaire entre **da-** et la préposition.
– Les pronoms adverbiaux permettent d'éviter la répétition d'un groupe prépositionnel :
warten auf → Ich warte auf den Zug. – Ich warte auch darauf (= auf den Zug), *J'attends le train. – Je l'attends aussi*.
– Les pronoms adverbiaux permettent d'annoncer ou de reprendre une proposition :

Wir könnten ihn zum Essen einladen. – Ich muss darüber nachdenken, *Nous pourrions l'inviter à manger – Il faut que j'y réfléchisse*.
denken an → Hast du daran gedacht, ihr zu schreiben, *As-tu pensé à lui écrire ?*
N.B. Pour un être vivant, on emploie la préposition + pronom personnel décliné :
denken an (+ acc.) → **Ich denke an die Kinder. – Ich denke auch an sie**, *Je pense aux enfants. – Je pense aussi à eux.*

5 Les indéfinis

Nous avons vu plusieurs indéfinis au cours des dernières leçons. Voici l'occasion de les récapituler avec toutes les subtilités grammaticales qu'ils impliquent. Il ne vous sera peut-être pas toujours facile d'appliquer cette règle. Dans un premier temps, l'important est que vous la reconnaissiez quand vous la rencontrerez.
– Devant un nom au singulier **viel**, *beaucoup de*, et **wenig**, *peu de*, sont invariables ; devant un nom au pluriel ils se déclinent comme un adjectif épithète. **wenig** peut aussi ne pas se décliner (dans le langage parlé) ;
– **mehrere**, *plusieurs*, ne s'emploie qu'au pluriel et est également considéré comme un adjectif. Il se décline donc comme **viele** et **wenige** au pluriel ;
– **alle**, *beaucoup de*, ne s'emploie, lui aussi, qu'au pluriel et est considéré comme un déterminant et se décline comme l'article défini.
Vous remarquerez que les terminaisons sont les mêmes pour tous les indéfinis. La différence se note au niveau de l'adjectif épithète. Celui-ci se décline comme dans un groupe nominal sans déterminant après **viele/wenig(e)/mehrere** et comme dans un groupe nominal (GN) défini après **alle**. Les tableaux suivants n'incluent pas le génitif étant donné que son emploi relève d'un langage plus soutenu.

a) singulier

	Groupe nominal sans déterminant **viel/wenig**
Nominatif	viel/wenig gut**er** Wein viel/wenig gute Schokolade viel/wenig gut**es** Bier

Accusatif	viel/wenig gut**en** Wein viel/wenig gut**e** Schokolade viel/wenig gut**es** Bier
Datif	viel/wenig gut**em** Wein viel/wenig gut**er** Schokolade viel/wenig gut**em** Bier

b) pluriel

	Groupe nominal sans déterminant **viele/wenig(e)/mehrere**	Groupe nominal défini **alle**
Nominatif	viel**e** jung**e** Leute wenig(**e**) jung**e** Leute mehrer**e** jung**e** Leute	all**e** jung**en** Leute
Accusatif	viel**e** jung**e** Leute wenig(**e**) jung**e** Leute mehrer**e** jung**e** Leute	all**e** jung**en** Leute
Datif	viel**en** jung**en** Leuten wenig(**en**) jung**en** Leuten mehrer**en** jung**en** Leuten	all**en** jung**en** Leuten

6 *derjenige (der), diejenige (die), dasjenige (das), diejenigen (die)*

	Masculin	Féminin	Neutre	Pluriel
Nominatif	derjenige (der)	diejenige (die)	dasjenige (das)	diejenigen (die)
Accusatif	denjenigen (den)	diejenige (die)	dasjenige (das)	diejenigen (die)
Datif	demjenigen (dem)	derjenigen (der)	demjenigen (dem)	denjenigen (denen)

Il s'agit de pronoms démonstratifs utilisés exclusivement comme antécédents d'un pronom relatif. Ils peuvent être remplacés par les autres pronoms démonstratifs **der**, **die**, **das**, **die** et correspondent dans les deux cas à *celui*, *celle(s)* et *ceux*. Nous nous limitons là aussi au nominatif, à l'accusatif et au datif. Exemples :

nominatif → **Was machen diejenigen/die, die keinen Reisepass haben?**, *Que font ceux qui n'ont pas de passeport ?*

accusatif → **Finde denjenigen/den, der** das gemacht hat!, *Trouve celui qui a fait ça !*
datif → **Meistens gefällt es denjenigen/denen, die** gern Sport machen, *Souvent ça plaît à ceux qui aiment faire du sport.*

Wiederholungsdialog

1 – Wenn du nicht zu schnell gefahren wärst, hätte die Polizei uns nicht angehalten.
2 – Ja, ich wäre aber nicht zu schnell gefahren, wenn du pünktlich gewesen wärst.
3 – Ich möchte dich daran erinnern, dass dein Sohn ...
4 – Entschuldigung, unser Sohn.
5 – Okay, dass unser Sohn zwanzig Minuten zu spät war.
6 – Stimmt! Ich entschuldige mich für das, was ich eben gesagt habe. Hauptsache, wir verpassen den Flieger nicht. Das hätte uns viel mehr Geld gekostet.
7 – Oh, nein!
8 – Oh, doch!
9 – Nein, ich meinte nicht das. Ich wollte sagen, dass ich mein Handy vergessen habe. Es liegt auf dem Tisch im Wohnzimmer.
10 – Es lag. Hier ist es!

Traduction

1 Si tu n'avais pas roulé si vite, la police ne nous aurait pas arrêtés. **2** Oui, mais je n'aurais pas roulé si vite si tu avais été à l'heure. **3** J'aimerais te rappeler que ton fils... **4** Excuse-moi, notre fils. **5** Ok, que notre fils avait vingt minutes de retard. **6** C'est juste ! Excuse-moi pour ce que je viens de dire. L'essentiel est que nous ne rations pas le vol. Ça nous aurait coûté beaucoup plus d'argent. **7** Oh, non ! **8** Oh, si ! **9** Non, je ne voulais pas dire ça. Je voulais dire que j'ai oublié mon portable. Il est posé sur la table dans le salon. **10** Il était posé. Le voici !

Übersetzen Sie bitte!

❶ Er ist schnell gerannt. ❷ Kennen Sie denjenigen, der das geschrieben hat? ❸ Ich würde etwas sagen. ❹ Ich habe leider wenig Zeit. ❺ Wenn wir es wüssten, würden wir es euch sagen.

***

Comme vous aurez remarqué, nous vous invitons à plusieurs reprises à revoir certains tableaux ou règles. N'hésitez pas à vérifier vos connaissances. Elles sont les fondations sur lesquelles vous continuez à construire. Encore une fois, il est normal que vous ne reteniez pas tout. L'apprentissage se fait peu à peu en passant par des répétitions, des questionnements et surtout beaucoup de patience. L'acquisition d'une langue étrangère,

Achtundsiebzigste Lektion

Testen Sie Ihr Wissen

1 – **Gu**ten Tag, wie geht es **Ih**nen? **Ko**mmen Sie gut mit? [1]

2 In **un**serer **heu**tigen [2] Lek**tion schla**gen wir **Ih**nen **et**was **an**deres [3] vor.

3 Wir **wer**den **Ih**nen **Fra**gen über die **deu**tsche **Tei**lung und **Wie**dervereinigung [4] **stel**len.

4 Be**vor** [5] wir **an**fangen, **möch**ten wir Sie da**ran** [6] erinnern, dass DDR die **Ab**kürzung für **Deu**tsche Demo**kra**tische Repu**blik** war.

5 BRD war die **Ab**kürzung für die **da**malige **Bun**desrepublik **Deutsch**land [7]

6 und wird **heu**te noch als nicht offi**zie**lle **Ab**kürzung für die **jet**zige **Bun**desrepublik be**nutzt** [8].

Corrigé

❶ Il a couru vite. ❷ Vous connaissez celui qui a écrit ça ? ❸ Je dirais quelque chose. ❹ J'ai malheureusement peu de temps. ❺ Si nous le savions, nous vous le dirions.

***

l'allemand notamment, est comme un puzzle qui prend forme peu à peu et où chaque pièce vient compléter un tout. Quelquefois la pièce n'est pas au bon endroit et il faut donc la replacer ailleurs. Pour une langue, il faut savoir appliquer la bonne règle et savoir bien l'appliquer.

Deuxième vague : 28ᵉ leçon

Soixante-dix-huitième leçon

Testez vos connaissances *(votre savoir)*

1 – Bonjour, comment allez-vous ? Vous arrivez à suivre ?
2   Dans notre leçon d'aujourd'hui, nous vous proposons quelque chose d'autre.
3   Nous allons vous poser des questions sur la division et la réunification de l'Allemagne.
4   Avant de commencer, nous aimerions vous rappeler que RDA était l'abréviation de République démocratique allemande.
5   RFA était l'abréviation de la République fédérale d'Allemagne d'alors
6   et aujourd'hui encore, elle est employée comme abréviation non officielle pour l'actuelle République fédérale.

7	**Unterstreichen** [9] **Sie bitte Ihre Antworten.** Viel **Spaß! Los geht's!**
8	a) In **welchem Jahr wurde Deutsch**land in zwei **Staa**ten ge**teilt** [10]?
9	1939 [11] – 1945 – 1949
10	b) In **welchem Jahr wurde** die **Ber**liner **Mau**er ge**baut**?
11	1933 – 1949 – 1961
12	c) An **welchem** Tag **wur**den die **Gren**zen der DDR ge**öff**net?
13	am 9. No**vem**ber 1989 – am 3. Ok**to**ber 1990 – am 1. **Ja**nuar 2000
14	d) **Wel**che Stadt war die **Haupt**stadt der da**ma**ligen BRD?
15	**Frank**furt – **Ber**lin – Bonn
16	e) An **welchem Da**tum wird der Tag der **Deu**tschen **Ein**heit ge**fei**ert [12]?
17	am 17. **Ju**ni – am 3. Ok**to**ber – am 9. No**vem**ber
18	So, das war's für **heu**te. Bis **mor**gen! ☐

Die Antworten finden Sie am Ende dieser Lektion.

Prononciation
3 ... **vi:**dᵉfèraïnigouñg ... **4** ... ap**kurt**souñg ... **7** ountᵃ**chtraï**çhën ...

Remarque de prononciation
(8) Faites attention à bien prononcer un **a** allongé pour les deux **a** de **die Staaten** *[chta:tën]*, *les états*, ainsi qu'au singulier **der Staat** *[chta:t]* pour éviter toute confusion possible avec **die Stadt** *[chtat]*, *la ville*.

Notes
1 **(nicht) gut mitkommen** signifie *(ne pas) arriver à suivre* (un cours, des explications) dans le langage parlé : **Er kommt nicht gut mit** (litt. "il vient pas bien avec"), *Il n'arrive pas à suivre*.

Soixante-dix-huitième leçon / 78

7 Soulignez vos réponses s'il vous plaît. Amusez-vous bien ! *(beaucoup divertissement)* Ça commence !
8 a) En quelle année l'Allemagne fut[-elle] divisée en deux États ?
9 [en] 1939 – [en] 1945 – [en] 1949
10 b) En quelle année fut construit le mur de Berlin ?
11 [en] 1933 – [en] 1949 – [en] 1961
12 c) Quel jour furent ouvertes les frontières de la RDA ?
13 le 9 novembre 1989 – le 3 octobre 1990 – le 1er janvier 2000
14 d) Quelle ville était la capitale *(principale-ville)* de la RFA d'alors ?
15 Francfort – Berlin – Bonn
16 e) À quelle date célèbre-t-on le jour de l'unité allemande ?
17 le 17 juin – le 3 octobre – le 9 novembre
18 Voilà, ce sera tout pour aujourd'hui. À demain !

Vous trouv[er]ez les solutions à la fin de cette leçon.

---

2 L'adjectif **heutig-**, *d'aujourd'hui* (traduit quelquefois par *ce/cette/ces*), vient de l'adverbe **heute**. Il ne s'emploie que comme épithète : **für den heutigen Abend**, *pour ce soir*.

3 **ander-** ne prend pas de majuscule après **etwas** (**was**) ou **nichts**. Pour le reste, il se décline comme un adjectif substantivé précédé de **etwas** (**was**) ou **nichts** : **etwas anderes** (N) ; **etwas anderes** (A) ; **etwas anderem** (D).

4 Employée dans le sens de *sur / au sujet de*, la préposition **über** régit l'accusatif : **eine Geschichte über den Krieg schreiben**, *écrire une histoire sur la guerre*. Souvenez-vous que **über** s'emploie aussi dans le sens de *au-dessus de*. Dans ce cas, elle est mixte.

5 **bevor**, *avant que*, ne s'emploie jamais avec l'infinitif : **Ich schreibe dir, bevor ich losfahre**, litt. "j'écris à-toi avant-que je pars", *Je t'écris avant de partir*. Ne dites jamais : **Ich schreibe dir, bevor loszufahren**. Il en va de même pour la conjonction de subordination **nachdem**, *après que* :

Ich mache es, nachdem ich gegessen habe, litt. "je fais le, après-que je mangé ai", *Je le ferai après avoir mangé*. Faux : **Ich mache es, nachdem gegessen zu haben**.

6 On emploie **daran** étant donné que **sich erinnern** se construit avec la préposition **an** (+ acc. n'oubliez pas !).

7 Les adjectifs **damalig-**, *d'alors*, et **jetzig-**, *actuel* (ph. 6), viennent respectivement des adverbes **damals** et **jetzt**. Ils ne s'emploient que comme adjectifs épithètes.

8 Voici le passif, plus exactement le passif d'action ! On le nomme ainsi car il exprime une action en cours. Au présent de l'indicatif, il se construit avec l'auxiliaire **werden** au présent de l'indicatif + participe passé du verbe en fin de proposition : **Die Abkürzung CH wird für die Schweiz benutzt**, *L'abréviation CH est employée pour la Suisse*. À ne pas confondre avec le futur qui se construit avec **werden** au présent + infinitif du verbe à la fin.

***

Übung 1 – Übersetzen Sie bitte!

❶ Hier wird gearbeitet. ❷ Er hat mir etwas über deine Schwester erzählt. ❸ Erinnerst du dich daran? ❹ Wann wurde das Haus deiner Großeltern verkauft? ❺ Ich werde ihn anrufen.

***

Übung 2 – Ergänzen Sie bitte!

❶ Le soleil se couche.
Die Sonne ....

❷ Quand fête-t-on Pâques en Allemagne ? *(voix passive en allemand)*
Wann .... Ostern in Deutschland ....?

❸ Tu as signé tous les papiers ?
.... du alle Papiere ....?

❹ Mange quelque chose avant d'aller à l'école.
Iss was, ... zur Schule gehst.

❺ Nous ne connaissons rien d'autre.
Wir kennen ....

Soixante-dix-huitième leçon / 78

9 unter- est une particule mixte. Avec la majorité des verbes, elle est inséparable : **unterschreiben**, *signer*. Parmi les verbes où elle est séparable, notez **untergehen**, *se coucher* (astres) / *sombrer* : **Der Mond geht unter**, *La lune se couche* ; **Das Schiff ist untergegangen**, *Le bateau a sombré*.

10 Au prétérit, le passif d'action se construit avec l'auxiliaire **werden** au prétérit + participe passé en fin de proposition : **Die Abkürzung DDR wurde für die Deutsche Demokratische Republik benutzt**, *L'abréviation DDR était employée pour la République démocratique allemande.*

11 Pour indiquer l'année, on peut ajouter la mention **im Jahre** ("dans l'année") ou non : 1933 ou **im Jahre** 1933.

12 • La voix passive s'emploie plus fréquemment en allemand qu'en français, le français préférant l'emploi de *on* : **Seit wann wird Weihnachten gefeiert?**, *Depuis quand fête-t-on Noël ?*
• Les noms se terminant par **-heit** sont toujours féminins : **die Einheit**, *l'unité* ; **die Gesundheit** *la santé*.

***

Corrigé de l'exercice 1

❶ Ici, on travaille. ❷ Il m'a raconté quelque chose au sujet de ta sœur. ❸ Tu t'en souviens ? ❹ Quand fut vendue la maison de tes grands-parents ? ❺ Je vais l'appeler.

***

Corrigé de l'exercice 2

❶ – geht unter ❷ – wird – gefeiert ❸ Hast – unterschrieben ❹ – bevor du – ❺ – nichts anderes

Solutions :

a) [en] 1949 – b) [en] 1961– c) le 9 novembre 1989 – d) Bonn – e) le 3 octobre

Deuxième vague : 29e leçon

Neunundsiebzigste Lektion

Gespräch mit einem Außerirdischen [1]

1 – **Ha**llo Jungs [2]! Ich **hei**ße **A**lien.
2 – Hi! Bist du ein **Au**ßerirdischer?
3 – Ja. Ich **ko**mme vom Pla**ne**ten **Al**fa 7.
4 – Wow! Und was suchst du hier auf der **Er**de?
5 – Ich **möch**te die **Men**schen ver**ste**hen.
6 – **Jun**ge, **Jun**ge! Das wird nicht **ein**fach sein. Wir **kön**nen's aber ver**su**chen. Wo**mit** [3] **möch**test du **an**fangen?
7 – Mit **die**sem **klei**nen Ding da, das so **vie**le [4] **Men**schen in der Hand **tra**gen.
8 – Das **klei**ne Ding da, wie du sagst, nennt man Smart**pho**ne. Das ist ein **tol**les Kommunika**tions**mittel.
9 – **Wirk**lich? Ich **ha**be eher den **Ein**druck, dass die **Leu**te nicht mehr **mit**einander [5] **re**den.
10 Ich **ha**be sie be**ob**achtet, auf der **Stra**ße [6], in der **U**-Bahn [7], in der **Stra**ßenbahn, im Bus, **über**all.
11 – Ja, **man**che **Leu**te ver**brin**gen zu viel Zeit am Smart**pho**ne. **A**ber sieh das Posi**ti**ve. Ein Smart**pho**ne **bie**tet **gren**zenlose [8] mo**bi**le Kommunika**tion**. Ist das nicht toll?
12 – Doch, das hört sich gut an [9]. Weißt du, ob ich auf **mei**nem Pla**ne**ten ein Smart**pho**ne be**nu**tzen **könn**te?
13 – Gibt's da **In**ternet?
14 – **In**ter... was?
15 – **In**ternet.
16 – Nein. Was ist das?

Soixante-dix-neuvième leçon

Conversation avec un extraterrestre

1 – Salut les gars ! Je m'appelle Alien.
2 – Salut ! Tu es un extraterrestre ?
3 – Oui, je viens de la planète Alfa 7.
4 – Ouah ! Et qu'est-ce que tu cherches ici sur Terre ?
5 – J'aimerais [bien] comprendre les humains.
6 – Bigre ! Ça ne va pas être facile. Mais on peut [toujours] essayer. Par quoi aimerais-tu commencer ?
7 – Par ce petit machin là que tant de gens portent dans la main.
8 – Ce petit machin là, comme tu dis, se nomme *(nomme on)* smartphone. C'est un super moyen de communication.
9 – Vraiment ? J'ai plutôt l'impression que les gens ne se parlent plus.
10 Je les ai observés, dans la rue, le métro, le tram, le bus, partout.
11 – Oui, certaines personnes passent trop de temps sur leur smartphone Mais vois le [côté] positif. Un smartphone offre une communication mobile sans frontières. C'est pas génial ?
12 – Si, ça a l'air bien. Sais-tu si je pourrais employer un smartphone sur ma planète ?
13 – Y'a Internet ?
14 – Inter... quoi ?
15 – Internet.
16 – Non. Qu'est-ce que c'est ?

Prononciation
... **aou**ss^a**ir**dich**ën 8** ... komounika**tio:ns**-mitël **9** ... **é:**^{a} ... **11** ... **grèn**tsënlo:zë ...

Neunundsiebzigste Lektion

Remarque de prononciation
(8) Le **o** de **phone** se prononce comme en anglais : *[foon]*.

Notes

1 Il s'agit d'un adjectif substantivé, c'est-à-dire d'un nom directement formé à partir d'un adjectif. Ces noms sont masculins ou féminins s'ils désignent un être animé et neutres s'ils désignent une chose ou qqch. d'abstrait. Ils se déclinent comme un adjectif épithète : **außerirdisch**, *extraterrestre* → **mit einem Außerirdischen** (D m. dans groupe nominal défini) ; **ein Außerirdischer** (ph. 2 N m. dans groupe nominal indéfini) ; **der Außerirdische** (N m. dans groupe nominal défini).

2 **Jungs**, *les gars*, vient de **der Junge (n)**, *le garçon*, et relève du langage familier. Notez cette autre interjection familière : **Junge, Junge!**, *Bigre !* (ph. 6)

3 Rappel ! Si le groupe verbal régit une préposition, le pronom interrogatif se construit avec la même préposition précédée de **wo(r)** pour une question portant sur qqch. d'abstrait ou d'inanimé. On ajoute un **r** devant les prépositions commençant par une voyelle, exemples : **anfangen mit**, *commencer par* → **womit**, *par quoi* ; **denken an**, *penser à* → **woran**, *à quoi* → **Woran denkst du? – An die Ferien**, *À quoi penses-tu ? – Aux vacances*.

4 **so viel** + nom au singulier / **so viele** + nom au pluriel, litt. "si beaucoup", signifie *tant/tellement*. Souvenez-vous qu'au singulier **viel** est invariable tandis qu'au pluriel **viele** se décline : **Ich habe so viel Arbeit** (A f.), *J'ai tellement de travail* ; **Ich habe mit so vielen Leuten gesprochen** (D pl.), *J'ai parlé avec tellement de gens*.

5 L'adverbe **einander** exprime la réciprocité et se traduit par *se (mutuellement)* : **Sie respektieren einander**, *Ils se respectent (mutuellement)*. Si le verbe régit une préposition, **einander** vient se greffer à la prépo-

***

Übung 1 – Übersetzen Sie bitte!

❶ Er ist seit drei Monaten arbeitslos. ❷ Worauf wartest du? ❸ Sie lieben einander wirklich. ❹ Sie haben lange miteinander geredet. ❺ Sie erinnert sich nicht an dich.

sition. Cette construction se traduit soit par le pronom réfléchi (cf. dialogue), soit par d'autres tournures exprimant la réciprocité : **auf jdn warten**, *attendre qqn* → **Wir warten aufeinander**, *Nous nous attendons mutuellement*.

6 **auf** (litt. "sur") **der Straße**, *dans la rue*, indique que l'on est dehors : **Die Leute sind auf der Straße**, *Les gens sont dans la rue*. Par contre, **in der/dieser/einer Straße** indique que qqn/qqch. se trouve *dans la/cette/une rue* : **Wir wohnen in dieser Straße**, *Nous habitons dans cette rue*.

7 **die U-Bahn**, *le métro*, est l'abréviation de **Untergrundbahn** (= **Untergrund** + **Bahn**) litt. "sous-terrain-train".

8 Le suffixe **-los** sert à former des adjectifs à partir de substantifs et indique l'absence de quelque chose / une privation : **die Grenze (n)**, *la frontière* → **grenzenlos**, *sans frontière* ; **das Fleisch** *[flaïch]*, *la viande* → **fleischlos**, *sans viande*. Pour des raisons phonétiques, il faut quelquefois rajouter ou supprimer une lettre.

9 Vous voulez livrer vos impressions à qqn. Vous pouvez dire : **Das hört sich gut/nicht gut/komisch an**, *Ça a l'air bien / n'a pas l'air bien / a l'air bizarre*.

***

Corrigé de l'exercice 1

❶ Il est au chômage depuis trois mois. ❷ Qu'est-ce que tu attends ?
❸ Ils s'aiment vraiment. ❹ Ils se sont parlé longuement *(longtemps)*.
❺ Elle ne se souvient pas de toi.

Übung 2 – Ergänzen Sie bitte!

1. Par quoi aimerais-tu commencer ?
   ..... möchtest du .... ?

2. Connais-tu un extraterrestre ?
   Kennst du .... ?

3. Il connaît tellement de gens.
   Er kennt .... Leute.

4. Ça a l'air bizarre.
   Das .... sich komisch ... .

Achtzigste Lektion

Eine gewagte Antwort

1 – **Gu**ten **Mor**gen. Ich **ha**be **ei**nen Ter**min** mit Frau **Bal**ke.
2 – Verz**ei**hung [1], ich **ha**be Sie nicht **rich**tig ver**stan**den. Mit wem **ha**ben sie **ei**nen Ter**min**? [2]
3 – Mit Frau **Bal**ke.
4 – Frau **Bal**ke ... **Ers**ter Stock, **drit**te Tür rechts. [3]
5 – **Dan**ke schön.
    (...)
6 – **Gu**ten **Mor**gen, ich bin Herr Le Blanc.
7 – Herr Le Blanc, ich er**war**tete [4] Sie schon **frü**her. Wir **hat**ten doch halb zehn ge**sagt**? [5]
8 – Ent**schul**digen Sie die Ver**spä**tung.
9 – **Pünkt**lichkeit ist die **Höf**lichkeit der **Kö**nige [6], **jun**ger Mann. **Bit**te **neh**men Sie Platz.
10 **Ih**re Be**wer**bungsunterlagen **klin**gen **viel**versprechend. Wa**rum** **möch**ten Sie **Ih**re Karri**e**re bei uns **star**ten?

❺ Nous ne nous parlons pas.
   Wir ..... nicht ....

Corrigé de l'exercice 2
❶ Womit – anfangen ❷ – einen Außerirdischen ❸ – so viele – ❹ – hört – an ❺ – reden – miteinander

Deuxième vague : 30ᵉ leçon

Quatre-vingtième leçon

Une réponse audacieuse

1 – Bonjour ! J'ai rendez-vous avec Mᵐᵉ Balke.
2 – Pardon, je ne vous ai pas bien compris. Avec qui avez-vous rendez-vous ?
3 – Avec Mᵐᵉ Balke.
4 – Mᵐᵉ Balke... Premier étage, troisième porte [à] droite.
5 – Merci bien.
   (…)
6   Bonjour, je suis M. Le Blanc.
7 – M. Le Blanc, je vous attendais plus tôt. Nous avions bien dit neuf heures et demie ?
8 – Excusez-moi pour ce retard,
9 – [La] ponctualité est la politesse des rois, jeune homme. Prenez place, je vous en prie.
10 Votre dossier de candidature *(vos candidature-documents)* semble prometteur. Pourquoi souhaitez-vous commencer votre carrière chez nous ?

11 – Ich **fin**de das Pro**fil Ih**rer **Fir**ma sehr **in**teressant.
12 – **A**ber wa**rum möch**ten sie ge**ra**de nach **Deutsch**land **kom**men? Sie **könn**ten in **ei**ner **un**serer **Zweig**stellen [7] in **Frank**reich **ar**beiten?
13 – Mir ge**fällt** die **deu**tsche **Ar**beitsmentalität und ich **möch**te von den **Bes**ten [8] **ler**nen.
14 – Nun, wie sind **Ih**re Ge**halts**vorstellungen?
15 – **Mei**ne Ge**halts**vorstellungen!? Na ja ... Ich **wür**de **sa**gen ...
16 – Ein **gu**ter Ver**käu**fer nennt den Preis, **oh**ne zu **zö**gern [9]. Das **soll**ten Sie **nie**mals ver**ges**sen, Herr Le Blanc.
17 – Wenn es so ist, dann so viel wie **mög**lich. □

Prononciation
*10 ... bé**vèr**bouñgs-ount*ª*la:guën ... fi:lfèrchprèçhënt ... 12 ... tsvaïk-chtèlë 13 ... ar**baïts-mèntalitè:t ... 14 ... gué**halts**-fo*ª*chtëlouñguën*

Notes

1 **Verzeihung**, *pardon*, est un synonyme d'**Entschuldigung**.

2 Revenons aux pronoms interrogatifs construits avec une préposition. Si la question porte sur un être animé, le pronom interrogatif se construit avec la préposition + **wen** ou **wem** selon le cas : **einen Termin haben mit** + dat. → **mit wem**, *avec qui* ; **denken an** + acc. → **an wen**, *à qui* → **An wen denkst du?** – **An dich**, *À qui penses-tu ? – À toi*.

3 • **der Stock**, *l'étage*, dont le pluriel est **die Stockwerke**, est l'abréviation de **das Stockwerk**. L'abréviation ne s'emploie qu'au singulier. On dit aussi **die Etage** (pl. **die Etagen**) prononcé à la française. *N.B.* Il s'agit d'une construction au nominatif : **Erster Stock**, *premier étage* ; **letzter Stock**, *dernier étage*...
  • Les adverbes de lieu ne prennent pas de préposition lorsqu'ils expriment un locatif : **Der Fernseher steht in der Ecke links**, *La télévision est dans le coin à gauche*. Ils sont très souvent précédés de la préposition **nach** s'ils expriment la direction et de **von** s'ils expriment la prove-

Quatre-vingtième leçon / 80

11 – Je trouve le profil de votre société très intéressant.
12 – Mais pourquoi souhaitez venir précisément en Allemagne ? Vous pourriez travailler dans une de nos succursales *(branche-endroits)* en France.
13 – J'aime bien la mentalité de travail allemande et je voudrais apprendre des meilleurs.
14 – Et quelles sont vos prétentions salariales *(salaire-idées)* ?
15 – Mes prétentions salariales ? Eh bien… Je dirais…
16 – Un bon vendeur indique le prix sans hésiter. Vous ne devriez jamais oublier ça, M. Le Blanc.
17 – Si c'est comme ça, autant que possible.

---

nance : **Er ist nach rechts gegangen**, *Il est allé à droite* ; **Es kommt von oben**, *Ça vient d'en haut*.

4 **warten auf** + acc., *attendre*, indique l'attente concrète et physique tandis que **erwarten**, *attendre*, indique qqch. de planifié : **Sie erwartet ein Kind**, *Elle attend un enfant* ; **Alles läuft wie erwartet**, *Tout marche comme prévu*.

5 Le plus-que-parfait – **wir hatten doch gesagt**, *nous avions bien dit* – indique une action antérieure à une autre action passée : **ich erwartete Sie**, *je vous attendais*. Il se forme avec **haben** ou **sein** au prétérit + participe passé en fin de proposition. La règle concernant l'emploi du participe passé est la même qu'au parfait : **Nachdem es den ganzen Tag geregnet hatte, schien die Sonne am Abend**, *Après qu'il eut plu toute la journée, le soleil brilla le soir*.

6 Les noms se terminant par **-keit** sont toujours féminins : **die Pünktlichkeit**, *la ponctualité* ; **die Höflichkeit**, *la politesse*. Notez au passage les adjectifs **pünktlich**, *ponctuel*, et **höflich**, *poli*.

7 Vous connaissez déjà les pronoms indéfinis accusatif **einen/keinen** etc. (*cf.* L70 §8). Dans le dialogue, **(in) einer** est un datif féminin. Il exprime un locatif et remplace **(in) einer Zweigstelle**, *(dans) une succursale*. Vous trouverez la déclinaison complète du nominatif et du datif ainsi que des exemples dans la leçon de révision à la fin de cette série.

dreihundertsechsundvierzig • 346

8 Les adjectifs au superlatif peuvent également être substantivés : **best-**, *meilleur* → **von den Besten**, *des meilleurs*.

9 **ohne ... zu**, *sans*, régit une proposition infinitive. L'infinitif se place à la fin de la phrase derrière **zu** et le complément (s'il y a) entre **ohne** et **zu** : **Er ist gegangen, ohne ein Wort zu sagen**, *Il est parti sans dire un mot*. Avec un verbe à particule séparable, **zu** se place entre la particule et le verbe : **..., ohne sich umzudrehen** *[oumtsoudré:ën]*, ... *sans se retour-*

***

Übung 1 – Übersetzen Sie bitte!
❶ Er hat das gemacht, ohne zu fragen. ❷ Es hatte ihr sehr gut gefallen. ❸ Ich erwarte Sie um 7 Uhr. ❹ Sie wollten wissen, ob Sie gut angekommen waren. ❺ Für wen ist das?

***

Übung 2 – Ergänzen Sie bitte!
❶ Elle a pris mon portable sans me demander.
  Sie hat mein Handy genommen, ... mich .. fragen.

❷ Vous attendez aussi le métro ?
  ...... Sie auch ... die U-Bahn?

❸ La voiture venait de gauche.
  Das Auto kam ....

❹ La ponctualité est la politesse des rois.
  Pünktlichkeit ist .... der Könige.

❺ Nous avions trop mangé.
  Wir ...... zu viel ....

Quatre-vingtième leçon / 80

ner. N.B. Cette construction est seulement possible si le sujet de l'infinitive est le même que celui de la proposition principale. Autrement, il faut employer la conjonction de subordination **ohne dass**, *sans que* : **Er ist gegangen, ohne dass ich es wusste**, *Il est parti sans que je le sache*. **ohne dass** est aussi compatible avec des sujets identiques, la version avec **ohne … zu** est toutefois plus aisée et recommandée.

***

Corrigé de l'exercice 1
❶ Il l'a fait sans demander. ❷ Ça lui avait beaucoup plu. ❸ Je vous attends à sept heures. ❹ Ils voulaient savoir si vous étiez bien arrivée. ❺ C'est pour qui ?

Corrigé de l'exercice 2
❶ – ohne – zu – ❷ Warten – auf – ❸ – von links ❹ – die Höflichkeit – ❺ – hatten – gegessen

Deuxième vague : 31ᵉ leçon

Einundachtzigste Lektion

Das Wunderkind

1 – Er **wur**de am 27. **Ja**nuar 1756 ge**bo**ren [1] und ge**hört** zu [2] den be**kann**testen Kompo**nis**ten.
2 Von klein auf er**hielt** [3] er von **sei**nem **Va**ter **Mu**sik**un**terricht und mit 6 **Jah**ren [4] gab [5] er ge**mein**sam mit **sei**ner **Schwes**ter **sei**ne **ers**ten Kon**zer**te.
3 Er **reis**te [6] durch **vie**le **Län**der Eu**ro**pas und **spiel**te an fast **al**len **Fürs**tenhöfen. Die **Zei**ten **zwi**schen den **Rei**sen **nutz**te er zum Kompo**nie**ren [7].
4 Mit 12 **Jah**ren **hat**te er schon 3 **O**pern kompo**niert**, 6 Sympho**nien** und **vie**le **an**dere **Wer**ke.
5 **Ins**gesamt hat er mehr als 600 **Wer**ke ge**schrie**ben, da**run**ter die be**kann**ten **O**pern „Figa**ros** Hoch**zeit**", „Don Gio**van**ni" und „Die **Zau**berflöte".
6 Für die **da**malige Zeit ver**dien**te er viel Geld [8], aber so**wohl** er als auch **sei**ne Frau [9] **wa**ren ver**schwen**derisch.
7 Das **Wun**derkind **hat**te **vie**le **Schul**den und starb am 5. De**zem**ber 1791 in **Ar**mut [10].
8 In der Ge**trei**degasse in **Salz**burg **kön**nen Sie sein Ge**burts**haus be**su**chen.
9 Sie **ha**ben be**stimmt sei**nen **Na**men erraten. Es **han**delt sich um **Wolf**gang Ama**de**us **Mo**zart. □

Quatre-vingt-unième leçon

L'enfant prodige *(miracle-enfant)*

1 – Il est né le 27 janvier 1756 et fait partie des *(appartient aux)* compositeurs les plus connus.
2 Dès sa plus tendre enfance *(de petit sur)*, il reçut de son père des cours de musique et à 6 ans, il donna, accompagné par *(ensemble avec)* sa sœur, ses premiers concerts.
3 Il voyagea à travers de nombreux pays européens et joua devant *(à)* presque toutes les cours princières. Il profita des pauses *(temps)* entre les voyages pour composer.
4 À 12 ans, il avait déjà composé trois opéras, six symphonies et de nombreuses autres œuvres.
5 En tout, il a écrit plus de six cents œuvres, dont *(là-sous)* les célèbres opéras *Les Noces de Figaro*, *Don Giovanni* et *La Flûte enchantée*.
6 Pour l'époque *(le d'alors-temps)*, il gagna beaucoup d'argent mais aussi bien lui que sa femme étaient gaspilleurs.
7 L'enfant prodige avait beaucoup de dettes et mourut le 5 décembre 1791 dans la pauvreté.
8 Vous pouvez visiter sa maison natale *(naissance-maison)* au 9 de la **Getreidegasse** *(céréales-ruelle)* à Salzbourg *(sel-château-fort)*.
9 Vous aurez *(avez)* certainement deviné son nom. Il s'agit de Wolfgang Amadeus Mozart.

Prononciation
*4 ... zu'mfo**ni**:ën ... 5 ... **tsaou**b^a-fleu:të 6 ... fèr**chvèn**dërich 8 ... gué**traï**dë-gassë ... 9 ... ama**déo**uss **mo**:tsart*

81 / Einundachtzigste Lektion

Notes

1 Il s'agit d'un passif au prétérit. On dit aussi **Er ist geboren (worden)**, *Il est né*, et **worden** peut être sous-entendu.

2 **gehören zu** + dat. signifie *appartenir à / faire partie de* dans le sens d'être un élément d'un groupe / d'une catégorie (*cf.* dialogue) tandis que **gehören** (sans préposition) + dat. signifie *appartenir à* dans le sens de la possession : **Wem gehört das Buch? – Mir**, *À qui appartient ce livre ? – À moi*.

3 **erhalten (erhält)**, *obtenir* – **erhielt** – **erhalten**, est un verbe fort (= irrégulier) et change de voyelle au présent de l'indicatif. Dans les grammaires, les verbes forts sont généralement présentés comme suit : infinitif – radical au prétérit – participe passé, et pour les verbes changeant de voyelle au présent, on ajoute aussi la 3ᵉ personne du singulier du présent de l'indicatif. Notez qu'à la 3ᵉ personne du singulier, **erhalten** ne prend pas la terminaison **-t** étant donné que le radical se termine déjà par **-t** : **er erhältt**. Cette particularité vaut pour quelques verbes dont **halten**, *tenir*, et tous les verbes composés à partir de **halten** : **ich halte, du hältst, er hält∅, wir halten** …

4 **mit 12/14/18 … Jahren**, *à 12/14/18… ans*. Employez la préposition **mit**.

5 Voici l'occasion de mémoriser plusieurs verbes forts avant de les aborder plus en détail dans la série suivante : **geben (gibt)**, *donner* – **gab** – **gegeben**; **schreiben**, *écrire* – **schrieb** – **geschrieben**; **sterben (stirbt)**, *mourir* – **starb** – **gestorben** (ph. 7). Vous souvenez-vous de leurs termi-

***

Übung 1 – Übersetzen Sie bitte!

❶ Alles, was Sie zum Kochen brauchen. **❷** Wir schrieben uns jede Woche. **❸** Wo wurde sie geboren? **❹** Sind Sie arm oder reich? **❺** Sie hatten viel Geld verdient.

***

Avant d'être la ville de Mozart, **Salzburg** *est avant tout la ville du sel. Le gisement de sel qui s'était formé il y a des millions d'années sur le mont de* **Dürrnberg** *près de Salzbourg se révéla être un véritable trésor pour toute la région. Pas étonnant que celle-ci porte le nom de* **Salzkammergut**, *littéralement la "terre domaniale du sel". Les premiers à développer le commerce de ce bien précieux, nommé aussi "l'or blanc", furent les Celtes. Le sel servait non seulement à donner*

naisons au prétérit ? Les voici : ich gab⌀, du gabst, er/sie/es gab⌀, wir gaben, ihr gabt, sie/Sie gaben.

6. Et vous souvenez-vous des terminaisons des verbes faibles (= réguliers) ? reisen, *voyager* → ich reise, du reistest, er/sie/es reiste, wir reisten, ihr reistet, sie/Sie reisten.

7. Pour exprimer la finalité, on peut aussi employer zum (contraction de zu dem) + verbe substantivé : einschlafen, *s'endormir* → das Einschlafen → 10 Tipps zum Einschlafen, *10 conseils pour s'endormir*.

8. *gagner de l'argent* se dit Geld verdienen. À ne pas confondre avec gewinnen, *gagner/remporter* un jeu/match : Wie viel verdienst du pro Monat?, *Combien gagnes-tu par mois ?* ; Frankreich hat die Weltmeisterschaft gewonnen, *La France a remporté la Coupe du monde*.

9. Voici une autre double conjonction : sowohl ... als auch, *aussi bien... que*, ex. : Der Kurs findet sowohl am Dienstag als auch am Mittwoch statt, *Le cours a lieu aussi bien mardi que mercredi*.

10. die Armut, *la pauvreté*, est un nom féminin. Notez au passage l'adjectif arm, *pauvre*.

Corrigé de l'exercice 1

❶ Tout ce dont vous avez besoin pour cuisiner. ❷ Nous nous écrivions toutes les semaines. ❸ Où est-elle née ? ❹ Êtes-vous pauvre ou riche ? ❺ Ils avaient gagné beaucoup d'argent.

***

du goût aux aliments mais aussi à les conserver. Déjà à cette époque, l'industrie minière de la région connut une prospérité particulière qui ne cessa de croître avec le temps et grâce à laquelle Salzbourg se développa en une somptueuse ville baroque. Si un jour vous vous trouvez dans les environs, n'hésitez pas à aller visiter les mines de **Hallein** *ainsi que le musée celtique qui vous permettra de vous faire une idée des revenus tirés du commerce de "l'or blanc" il y a 2 500 ans.*

Übung 2 – Ergänzen Sie bitte!

① Il gagne plus que moi. *(sous-entendu "de l'argent")*
Er .... als ich.

② L'Allemagne a gagné 1 – 0.
Deutschland ... 1 – 0 ....

③ Mozart mourut à 35 ans.
Mozart starb ... 35 ....

④ Il naquit à Salzbourg. *(passif prétérit)*
Er ..... in Salzburg ....

Zweiundachtzigste Lektion

In der Weihnachtsbäckerei

1 – Der **Count**down hat be**go**nnen. Nur noch [1] zwei **Ta**ge und zwölf **Stun**den bis zum 6. De**zem**ber.

2 Wie **je**des Jahr **freu**en sich die **Kin**der auf den **Ni**kolaus [2]. Und wie **je**des Jahr wird in der **Weih**nachtsbäckerei auf **Hoch**touren ge**ar**beitet [3].

3 Was tut man nicht **al**les, um die **Kin**der **glück**lich zu **ma**chen.

4 **Plätz**chen, **Scho**konikoläuse [4] und **an**dere **Süß**igkeiten be**rei**ten die **Bä**ckergesellen vor, **wäh**rend [5] der **Bä**ckermeister die **Ar**beit über**prüft**:

5 – „Die **Plätz**chen sind ge**ba**cken. [6] Ihr könnt sie aus dem **Back**ofen **neh**men. **Ach**tung! Die Schoko**la**de muss **lang**sam er**hitzt wer**den. [7] Der Teig ist nicht süß ge**nug**. [8]"

6 – Am 5. De**zem**ber **a**bends [9] ist **al**les be**reit**. Der **Bä**ckermeister gibt dem **Ni**kolaus **sei**nen **schwe**ren Sack und sagt:

⑤ Il parle aussi bien allemand que français.
Er spricht ..... Deutsch ... auch Französisch.

Corrigé de l'exercice 2
❶ – verdient mehr – ❷ – hat – gewonnen ❸ – mit – Jahren ❹ – wurde
– geboren ❺ – sowohl – als –

Deuxième vague : 32ᵉ leçon

Quatre-vingt-deuxième leçon

Dans la boulangerie de Noël

1 – Le compte à rebours a commencé. Plus que deux jours et douze heures avant le *(jusqu'au)* 6 décembre.
2 Comme chaque année, les enfants se réjouissent de la venue de saint Nicolas *(réjouissent se les enfants sur le Nicolas)*. Et comme chaque année, la boulangerie de Noël tourne à plein régime *(est dans la Noël-boulangerie sur hauts-tours travaillé)*.
3 Qu'est-ce qu'on ne ferait pas *(que fait on pas tout)* pour rendre les enfants heureux.
4 Les apprentis boulangers préparent [des] biscuits, [des] saint Nicolas en chocolat et [d']autres friandises pendant que le maître boulanger contrôle le travail :
5 – "Les biscuits sont cuits. Vous pouvez les sortir du four. Attention ! Le chocolat doit être chauffé à feu doux *(lentement)*. La pâte n'est pas assez sucrée."
6 – Le 5 décembre au soir, tout est prêt. Le maître boulanger donne à saint Nicolas son sac lourd et dit :

7 – „Jetzt bist du dran **Ni**kolaus ⁽¹⁰⁾. Die **Kin**der **war**ten auf dich. **Wie**dersehen, bis **näch**stes Jahr!"'

8 – In der **Weih**nachtsbäckerei ist **al**les **ru**hig, aber nicht für **lan**ge. **Mor**gen früh geht's **wie**der los, denn bald steht **Weih**nachten vor der Tür ⁽¹²⁾. ☐

Prononciation

... **vaï**naçhts-bèkëraï **2** ... **Ho:cH**-tou:rën ... **4** ... **zu:**ssiçhkaïtën ... **bèk**ᵉ-guézëlën ... **bèk**ᵉ-maïstᵃ ...

Remarques de prononciation

(1) **Der Countdown** est un emprunt à l'anglais, que l'on prononce à l'anglaise : *[caountdaoun]*.

(5) Le **g** de **Teig** peut aussi se prononcer comme le **ch** de **ich** : *[taïch]*.

Notes

1 **nur noch** (litt. "seulement encore") signifie *ne... (plus) que* : **Wir haben nur noch zwei Tage Zeit**, *Nous n'avons plus que deux jours* ; **Sie streiten *[chtraïtën]* nur noch**, *Ils ne font que se disputer*.

2 Vous connaissez déjà le verbe **sich freuen**, *se réjouir* ; **sich freuen auf** + acc. signifie *se réjouir / être content de qqch. qui va arriver* : **Ich freue mich auf** ("sur") **dich**, *Je me réjouis de ta venue* ("sur toi") ; **Ich freue mich auf** ("sur") **die Ferien**, *Je me réjouis d'avance / J'ai hâte d'être en vacances*. Il existe aussi le verbe **sich freuen über** + acc. qui signifie *se réjouir / être content de qqch. qui a lieu / a eu lieu* : **Ich freue mich über** ("au-dessus-de") **meine gute Note *[no:të]* in Deutsch**, *Je suis content de ma bonne note en allemand*.

3 Cette phrase ne comporte pas de sujet, il s'agit d'un passif impersonnel. Pour pallier à cette absence, la phrase peut commencer soit par un complément circonstanciel en tête de phrase (*cf.* dialogue), soit par le pronom **es** (ce dernier étant obligatoire si la phrase ne comporte pas de complément circonstanciel) : **Es wird (wie jedes Jahr) auf Hochtouren gearbeitet**, *On travaille (comme chaque année) à plein régime*.

4 **Schoko (die)** est la contraction de **Schokolade (die)** : **der Schokonikolaus** ↔ **der Schokoladennikolaus**, *le saint Nicolas en chocolat*. *N.B.* Pour former un nom composé, **Schokolade** prend un **-n-** de liaison.

Quatre-vingt-deuxième leçon / 82

7 – "Maintenant, c'est ton tour saint Nicolas. Les enfants t'attendent. Au revoir, à l'année prochaine !"
8 – Dans la boulangerie de Noël, tout est calme, mais pas pour longtemps. Demain matin, ça recommence car Noël est sur le pas de *(se-trouve bientôt devant)* la porte.

5 Dans cet exemple, **während**, *pendant que*, a la fonction de conjonction de subordination. Souvenez-vous que **während** peut aussi avoir la fonction de préposition + gén. et équivaut à *pendant*.

6 Voici le passif d'état. À l'inverse du passif d'action, il exprime une action terminée, le résultat de celle-ci. Il se forme avec **sein** + participe passé en fin de proposition. Il est important que vous sachiez reconnaître ces deux formes étant donné qu'elles n'existent pas en français : **Die Plätzchen werden gebacken**, *Les biscuits sont en train de cuire* = action ↔ **Die Plätzchen sind gebacken**, *Les biscuits sont cuits* = état. Pour le passif d'état, on n'emploie généralement que deux temps. Le présent, comme dans l'exemple du dialogue, et le prétérit : **Sie waren schon gebacken**, *Ils étaient déjà cuits*.

7 Le passif peut également se construire avec un verbe de modalité + participe passé du verbe suivi de **werden** à l'infinitif en fin de proposition : **Die Schokolade musste langsam erhitzt werden**, *Le chocolat devait être chauffé doucement*.

8 *pas assez* se traduit par **nicht genug**. Attention de bien placer **genug** derrière l'adjectif attribut : **Es ist nicht groß genug**, *Ce n'est pas assez grand*.

9 Les adverbes de temps **morgens**, **abends**, etc. s'emploient aussi dans le sens de *au/du matin*, *au/du soir...* : **um 6 Uhr abends**, *à 6 heures du soir*.

10 Retenez les tournures **dran sein** ou **dran kommen** pour dire *être au tour de* : **Du bist/kommst dran, Lea**, *C'est à ton tour, Léa* ; **Wer ist/kommt dran?**, *C'est au tour de qui ?*

11 Dans le langage courant, on peut dire **Wiedersehen** au lieu de **Auf Wiedersehen**, *au revoir*.

12 La tournure **vor der Tür stehen**, *être sur le pas de / devant la porte*, s'emploie aussi bien au sens figuré pour indiquer l'imminence d'un événement (*cf.* dialogue) qu'au sens propre : **Er steht vor der Tür**, *Il est devant la porte*.

Übung 1 – Übersetzen Sie bitte!

❶ Es ist schon gemacht. ❷ Der Pulli ist nicht warm genug. ❸ Morgen kommst du dran. ❹ Die Zimmer müssen aufgeräumt werden. ❺ Das Brot war schon gebacken.

***

Übung 2 – Ergänzen Sie bitte!

❶ Plus que deux semaines avant Noël.
   …… 2 Wochen bis Weihnachten.

❷ Nous nous réjouissons (d'avance) de faire ce voyage.
   Wir …… uns … die Reise.

❸ Il ne fait pas assez froid.
   Es ist nicht …… …….

❹ Le gâteau est cuit.
   Der Kuchen …… …….

❺ C'était pendant la guerre.
   Es war …… … Krieges.

***

Le personnage de saint Nicolas est inspiré de l'histoire de l'évêque de Myre né à la fin du IIIe siècle en Asie mineure (approximativement Turquie actuelle) et réputé pour sa bonté et ses nombreux miracles. Il serait décédé un 6 décembre 343 et de nombreux pays, notamment les pays germaniques, ont choisi ce jour-là pour lui rendre hommage. Certaines sources prétendent que la Saint-Nicolas se célèbre depuis le IVe siècle, d'autres indiquent à partir du Xe siècle. En plus de sa grande

Quatre-vingt-deuxième leçon / 82

Corrigé de l'exercice 1
❶ C'est déjà fait. ❷ Le pull n'est pas assez chaud. ❸ Demain, c'est ton tour. ❹ Les chambres doivent être rangées. ❺ Le pain était déjà cuit.

***

Corrigé de l'exercice 2
❶ Nur noch – ❷ – freuen – auf – ❸ – kalt genug ❹ – ist gebacken ❺ – während des –

***

barbe blanche, sa mitre sur la tête, sa crosse et son long manteau rouge, saint Nicolas a toujours l'air souriant, bon et généreux. La tradition veut que les enfants laissent, la veille de la Saint-Nicolas, une chaussure, dite **Nikolausstiefel**, *botte de saint Nicolas, sur le pas de la porte afin que le bon saint Nicolas puisse y déposer des friandises.*

Deuxième vague : 33ᵉ leçon

Dreiundachtzigste Lektion

Die gute Nachricht

1 – Komm rein! ¹ Huch, was machst du denn für ein Gesicht? Schlechten Tag gehabt?
2 – Ja, aber nicht nur heute. Um die Wahrheit zu sagen, ich kann nicht mehr. Ich brauche dringend einen Tapetenwechsel. ²
3 – Auf einer Südseeinsel, zum Beispiel?
4 – Das wäre genau das Richtige für mich. Sonne, Strand und Meer. Aber genug geträumt! Was wolltest du mir sagen?
5 – Ich habe eine gute und eine schlechte Nachricht. Mit welcher ³ soll ich anfangen?
6 – Mmh ... mit der schlechten. Hoffentlich ⁴ ist sie nicht so schlecht!
7 – Es gibt Schlimmeres. ⁵ Auf dem Weg nach Hause bin ich von der Polizei angehalten worden ⁶.
8 – Du bist über Rot gefahren ⁷?
9 – Nein, ich bin beim Telefonieren ⁸ erwischt worden.
10 – Pech gehabt! Was kostet es dich? ⁹
11 – Einen Punkt und 100 (hundert) Euro Bußgeld. Und jetzt die gute Nachricht.
12 Ich habe eine Reise für zwei Personen gewonnen, zehn Tage auf den Seychellen alles inbegriffen. Und ich wollte wissen, ob du mich begleiten würdest?

Prononciation
2 ... driñguënt ... tapé:tën-vèksël 3 ... zu:t-zé:-inzël ... 11 ... bou:ss-guëlt ...

Quatre-vingt-troisième leçon

La bonne nouvelle

1 – Entre ! Ouh, pourquoi tu fais cette tête *(visage)* ? Mauvaise journée ?
2 – Oui mais pas qu'aujourd'hui. À vrai dire *(afin la vérité de dire)*, je n'[en] peux plus. J'ai absolument *(d'urgence)* besoin de changer d'air *(papier-peint-changement)*.
3 – Sur une île des mers du Sud, par exemple ?
4 – C'est exactement ce qu'il me faudrait. *(ce serait exactement le juste pour moi)* [Le] soleil, [la] plage et [la] mer. Bon assez rêvé ! Qu'est-ce que tu voulais me dire ?
5 – J'ai une bonne et une mauvaise nouvelle. Par laquelle je commence ?
6 – Mmm… par la mauvaise. J'espère qu'elle n'est pas si mauvaise [que ça].
7 – Il y a pire. J'ai été arrêtée par la police sur le chemin de la maison.
8 – Tu es passée au rouge *(au-dessus-de rouge roulé)* ?
9 – Non, j'ai été prise en train de téléphoner.
10 – Pas de bol ! *(poisse eu)* Ça te coûte combien ?
11 – Un point et cent euros d'amende *(pénitence-argent)*. Et maintenant la bonne nouvelle :
12 j'ai gagné un voyage pour deux personnes, dix jours tout compris aux *(sur les)* Seychelles. Et je voulais savoir, si tu voulais bien m'accompagner *(m'accompagnerais)* ?

Notes

1 À l'oral, on emploie souvent la contraction **rein** à la place de **herein** ou **hinein**. Ces particules signifient *entrer* : **Kommen Sie bitte herein!** → **Kommen Sie bitte rein!**, *Entrez, s'il vous plaît !* ; **Geh hinein/rein,**

ich warte draußen. → *Rentre, j'attends dehors.* Rappelez-vous que **her** indique un rapprochement et **hin** un éloignement (L63, §8). Dans les exemples cités, ces notions de rapprochement/éloignement sont assez évidentes mais ce n'est toutefois pas toujours le cas. N'hésitez donc pas à employer l'abréviation **rein**.

2 Retenez la tournure idiomatique **einen Tapetenwechsel brauchen** (litt. "avoir besoin d'un papier-peint-changement"), *avoir besoin de changer d'air*.

3 **welch-** s'emploie aussi bien en tant que pronom interrogatif que déterminant (dit aussi "adjectif") interrogatif (L35, §3). Ils se déclinent dans les deux cas comme l'article défini. Pronom D f. : **Mit welcher soll ich anfangen?**, *Je commence par laquelle ?* ↔ Déterminant (dit aussi "adjectif") D f. : **Mit welcher Nachricht soll ich anfangen?**, *Je commence par quelle nouvelle ?*

4 L'adverbe **hoffentlich** peut s'employer à la place de **ich hoffe**, *j'espère* / **wir hoffen**, *nous espérons* : **Ich hoffe / Wir hoffen, es ist nicht schlimm.** ↔ **Hoffentlich ist es nicht schlimm**, *J'espère / Nous espérons que ce n'est pas grave*. **Hoffentlich** se traduit aussi par *espérons que* lorsqu'il exprime un souhait général : **Hoffentlich schneit es bald**, *Espérons qu'il neigera bientôt*.

5 **Schlimmeres** est un adjectif substantivé au comparatif de supériorité : **schlimm**, *grave* → **schlimmer**, *pire*. Notez aussi : **Es gibt (nichts) Besseres**, *Il (n')y a (rien) de mieux*.

6 • Vous avez ici ainsi qu'à la phrase 9 un exemple de phrase au passif parfait. Celui-ci se construit avec **sein** au présent de l'indicatif + participe passé du verbe suivi de **worden** en fin de proposition : **Ich bin von der Polizei angehalten worden**, *J'ai été arrêté par la police*. Le passif parfait s'emploie plutôt pour un événement passé récent et/ou ayant

***

Übung 1 – Übersetzen Sie bitte!

❶ Seid ihr nicht eingeladen worden? ❷ Ich bin nicht eingeladen worden. ❸ Es gibt Besseres. ❹ Hoffentlich findet er den Weg. ❺ Seid ihr von der Polizei angehalten worden?

des répercussions dans le présent, tandis que le passif prétérit s'emploie pour des actions passées terminées. Cependant dans la pratique, cette distinction n'est plus vraiment respectée à l'oral.
• **von der Polizei**, *par la police*, remplit la fonction de complément d'agent. Il est introduit par la préposition **von** + dat., *par*, et équivaut au sujet dans la phrase active : **Die Polizei hat mich angehalten**, *La police m'a arrêté*. S'il exprime le moyen ou la cause, le complément d'agent est introduit par la préposition **durch** + acc., *grâce à / à cause de* : **Sie wurde durch diese Operation** *[opéra***tsio:n***]* **gerettet**, *Elle a été sauvée grâce à cette opération*.

7 *passer au rouge* se dit **über Rot fahren**, litt. "au-dessus-de rouge rouler". Ça peut toujours servir bien qu'il vaudrait mieux éviter !

8 Pour dire que l'on est en train de faire quelque chose, on peut employer **beim** (forme contractée de **bei dem**) + verbe substantivé : **Mein Lehrer hat mich beim Rauchen erwischt**, *Mon professeur m'a attrapé en train de fumer*.

9 Quelques verbes, dont **kosten**, *coûter*, régissent un double accusatif, c'est-à-dire deux compléments accusatifs : **Es kostet mich einen Punkt**, *Ça me coûte un point*. Dans le dialogue, les deux accusatifs sont **dich** dans la question ph. 10 et **einen Punkt und 100 Euro Bußgeld** ph. 11.

Corrigé de l'exercice 1
❶ Vous n'avez pas été invités ? ❷ Je n'ai pas été invité/invitée. ❸ Il y a mieux. ❹ J'espère qu'il trouvera *(trouve)* le chemin. ❺ Vous avez été arrêtés par la police ?

Übung 2 – Ergänzen Sie bitte!

❶ Il m'a vue en train de fumer.
Er hat mich .... gesehen.

❷ Ça me coûte 1 euro.
Es kostet .... Euro.

❸ Il est passé au rouge.
Er ist .... gefahren.

❹ J'espère qu'il ne pleuvra pas.
.... es nicht.

Vierundachtzigste Lektion

Wiederholung – Révision

1 La forme passive

À la différence de la forme active qui met l'accent sur le sujet qui produit l'action, la forme passive souligne l'action ou son résultat. L'allemand fait la distinction entre deux formes passives : le passif d'action et le passif d'état. Cette distinction n'existe pas en français et il est important que vous sachiez reconnaître ces deux formes. Voyons comment elles se construisent, ainsi que d'autres particularités du passif.

1.1 Le passif d'action

Il met l'accent sur le déroulement de l'action et se conjugue avec l'auxiliaire **werden** + participe passé en fin de proposition.
Il s'emploie plus fréquemment en allemand qu'en français. Pour le traduire, le français lui préfère souvent la forme active, notamment avec *on*.
Il se conjugue à tous les temps mais nous nous limitons dans cette méthode aux temps que vous emploierez le plus, le présent, le parfait et le prétérit. C'est toujours le verbe **werden** qui indique le temps : au passif présent **werden** est au présent ; au passif parfait **werden** est au parfait…
Attention ! Plusieurs verbes n'ont pas de forme passive dont les verbes intransitifs, pronominaux, modaux ainsi que **haben/sein/werden**,

❺ Entrez ! *(deux versions possibles)*
   Kommt ...... / .... !

Corrigé de l'exercice 2
❶ – beim Rauchen – ❷ – mich einen – ❸ – über Rot – ❹ Hoffentlich regnet – ❺ – herein/rein

---

Deuxième vague : 34ᵉ leçon

Quatre-vingt-quatrième leçon

avoir/être/devenir ; **kennen**, *connaître* ; **wissen**, *savoir* ; **es gibt**, *il y a*.
Exemples avec **operiert werden**, *être opéré* :

	Présent	Parfait
ich	werde operiert	bin operiert worden
du	wirst operiert	bist operiert worden
er, sie, es	wird operiert	ist operiert worden
wir	werden operiert	sind operiert worden
ihr	werdet operiert	seid operiert worden
sie	werden operiert	sind operiert worden
Sie	werden operiert	sind operiert worden

N.B. Pour former le parfait, on emploie **worden** qui est la forme contractée du participe passé **geworden**.

	Prétérit
ich	wurde operiert
du	wurdest operiert
er, sie, es	wurde operiert
wir	wurden operiert
ihr	wurdet operiert
sie	wurden operiert
Sie	wurden operiert

Le complément d'agent (s'il y a) est introduit par **von** + dat., *par*, ou par **durch** + acc., *grâce à / à cause de*.
Nous y reviendrons plus en détails un peu plus tard.
Lorsqu'on transforme une phrase active en phrase passive, il faut effectuer certaines modifications :
– le sujet de la phrase active devient le complément d'agent de la phrase passive ;
– le complément d'objet direct de la phrase active devient le sujet de la phrase passive.

	Passage de l'actif au passif einen Kuchen backen *faire un gâteau*
Présent	**Der Bäcker backt den Kuchen.** **Der Kuchen wird vom Bäcker gebacken.**
Prétérit	**Der Bäcker backte den Kuchen.** **Der Kuchen wurde vom Bäcker gebacken.**
Parfait	**Der Bäcker hat den Kuchen gebacken.** **Der Kuchen ist vom Bäcker gebacken worden.**

Revenons sur le complément d'agent. Il est introduit par **von** + dat. s'il indique le sujet ou l'agent de l'action et par **durch** + acc. s'il indique le moyen ou la cause de l'action :
Mein Vater ist von diesem bekannten Arzt operiert worden, *Mon père a été opéré par ce célèbre médecin* ;
Mein Vater ist durch diese Operation gerettet worden, *Mon père a été sauvé grâce à cette opération*.

Le passif s'emploie également avec les verbes de modalité + participe passé suivi de **werden** en fin de proposition. Dans ce cas, le temps est défini par le verbe de modalité. Nous nous limitons dans cette méthode au présent et au prétérit.
– présent : **ich muss heute operiert werden** ; **du musst heute operiert werden ...**, *je dois être opéré aujourd'hui* ; *tu dois être opéré aujourd'hui...*
– prétérit : **ich musste gestern operiert werden** ; **du musstest gestern operiert werden ...**, *j'ai dû / je devais être opéré hier* ; *tu as dû / tu devais être opéré hier...* Cette construction se traduit souvent par le passé composé et non par l'imparfait.

Quatre-vingt-quatrième leçon / 84

1.2 Le passif d'état

Il exprime une action terminée, le résultat de celle-ci. Il se conjugue avec l'auxiliaire **sein** + participe passé en fin de proposition.
Il s'emploie généralement au présent et au prétérit. C'est **sein** qui indique le temps.
Au passif d'état, il ne peut pas y avoir de complément d'agent.
Exemples :
– présent : **Der Kuchen ist gebacken**, *Le gâteau est fait/cuit* ;
– prétérit : **Der Kuchen war gebacken**, *Le gâteau était fait/cuit*.

1.3 Le passif impersonnel

Il arrive que la phrase passive ne comporte pas de sujet. Il s'agit du passif impersonnel. Pour pallier à l'absence de sujet, la phrase peut commencer soit par un complément circonstanciel, soit par le pronom **es** (dit "**es** explétif").
Dans le cas où il n'y a pas de complément circonstanciel, la phrase doit obligatoirement commencer par **es**.
Am Sonntag wird nicht gearbeitet, *On ne travaille pas le dimanche* ;
Hier darf nicht geraucht werden, *On n'a pas le droit de fumer ici* ;
Es wird am Sonntag nicht gearbeitet, *On ne travaille pas le dimanche* ;
Es wird nicht gearbeitet, *On ne travaille pas*.

2 Le plus-que-parfait

Il exprime une action passée antérieure à une autre action passée et se forme avec l'auxiliaire **haben** ou **sein** au prétérit + participe passé en fin de proposition. La règle de l'emploi des auxiliaires est la même que pour le parfait.

	arbeiten *travailler*	ankommen *arriver*
ich	hatte gearbeitet	war angekommen
du	hattest gearbeitet	warst angekommen
er, sie, es	hatte gearbeitet	war angekommen
wir	hatten gearbeitet	waren angekommen
ihr	hattet gearbeitet	wart angekommen
sie	hatten gearbeitet	waren angekommen
Sie	hatten gearbeitet	waren angekommen

Exemples :
Als ich ankam, hatte der Film schon angefangen, *Quand j'arrivai, le film avait déjà commencé* ;
Er konnte nicht mehr. Er hatte seit zwei Tagen nichts gegessen, *Il n'en pouvait plus. Il n'avait rien mangé depuis deux jours.*

3 Les adjectifs substantivés

Il s'agit de noms formés à partir d'adjectifs et qui se déclinent comme les adjectifs épithètes. Ils se déclinent donc différemment selon qu'ils sont précédés d'un article défini, indéfini ou d'aucun article. Ils sont au masculin ou au féminin s'ils désignent un être animé ou au neutre s'ils désignent une chose ou qqch. d'abstrait. Un exemple notoire est l'adjectif substantivé **deutsch** → **der Deutsche / die Deutsche**, *l'Allemand / l'Allemande*. N.B. La substantivation d'un adjectif peut aussi se faire à partir d'un comparatif de supériorité ou d'un superlatif. Exemples :
• datif masculin : **Sie ist mit einem Deutschen verheiratet**, *Elle est mariée à un Allemand* ;
• nominatif masculin : **Er spricht wie ein Deutscher**, *Il parle comme un Allemand* ;
• nominatif pluriel : **Ihr seid die Besten**, *Vous êtes les meilleurs*.
Dans la construction avec **etwas** ou **nichts**, l'adjectif substantivé se décline comme un adjectif épithète dans un groupe nominal neutre sans déterminant. Exemples :
• nominatif : **Das ist etwas Gutes**, *C'est quelque chose de bien/bon* ;
• accusatif : **Haben Sie nichts Kleineres?**, *Vous n'avez rien de plus petit ?*
• datif : **Wir beginnen mit etwas Neuem**, *Nous commençons par quelque chose de nouveau*.
Attention ! **Das ist etwas/nichts anderes**, *C'est quelque chose / Ce n'est rien d'autre*. On ne met pas de majuscule à **ander-**.
En cas de doute concernant la déclinaison, n'hésitez pas à vous référer aux tableaux de la leçon 49 (§1) et de la leçon 56 (§1).

4 *bevor*, "avant que", et *nachdem*, "après que"

Il s'agit de conjonctions de subordination. Contrairement au français, elles ne peuvent en aucun cas régir une proposition subordonnée infinitive.

Ich rufe dich an, bevor ich losfahre, *Je t'appelle avant de partir* → **Ich rufe dich an, ~~bevor loszufahren~~**.
Ich mache es, nachdem ich gegessen habe, *Je le ferai après avoir mangé* → **Ich mache es, ~~nachdem gegessen zu haben~~**.

5 Les pronoms interrogatifs employés avec une préposition

Si le groupe verbal régit une préposition, il faut tenir compte de celle-ci pour former le pronom interrogatif. C'est le cas avec les verbes à régime prépositionnel comme **warten auf** + acc., *attendre* ; **anfangen mit** + dat., *commencer avec/par* ou des constructions prépositionnelles comme **einen Termin haben mit** + dat., *avoir un rendez-vous avec*.

a) Si la question porte sur un être animé, le pronom interrogatif se forme à partir de la préposition + **wen** ou **wem** selon le cas :
• accusatif : **Auf wen wartest du? – Auf meinen Bruder**, *Qui attends-tu ? – Mon frère* ;
• datif : **Mit wem haben Sie einen Termin? – Mit dem Personalleiter**, *Avec qui avez-vous rendez-vous ? – Avec le chef du personnel*.

b) Si la question porte sur qqch. d'abstrait/d'inanimé, le pronom interrogatif se forme à partir de **wo** + préposition ou **wor** si la préposition commence par une voyelle :
• accusatif : **Worauf wartest du? – Auf die Straßenbahn**, *Qu'est ce que tu attends ? – Le tram* ;
• datif : **Womit möchten Sie anfangen? – Mit den Übungen**, *Par quoi souhaitez-vous commencer ? – Par les exercices*.

6 Les pronoms indéfinis *einer/keiner, eine/keine, eins/keins* et *welche/keine*

Vous avez déjà étudié l'emploi des pronoms indéfinis à l'accusatif. Voici leur déclinaison complète au nominatif, à l'accusatif et au datif, ainsi que la forme négative. Vous remarquerez qu'ils se déclinent comme l'article indéfini, sauf au nominatif masculin et neutre et à l'accusatif neutre.

L'emploi des différents cas suit la règle de la déclinaison. Nous n'abordons pas le génitif étant donné qu'il relève du langage soutenu.

	Masculin	Féminin	Neutre	Pluriel
N	einer/keiner	eine/keine	eins/keins	welche/keine
A	einen/keinen	eine/keine	eins/keins	welche/keine
D	einem/keinem	einer/keiner	einem/keinem	welchen/keinen

• Nominatif neutre : **Hast du Bücher gekauft? – Ja und eins ist für dich**, *Tu as acheté des livres ? – Oui et il y en a un pour toi* (litt."et un est pour toi").
• Accusatif pluriel : **Wer hat in Deutschland Bücher gekauft? – Ich habe welche gekauft**, *Qui a acheté des livres en Allemagne ? – Moi, j'en ai acheté* (litt. "j'ai en acheté").
• Datif féminin : **Sie könnten in einer unserer Zweigstellen arbeiten**, *Vous pourriez travailler dans une de nos filiales.*

7 Le genre des noms

Au fil des leçons, nous avons vu que certaines catégories permettent de déterminer le genre des noms. Même si elles ne sont pas exhaustives, elles vous aideront pour un bon nombre de noms.
• Sont masculins :
– les noms indiquant des êtres de sexe masculin : **der Mann**, *le monsieur* ;
– les moments de la journée : **der Morgen**, *le matin* ; **der Mittag**, *le midi*, sauf **die Nacht**, *la nuit* ;
– les jours de la semaine/mois/saisons : **der Montag**, *le lundi* ; **der Juni**, *le mois de juin* ; **der Sommer**, *l'été* ;
– les points cardinaux : **der Süden**, *le Sud* ;
– la plupart des noms se terminant par **-er** et **-ler** : **der Lehrer**, *le professeur* ; **der Muttersprachler**, *le locuteur natif*, sauf **die Mutter**, *la mère* ; **die Schwester**, *la sœur*, et **die Tochter**, *la fille*, car ils désignent des êtres de sexe féminin.
• Sont féminins :
– les noms indiquant des êtres de sexe féminin : **die Frau**, *la femme* ;

– les chiffres/nombres : **die Eins**, *le un* ;
– la plupart des noms se terminant par **-e** et tous les noms se terminant par **-ei**, **-heit**, **-in**, **-keit**, **-schaft**, **-ung** : **die Stunde**, *l'heure* ; **die Bäckerei**, *la boulangerie* ; **die Lehrerin**, *la professeure*.
• Sont neutres :
– les petits des êtres vivants : **das Baby**, *le bébé* ;
– les couleurs : **das Grün**, *le vert* ;
– les noms des langues : **das Deutsch**, *l'allemand* ;
– les lettres de l'alphabet : **das A und das B**, *le A et le B* ;
– les verbes substantivés : **das Essen**, *le repas* ;
– les diminutifs se terminant par **-chen** ou **-lein** : **das Mädchen (-)**, *la fille* ; **das Fräulein (-)**, *la demoiselle*.

Wiederholungsdialog

1 – Liebe Freunde, macht mir auf! Ich bin's, der Nikolaus.
2 – Komm rein, Nikolaus. Was ist los?
3 – In der Weihnachtsbäckerei wird eure Hilfe gebraucht. Der Bäckermeister ist seit zwei Tagen krank.
4 – Nur keine Panik Nikolaus! Was können wir für dich tun?
5 – Könnt ihr in die Weihnachtsbäckerei gehen und Plätzchen und Schokonikoläuse machen?
6 – Ja, klar.
7 – Ach ja! Mein Sack soll auch gewaschen werden.
8 – Kein Problem. Womit sollen wir anfangen?
9 – Mit den Schokonikoläusen. Das ist das Wichtigste. Aber beeilt euch bitte. Bald wird es dunkel.
10 – Ja, wir fahren gleich los. Jungs, habt ihr verstanden? Wir müssen los. Wir haben etwas Wichtiges zu tun.

Traduction

1 Chers amis, ouvrez-moi ! C'est moi, saint Nicolas. **2** Entre saint Nicolas. Qu'est-ce qui se passe ? **3** On a besoin de votre aide dans la boulangerie de Noël. Le maître boulanger est malade depuis deux jours. **4** Pas de panique saint Nicolas ! Qu'est-ce qu'on peut faire pour toi ? **5** Pouvez-vous aller à la boulangerie de Noël et faire des petits gâteaux et des saint Nicolas en chocolat ? **6** Oui, bien-sûr. **7** Ah oui ! Mon sac doit aussi être lavé. **8** Pas de problème. Par quoi devons-nous commencer ? **9** Par les *figurines à l'effigie de* saint Nicolas en chocolat. C'est le plus important. Mais dépêchez-vous s'il vous plaît. Il va bientôt faire nuit. **10** Oui, on part tout de suite. Les gars, vous avez compris ? On doit y aller. Nous avons quelque chose d'important à faire.

Fünfundachtzigste Lektion

Aprilwetter

1 – Ich **ha**tte ge**dach**t, wir **könn**ten viel**leich**t **Fahr**räder **mie**ten¹, statt mit der **U**-Bahn zu² **fah**ren.

2 Es gibt hier **näm**lich **vie**le **schö**ne **Rad**wege.

3 – **Gu**te I**dee**! Der³ am Fluss ent**lang**⁴ sieht be**son**ders schön aus.

4 – Ge**nau** den **woll**te ich auch **vor**schlagen⁵.

5 Und was meinst du, Tom?

6 – Ja, **su**per. **Et**was Be**we**gung **könn**te nicht **scha**den. Wir **ha**ben in den **letz**ten **Ta**gen⁶ so viel ge**ges**sen.

7 – Das kannst du laut⁷ **sa**gen. Das **Es**sen hier ist **ein**fach **un**widerstehlich.

8 – Das stimmt, **a**ber ge**nug** ge**re**det. Macht euch **fer**tig⁸, da**mit** wir **los**kommen⁹. Und ver**gess**t **eu**re **Re**gencapes nicht.

Übersetzen Sie bitte!

❶ Woran denkst du? ❷ Hier wird Deutsch gesprochen.
❸ Es gibt nichts Besseres. ❹ Sie hatten nichts gemacht. ❺ Sie sind heute geliefert worden.

Corrigé

❶ À quoi tu penses ? ❷ Ici, on parle allemand. ❸ Il n'y a rien de mieux. ❹ Ils n'avaient rien fait. ❺ Ils ont été livrés aujourd'hui.

Deuxième vague : 35ᵉ leçon

Quatre-vingt cinquième leçon

Giboulées de mars *(avril-temps)*

1 – J'avais pensé que nous pourrions peut-être louer des vélos au lieu de prendre le métro.
2   Il y a beaucoup de belles pistes cyclables ici.
3 – Bonne idée ! Celle le long du fleuve a l'air particulièrement belle.
4 – [C'est] justement celle [que] je voulais proposer.
5   Et [toi] Tom, qu'[en] penses-tu ?
6 – Oui, super ! Un peu d'exercice ne nous fera pas de mal *(pourrait pas nuire)*. Nous avons tellement mangé ces derniers jours.
7 – Ça tu peux le dire ! *(ça peux tu à-haute-voix dire)* La nourriture ici est tout simplement irrésistible.
8 – C'est vrai, mais assez parlé. Préparez-vous afin qu'on puisse partir. Et n'oubliez pas vos capes de pluie.

9 – Ach, das ist nicht **nö**tig.
10 – Man weiß nie. Es gibt ein **al**tes **Sprich**wort, das sagt: „**April**, **April**, der macht was er will."

Prononciation
1 ... fa:ᵃ-rè:dᵃ ... 2 ... ra:t-végüë 3 ... èntlañg ... 7 ... ounviːdᵃchtéːliçh 8 ... réːguën-kèïps ...

Notes

1 • Rappelez-vous que pour alléger la phrase, on aime supprimer la conjonction **dass** et le verbe conjugué est alors à sa place habituelle, en deuxième position.
• **das Rad** (¨**er**) est la contraction de **das Fahrrad** (¨**er**), *le vélo*, que l'on retrouve dans le terme **der Radweg** (**e**) (ph. 2), *la piste cyclable*.

2 **anstatt** ou **statt ... zu**, *au lieu de*, régit une proposition infinitive. **(An) Statt** se place devant le complément (s'il y a), **zu** devant l'infinitif ou entre la particule et l'infinitif en cas de particule séparable : **Wir bestellen etwas zum Essen, (an)statt auszugehen**, *On commande quelque chose à manger au lieu de sortir*. Cette construction est possible seulement si le sujet de l'infinitive est le même que celui de la proposition principale. Autrement, il faut employer la conjonction de subordination **(an)statt dass**, *au lieu que* : **(An)Statt dass wir zu ihm gehen, kommt er zu uns**, *Au lieu que nous allions chez lui, il vient chez nous*. La proposition introduite par **(an)statt ... zu** ou **(an)statt dass** peut être devant ou derrière la proposition principale. Bien que **(an)statt dass** soit compatible avec des sujets identiques, mieux vaut employer **(an)statt ... zu** + infinitif.

3 **der** (N m.) et **den** (ph. 4, A m.) *celle*, s'emploient ici comme pronoms démonstratifs et font référence à **der Radweg**, *la piste cyclable*.

***

Übung 1 – Übersetzen Sie bitte!

❶ Er ist mit Freunden ausgegangen, anstatt mir zu helfen. ❷ In den letzten Wochen hat es viel geschneit. ❸ Ich helfe dir, damit es schneller geht. ❹ Es ist viel zu laut. ❺ Kannst du dich fertig machen?

Quatre-vingt-cinquième leçon / 85

9 – Ah, ce n'est pas nécessaire.
10 – On ne sait jamais. Il y a un vieux dicton qui dit : "En avril, ne te découvre pas d'un fil." *(avril, avril, il fait ce-qu'il veut)*

---

4 *an ... entlang*, *le long de*, se place de part et d'autre du complément et régit le datif.

5 *vor-* est une particule séparable : **Was schlägst du vor?**, *Que proposes-tu ?* À ne pas confondre avec le verbe **schlagen**, *frapper/battre* (au jeu) : **Deutschland wurde mit 3 – 0 geschlagen**, *L'Allemagne a été battue 3 – 0* ; **Schlag mich nicht**, *Ne me frappe pas*.

6 *ces derniers(-ères) heures/semaines...* se dit **in den** (litt. "dans les" au datif) **letzten Stunden/Wochen ...**

7 L'adjectif **laut** signifie *à haute voix / fort* (bruyant) : **Die Musik ist zu laut**, *La musique est trop forte*.

8 Pour *se préparer*, on peut dire **sich fertig machen**, litt. "se fini faire" : **Okay, ich mache mich fertig**, *OK, je me prépare*.

9 La conjonction de subordination **damit**, *afin que / pour que*, sert à exprimer la finalité. Elle est obligatoire si le sujet de la proposition principale n'est pas le même que celui de la proposition subordonnée. Elle est aussi compatible avec des sujets identiques mais généralement on lui préfère les constructions infinitives avec **um ... zu ... / zum**. Notez que pour interroger la finalité, on emploie le pronom interrogatif **wozu**, *pourquoi* (dans quel but) : **Wozu machst du das? – Damit du glücklich bist**, *Pourquoi fais-tu ça ? – Pour que tu sois heureuse* ; **Wozu brauchst du das? – Um zu kochen / Zum Kochen**, *Pourquoi as-tu besoin de ça ? – Pour cuisiner*.

***

Corrigé de l'exercice 1

❶ Il est sorti avec des amis au lieu de m'aider. ❷ Il a beaucoup neigé ces dernières semaines. ❸ Je t'aide pour que ça aille plus vite. ❹ C'est beaucoup trop bruyant. ❺ Tu peux te préparer ?

Übung 2 – Ergänzen Sie bitte!

❶ Elle marcha le long de la route.
Sie lief .. der Straße ....

❷ Nous nous sommes à peine vus ces dernières années.
Wir haben uns ..... letzten Jahren kaum gesehen.

❸ Ils sont très bruyants.
Sie sind ....

❹ Achète des œufs pour que je puisse faire un gâteau.
Kauf Eier, ... einen Kuchen backen kann.

❺ Pourquoi a-t-il besoin de l'ordinateur ? – Pour travailler.
.... er den Computer? – Zum Arbeiten.

***

*Le terme **Aprilwetter** désigne un temps instable, souvent frais et avec de fortes précipitations comme ça peut être le cas en avril et aussi en mars, d'où la traduction française giboulées de mars. Pourquoi les Allemands font-ils référence au mois d'avril et les Français au mois de mars ? Est-ce parce que le climat peut être plus rude en Allemagne ? C'est possible, bien qu'il n'existe pas d'explication scientifique fondée*

Sechsundachtzigste Lektion

Der unerwartete Gast [1]

1 – **Mahl**zeit! [2]
2 – **Dan**ke!
3 – Schmeckt's?
4 – Ich **fin**de, es fehlt **et**was [3].
5 – Ja, es fehlt **et**was.
6 – **Wirk**lich?
7 – Na**tür**lich fehlt **et**was. Man kann es bis **hier**her **rie**chen.
8 – **Tan**te **Fri**da! Was machst du denn hier? **On**kel Fritz hat ge**sagt**, du seist [4] auf Kur.

Corrigé de l'exercice 2

❶ – an – entlang ❷ – in den – ❸ – sehr laut ❹ – damit ich – ❺ Wozu braucht –

à ce sujet. Par contre, l'expression **April, April, der macht was er will** *ou bien* **April, April, der weiß nicht was er will**, En avril ne te découvre pas d'un fil, *fait bien allusion au même mois.*

Deuxième vague : 36ᵉ leçon

Quatre-vingt-sixième leçon

L'hôte inattendu

1 – Bon appétit !
2 – Merci !
3 – C'est bon ?
4 – Je trouve qu'il manque quelque chose.
5 – Oui, il manque quelque chose.
6 – Vraiment ?
7 – Bien sûr qu'il manque quelque chose. Ça se sent jusqu'ici.
8 – Tante Frida ! Mais qu'est-ce que tu fais ici ? Oncle Fritz nous a dit que tu étais en cure.

9 – Ach, Thermalbäder [5] und kalorienarmes Essen, das ist nichts für mich. Und ich habe euch so vermisst. [6]

10 – Wir haben dich auch vermisst. Aber sag mal: Was fehlt denn da genau?

11 – Eine Kleinigkeit, die einen großen Unterschied macht: ein Teelöffel [7] Schnaps!

12 – Schnaps?

13 – Ja, Schnaps! Reicht mir bitte die Flasche rüber [8]. (…)

14 So, bitte schön, lasst es euch schmecken [9].

15 – Manometer, das schmeckt aber gut! □

Prononciation
9 ... tèrma:l-bè:dᵃ ... kalori:ën-armëss ... **11** ... klaïnichkaït ... **15** manomé:tᵃ ...

Notes

1 Ne confondez pas **der Gast** (¨e), *l'hôte/invité* (m. et f.), avec **der Gastgeber** (-) (m.) / **die Gastgeberin** (nen) (f.) litt. "hôte-donneur/donneuse", *l'hôte/amphitryon*.

2 Pour souhaiter *Bon appétit !*, on dit soit **Mahlzeit!**, soit **Guten Appetit!** Le terme **die Mahlzeit** (en), litt. "repas-temps", signifie aussi *le repas*.

3 Il s'agit d'un **es** explétif, *il / il y a*. Sa fonction est d'occuper la première place dans la phrase et d'accentuer le sujet. Attention ! Si le sujet est au pluriel, le verbe l'est aussi, ex.: **Es kommen viele Leute**, *Il y a beaucoup de gens qui viennent*. Si la phrase comporte un complément circonstanciel, celui-ci peut remplacer le **es** pour accentuer le sujet : **Es fehlt natürlich etwas** ↔ **Natürlich fehlt etwas**, *Bien sûr qu'il manque quelque chose*.

4 **ich sei, du seist, er/sie/es sei, wir seien, ihr sei(e)t, sie/Sie seien** est le **Konjunktiv I** présent de **sein**. Il s'emploie pour le discours indirect mais aujourd'hui, l'indicatif fait bien souvent l'affaire. Dans ce cas, il faut ajouter **dass** pour souligner le discours indirect bien que dans le langage parlé, cette règle ne soit pas forcément respectée : **... hat gesagt, dass du auf Kur bist / du bist auf Kur** (langage parlé), *... a dit que tu es en cure*.

Quatre-vingt-sixième leçon / 86

9 – Ah, [les] bains thermaux et [la] cuisine hypocalorique *(calories-pauvre)*, ce n'est pas [fait] pour moi. Et vous m'avez tellement manqué.
10 – [Toi aussi] tu nous as manqué. Mais dis-moi : qu'est-ce qui manque exactement ?
11 – Un détail qui fait toute la *(une grande)* différence : une petite cuillère *(thé-cuillère)* [de] schnaps !
12 – [De] schnaps ?
13 – Oui, [de] schnaps. Passez-moi la bouteille s'il vous plaît.
(…)
14 Voilà, je vous en prie, régalez-vous *(laissez-ça à vous goûter)* !
15 – Nom d'un chien *(manomètre)*, qu'est-ce que c'est bon !

---

5 Beaucoup de monosyllabes neutres forment leur pluriel en **-er** et prennent un **Umlaut** sur **a**, **o** ou **u** : **das Bild**, *le dessin / le tableau / la photo* → **die Bilder** ; **das Lied**, *la chanson* → **die Lieder** ; **das Bad**, *le bain / la salle de bains* → **die Bäder** donc **das Thermalbad** / **die Thermalbäder**, *le bain thermal*, **-bad** étant le dernier terme.

6 **jdn vermissen**, *manquer à qqn*, est un verbe transitif et le complément d'objet direct équivaut au sujet en français et vice-versa. Pour ceux qui maîtrisent l'anglais, pensez au verbe ***to miss*** : **Ich habe die Kinder vermisst**, litt. "j'ai les enfants manqué", *Les enfants m'ont manqué*.

7 Les masculins se terminant par **-el** ne prennent généralement pas de terminaison au pluriel ou juste un **Umlaut** sur **a**, **o** ou **u** : **der Löffel**, *la cuillère* → **die Löffel** ; **der Mantel**, *le manteau* → **die Mäntel**.

8 Nous revoici encore une fois dans le registre du langage parlé. Le verbe **rüberreichen** est la contraction de **herüberreichen** : **Reich mir bitte das Salz** *[zaltz]* / **den Pfeffer** *[pfèfª]* **herüber**, *Passe-moi le sel / le poivre, s'il te plaît*.

9 **Lasst es euch schmecken**, *Régalez-vous = vous* de tutoiement ; **Lass es dir schmecken**, *Régale-toi* → **Lassen Sie es sich schmecken**, *Régalez-vous = vous* de vouvoiement.

Übung 1 – Übersetzen Sie bitte!

❶ Ich vermisse sie sehr. ❷ Ich dachte, er sei nicht da. ❸ Lass es dir schmecken! ❹ Habt ihr ihn nicht vermisst? ❺ Reich mir bitte das Salz herüber.

***

Übung 2 – Ergänzen Sie bitte!

❶ le vélo, les vélos *(forme contractée)*
   das ..., die .....

❷ Il ne manque personne.
   .... niemand.

❸ Elle lui manque beaucoup. *("lui" masculin)*
   .. vermisst ... sehr.

❹ Tu m'as beaucoup manqué.
   ... habe .... sehr vermisst.

❺ L'amphitryon est très sympathique.
   .... ist sehr nett.

Siebenundachtzigste Lektion

Die Nachrichten heute

1 – **Schu**len **käm**pfen [1] für die **Um**welt
2   **Hun**derttausende **Ju**gendliche sind **heu**te auf die **Stra**ße ge**gan**gen.
3   „Wir **wol**len **kei**ne **Wor**te, **son**dern **Ta**ten [2]" **rie**fen [3] die **jun**gen **Schü**lerinnen und **Schü**ler.
4 – **Ach**tung, Sturm in **Nord**europa!
5   Noch ist es **ru**hig, aber am **Mitt**wochabend [4] wird mit der **An**kunft **ei**nes **schwe**ren **Stur**mes ge**rech**net.

Corrigé de l'exercice 1

❶ Elle me manque beaucoup. ❷ Je pensais qu'il n'était pas là.
❸ Régale-toi ! ❹ Il ne vous a pas manqué ? ❺ Passe-moi le sel, s'il te plaît.

Corrigé de l'exercice 2

❶ – Rad – Räder ❷ Es fehlt – ❸ Er – sie – ❹ Ich – dich – ❺ Der Gastgeber –

Deuxième vague : 37ᵉ leçon

Quatre-vingt-septième leçon

Nouvelles du jour

1 – [Les] écoles [se] battent pour l'environnement
2 Des centaines de milliers de jeunes sont descendus dans la rue aujourd'hui.
3 "Nous voulons des actes, pas des paroles" *(pas-des paroles mais des actes)* scandèrent les jeunes élèves.
4 – Attention, tempête en Europe du Nord !
5 Pour l'instant, le calme règne *(encore est tout calme)* mais l'arrivée d'une forte tempête est attendue pour mercredi soir *(mercredi-soir est avec l'arrivée d'une lourde tempête comptée)*.

6 Schulen und **vie**le Ge**schäf**te **blei**ben ab **mor**gen ge**schlo**ssen [5].

7 – Die **fünf**te **Jah**reszeit
8 Der **Rhei**nische **Kar**neval er**reich**te **heu**te **sei**nen **Hö**hepunkt.
9 In Köln, Mainz und **Düs**seldorf **fan**den [6] die be**kann**ten **Ro**senmontagsumzüge statt und wie **je**des Jahr **lock**ten sie **Tau**sende **Zu**schauer an.

10 – Ent**schä**digung bei Ver**spä**tung [7] der Bahn.
11 **Letz**tes Jahr kam **je**der **vier**te **Fern**zug [8] zu spät.
12 Das **kos**tet den **Kon**zern viel Geld, denn **i**mmer mehr **Rei**sende ver**lan**gen **ei**ne Ent**schä**digung und je **län**ger die Ver**spä**tung, **des**to **hö**her die Ent**schä**digung [9].

Prononciation
8 ... **Heu**:ë-pouñkt   **9** ... **ro**:zën-mo:ntaks-oumtsuguë ...
10 èntchè:digouñg ...

Notes

1   • Dans les titres, brèves et annonces, les noms sont souvent employés sans article.
   • Le verbe **kämpfen**, *se battre*, n'est pas pronominal.

2   La conjonction de coordination **sondern**, *mais (au contraire)*, sert à rectifier une chose que l'on vient de nier. On la trouve donc uniquement après une négation et toujours précédée d'une virgule : Er ist nicht jung, sondern alt, *Il n'est pas jeune mais vieux*. À ne pas confondre avec la conjonction de coordination **aber**, *mais (par contre)*, qui introduit une restriction/réserve après une proposition déclarative affirmative ou négative : Es ist schwer, aber nicht gefährlich *[guéfè:ᵃliçh]*, *C'est difficile mais pas dangereux* ; Er ist nicht groß, aber stark, *Il n'est pas grand mais fort*.

Quatre-vingt-septième leçon / 87

6 [Les] écoles et de nombreux magasins resteront fermés à partir de demain.

7 – [Le carnaval], la cinquième saison [de l'année]
8 Le carnaval rhénan atteignit aujourd'hui son point culminant *(hauteur-point)*.
9 À Cologne, Mayance et Düsseldorf eurent lieu les fameux défilés du lundi des Roses et comme chaque année, ils attirèrent des milliers de spectateurs.

10 – Dédommagement en cas de retard de train
11 L'année dernière, un train grandes lignes *(loin-train)* sur quatre arriva en retard.
12 Ceci coûte beaucoup d'argent au groupe car de plus en plus de voyageurs exigent un dédommagement et plus le retard est long, plus le dédommagement est **élevé** *(plus haut le retard, plus élevé le dédommagement)*.

---

3 rufen, *appeler, clamer* – **rief** – **gerufen**, et **kommen**, *venir* – **kam** – **gekommen** (ph. 11), sont des verbes irréguliers "hors-série". Contrairement à d'autres verbes irréguliers que nous allons voir, ils ne suivent aucun modèle de conjugaison.

4 **Mittwoch** + **der Abend** = **Mittwochabend**, *mercredi soir*. Cette construction vaut pour tous les jours de la semaine + moments de la journée : **Samstagvormittag**, *samedi dans la matinée*, etc.

5 Le contraire de **geschlossen**, *fermé*, est **geöffnet**, *ouvert* : **Es ist bis 22 Uhr geöffnet**, *C'est ouvert jusqu'à 22 heures*. Ces participes passés sont respectivement dérivés des verbes **schließen** (o - o), *fermer*, et **öffnen** (régulier), *ouvrir*.

6 Plusieurs verbes irréguliers en **i** forment leur prétérit en **-a-** et leur participe passé en **-u-** : **finden**, *trouver* – **fand** – **gefunden**. *N.B.* Les verbes à particules suivent presque toujours le même modèle de conjugaison que les verbes à partir desquels ils se construisent : **stattfinden**, *avoir lieu* – **fand statt** – **stattgefunden**.

7 La préposition **bei** peut aussi être employée dans le sens de *en cas de* : **bei** Feuer, *en cas de feu*.

dreihundertzweiundachtzig • 382

8 *un(e)… sur deux/trois/quatre* se dit **jeder (jede/jedes) zweite/dritte/vierte …**, litt. "chaque deuxième/troisième/quatrième…". L'exemple du dialogue est au nominatif masculin. Voici un exemple à l'accusatif neutre : **Ich sehe ihn jedes zweite Wochenende**, *Je le vois un week-end sur deux*. Rappel : un complément de temps sans préposition est à l'accusatif.

9 Le comparatif avec **je … desto …** ou **je … umso …** équivaut à *plus… plus…* ; **desto/umso** sont interchangeables. Dans cet exemple, le verbe

***

Übung 1 – Übersetzen Sie bitte!

❶ Wo wart ihr Montagnacht? ❷ Je länger es dauert, desto teurer wird es. ❸ Jeder zweite Deutsche will weniger arbeiten. ❹ Es ist nicht kalt, sondern warm. ❺ Was kann man bei schlechtem Wetter machen?

***

Übung 2 – Ergänzen Sie bitte!

❶ As-tu trouvé les clés ?
Hast du die …………… ?

❷ Plus tu étudies, mieux tu le sauras.
Je mehr du arbeitest, umso/…… …… wirst du es können.

❸ Il ne m'appelait que rarement.
Er …. mich nur selten … .

❹ Où étiez-vous samedi soir ?
Wo …. ihr am ………… ?

❺ On se voit un jour sur deux.
Wir sehen uns …… …… Tag.

***

La tradition du carnaval reste généralement localisée dans le Sud de l'Allemagne où la majorité des habitants est de confession catholique. Dans le Nord, de confession plus largement protestante, ce genre de

conjugué est sous-entendu. Observez bien sa place s'il y était. La première partie de la comparaison est une proposition subordonnée ; dans la deuxième partie, le verbe conjugué se place directement après **desto** + comparatif : **Je länger** die Verspätung **ist, umso höher ist die Entschädigung**, *Plus le retard est long, plus le dédommagement est élevé*. *N.B.* **je weniger … desto/umso weniger** = *moins… moins* et **je besser … desto/umso besser** = *mieux… mieux* : **Je weniger** du **rauchst, desto besser** fühlst du dich, *Moins tu fumes, mieux tu te sens*.

***

Corrigé de l'exercice 1
❶ Où étiez-vous lundi dans la nuit ? ❷ Plus ça dure longtemps, plus ce sera cher. ❸ Un Allemand sur deux veut travailler moins. ❹ Il ne fait pas froid mais chaud. ❺ Que peut-on faire en cas de mauvais temps ?

***

Corrigé de l'exercice 2
❶ – Schlüssel gefunden ❷ – desto besser ❸ – rief – an ❹ – wart – Samstagabend ❺ – jeden zweiten –

***

parades est moins répandu. Pendant le carnaval, les Allemands oublient le travail et les choses désagréables et vivent pour faire la fête. Petits et grands se déguisent et se rendent aux défilés ou aux bals costumés dans les grandes villes. Cette période de l'année est tellement importante que les Allemands l'appellent aussi **die fünfte Jahreszeit**, *la cinquième saison. Selon les régions, le carnaval porte un nom différent et les coutumes ne sont pas exactement les mêmes. Il se nomme* **Karneval** *en Rhénanie,* **Fasching** *en Bavière et* **Fastnacht** *ou* **Fasnacht** *dans la région alémanique, située dans le Bade-Wurtemberg et la Forêt-Noire. La semaine de carnaval commence le jeudi avant le mercredi des Cendres et se termine avec le Carême. En Rhénanie, le point fort des célébrations est le défilé du lundi des Roses, en Bavière le mardi et dans la région alémanique le jeudi.*

Deuxième vague : 38ᵉ leçon

Achtundachtzigste Lektion

Der Rabe und der Fuchs
(von Jean de La Fontaine)

1 **Meis**ter **Ra**be, auf **ei**nem **Bau**me [1] **sit**zend [2],
   hielt [3] im **Schna**bel **ei**nen **Kä**se.
2 **Meis**ter Fuchs, vom Ge**ruch** [4] **an**gelockt,
   hielt ihm **et**wa **die**se **Re**de.
3 „Ei, **gu**ten **Mor**gen Herr von **Ra**be!"
   „Wie hübsch Ihr seid [5], wie gut Ihr **aus**seht!
4 Wenn **Eu**er Ge**sang** [6] so schön ist wie **Eu**er Ge**fie**der,
   seid Ihr der **Phö**nix von **al**len hier im **Wal**de."
5 Bei **die**sen **Wor**ten kann sich der **Ra**be vor **Freu**de nicht **hal**ten
   und um **sei**ne **schö**ne **Stim**me zu **zei**gen,
   macht er den **Schna**bel auf, lässt **sei**ne **Beu**te **fal**len.
6 Der Fuchs schnappt sie und sagt: „Mein **gu**ter Mann,
   merkt Euch [7], ein **Schmeich**ler lebt von dem, der auf ihn hört [8].
7 **Die**se **Leh**re ist **oh**ne **Zwei**fel **ei**nen **Kä**se wert [9]."
8 Der **Ra**be schwor [10], aber **et**was spät,
   das käm' ihm nicht noch **ein**mal vor [11]. □

Prononciation
5 ... boï:të ... 7 ... vé:ªt ... 8 ... chvo:ª ...

Quatre-vingt-huitième leçon

"Le Corbeau et le Renard"
(de Jean de La Fontaine)

1 Maître Corbeau, sur un arbre perché *(assis)*,
  Tenait en son *(dans-le)* bec un fromage.
2 Maître Renard, par l'odeur alléché,
  Lui tint à peu près ce langage *(discours)* :
3 "Hé bonjour, Monsieur du Corbeau.
  Que vous êtes joli ! que vous me semblez beau ! *(que beau vous avez-l'air)*
4 [Sans mentir], si votre ramage *(chant)*
  Se rapporte à *(est aussi beau que)* votre plumage,
  Vous êtes le Phénix des hôtes de ces *(de tous ici dans-le)* bois."
5 À ces mots, le corbeau ne se sent pas de joie ; *(peut le corbeau se de joie pas tenir)*
  Et pour montrer sa belle voix,
  Il ouvre un [large] bec, laisse tomber sa proie.
6 Le Renard [s']en saisit, et dit : "Mon bon Monsieur,
  Apprenez *(retenez)* que tout flatteur
  Vit [aux dépens] de celui qui l'écoute.
7 Cette leçon vaut bien un fromage, sans doute."
8 Le corbeau [honteux et confus] jura, mais un peu tard,
  Qu'on ne l'y prendrait plus.

Notes

1 Le **-e** final à **Baum** ainsi qu'à **Wald** (ph. 4) relève du langage poétique.
2 **sitzend**, *assis*, est le participe présent du verbe **sitzen**, *être assis*. Il suffit d'ajouter un **-d** à l'infinitif : **lachen und weinen**, *rire et pleurer* → **lachend und weinend**, *en riant et en pleurant*.

3 Plusieurs verbes irréguliers en **a** forment leur prétérit en **i(e)**, leur participe passé en **a** et prennent une inflexion sur le **a** du radical aux 2e et 3e personnes du singulier du présent de l'indicatif : halten, tenir – er h**ä**lt – h**ie**lt – geh**a**lten ; f**a**ngen, *attraper* – er f**ä**ngt – f**i**ng – gef**a**ngen.

4 der Geruch, *l'odeur*, vient du verbe r**ie**chen, *sentir* – r**o**ch – ger**o**chen. Plusieurs verbes irréguliers en **ie** forment leur prétérit et leur participe passé en **o** : verl**ie**ren, *perdre* – verl**o**r – verl**o**ren.

5 À l'origine, la forme de politesse correspondait à la 2e personne du pluriel en allemand avec majuscule : **Ihr**, *vous*, pronom personnel sujet déjà rencontré dans la leçon 48, **Euer** (ph. 4), *votre*, déterminant possessif et **Euch** (ph. 6), *vous*, pronom réfléchi.

6 der Gesang, *le chant*, vient du verbe s**i**ngen, *chanter* – s**a**ng – ges**u**ngen. Plusieurs verbes irréguliers en **i** forment leur prétérit en **a** et leur participe passé en **u** : f**i**nden, *trouver* – f**a**nd – gef**u**nden.

7 sich etwas merken signifie *retenir / se souvenir de qqch.* : **Merk dir** auch die Adresse, *Souviens-toi aussi de l'adresse*.

***

Übung 1 – Übersetzen Sie bitte!

❶ Das ist nichts wert. ❷ Mein Sohn hört nicht auf seinen Lehrer. ❸ Ihr flogt oft nach Berlin. ❹ Habt ihr euch die Telefonnummer gemerkt? ❺ Das kommt nicht oft vor.

***

Übung 2 – Ergänzen Sie bitte!

❶ Ça n'a pas encore commencé.
   Es hat noch . . . .

❷ Elle est allée à Salzburg. *(sous-entendu "en avion")*
   Sie . . . nach Salzburg . . . .

❸ Ça sent ou ça sentait bon.
   Es . . . . . . oder es . . . . gut.

❹ Mon grand-père entend mal.
   Mein Großvater . . . .

❺ Non, ça ne vaut rien.
   Nein, das ist . . . .

8 Vous connaissiez déjà **hören**, *entendre*. Voici **auf jdn hören** (+ acc.), *écouter qqn / obéir à qqn*, et il y a aussi **etw. hören**, *écouter qqch.* : **Hörst du mich?**, *Tu m'entends ?* ; **Hör auf deinen Vater**, *Écoute (obéit à) ton père* ; **Er hört Musik**, *Il écoute de la musique*.

9 **etwas wert sein**, *valoir qqch.*, régit un complément accusatif. Retenez aussi ces deux exemples : **Wie viel ist es wert**, *Ça vaut combien ?* ; **Es ist nichts/viel wert**, *Ça (ne) vaut rien/beaucoup*.

10 **schwören**, *jurer* – **schwor** – **geschworen** est un verbe irrégulier "hors-série".

11 *qu'on ne l'y prendrait plus* est traduit par **jdm vorkommen**, *arriver (à qqn)* : **Ich hoffe, dass es (mir) nicht wieder vorkommt**, *J'espère que ça ne m'arrivera pas encore une fois*.

***

Corrigé de l'exercice 1

❶ Ça ne vaut rien. ❷ Mon fils n'écoute pas son professeur. ❸ Vous alliez *(voliez)* souvent à Berlin. ❹ Vous vous souvenez du numéro de téléphone ? ❺ Ça n'arrive pas souvent.

Corrigé de l'exercice 2

❶ – nicht angefangen ❷ – ist – geflogen ❸ – riecht – roch ❹ – hört schlecht ❺ – nichts wert

Deuxième vague : 39ᵉ leçon

89 Neunundachtzigste Lektion

Zurück [1] nach Hause

1 – Das darf doch nicht wahr sein. Schau mal, wer da ist.
2 – Mensch **Char**lie! Was machst du denn hier?
3 – Wie ihr seht, bin ich **wie**der zu**rück**.
4 – Wie zu**rück**? Hast du die **Staa**ten [2] ver**las**sen?
5 – Ja. **Des**halb [3] bin ich auch hier. Ich **hat**te **e**ben ein **Vor**stellungsgespräch für 'nen Job.
6 – Sag bloß! Wir **dach**ten, du **hät**test in den **Staa**ten den **Traum**job ge**fun**den [4], und auch die **Traum**frau.
7 – Das **dach**t' ich auch …
8 – **Manch**mal **lau**fen die **Din**ge schief [5].
9 – Ja, **lei**der aber schön euch **wie**derzusehen [6]. Und **ob**wohl [7] ich auf Di**ät** bin [8], **schla**ge ich vor, dass wir ins Restau**rant** **es**sen **ge**hen.
10 – **Ein**verstanden! **A**ber nur wenn wir dich **ein**laden **dür**fen.
11 – Nein, nur wenn ich euch **ein**laden darf.   □

Prononciation
5 … dèssHalp …

Notes
1 **zurück**, *de retour*, s'emploie également en tant qu'adverbe comme ici dans le titre ou à la phrase 4.
2 À l'oral, on dit fréquemment **die Staaten** pour **die Vereinigten Staaten**, *les États-Unis*. Les pays avec article se construisent avec la préposition **in** pour le locatif (ph. 6) et le directionnel : **Er fliegt in die Staaten / in die Schweiz** (f.), *Il va aux États-Unis / en Suisse*.

Quatre-vingt-neuvième leçon

De retour à la maison

1 – C'est pas vrai. Regarde qui est là !
2 – Ça alors, Charlie ! Qu'est-ce que tu fais ici ?
3 – Comme vous voyez, je suis de retour.
4 – Comment [ça] de retour ? Tu as quitté les États[-Unis] ?
5 – Oui. C'est pourquoi je suis ici. Je viens d'avoir un entretien d'embauche pour un job.
6 – C'est pas vrai ! *(dis-donc)* On pensait que tu avais trouvé le job de tes rêves aux États-Unis et aussi la femme de tes rêves.
7 – [Moi aussi,] je le croyais…
8 – Les choses vont parfois de travers.
9 – Oui, malheureusement mais ça fait plaisir de vous revoir. Et bien que je sois au régime, je propose que nous allions manger au restaurant.
10 – D'accord ! Mais seulement si on peut t'inviter.
11 – Non, seulement si je peux vous inviter.

---

3 **deshalb**, *c'est pourquoi*, est une liaison adverbiale qui sert à exprimer la conséquence. Elle est directement suivie du verbe conjugué et peut soit introduire une proposition précédée d'une virgule, soit une nouvelle phrase : **Es ist weit** *[vaït]*, **deshalb nehmen** wir ein Taxi ou Es ist weit. **Deshalb nehmen** wir ein Taxi, *C'est pourquoi nous prenons un taxi*. Elle peut aussi occuper le milieu de la phrase : **Es ist weit. Wir nehmen deshalb** ein Taxi.

4 Pour rapporter un fait passé au discours indirect, on peut employer le **Konjunktiv II** passé. Mais là aussi, l'indicatif (parfait ou plus-que-parfait) + **dass** peuvent faire l'affaire : **Wir dachten, dass** du deinen Traumjob **gefunden hast/hattest**, *Nous pensions que tu avais trouvé le job de tes rêves* Nous y reviendrons.

5 Pour la tournure *aller de travers*, on peut aussi bien employer le verbe **laufen** que **gehen** : **Alles ist schief gelaufen/gegangen**, *Tout est allé de travers*.

6 **wieder-** sert à exprimer la répétition et est toujours séparable ou presque : **wiederkommen**, *revenir* → **Wann kommst du wieder?**, *Quand reviens-tu ?* ; **wiederfinden**, *retrouver* → **Ich habe meine Brille *[brilë]* wiedergefunden**, *J'ai retrouvé mes lunettes*. Dans le cas du verbe **wiederholen**, *répéter*, cependant, elle est inséparable et est de ce fait une particule mixte : **ich wiederhole**, *je répète*.

7 La conjonction de subordination **obwohl**, *bien que*, sert à exprimer la concession : **Obwohl er krank ist, spielt er Fußball**, *Bien qu'il soit malade, il joue au foot*. Généralement (mais ce n'est pas obligatoire), la proposition subordonnée introduite par **obwohl** est en tête de phrase.

***

Übung 1 – Übersetzen Sie bitte!

❶ Obwohl es regnet, findet der Ausflug statt. ❷ Er muss lernen. Deshalb kommt er erst um 10. ❸ Er will ins Theater gehen. ❹ Wir haben uns verlaufen, deshalb fragen wir nach dem Weg. ❺ Er wohnt in den Staaten.

***

Übung 2 – Ergänzen Sie bitte!

❶ Elle a beaucoup de travail. C'est pourquoi, elle ne vient pas.
Sie hat viel Arbeit. . . . . sie nicht.

❷ Nous l'avons souvent répété.
Wir haben es . . . .

❸ Combien de temps étiez-vous aux États-Unis ?
Wie lange wart ihr . . den . . . . ?

❹ Bien qu'il ne fasse pas chaud, nous mangeons dehors.
. . . . . . es nicht warm . . . , essen wir draußen.

❺ Tu le revois quand ?
Wann . . . . . . du ihn . . . . . . ?

8 Il est important que vous mémorisiez bien les exemples où l'emploi des prépositions diverge d'une langue à l'autre comme dans le cas de **auf**, *sur*, et notamment **in**, *dans* : **auf** Diät / **auf** Kur sein, *être au régime / en cure* ; **ins** Restaurant (ph. 9) / **ins** Kino / **ins** Theater / **ins** Hotel / **in die** Oper / **in die** Disko / **ins** Schwimmbad / **ins** Krankenhaus gehen, *aller au restaurant / au cinéma / au théâtre / à l'hôtel / à l'opéra / en boîte / à la piscine / à l'hôpital*.

Corrigé de l'exercice 1
❶ Bien qu'il pleuve, l'excursion aura *(a)* lieu. ❷ Il faut qu'il étudie. C'est pourquoi, il ne viendra *(vient)* pas avant 10 heures. ❸ Il veut aller au théâtre. ❹ Nous nous sommes perdus, c'est pourquoi nous demandons le chemin. ❺ Il habite aux États-Unis.

***

Corrigé de l'exercice 2
❶ – Deshalb kommt – ❷ – oft wiederholt ❸ – in – Staaten ❹ Obwohl – ist – ❺ – siehst – wieder

Deuxième vague : 40ᵉ leçon

Neunzigste Lektion

Fit, schön und gesund

1 – Sie **ma**chen Sport und **e**ssen ge**sund**, **trotz**dem **neh**men Sie nicht ab [1].
2 Nicht zu früh das **Hand**tuch **wer**fen! [2]
3 In **un**serem Buch des **Jah**res „**Run**ter mit den **Ki**los [3]!" **fin**den Sie **Ih**re per**fek**te Me**tho**de zum ge**sun**den **Ab**nehmen.

4 – Zu **fe**ttig, zu dünn oder zu **tro**cken, Sie sind mit **Ih**rem Haar nicht zu**frie**den [4]?
5 Dann wird es **höch**ste Zeit, dass Sie **un**ser **neu**es **Sham**poo **tes**ten.
6 Es ist für **a**lle **Haa**re ge**eig**net und wirkt schon nach dem **ers**ten **Wa**schen.

7 – Sie **lei**den an [5] **Rü**ckenschmerzen oder **schla**fen schlecht?
8 Viel**leicht** ist es **we**gen **Ih**rer Ma**tra**tze?
9 Wir **ha**ben für Sie ver**schie**dene Mo**de**lle ge**tes**tet.
10 Auf Platz 1 kommt **die**se **neu**e Ma**tra**tze. Sie garan**tiert Ih**nen **ei**ne **gu**te Nacht mit **sü**ßen **Träu**men.

11 – Je mehr Vita**mi**ne, **des**to **be**sser.
12 Wer **mor**gens fit sein **möch**te [6], **soll**te **nie**mals auf ein ge**sun**des **Früh**stück verzich**ten** [7].
13 Mit **die**sem Ge**rät** be**rei**ten Sie im **Hand**umdrehen [8] vita**min**reiche **Obst**säfte vor, die **Ih**nen Kraft und Ener**gie** für den Tag **ge**ben.

Quatre-vingt-dixième leçon

En forme, en beauté et en bonne santé

1 – Vous faites du sport et mangez sainement, pourtant vous [n'arrivez] pas [à] maigrir.
2   Ne jetez pas l'éponge trop tôt !
3   Dans notre livre de l'année *À bas les kilos !* vous trouverez la méthode parfaite pour maigrir.

4 – Trop gras, trop fins ou trop secs, vous n'êtes pas satisfaite de vos cheveux ?
5   Dans ce cas, il est grand *(devient plus-haut)* temps que vous testiez notre nouveau shampoing.
6   Il est adapté à tout type de cheveux *(tous-les cheveux)* et fait effet dès *(après)* le premier lavage.

7 – Vous souffrez de douleurs au dos ou dormez mal ?
8   C'est peut-être à cause de votre matelas ?
9   Nous avons testé pour vous différents modèles.
10 Ce nouveau matelas arrive en première place. Il vous garantit une bonne nuit avec de beaux rêves.

11 – Plus [il y a de] vitamines, mieux [c'est].
12 [Celui] qui veut être en forme le matin, ne devrait jamais renoncer à un petit-déjeuner sain.
13 Avec cet appareil, vous préparez en un tour de main des jus de fruits riches en vitamines qui vous donnent force et énergie pour la journée.

Prononciation
*3 ... mé**to:**dë ... 4 ... **fè**tiçh ... 5 ... **cha'm**pou: ... 6 ... gué**aïk**nët ...
12 ... fèr**tsiçh**tën 13 ... **Ha'nt**-oumdré:ën ... **o:pst**-zèftë ...*

Notes

1. **trotzdem**, *pourtant*, est une liaison adverbiale. Elle peut être en tête de la seconde proposition précédée d'une virgule ou introduire une nouvelle phrase : **Trotzdem nehmen Sie nicht ab**, *Pourtant vous n'arrivez pas à maigrir*. Elle peut aussi occuper le milieu de la proposition : **Sie nehmen trotzdem nicht ab**.

2. Les Allemands disent "jeter la serviette" et non *jeter l'éponge* et n'oubliez pas qu'en allemand, l'infinitif sert aussi à donner des consignes.

3. Les noms se terminant par **-o, -a, -i** ou **y-** (généralement d'origine étrangère) prennent un **s** au pluriel : **das Kilo**, *le kilo* → **die Kilos**. Ceci vaut aussi pour d'autres noms d'origine étrangère: **das Restaurant**, *le restaurant* → **die Restaurants**.

4. Tout comme les verbes, beaucoup d'adjectifs peuvent se construire avec une préposition + un cas à mémoriser, exemples : **zufrieden mit** (+ D), *satisfait de* ; **geeignet für** (+ A) (ph. 6), *adapté à*.

5. Plusieurs verbes irréguliers en **ei** forment leur prétérit en **i(e)** et leur participe passé en **i(e)** : **leiden an** (verbe à régime prépositionnel régis-

***

Übung 1 – Übersetzen Sie bitte!

❶ Mehrere Personen leiden an Kopfschmerzen. ❷ Es regnet, trotzdem wollen sie den Ausflug machen. ❸ Wer zu spät kommt, verliert seinen Platz. ❹ Bist du mit deiner neuen Arbeit zufrieden? ❺ Sie verzichten auf alles.

***

Übung 2 – Ergänzen Sie bitte!

❶ Il est resté une semaine chez nous.
   Er … eine Woche bei uns ……….

❷ Celui qui a le temps, peut venir.
   ……… hat, kann kommen.

❸ Mais nous ne jetterons pas l'éponge.
   Aber wir werden nicht das ……………..

❹ Tourne-toi !
   …. dich ..!

Quatre-vingt-dixième leçon / 90

sant le datif), *souffrir de* (maladie) – **litt** – **gelitten** ; **bleiben**, *rester* – **blieb** – **geblieben**.

6 **wer** est employé ici comme pronom relatif = *[celui] qui*, d'où le verbe conjugué en fin de proposition : **Wer keine Lust hat, sollte zu Hause bleiben**, *Celui qui n'a pas envie, devrait rester à la maison.*

7 **auf jdn/etw. verzichten**, *renoncer à qqn/qqch.*, est également un verbe à régime prépositionnel. Il régit l'accusatif.

8 **Handumdrehen (im ~)**, *tour de main (en un ~)*, est un nom composé du substantif **die Hand**, *la main* + du verbe à particule séparable **umdrehen** *retourner / faire demi-tour*. Voyons de plus près la particule **um-** qui fait partie des particules mixtes :
– elle est séparable dans le sens de modifier qqch. / changer de lieu ou de direction : **(sich) umdrehen**, *se retourner* → **er dreht sich um**, *il se retourne* ; **umbauen**, *transformer* (un immeuble) → **Sie bauen das Haus um**, *Ils transforment la maison* ;
– elle est inséparable dans le sens d'"entourer". Les verbes concernés sont peu nombreux : **umarmen**, *s'embrasser* (se donner une accolade) → **Sie umarmten sich alle**, *Ils s'embrassèrent tous.*

***

Corrigé de l'exercice 1
❶ Plusieurs personnes souffrent de maux de tête. ❷ Il pleut, pourtant ils veulent faire l'excursion. ❸ Celui qui arrive trop tard, perd sa place. ❹ Tu es satisfait(e) de ton nouveau travail ? ❺ Ils renoncent à tout.

***

❺ Il n'a pas d'argent, pourtant il part à Berlin. *(voler)*
Er hat kein Geld, trotzdem .... **nach Berlin.**

Corrigé de l'exercice 2
❶ – ist – geblieben ❷ Wer Zeit – ❸ – Handtuch werfen ❹ Dreh – um
❺ – fliegt er –

Deuxième vague : 41e leçon

Einundneunzigste Lektion

Wiederholung – Révision

1 Les verbes forts (= irréguliers) au passé

Ils changent de radical au prétérit, certains aussi au parfait et de nombreux verbes en **e** et **a** changent de radical aux 2ᵉ et 3ᵉ personnes du singulier du présent de l'indicatif. La grande majorité suit les modèles de conjugaison suivants :

• a/ä – (i)e – a et **Umlaut** sur le **a** aux 2ᵉ et 3ᵉ pers. du sing. du présent de l'indicatif : **f**a**ngen**, *attraper* – **er fängt – fing – gefangen** ; **hängen**, *être accroché* – **hing – gehangen**.

• a – u – a et sauf exception, **Umlaut** sur le **a** aux 2ᵉ et 3ᵉ pers. du sing. du présent de l'indicatif : **fahren**, *rouler, conduire, aller* – **er fährt – fuhr – gefahren** ; **tragen**, *porter* – **er trägt – trug – getragen** ;

• e – a – e et sauf exception, **i(e)** aux 2ᵉ et 3ᵉ pers. du sing. du présent de l'indicatif : **essen**, *manger* – **er isst – aß – gegessen** ; **sehen**, *voir* – **er sieht – sah – gesehen** ;

• e – a – o et sauf exception, **i(e)** aux 2ᵉ et 3ᵉ pers. du sing. du présent de l'indicatif : **helfen**, *aider* – **er hilft – half – geholfen** ; **empfehlen**, *conseiller* – **er empfiehlt – empfahl – empfohlen** ; **nehmen**, *prendre* – **du nimmst /er nimmt – nahm – genommen** (Attention au double **m** aux 2ᵉ et 3ᵉ pers. du sing. du présent de l'indicatif !) ;

• ei – i(e) – i(e) : **leiden**, *souffrir* – **litt – gelitten** ; **bleiben**, *rester* – **blieb – geblieben** ;

• i – a – u : **singen**, *chanter* – **sang – gesungen** ; **trinken**, *boire* – **trank – getrunken** ;

• i – a – o : **gewinnen**, *gagner* – **gewann – gewonnen** ; **schwimmen**, *nager* – **schwamm – geschwommen** ;

• ie – o – o : **fliegen**, *voler* – **flog – geflogen** ; **verlieren**, *perdre* – **verlor – verloren**.

• e – o – o : Notez juste un nouveau verbe de cette catégorie : **heben**, *lever/soulever* – **hob – gehoben**.

• "hors série" : **gehen**, *aller* – **ging – gegangen** ; **kommen**, *venir* – **kam – gekommen** ; **liegen**, *être couché* – **lag – gelegen** ; **rufen**, *appeler, crier, clamer* – **rief – gerufen** ; **sitzen**, *être assis* – **saß – gesessen** ; **stehen**, *être debout* – **stand – gestanden** ; **tun**, *faire* – **tat – getan**.

Quatre-vingt-onzième leçon

2 Les connecteurs logiques (ou mots de liaison)

Un connecteur logique (ou mot de liaison) est un mot (conjonction, adverbe de liaison) qui permet de faire le lien entre deux énoncés. Vous en avez vu plusieurs au cours de votre apprentissage, notamment au cours des six dernières leçons. Les voici.

2.1 Les conjonctions de subordination : *obwohl*, "bien que", et *damit*, "afin que"

– **obwohl**, *bien que*, sert à exprimer des faits contradictoires (= la concession) et régit un verbe à l'indicatif placé en fin de proposition. La proposition subordonnée introduite par **obwohl** se place souvent en tête de phrase mais elle peut aussi se trouver derrière la proposition principale. Exemples :
Obwohl ich wenig geschlafen habe, bin ich nicht müde, *Bien que j'aie peu dormi, je ne suis pas fatigué* ;
Ich bin nicht müde, obwohl ich wenig geschlafen habe.

– **damit**, *afin que / pour que*, sert à exprimer le but fixé (= la finalité) et régit aussi un verbe à l'indicatif placé en fin de proposition. Son emploi est obligatoire si le sujet de la proposition principale n'est pas le même que celui de la proposition subordonnée. En cas de sujets identiques, on peut aussi l'employer, bien que la construction infinitive avec **um ... zu ...** ou **zum** soit préférable. Exemple :
Ich rufe ihn an, damit er früher kommt, *Je l'appelle pour qu'il vienne plus tôt*.

2.2 Les adverbes de liaison : *deshalb*, "c'est pourquoi", et *trotzdem*, "pourtant"

deshalb, *c'est pourquoi*, sert à exprimer la conséquence et **trotzdem**, *pourtant*, la concession. Ils peuvent soit introduire une nouvelle phrase, soit une nouvelle proposition séparée par une virgule. Dans les deux cas, le verbe conjugué passe devant le sujet pour se placer directement derrière l'adverbe de liaison. Exemples :
Es regnet, deshalb bleiben wir zu Hause / Es regnet. Deshalb

bleiben wir zu Hause, *Il pleut, c'est pourquoi nous restons à la maison*.
Er hat kein Geld, trotzdem kauft er sich ein Auto / Er hat kein Geld. Trotzdem kauft er sich ein Auto, *Il n'a pas d'argent, pourtant il s'achète une voiture*.
Les adverbes de liaison peuvent également occuper le milieu de la phrase : **Wir bleiben deshalb zu Hause** ; **Er kauft sich trotzdem ein Auto**.

2.3 Les conjonctions de coordination : *aber* ou *sondern*

Elles se traduisent toutes les deux par *mais* mais s'emploient différemment. Attention ! Une proposition introduite par une conjonction de coordination se construit comme une phrase simple "normale".
– **aber** introduit une réserve/restriction après une proposition déclarative affirmative ou négative et est précédé d'une virgule :
Ich habe ihn eingeladen, aber er ist nicht gekommen, *Je l'ai invité mais il n'est pas venu*.
Er ist nicht groß, aber er ist stark, *Il n'est pas grand mais (par contre) il est fort*.

– **sondern** sert à rectifier une chose que l'on vient de nier. On la trouve donc uniquement après une négation et toujours précédée d'une virgule :
Wir fahren nicht mit dem Auto, sondern wir mieten Fahrräder, *Nous ne prenons pas la voiture mais nous louons des vélos*.
Ich will keinen Kaffee, sondern Tee, *Je ne veux pas de café mais du thé*.

3 *ohne zu*, "sans" / *anstatt zu*, "au lieu de", et *ohne dass*, "sans que" / *(an)statt dass*, "au lieu que"

ohne zu, *sans*, et **(an)statt zu**, *au lieu de*, introduisent des propositions infinitives avec **ohne** ou **(an)statt** précédés d'une virgule et placés devant le(s) complément(s) (s'il y a) et **zu** devant l'infinitif ou, dans le cas d'un verbe à particule séparable, entre la particule et l'infinitif. Ce genre de construction n'est possible que si le sujet de la proposition infinitive est le même que celui de la proposition principale. Exemples :
Er hat das Geld genommen, ohne ein Wort zu sagen, *Il a pris l'argent sans dire un mot*.

1000 Dinge, die du machen kannst, anstatt zu arbeiten, *1 000 choses que tu peux faire au lieu de travailler*.
En cas de sujets différents, il faut employer les conjonctions de subordination **ohne dass**, *sans que*, et **(an)statt dass**, *au lieu que*. Celles-ci sont également compatibles avec des sujets identiques bien que l'on préfère la construction infinitive. Notez le virgule obligatoire entre la proposition principale et subordonnée :
Sie ist nach München umgezogen, ohne dass ich es wusste, *Elle a déménagé à Munich sans que je le sache*.
(An)Statt dass er zu mir kommt, gehe ich zu ihm, *Au lieu qu'il vienne chez moi, je vais chez lui*.
Notez bien le virgule obligatoire dans tous les cas de figure.

4 La tournure *zum* + verbe substantivé

Elle sert à exprimer la finalité et peut remplacer **um ... zu** si l'infinitive ne comporte pas de complément :
Ich brauche das Buch, um zu lernen / **zum** Lernen, *J'ai besoin du livre pour apprendre*.
Ich brauche das Buch, um jetzt **zu** lernen, *J'ai besoin du livre pour apprendre maintenant*.
On ne dira pas : **Ich brauche das Buch, zum jetzt Lernen**.

5 Le pronom interrogatif *wozu*

Il sert à interroger la finalité → *pourquoi / dans quel but* :
Wozu brauchst du das Buch? – **Um zu** lernen / **Zum** Lernen, *Pourquoi as-tu besoin du livre ? – Pour apprendre*.
Wozu rufst du ihn an? – **Damit** er früher kommt, *Pourquoi l'appelles-tu ? – Pour qu'il vienne plus tôt*.

6 Le *es* explétif

Sa fonction est d'occuper la première place dans la phrase et d'accentuer le sujet. Il n'influe donc pas sur la conjugaison du verbe. Celle-ci dépend du sujet. Exemples :
– singulier : **Es fehlt ein Stück**, *Il manque un morceau*.
– pluriel : **Es fehlen mehrere Stücke**, *Il manque plusieurs morceaux*.

De même, pour accentuer le sujet, on peut mettre un complément circonstanciel en tête :
Natürlich fehlt etwas, *Bien sûr qu'il manque quelque chose.*

7 Le comparatif avec *je ... desto/umso ...,* "plus... plus"

La première partie de la comparaison est une subordonnée avec **je** + comparatif en tête et le verbe conjugué à la fin ; dans la deuxième partie, le verbe conjugué se place directement après **desto** ou **umso** (ceux-ci étant interchangeables) + comparatif. **je weniger ..., desto/umso weniger** équivalent à *moins... moins* et **je besser ..., desto/umso besser** à *mieux... mieux.* Exemples :
Je kälter es ist, **desto besser** ist es, *Plus il fait froid, mieux c'est.*
Je mehr du heute lernst, **umso weniger** musst du morgen lernen, *Plus tu étudies aujourd'hui, moins tu devras étudier demain.*
Si le comparatif porte sur un nom, celui-ci fait partie des blocs **je mehr/weniger** ou **desto** (ou **umso**) **mehr/weniger** :
Je weniger Geld du jetzt ausgibst, **desto mehr Geld** hast du für **deine Reise**, litt. "moins argent tu maintenant dépenses, plus argent as tu pour ton voyage", *Moins tu dépenses d'argent maintenant, plus tu auras d'argent pour ton voyage.*

8 Le pluriel des noms

Le pluriel des noms est très diversifié en allemand mais il est toutefois possible de distinguer de grandes tendances qui aident à mieux mémoriser les noms avec leur terminaison au pluriel :
– **-e** pour de nombreux noms masculins et neutres ainsi que pour plusieurs monosyllabes féminins : **der Monat, die Monate**, *le(s) mois* ; **das Gerät, die Geräte**, *l'(les) appareil(s)* ; **die Nacht, die Nächte**, *la (les) nuits.* En outre, les monosyllabes présentent souvent un **Umlaut** sur **a/o/u** : **der Ball, die Bälle**, *la (les) balle(s)* ;
– **-(e)n** pour de nombreux noms féminins et tous les noms masculins faibles : **die Frau, die Frauen**, *la (les) femme(s)* ; **die Tasche, die Taschen**, *le(s) sac(s)* ; **der Junge, die Jungen**, *le(s) garçons(s).* Cette terminaison vaut aussi pour certains neutres : **das Auge, die Augen**, *l'œil (les yeux)* ;
– généralement pas de terminaison pour les noms masculins et

neutres se terminant par **-chen**, **-el**, **-en**, **-er** ou **-lein** ; Umlaut sur **a/o/u** pour la plupart des noms masculins : **der Lehrer**, **die Lehrer**, *le(s) professeur(s)* ; **das Mädchen**, **die Mädchen** *la (les) fille(s)* ; **der Apfel**, **die Äpfel**, *la (les) pomme(s)* ;
– **-er** et généralement **Umlaut** sur **a/o/u** pour la plupart des monosyllabes neutres et quelques noms masculins : **das Buch**, **die Bücher**, *le(s) livres(s)* ; **der Mann**, **die Männer**, *l'(les) homme(s)* ;
– **-s** pour la plupart des noms étrangers (se terminant notamment par **-a**, **-i** ou **-o**) ainsi que pour les abréviations : **das Foto**, **die Fotos**, *la (les) photo(s)* ; **das Restaurant**, **die Restaurants**, *le(s) restaurant(s)*.

Wiederholungsdialog

1 Alien lebte auf einem Planeten, wo es nichts gab. Keine Sonne, keine Natur und auch keine Farben.
2 Er kannte nichts anderes und liebte die Geschichten seiner Großmutter über andere Planeten, vor allem die über die Erde.
3 „Da ist es besonders schön" wiederholte sie oft. Deshalb wollte Alien auch dahin.
4 Er wollte das Meer und die Berge sehen, die vier Jahreszeiten erleben, durch Wälder mit Schnee oder Blumen laufen.
5 Und er wollte auch mit den Menschen reden, damit sie etwas für die Erde tun.
6 Seine Großmutter hatte ihm nämlich erzählt, dass manche Leute nicht an die Natur denken, sondern leider nur ans Geld.
7 Alien befindet sich jetzt seit mehreren Jahren auf der Erde.
8 Er hat viele schöne Länder besichtigt und viele nette Leute kennengelernt. Fast alle wollen etwas für die Erde tun.
9 Das ist doch eine gute Nachricht, oder nicht?

Traduction

1 Alien vivait sur une planète où il n'y avait rien. Pas de soleil, pas de nature et pas de couleurs non plus. **2** Il ne connaissait rien d'autre et adorait les histoires de sa grand-mère sur les autres planètes, surtout celles sur la Terre. **3** "Là, c'est particulièrement beau" répéta-t-elle souvent. C'est pourquoi, Alien voulait aussi y aller. **4** Il voulait voir la mer et les montagnes, vivre les quatre saisons, marcher à travers les bois enneigés ou fleuris *(avec neige ou fleurs)*. **5** Et il voulait aussi parler avec les Hommes afin qu'ils fassent quelque chose pour la Terre. **6** Sa grand-mère lui avait en effet raconté que certaines personnes ne pensaient pas à la nature mais qu'à l'argent malheureusement. **7** Alien se trouve maintenant depuis plusieurs années sur Terre. **8** Il a visité beaucoup de beaux pays et fait connaissance avec beaucoup de gens sympathiques. Presque tous veulent sauver la Terre. **9** C'est une bonne nouvelle, ou pas ?

Zweiundneunzigste Lektion

Ich verstehe nichts

1 – In der **Wasch**maschine ¹ lag ein **blau**er **Pu**lli. Ist es **dei**ner ²?
2 – Ja, das ist **mei**ner, **dan**ke. Hast du **ir**gendeine ³ **I**dee, was mit der Ma**schi**ne los ist? Sie geht nicht mehr an. ⁴
3 – Ich **glau**be, die ist im **Ei**mer ⁵.
4 – Im **Ei**mer?
5 – Ja, die ist futsch.
6 – Futsch? Was heißt das? Ich ver**ste**he kein Wort von dem, was du sagst.
7 – Bringt man dir im **Deutsch**unterricht **kei**ne **Um**gangssprache bei?
8 – Nein, nicht **wirk**lich.

Übersetzen Sie bitte!

❶ Je mehr du isst, desto mehr nimmst du zu. ❷ Anstatt zu kochen, lade ich dich ins Restaurant ein. ❸ Er hat überall gesucht, trotzdem hat er nichts gefunden. ❹ Wozu machst du das? ❺ Es fehlt nicht viel.

Corrigé

❶ Plus tu manges, plus tu grossis. ❷ Au lieu de cuisiner, je t'invite au restaurant. ❸ Il a cherché partout pourtant il n'a rien trouvé. ❹ Pourquoi fais-tu ça ? ❺ Il ne manque pas grand-chose *(beaucoup)*.

Deuxième vague : 42ᵉ leçon

Quatre-vingt-douzième leçon

Je ne comprends rien

1 – Il y avait un pull bleu dans le lave-linge. *(dans la machine-à-laver était-posé un bleu pull)* C'est le tien ?
2 – Oui, c'est le mien, merci. Tu as une *(quelconque-une)* idée de ce qui se passe avec la machine ? Elle ne s'allume plus.
3 – Je crois [qu'] elle est bousillée *(dans-le seau)*.
4 – Bousillée ?
5 – Oui, elle est foutue.
6 – Foutue ? Qu'est-ce que ça veut dire ? Je ne comprends pas un mot de ce que tu dis.
7 – On ne t'enseigne pas ces choses-là *(la contact/ fréquentations-langue)* en cours d'allemand ?
8 – Non, pas vraiment.

9 – Ja, dann ist es **a**ber Zeit, dass du ein paar **Aus**drücke lernst. In **an**deren **Wor**ten: die **Wasch**maschine ist ka**putt** und die Repara**tur** wird be**stimmt** nicht **bi**llig.
10 – Ach, du **Schei**ße [6]!
11 – Na so was, du lernst **a**ber schnell!

Prononciation
*2 ... **ir**guèntaïnë ... 3 ... **aï**m^a 5 ... foutch*

Remarque de prononciation
(2) Au singulier, la deuxième syllabe de **die Idee** se prononce avec un **e** accent aigu allongé : *[idé:]*. Au pluriel par contre, le premier **e** se prononce comme un **e** accent aigu court et le deuxième ne se prononce que légèrement : *[idé:ën]*.

Notes

1 Les mots suivants sont composés à partir d'un verbe + nom : **waschen**, *laver* + **die Maschine**, *la machine* = **die Waschmaschine** (n), *le lave-linge* ; **kühlen**, *rafraîchir* + **der Schrank**, *armoire* = **der Kühlschrank** (¨e), *le réfrigérateur*; **spülen**, *laver la vaisselle* + **die Maschine** = **die Spülmaschine** (n), *le lave-vaisselle*. Ajoutez à la liste **der Backofen** (¨), *le four* (de cuisine) = **backen**, *cuire/faire de la pâtisserie* + **der Ofen**, *four*, et vous voilà équipé !

2 Les pronoms possessifs **meiner**, **deiner**..., *le mien*, *le tien*..., remplacent un nom déjà mentionné. Ils ont les mêmes radicaux que les déterminants possessifs (**mein-** ; **dein-** ; **sein-** etc. *cf.* L35, §1) et se déclinent selon la fonction, le genre et le nombre du nom qu'ils remplacent. La déclinaison est la même que pour les pronoms indéfinis **einer/keiner** (*cf.* L84, §6). Dans les phrases 1 et 2, **deiner**, *le tien* et **meiner**, *le mien*, se rapportent respectivement aux possesseurs **du** et **ich** et remplacent

***

Übung 1 – Übersetzen Sie bitte!

❶ Wir müssen aber irgendwo schlafen. ❷ Mein Pass liegt hier. Und wo ist deiner? ❸ Heute ist nicht irgendein Tag. ❹ Wie geht das aus? ❺ Das Ding ist total futsch.

Quatre-vingt-douzième leçon / 92

9 – Et bien dans ce cas, il est temps que tu apprennes quelques expressions. En d'autres termes : la machine à laver est cassée et la réparation ne va certainement pas être donnée *(sera pas bon-marché)*.
10 – Eh merde !
11 – Eh ben dis-donc, tu apprends vite !

---

der Pulli (N m.) : **Ist es deiner = dein Pulli?**, *Est-ce le tien = ton pull ?* ; **Ja, das ist meiner = mein Pulli**, *Oui, c'est le mien = mon pull*. Vous trouverez d'autres exemples par la suite ainsi que la liste complète des pronoms possessifs dans la leçon de révision.

3 Le préfixe **irgend-** est ajouté quand on parle d'une façon imprécise ou de façon générale. Il se combine avec l'article indéfini et des pronoms (interrogatifs, indéfinis). Il se traduit quelquefois par *n'importe (quel/le) / (un/e) quelconque* ou d'autres tournures exprimant l'imprécision, d'autres fois il ne se traduit pas, exemples : **Ich lese nicht irgendein Buch**, *Je ne lis pas n'importe quel livre* ; **Ich möchte irgendwann heiraten**, *J'aimerais me marier un jour* ; **Du bist nicht irgendwer**, *Tu n'es pas n'importe qui*. Si le terme combiné avec **irgend-** est déclinable, n'oubliez pas d'ajouter la terminaison : **Nimm irgendeinen Stift** (A m.) / **irgendeine Zeitung** (A f.), *Prends un stylo / un journal quelconque*.

4 **angehen**, *s'allumer*, et son contraire **ausgehen**, *s'éteindre*, s'emploient pour la lumière et toutes sortes d'appareils électriques : **Das Licht ist plötzlich ausgegangen**, *La lumière s'est éteinte soudainement*.

5 Les tournures **im Eimer sein** litt. "dans-le seau être", et **futsch sein** (ph. 5) relèvent du langage familier et équivalent à *être bousillé/foutu* : **Unser Computer ist futsch**, *Notre ordinateur est fichu*. **Im Eimer sein** s'emploie aussi dans le sens d'*être crevé* pour une personne : **Nach dem Ausflug war ich total im Eimer**, *Après la randonnée, j'étais complètement crevé*.

6 Attention ! **Scheiße** est plus vulgaire que *merde*.

***

Corrigé de l'exercice 1

❶ Mais il faut qu'on dorme quelque part. ❷ Mon passeport est ici. Et où est le tien ? ❸ Aujourd'hui n'est pas un jour quelconque. ❹ Ça s'éteint comment ? ❺ Le truc est complètement foutu.

Übung 2 – Ergänzen Sie bitte!

❶ Je suis complètement crevé.
   Ich bin total . . . .

❷ Ce n'est pas une amie quelconque.
   Das ist nicht . . . .

❸ Mon père parle russe. – Le mien aussi.
   Mein Vater spricht Russisch. – . . . .

❹ Nous avons acheté un réfrigérateur et un lave-vaisselle.
   Wir haben einen . . . . und eine . . . . gekauft.

❺ Ça s'allume comment ?
   Wie . . . . das . . ?

Dreiundneunzigste Lektion

Weg mit dem Handy! [1]

1 – **Kin**der, zieht euch **an** [2] und kommt **bit**te den Tisch **dec**ken [3]! Wir er**war**ten Be**such** [4].
   (…)
2 **Hal**looo, weg mit dem **Han**dy! Ich **re**de mit euch.
3 – Was hast du ge**sagt**? Wir **ha**ben dich nicht ge**hört**.
4 – **Geht** den Tisch **dec**ken und gebt mir so**fort eu**re **Han**dys! **Le**o, das gilt [5] nicht nur für **dei**ne Ge**schwis**ter, **son**dern auch für dich [6].
5 Los [7], be**eilt** euch, **eu**re **Groß**mutter ist ge**ra**de **an**gekommen [8].
6 – **Hal**lo **O**ma!
7 – Du **lie**ber **Him**mel! Ihr seid **a**ber groß ge**wor**den! [9] Kommt, setzt euch zu mir.
8 Ich **ha**be da **et**was **Neu**es, das ich euch **zei**gen **möch**te.

Corrigé de l'exercice 2
❶ – im Eimer ❷ – irgendeine Freundin ❸ – Meiner auch ❹ – Kühlschrank – Spülmaschine – ❺ – geht – an

Deuxième vague : 43e leçon

Quatre-vingt-treizième leçon

Lâchez vos portables !

1 – [Les] enfants, habillez-vous et venez mettre *(couvrir)* la table s'il vous plaît ! On attend de la visite. (...)
2 Hé, lâchez vos portables. Je vous parle.
3 – Qu'est-ce que tu as dit ? Nous ne t'avons pas entendu.
4 – Allez mettre la table et donnez-moi tout de suite vos portables ! Léo, ça ne vaut pas que pour tes frères et sœurs mais aussi pour toi.
5 Allez dépêchez-vous, votre grand-mère vient d'arriver *(justement arrivée)*.
6 – Bonjour mamie !
7 – Dieu du ciel ! *(tu cher ciel)* Qu'est-ce que vous avez grandi. *(vous êtes mais grands devenus)* Venez, asseyez-vous près de moi.
8 J'ai quelque chose de nouveau que j'aimerais vous montrer.

9 – Wow **cool**es Smart**pho**ne! Ist das deins [10]?
10 – Ja. Da staunt ihr, was?
11 – Das war be**stimmt teu**er.
12 – **Ü**ber Geld spricht [11] man nicht. **Wo**llen wir **ei**ne Fa**mi**liengruppe er**ste**llen?
13 – Das geht jetzt nicht. Wir **ha**ben **Han**dyverbot.
14 – Wenn es so ist, **le**ge ich auch meins weg und das ist auch **rich**tig so.

 Prononciation
4 ... guilt ... 12 ... èrchtèlën 13 ... Hèndi-fèrbo:t

Notes

1 weg peut s'employer comme adverbe ou particule séparable (ph. 14) et sert à marquer le départ / la séparation au sens large du terme. Sa traduction varie selon le contexte et/ou le verbe : **Sie ist weg** aussi **weggegangen** *Elle est partie* ; **Weg mit dir/euch!**, *Ouste* !

2 Rappel ! **(sich) anziehen**, *(s')habiller/mettre* (un vêtement), peut s'employer à la forme pronominale ou non : **Zieh deine Schuhe an**, *Mets tes chaussures*.

3 **den Tisch decken** (litt. "couvrir") signifie *mettre la table*. Profitons-en pour (re)voir du vocabulaire autour de la vaisselle : **das Messer (-)**, *le couteau* ; **die Gabel (n)**, *la fourchette* ; **der Löffel (-)**, *la cuillère* ; **das Glas ("er)**, *le verre* ; **der Teller (-)**, *l'assiette* ; **die Tasse (n)**, *la tasse*.

4 **der Besuch** signifie ici *la visite* dans le sens d'"invités". Notez également le verbe **jdn besuchen**, *rendre visite à qqn*. Faites attention de bien mettre l'accusatif en allemand ! **Er besucht seine Großeltern jeden Tag**, *Il rend visite à ses grands-parents tous les jours*.

5 Le verbe **gelten**, *valoir*, change de voyelle aux 2e et 3e personnes du singulier du présent de l'indicatif : **e → i**. Tout comme le verbe **halten**, *tenir*, il ne prend pas de -t supplémentaire à la 3e personne du singulier étant donné que le radical se termine déjà par -t, ex. : **Das gilt für alle**, *Ça vaut pour tout le monde*.

6 **nicht nur ... sondern auch** est une nouvelle conjonction double qui équivaut à *non seulement… mais aussi*, ex. : **Er isst nicht nur viel Obst**,

Quatre-vingt-treizième leçon / 93

9 – Waouh, cool [le] smartphone. C'est le tien ?
10 – Oui. Ça vous étonne *(êtes-étonnés vous)*, **pas vrai ?**
11 – Il a dû coûter cher.
12 – On ne parle pas d'argent. On crée un groupe famille ?
13 – C'est pas possible. On a interdiction [d'utiliser les] portables *(portable-interdiction)*.
14 – Si c'est comme cas, je pose aussi le mien et c'est juste qu'il en soit ainsi.

---

sondern auch viel Gemüse, *Il mange non seulement beaucoup de fruits mais aussi beaucoup de légumes.*

7 los invite à partir et/ou à se dépêcher et peut s'employer comme adverbe ou particule séparable : **Los**, mach die Tür auf!, *Allez, ouvre la porte !* ; Wir müssen **los**fahren, bevor es dunkel ("sombre") wird, *Nous devons y aller avant qu'il ne fasse nuit.*

8 Employé comme adverbe de temps, **gerade** + verbe au parfait signifie *juste (venir de + inf. / à l'instant)* et *en train de* + verbe au présent : Er schreibt **gerade** einen Brief, *Il est en train d'écrire une lettre.*

9 • Plusieurs verbes français se traduisent en allemand par un adjectif + **werden** : groß werden ("devenir grand"), *grandir* ; dick werden ("devenir gros"), *grossir*. L'adjectif peut être au comparatif de supériorité : eng, *étroit* → enger werden ("devenir plus-étroit"), *(se) rétrécir* → Die Straße **wird enger**, *La route se rétrécit.*
• L'adverbe **aber** sert aussi à exprimer l'exclamation traduite par *qu'est-ce que.*

10 deins, *le tien*, est un pronom possessif. Il se réfère à das Handy et à la fonction de sujet.; meins, *le mien* (ph. 14) a la fonction de complément d'objet direct = accusatif.

11 sprechen peut s'employer seul ou avec les prépositions über, *de* + A, ou mit, *avec* + D : **Sprechen** Sie bitte leiser, *Parlez moins fort s'il vous plaît* ; Wir **sprechen** über dich, *Nous parlons de toi* ; Hast du schon mit ihm **gesprochen**?, *As-tu déjà parlé avec lui ?*

Übung 1 – Übersetzen Sie bitte!

❶ Habt ihr den Tisch gedeckt? ❷ Sind sie schon weg? ❸ Ich esse nicht nur Gemüse, sondern auch Fleisch. ❹ Das gilt auch für dich. ❺ Sein Sohn ist groß geworden.

***

Übung 2 – Ergänzen Sie bitte!

❶ Je m'habille.
Ich ..... mich ...

❷ Il est non seulement très grand mais aussi très fort.
Er ist .... sehr groß, sondern auch sehr stark.

❸ Ouste !
...... euch!

❹ Je rends visite à ma sœur.
Ich .... Schwester.

❺ Il me faut des couteaux et des fourchettes.
Ich brauche ...... und ....

Vierundneunzigste Lektion

Liebes [1] Tagebuch,

1 **heu**te war kein **gu**ter Tag.
2 Am **Mor**gen ist mir was **Du**mmes pa**ssiert** [2].
3 Mir ist das **Han**dy ins Klo ge**fa**llen. [3] So was kann auch nur mir pa**ssie**ren.
4 Da**nach ha**be ich mich mit **mei**nem Chef ge**stri**tten. So**bald** [4] man ihm wider**spricht** [5], regt er sich auf.
5 Der Tag **hat**te **wirk**lich schlecht **an**gefangen.

Quatre-vingt-quatorzième leçon / 94

Corrigé de l'exercice 1

❶ Vous avez mis la table ? ❷ Ils/Elles sont déjà parti/e/s ? ❸ Je ne mange pas que des légumes mais aussi de la viande. ❹ Ça vaut aussi pour toi. ❺ Son fils a grandi.

Corrigé de l'exercice 2

❶ – ziehe – an ❷ – nicht nur ❸ – Weg mit ❹ – besuche meine – ❺ – Messer – Gabeln

Deuxième vague : 44ᵉ leçon

Quatre-vingt-quatorzième leçon

Cher journal intime,

1 Aujourd'hui n'était pas une bonne journée.
2 Ce matin, il m'est arrivé un truc bête.
3 J'ai fait tomber mon portable *(à-moi est tombé le portable)* dans les toilettes. Ça n'arrive qu'à moi.
4 Après je me suis disputé avec mon chef. Dès qu'on le contredit, il s'énerve.
5 La journée avait vraiment mal commencé.

94 / Vierundneunzigste Lektion

6 Am **Nach**mittag **hat**te ich **mei**ne **prak**tische **Fahr**prüfung. Da [6] es mein **zwei**tes Mal war, war ich sehr ner**vös**.

7 Nach fünf Mi**nu**ten **sag**te mir schon der **Fahr**prüfer, es war der**sel**be [7] wie das **ers**te Mal: „Sie sind **durch**gefallen [8]".

8 Wie ist das **mög**lich? Ich **hat**te schon **ü**ber [9] **drei**ßig **Fahr**stunden! Was soll ich **ma**chen? Soll ich es **noch**mal ver**su**chen?

9 Man sagt ja: **Al**ler **gu**ten **Din**ge sind drei [10]. □

Prononciation
4 ... guéchtritën ... vidᵃchpricht ... 6 ... fa:ᵃ-pru:foung ... 7 ... fa:ᵃ-pru:fᵃ ... déːᵃ-zèlbë ...

Remarque de prononciation
(4) Ne confondez pas la particule inséparable **wider-** dont le **i** est court avec l'adverbe **wieder** dont le groupe **ie** se prononce comme un **i** long.

Notes

1 Employé en tête de lettre ou pour un discours, l'adjectif **lieb** signifie *cher*, autrement, il signifie *gentil* : **Das ist lieb von dir**, *C'est gentil de ta part* ; **Er ist ein lieber Mensch**, *C'est une personne gentille*. Au passage, notez son contraire **böse**, *méchant* : **Böser Hund**, *chient méchant*.

2 • La contraction **was** (etwas) peut dans certains cas se traduire par *un truc*.
• Souvenez-vous que pour former le participe passé des verbes en **-ieren** il suffit d'ajouter un **-t** au radical du verbe : **passieren**, *arriver/passer* → **passiert** ; **studieren**, *étudier* → **studiert**.

3 • Habituez-vous au fur et à mesure à ces constructions au datif : **Mir ist kalt** ("à-moi est froid"), *J'ai froid* ; **Mir geht's gut** ("à-moi va ça bien"), *Je vais bien* ; **Mir ist eine Idee gekommen** ("à-moi est une idée venue"), *J'ai eu une idée*.
• Pour *les toilettes*, on dit aussi **das Klo**, abréviation du terme **Klosett** emprunté à l'anglais ***water-closet*** : **Ich muss aufs Klo**, *Il faut que j'aille aux* ("sur") *toilettes*.

Quatre-vingt-quatorzième leçon / 94

6 L'après-midi, j'avais mon examen pratique de conduite. Comme c'était la deuxième fois, j'étais très nerveuse.

7 Au bout de cinq minutes, l'inspecteur me dit, c'était le même que la première fois : "Vous avez échoué."

8 Mais comment est-ce possible ? J'ai [pris] plus de trente heures de conduite ! Qu'est-ce que je fais ? J'essaie une nouvelle fois ?

9 On dit bien : Toutes les bonnes choses vont par trois *([de] toutes les bonnes choses sont trois)*.

---

4 sobald, *dès que*, est une conjonction de subordination : **Ich zeige es dir, sobald es fertig ist**, *Je te le montre dès que c'est fini*.

5 wider- est inséparable dans le cas de **jdm widersprechen**, *contredire qqn* (Attention, il régit un datif alors que *contredire* se construit avec un complément d'objet direct !), mais séparable dans le cas de **sich widerspiegeln** : **Die Sonne spiegelt sich im Fenster wider**, *Le soleil se reflète dans la fenêtre*. Il s'agit d'une particule mixte.

6 da, *comme*, est une conjonction de subordination de cause, presque synonyme de **weil**, *parce que*, à la différence que **da** introduit une cause déjà connue et **weil** une nouvelle cause.

7 derselbe, dieselbe, dasselbe et dieselben, *le même, la même* et *les mêmes* se déclinent comme l'article défini pour la première partie et comme un adjectif épithète dans un groupe nominal défini pour la deuxième partie : **Er trägt denselben Pulli** (A m.) / **dieselbe Hose** (A f.) **wie gestern**, *Il porte le même pull / le même pantalon qu'hier*.

8 durch- est une autre particule mixte. Nous nous limitons toutefois aux verbes où elle se sépare (= majorité des verbes) : **(bei einer Prüfung) durchfallen**, *échouer à un examen* → **Er ist beim Abi durchgefallen**, *Il a échoué au bac* ; **etw. durchlesen**, *lire qqch.* (sous-entendu "en entier") → **Hast du den Brief richtig durchgelesen?**, *Tu as bien lu la lettre ?*

9 Ici, **über** est employé comme adverbe et signifie *plus de*. Autre ex. : **über 40 Grad**, *plus de 40 degrés*.

10 L'emploi du génitif **Aller guten Dinge** relève du langage soutenu.

Übung 1 – Übersetzen Sie bitte!

❶ Ist dir nicht warm? ❷ Er ist aufs Klo gegangen. ❸ Widersprich mir nicht! ❹ Sie trägt dasselbe Kleid wie gestern. ❺ Da es regnet, bleiben wir zu Hause.

***

Übung 2 – Ergänzen Sie bitte!

❶ Qu'est-ce que tu as étudié ?
   Was .... du .... ?

❷ Il a contredit son professeur.
   Er hat ...... Lehrer ....

❸ Je le lirai (lis) plus tard. (sous-entendu "en entier")
   Ich .... es später ....

❹ Nous habitons dans la même rue.
   Wir wohnen in ....

❺ Apelle-moi dès que tu auras fini.
   Ruf mich an, ... fertig bist.

Fünfundneunzigste Lektion

Leise bitte!

1 – **Kö**nnen wir **bi**tte **Ru**he **ha**ben?
2 – Ent**schul**digung, darf ich **bi**tte auf die Toi**le**tte **ge**hen?
3 – Du **hä**ttest in der **Pau**se **ge**hen **kö**nnen. [1]
4 – Ich **ha**be es ver**ge**ssen.
5 – Das **näch**ste Mal gehst du **bi**tte in der **Pau**se. So, wir be**gi**nnen [2] mit Gramma**ti**k: wenn oder als?
6 – Och nö, nicht schon **wie**der Gramma**ti**k.

Corrigé de l'exercice 1

❶ Tu n'as pas chaud ? ❷ Il est allé aux toilettes. ❸ Ne me contredis pas ! ❹ Elle porte la même robe qu'hier. ❺ Comme il pleut, on reste à la maison.

Corrigé de l'exercice 2

❶ – hast – studiert ❷ – seinem – widersprochen ❸ – lese – durch ❹ – derselben Straße ❺ – sobald du –

Deuxième vague : 45ᵉ leçon

Quatre-vingt-quinzième leçon

Silence *(silencieux)* s'il vous plaît !

1 – Un peu de silence ! *(pouvons nous s'il-vous-plaît silence avoir)*
2 – Excusez-moi, je peux aller aux toilettes s'il vous plaît ?
3 – Tu aurais pu le faire pendant la récréation.
4 – J'ai oublié.
5 – La prochaine fois, tu iras [aux toilettes] pendant la récréation. Bon, nous allons commencer par [de la] grammaire : "**wenn**" ou "**als**" ?
6 – Oh non, pas encore de la grammaire.

95 / Fünfundneunzigste Lektion

7 – **Sei**te 54, **Ü**bung 2 und **kei**ne Wider**re**de. In**zwi**schen **ge**he ich den Pro**jek**tor **ho**len.
8 (fünf Minuten später)
9 Was ist denn hier los? Könnt ihr **bit**te die **Stüh**le ³ **wie**der **rich**tig **auf**stellen?
10 **Ru**he, **bit**te! So, **kö**nnen wir nun **ar**beiten? Wer kann mir **ei**nen Satz mit „wenn" **sa**gen? ... **Nie**mand? **Oh**ne **Ar**beit, **kei**ne Be**loh**nung.
11 – Frau **Schnei**der ⁴, ich **ha**be ein **Bei**spiel.
12 – Sehr gut. Lies es uns **bit**te vor. ⁵
13 – Wenn die **Kat**ze aus dem Haus ist, **tan**zen die **Mäu**se auf dem Tisch.

Prononciation
3 ... **paou**zë ... **7** ... vid^e**ré**:dë ... pro**yèk**to:ᵃ ... **10** ... bé**lo**:nouñg

Notes

1 Employés seuls à un temps composé (parfait ou plus-que-parfait), les verbes de modalités ont un participe passé régulier : **du hättest gekonnt**, tu aurais pu ; **ich habe gekonnt**, j'ai pu ; **ihr hättet gesollt**, vous auriez dû, etc. Mais lorsqu'ils sont précédés d'un infinitif, le verbe de modalité est à l'infinitif. Il s'agit de la règle du double infinitif, ex. : **Du hättest in der Pause gehen können** et non pas **gekonnt**, litt. "tu aurais pendant la récréation aller pouvoir", Tu aurais pu y aller pendant la récréation ; **Ich habe nicht früher kommen können** et non pas **gekonnt**, litt. "j'ai pas plus-tôt venir pouvoir", Je n'ai pas pu venir plus tôt ; **Ihr hättet es ihm erklären sollen** et non pas **gesollt**, litt. "vous auriez le lui expliquer devoir", Vous auriez dû le lui expliquer.

2 Le contraire de **beginnen** ou **anfangen**, commencer, est **aufhören**, (s')arrêter (verbe non pronominal !) : **Der Unterricht beginnt um 14 Uhr**, Le cours commence à 14 heures ; **Der Unterricht hört um 14 Uhr auf**, Le cours s'arrête à 14 heures ; **Hör auf zu rauchen**, Arrêtez de fumer. Ces verbes peuvent se construire avec la préposition **mit** + D comme dans l'exemple du dialogue ou les exemples suivants : **Ich fange mit**

Quatre-vingt-quinzième leçon / 95

7 – Page 54, exercice 2 et pas de discussion. Entre-temps, je vais chercher le projecteur.
8 *(cinq minutes plus tard)*
9 Qu'est ce qui se passe ici ? Vous pouvez replacer les chaises correctement ?
10 Silence, s'il vous plaît ! On peut [commencer à] travailler ? Qui peut me dire une phrase avec "**wenn**" ? … Personne ? Pas de travail, pas de récompense.
11 – Madame, moi j'ai un exemple.
12 – Très bien, lis-le-nous à haute voix s'il te plaît.
13 – Quand le chat n'est pas là, les souris dansent.

---

den Hausaufgaben **an**, *Je commence par les devoirs* ; **Ich höre mit dem Rauchen auf**, *J'arrête de fumer* ("avec le fumer").

3 **die Stühle**, *les chaises*, est le pluriel de **der Stuhl**, *la chaise*. Profitons-en pour (re)voir les noms de plusieurs meubles et faites bien attention au genre qui diverge d'une langue à l'autre : **der Tisch**, pl. **die Tische**, *la (les) tables(s)* ; **der Schrank**, pl. **die Schränke**, *la (les) armoires(s)* ; **das Bett**, pl. **die Betten**, *le(s) lits(s)* ; **das Sofa**, pl. **die Sofas**, *le(s) canapé(s)* ; **der Sessel**, pl. **die Sessel**, *le(s) fauteuils(s)* et pour finir le même mot qu'en français **die Lampe**, pl. **die Lampen**, *la (les) lampe(s)* mais prononcé *[la'mpë]*.

4 En allemand, **Frau**, *madame*, et **Herr**, *monsieur*, ne peuvent pas s'employer tous seuls. Il faut ajouter le nom et/ou le titre : **Bitte, Herr Professor**, *Je vous en prie M. le professeur*. **Frau Doktor** Schmidt, le titre **Doktor**, *docteur*, suivi du nom désigne toute personne ayant un doctorat soit en médecine, soit dans un autre domaine. **der Doktor (en)** signifie aussi *le docteur/médecin*.

5 Dans cet exemple, l'ajout de la particule **vor-** vient nuancer le sens premier du terme. Le verbe **etw. lesen** (**er liest – las – gelesen**) signifie *lire qqch.* sous-entendu pour soi, à voix basse, tandis que le verbe **jdm etw. vorlesen** signifie *lire qqch. à qqn* sous-entendu à voix haute devant une ou plusieurs personne(s) : **Er liest viel**, *Il lit beaucoup* ; **Lesen Sie Ihren Kindern eine schöne Geschichte vor**, *Lisez une belle histoire à vos enfants*. *N.B.* **vorlesen** suit le même modèle de conjugaison que **lesen**.

Übung 1 – Übersetzen Sie bitte!

❶ Wir haben es leider nicht machen können. ❷ Der Sessel ist kaputt. ❸ Kann ich dir meinen Text vorlesen? ❹ Wir haben das Sofa und das Bett verkauft. ❺ Sie hätten wissen sollen, dass es nicht gut war.

***

Übung 2 – Ergänzen Sie bitte!

❶ Laissez la table et les chaises ici.
Lassen Sie … Tisch und die …… hier.

❷ Elle aurait pu dire non.
Sie hätte nein …… ……

❸ Il n'arrête pas de pleuvoir.
Es …. nicht … zu regnen.

❹ C'est un grand lit.
Es ist ein …… ….

Sechsundneunzigste Lektion

Die Kündigung

1 – **Ha**llo!
2 – Hi, ich bin's Jo. **Stö**r' ich?
3 – Nein, **ü**berhaupt nicht [1]. Was gibt's **Neu**es?
4 – **Kö**nnen wir uns **heu**te **se**hen?
5 – Hängt da**von** ab, wann? [2]
6 – Jetzt.
7 – Jetzt!? Bist du nicht bei der **Ar**beit [3]?
8 – Nein.
9 – Hast du dir den Tag **frei**genommen?
10 – Ja, kann man so **sa**gen.
11 – Was meinst du mit „kann man so **sa**gen"?

Corrigé de l'exercice 1

❶ Nous n'avons malheureusement pas pu le faire. ❷ Le fauteuil est cassé. ❸ Je peux te lire mon texte ? ❹ Nous avons vendu le canapé et le lit. ❺ Vous auriez dû savoir que ce n'était pas bien.

***

❺ Tous les soirs, elle lit une histoire à ses enfants.
Jeden Abend ..... sie ihren Kindern eine Geschichte ....

Corrigé de l'exercice 2

❶ – den – Stühle – ❷ – sagen können ❸ – hört – auf – ❹ – großes Bett ❺ – liest – vor

Deuxième vague : 46ᵉ leçon

Quatre-vingt-seizième leçon

La démission

1 – Allô !
2 – Salut, c'est moi Jo. J'[te] dérange ?
3 – Non, absolument pas. Quoi de neuf ?
4 – On peut se voir aujourd'hui ?
5 – Ça dépend quand ?
6 – Maintenant.
7 – Maintenant !? Tu n'es pas au travail ?
8 – Non.
9 – Tu as pris ta journée ? *(as tu à-toi la journée libre-pris)*
10 – Oui, on peut dire [ça] comme-ça.
11 – Que veux-tu dire par "on peut dire [ça] comme-ça" ?

12 – Ich **ha**be ge**kün**digt. [4]

13 – Ach so! ... Und wa**rum**?

14 – Ich will mich **selb**ständig **ma**chen [5]. Ich **ha**be **ei**ne I**dee** und ich **glau**be, es **könn**te **klap**pen.

15 – Und wenn nicht?

16 – Sei [6] doch nicht so nega**tiv**! Weißt du noch, was du **frü**her **im**mer **sag**test? „Wo ein **Wil**le ist, ist auch ein Weg." [7]

17 – Ja, das ist **rich**tig!

18 – **Al**so, bis gleich im Ca**fé** [8]!

Prononciation
... **ku'**ndigoung 3 ... **u:**b^aHaoupt ... 14 ... **zèlp**chtèndich ...

Notes

1. L'adverbe **überhaupt** (comme l'adverbe **gar**) suivi d'une négation la renforce. Cette construction se traduit par *absolument pas / plus du tout* : **Ich sehe überhaupt/gar nichts**, *Je ne vois absolument rien* ; **Wir haben überhaupt/gar keine Butter mehr**, *Nous n'avons plus du tout de beurre*.

2. Le verbe **abhängen von** est un verbe à particule séparable (**ab**) et à régime prépositionnel (**von**). Il régit le datif étant donné que **von** est une préposition dative, ex.: **Es hängt vom** (= **von dem**) **Verkehr ab**, *Ça dépend de la circulation* ; **Es hängt davon ab, wie viel es kostet**, *Ça dépend combien ça coûte*. *N.B.* Dans la phrase du dialogue, le pronom **es** est omis (= langage parlé).

3. La préposition de lieu **bei** s'emploie devant un nom désignant une personne mais aussi devant un nom désignant le lieu de travail / une institution / une entreprise : **Sie wohnt bei ihrer Tante**, *Elle vit chez sa tante* ; **Sie arbeitet bei der Post / bei Schmidt & Co**, *Elle travaille au bureau de poste / chez Schmidt & Co*. Dans les deux cas, elle exprime un locatif. Souvenez-vous que **bei** peut aussi s'employer comme préposition de temps ou de cause : **beim Essen**, *en train de manger* ; **bei schlechtem Wetter**, *en cas de mauvais temps*.

4. Employé sans complément d'objet (= verbe intransitif), **kündigen** signifie *démissionner*, employé avec un datif (= verbe transitif indirect),

Quatre-vingt-seizième leçon / 96

12 – J'ai démissionné.
13 – Ah !... Et pourquoi ?
14 – Je veux me mettre à mon compte *(autonome faire)*. J'ai une idée et je crois que ça pourrait marcher.
15 – Et si [ça ne marche] pas ?
16 – Ne sois donc pas si négatif. Tu te souviens de ce que tu disais avant ? "Vouloir, c'est pouvoir." *(où il y a une volonté, il y a un chemin)*
17 – Oui, c'est vrai.
18 – Alors, à tout de suite au café !

il signifie *licencier* : **Mein Chef hat mir** ("à-moi") **gestern gekündigt**, *Mon chef m'a licencié hier*, ou **Mir ist** gestern **gekündigt worden**, *J'ai été licencié hier* (forme passive). Le nom **die Kündigung** signifie à la fois *la démission* ou *le licenciement*.

5 *se mettre à son compte* se traduit par **sich selbständig machen**, litt. "se autonome faire" : **Er hat sich selbständig gemacht**, *Il s'est mis à son compte*.

6 Vous souvenez-vous de la conjugaison du verbe **sein** à l'impératif ? **Sei brav!**, *Sois sage !* ; **Seid vorsichtig!**, *Soyez prudents !* (tutoiement pluriel) ; **Seien Sie nicht traurig!**, *Ne soyez pas triste !* (vouvoiement). À ne pas confondre avec le **Konjunktiv I** présent (*cf.* L86, N4). La conjugaison est presque la même.

7 On dit aussi : **Wer will, der kann**, *Quand on veut, on peut*.

8 Ne confondez pas **das Café**, *le café* (l'établissement), avec **der Kaffee**, *le café* (la boisson).

vierhundertzweiundzwanzig • 422

Übung 1 – Übersetzen Sie bitte!

❶ Warum haben Sie gekündigt? ❷ Wovon hängt es ab? ❸ Seien Sie bitte pünktlich! ❹ Er lebt noch bei seinen Eltern. ❺ Ich habe gar nichts gemacht.

***

Übung 2 – Ergänzen Sie bitte!

❶ Ça dépend de toi.
   Es hängt … dir …

❷ Quand on veut, on peut.
   … … …, der kann.

❸ Il a travaillé à la poste.
   Er hat … … Post gearbeitet.

❹ Ne soyez pas triste. *(tutoiement pluriel)*
   … nicht … … .

Siebenundneunzigste Lektion

In einer Studentenkneipe

1 – **Grüß** dich [1] Tom, was machst du denn hier? Ich **dach**te, **dei**ne **El**tern **wür**den **heu**te **ko**mmen. [2]

2 – Hi! Nein, sie **ko**mmen nicht **heu**te, **son**dern **mor**gen [3].

3 – Na, dann setz dich doch zu uns. Soll ich dir auch ein Bier be**stel**len? [4]

4 – Ich will nicht **stö**ren.

5 – Du störst **über**haupt nicht. Darf ich **vor**stellen: **mei**ne **neu**e WG **Mit**bewohnerin **A**melie.

6 – **Schö**ner **Na**me! Ich bin Tom.

7 – **Hal**lo!

8 – Was machst du hier in **Mün**chen?

Corrigé de l'exercice 1

❶ Pourquoi avez-vous démissionné ? ❷ Ça dépend de quoi ? ❸ Soyez ponctuel, s'il vous plaît ! ❹ Il vit encore chez ses parents. ❺ Je n'ai absolument rien fait.

***

❺ Elle ne sait absolument rien. *(deux versions possibles)*
   Sie weiß .... / ... nichts.

Corrigé de l'exercice 2

❶ – von – ab ❷ Wer will – ❸ – bei der – ❹ Seid – traurig ❺ überhaupt/gar

Deuxième vague : 47ᵉ leçon

Quatre-vingt-dix-septième leçon

Dans un bar étudiant

1 – Salut Tom, qu'est-ce tu fais ici ? Je pensais que tes parents venaient *(viendraient)* aujourd'hui.
2 – Salut ! Non, ils ne viennent pas aujourd'hui mais demain.
3 – Eh bien, assieds-toi donc avec nous. Tu veux que je te commande une bière ?
4 – Je ne veux pas déranger.
5 – Tu ne déranges absolument pas. Je te présente *(puis-je présenter)* ma nouvelle colocataire, Amélie.
6 – Joli nom. Je suis Tom.
7 – Salut !
8 – Que fais-tu à Munich ?

97 / Siebenundneunzigste Lektion

9 – Ich stu**die**re an der **Kunst**akademie.
10 – Oh, **su**per! Macht's Spaß? [5]
11 – Ja, sehr. Und was stu**dierst** du?
12 – Nichts Be**son**deres, Ver**wal**tung.
13 – Ge**fällt** es dir nicht?
14 – Ich **wür**de **lie**ber Kunst stu**die**ren, wie du.
15 – Ich auch, **a**ber **mei**ne **El**tern **sa**gen, das ist **brot**lose Kunst.

Prononciation
... chtou**dèn**tën-knaïpë *5* ... **mit**-bévo:nëri'n ... *9* ... **chtou**di:rë ... **kounst**-akdémi: *15* ... **bro:t**-lo:zë ...

Notes

1 La formule **Grüß dich!** ("salue te"), *Salut !*, relève du langage parlé et s'emploie lorsque l'on s'adresse à une personne que l'on tutoie. Le verbe **grüßen** signifie *saluer* dans le sens de *donner le bonjour* : **Sie grüßt mich nicht mehr**, *Elle ne me salue plus* ; **Grüß sie von mir**, litt. "salue la de moi", *Salue-la de ma part*. Le verbe *saluer / souhaiter la bienvenue* se traduit quant à lui par **begrüßen** : **Wir begrüßen Sie recht herzlich auf der neuen Internetseite der Firma ...**, *Nous vous saluons très cordialement sur la nouvelle page web de la société...*

2 Voici un nouvel exemple de discours indirect introduit par **ich dachte**, *je pensais*. Excepté pour le verbe **sein** et la 3ᵉ personne du singulier (nous y reviendrons plus en détails dans la leçon de révision), l'allemand traduit généralement le discours indirect d'un fait présent par le **Konjunktiv II** présent ou le présent de l'indicatif : **..., dass deine Eltern heute kommen**.

***

Übung 1 – Übersetzen Sie bitte!

❶ Meine Arbeit macht mir keinen Spaß! ❷ Er sagt, du würdest es machen. ❸ Was soll ich anziehen? ❹ Ich arbeite nicht morgen, sondern übermorgen. ❺ Grüß deine Eltern von uns.

Quatre-vingt-dix-septième leçon / 97

9 – J'étudie à l'académie des beaux-arts.
10 – Oh, super ! Ça te plaît ?
11 – Oui beaucoup. Et toi, qu'est-ce que tu étudies ?
12 – Rien de spécial, gestion.
13 – Ça ne te plaît pas ?
14 – Je préfèrerais faire des études d'art, comme toi.
15 – Moi aussi mais mes parents disent que ça ne nourrit pas son homme *(c'est pain-sans art)*.

3 Vous avez appris que **nicht** se place derrière le complément d'objet (*cf.* ph. 13) et de nombreux compléments de temps : **Er kommt morgen nicht**, *Il ne viendra pas demain*. Dans ce cas, il s'agit d'une négation portant sur toute la phrase (= négation globale). Si la négation porte juste sur le complément d'objet ou de temps (= négation partielle), **nicht** vient alors se placer devant ces éléments et la phrase est généralement complétée par l'alternative introduite par **sondern**, ex. : **Ich kenne nicht ihren Mann, sondern ihren Bruder**, *Je ne connais pas son mari mais son frère*.

4 Souvenez-vous que le verbe **sollen**, *devoir*, sert aussi à poser des questions, soit pour faire une proposition comme dans cet exemple, soit pour demander conseil. Sa traduction dépend du contexte : **Was soll ich tun?**, *Que dois-je faire ?* ; **Was soll ich ihm zum Geburtstag schenken?**, *Qu'est-ce que je peux lui offrir pour son anniversaire ?*

5 Retenez cette tournure que vous aurez souvent l'occasion d'employer : **(jdm) Spaß machen**, *plaire (à qqn) / amuser* ou *être amusant* : **Es macht mir keinen Spaß** ("ça fait à-moi pas-de amusement"), **das zu tun**, *Ça ne m'amuse pas de faire ça* ; **Es hat viel Spaß gemacht** ("ça a beaucoup amusement fait"), *C'était très amusant* ; **Viel Spaß!**, *Amuse-toi / Amusez-vous bien !*

***

Corrigé de l'exercice 1

❶ Mon travail ne me plaît pas. **❷** Il dit que tu le ferais. **❸** Qu'est-ce que je mets ? **❹** Je ne travaillerai pas demain mais après-demain. **❺** Salue tes parents de notre part.

Übung 2 – Ergänzen Sie bitte!

❶ Qui devons-nous appeler ?
Wen .... anrufen?

❷ Elle ne travaille pas le jeudi mais le mercredi.
Sie arbeitet ...., sondern mittwochs.

❸ Il a dit qu'ils viendraient aujourd'hui.
Er hat gesagt, sie ...... heute ....

❹ Qu'est-ce que je réponds ?
Was .... ich ....?

❺ Salut ! Comment vas-tu ?
.... dich, wie geht's dir?

***

Profitons de cette leçon pour voyager un peu et faire le tour des différentes formules de salutation en allemand. Celles-ci varient non seulement selon les pays germanophones mais aussi selon les régions. En plus des formules classiques étudiées au cours des différentes

Achtundneunzigste Lektion

Wiederholung – Révision

1 Le discours indirect

À l'origine, il se traduisait avec le **Konjunktiv I** mais avec l'évolution de la langue, celui-ci tend à disparaître au profit du **Konjunktiv II** ou de l'indicatif.

• Le **Konjunktiv I** présent s'utilise pour rapporter des faits présents. Généralement, son emploi se limite au verbe **sein**, seul verbe possédant des formes propres à toutes les personnes, et pour la 3e personne du singulier des autres verbes.
Voyons tout d'abord la conjugaison de **sein** et de la 3e personne du singulier :
- **sein** : ich sei, du sei(e)st, er/sie/es sei, wir seien, ihr sei(e)t, sie/ Sie seien ;

Corrigé de l'exercice 2

❶ – sollen wir – ❷ – nicht donnerstags – ❸ – würden – kommen ❹ – soll – antworten ❺ Grüß –

***

leçons, vous entendrez aussi **Moin, Moin** *[moïn moïn] si vous vous trouvez dans le nord de l'Allemagne et* **Grüß Gott** *ou* **Grüß euch/ Sie (Gott)** *("salue vous (Dieu)") qui est le pluriel de* **Grüß dich**, *si vous êtes dans le sud. En suisse allemand, on dit généralement* **Grüezi (mitenand)** *[grutsi (mitenan'd)] pour bonjour (***Grüezi** *vient de* **Grüß** *et* **mitenand** *de* **miteinander**, *ensemble) tandis qu'en Autriche et en Bavière, les gens emploient la formule* **Servus** *et ce aussi bien pour dire bonjour qu'au revoir. Notez aussi la formule que l'on emploie au téléphone pour dire au revoir :* **Auf Wiederhören!**, *litt. "à réentendre" ! Son emploi est toutefois plus restreint de nos jours (conversation téléphonique avec des administrations, personnes haut placées).*

Deuxième vague : 48ᵉ leçon

Quatre-vingt-dix-huitième leçon

- 3ᵉ pers. sing. des autres verbes : il suffit de supprimer le **-n** de l'infinitif : **haben → er/sie/es habe** ; **kommen → er/sie/es komme**, etc.

Voyons maintenant le passage du discours direct au discours indirect. Exemples :
Er sagt: „Ich bin müde". → **Er sagt, er sei müde**, *Il dit qu'il est fatigué.*
Er sagt: „Anna kommt mit". → **Er sagt, Anna komme mit**, *Il dit qu'Anna vient avec nous.*
Pour les autres personnes, on emploie le **Konjunktiv II** présent pour éviter toute confusion avec le présent de l'indicatif dont la conjugaison est très proche du **Konjunktiv I**.
Er sagt: „Sie kommen mit". → **Er sagt, sie würden mitkommen**, *Il dit qu'ils viennent avec nous.*
N.B. Le **Konjunktiv I** de **mitkommen** à la 3ᵉ pers. du pl. = **sie kommen mit** comme au présent de l'indicatif.

Avec l'évolution de la langue, le **Konjunktiv II** peut aussi être employé au présent pour **sein** et la 3ᵉ pers. du sing. des autres verbes. Exemples :
Er sagt: „Du bist müde". → Er sagt, du wärst müde, *Il dit que tu es fatigué* au lieu de **du seist**.

• Le **Konjunktiv I** passé s'utilise pour rapporter des faits passés. Il se forme avec l'auxiliaire **sein** ou **haben** au **Konjunktiv I** présent + participe passé du verbe en fin de phrase/proposition. La règle de l'emploi de l'auxiliaire est la même que pour le parfait (L42, §3) : **kommen → ich sei gekommen** ; **sein → du seist gewesen** ; **sagen → er habe gesagt**... Notez la conjugaison complète de **haben** au **Konjunktiv I** présent : **ich habe, du habest, er/sie/es habe, wir haben, ihr habet, sie/Sie haben**.
Er sagt: „Ich bin gut angekommen". → Er sagt, er sei gut angekommen, *Il dit qu'il est bien arrivé*.
Er sagt: „Leo hat viel gearbeitet". → Er sagt, Leo habe viel gearbeitet, *Il dit que Léo a beaucoup travaillé*.

Là aussi, on emploie de plus en plus le **Konjunktiv II** passé à la place du **Konjunktiv I** passé :
Er sagt: „Ich bin gut angekommen". → Er sagt, er wäre gut angekommen, *Il dit qu'il est bien arrivé*.
Er sagt: „Leo hat viel gearbeitet". → Er sagt, Leo hätte viel gearbeitet, *Il dit que Léo a beaucoup travaillé*.
Et aujourd'hui, vous avez également le droit d'employer l'indicatif (présent/parfait/prétérit) à la place du **Konjunktiv I** et **II** + **dass** en tête de proposition. Dans le langage parlé toutefois, **dass** est souvent omis par ellipse :
Er sagt: „Sie ist/war müde". : Er sagt, dass sie müde ist/war. → Er sagt, sie ist/war müde (langage parlé).

N.B. Il existe aussi le **Konjunktiv I** futur que nous n'aborderons pas étant donné qu'il peut être remplacé par le **Konjunktiv I** présent.

2 Les pronoms possessifs

Le radical du pronom possessif (deuxième colonne) dépend du possesseur et est le même que le radical du déterminant possessif (*cf.* L35, §1).

Quatre-vingt-dix-huitième leçon / 98

ich	mein-	*le mien*
du	dein-	*le tien*
er/es	sein-	*le sien*
sie	ihr-	*le sien*
wir	unser-	*le nôtre*
ihr	eu(e)r-	*le vôtre*
sie	ihr-	*le leur*
Sie	Ihr-	*le vôtre*

Dans un premier temps, observez juste les radicaux (indiqués en rouge) sans tenir compte de la terminaison. Souvenez-vous qu'à la 3ᵉ personne du singulier, **sein-** se réfère à un possesseur masculin ou neutre et **ihr-** à un possesseur féminin :
Mein Vater ist Deutscher. – Meiner **auch**, *Mon père est allemand. – Le mien aussi.* → possesseur = **ich** ;
Ist das Leas Fahrrad? – Ja das ist ihrs, *C'est le vélo de Léa – Oui, c'est le sien* → possesseur = **sie**, *elle* (Léa) ;
Ist das Toms Fahrrad? – Ja das ist seins, *C'est le vélo de Tom – Oui, c'est le sien* → possesseur = **er**, *lui* (Tom).
La déclinaison quant à elle dépend de la fonction du pronom possessif dans la proposition et du genre et du nombre du nom qu'il remplace. Voyez d'abord la déclinaison du pronom possessif **mein-**, *le (la/les) mien(s)/mienne(s)*, avec en rouge les terminaisons communes à tous les pronoms possessifs. Ensuite, nous passerons aux exemples. Il s'agit de la même déclinaison que pour les indéfinis **einer/keiner**, *un/aucun* (cf. L84, §6). *N.B.* Nous n'abordons pas le génitif étant donné qu'il s'emploie peu.

	Masculin	Féminin	Neutre	Pluriel
Nominatif	mein**er**	mein**e**	mein**s**	mein**e**
Accusatif	mein**en**	mein**e**	mein**s**	mein**e**
Datif	mein**em**	mein**er**	mein**em**	mein**en**

Exemples :
Ihr habt nicht euren Schlüssel genommen, sondern unseren, *Vous n'avez pas pris votre clé mais la nôtre* → **unseren** est un accusatif masculin car il a la fonction de complément d'objet direct et se rapporte à un nom masculin → **der Schlüssel** ;

Ich nehme dein Fahrrad, denn meins ist kaputt, *Je prends ton vélo car le mien est cassé* → **meins** est un nominatif neutre car il a la fonction de sujet et se rapporte à un nom neutre → **das Fahrrad**.

3 La place de la négation *nicht* dans la phrase

Voyons les différentes places occupées par la négation **nicht**. Certaines d'entre elles ont été étudiées en début d'ouvrage :
– **nicht** se place en fin de phrase derrière le complément d'objet direct/indirect ou la majorité des compléments de temps lorsqu'elle porte sur toute la phrase (= négation globale). Lorsqu'elle porte sur le complément d'objet ou l'adverbe de temps (= négation partielle), **nicht** vient se placer devant ces éléments et est généralement complétée par une alternative introduite par **sondern ...**, *mais...*
Ich kenne seinen Bruder nicht ↔ **Ich kenne nicht seinen Bruder, sondern seine Schwester**, *Je ne connais pas son frère* ↔ *... mais sa sœur.*
Er kommt heute nicht → **Er kommt nicht heute, sondern morgen**, *Il ne vient pas aujourd'hui* ↔ *... mais demain.*
– **nicht** se place devant l'attribut du sujet, l'adjectif attribut, l'adverbe (sauf les compléments de temps comme **morgen**, **heute**, **am Samstag**), l'attribut du sujet et le groupe prépositionnel.
Ich wohne nicht in Berlin, (sondern in Hamburg), *Je n'habite pas à Berlin (mais à Hambourg).*
Ich bin nicht Lea, (sondern Anna), *Je ne suis pas Léa mais Anna.*
Ich bin nicht krank, (sondern müde), *Je ne suis pas malade (mais fatiguée).*

4 Les particules mixtes

Elles sont tantôt séparables, tantôt inséparables, d'où l'appellation "mixtes". Il y en a huit en tout et vous avez étudié les six particules suivantes :
– **über-** est majoritairement inséparable : **überraschen**, *surprendre/étonner* → **Das überrascht mich**, *Ça m'étonne* ; **übersetzen**, *traduire* → **Übersetzen Sie!**, *Traduisez !* Mais elle est séparable dans le cas de **überkochen**, *déborder* → **Die Milch kocht gleich über** ("le lait déborde tout de suite"), *Le lait va déborder.*

– **um-** est séparable dans le sens de "changer de lieu ou de direction" / "modifier qqch." : **umziehen**, *déménager* → **Ich ziehe bald**

um, *Je déménage bientôt* ; **umbauen**, *transformer* (un immeuble) → **Er hat sein Haus umgebaut**, *Il a transformé sa maison*. Elle est inséparable dans le sens d'"entourer". Ces verbes sont peu nombreux : **um**armen, *s'embrasser / se donner une accolade* → **Sie umarmten sich alle**, *Ils s'embrassèrent tous*.

– **unter-** est généralement inséparable : **unterschreiben**, *signer* → **Bitte unterschreiben Sie hier**, *Veuillez signer ici s'il vous plaît* ; **unterstreichen**, *souligner* → **Unterstreichen Sie die Antwort!**, *Soulignez la réponse !* Mais elle est séparable lorsqu'elle exprime un mouvement vers le bas : **untergehen**, *se coucher* (astres) / *sombrer* → **Die Sonne geht unter**, *Le soleil se couche* ; **Das Schiff ist untergegangen**, *Le bateau a sombré*.

– **wider-** est inséparable si elle exprime la contradiction : **jdm widersprechen**, *contredire qqn* → **Er hat seinem Lehrer widersprochen**, *Il a contredit son professeur*. Elle est séparable dans le sens de "reflet" : **sich widerspiegeln**, *se refléter* → **Der Mond spiegelt sich im Wasser wider**, *La lune se reflète dans l'eau*.

– **wieder-** est inséparable dans le cas de **wiederholen**, *répéter* ou *réviser*, comme nous verrons dans la leçon 100 → **Ich wiederhole: ...**, *Je répète/révise :...* Autrement elle est toujours séparable : **(sich) wiedersehen**, *se revoir* → **Wann sehen wir uns wieder**, *Quand nous revoyons-nous ?*

– **durch-** est généralement séparable et nous nous limitons aussi à ces verbes : **etw. durchlesen**, *lire qqch.* (en entier) → **Ich habe ihren Brief dreimal durchgelesen**, *J'ai lu sa lettre trois fois*.

5 Les verbes et adjectifs à régime prépositionnel

De nombreux verbes et aussi adjectifs se construisent avec une préposition. Il est impératif de les apprendre non seulement avec leur préposition mais aussi avec le cas qu'ils régissent.
Dans le cas d'une préposition à cas fixe, le verbe / l'adjectif régit automatiquement le cas fixé. Exemples :
anfangen mit, *commencer par* + datif étant donné que **mit** est une préposition dative : **Wir fangen mit der ersten Übung an**, *Nous commençons par le premier exercice*.
geeignet für, *adapté à* + accusatif étant donné que **für** est une préposition accusative : **Es ist für Kinder geeignet**, *C'est adapté aux enfants*.

Dans le cas d'une préposition mixte, le verbe / l'adjectif régit soit l'accusatif, soit le datif. Il est important que vous mémorisiez chacun de ces verbes / adjectifs avec le cas qu'il régit. Exemples :
warten auf, *attendre* + accusatif : **Er wartet auf den Bus**, *Il attend le bus.*
leiden an, *souffrir de* + datif : **Er leidet an starken Kopfschmerzen**, *Il souffre de forts maux de tête.*

6 *da*, "comme", et *sobald*, "dès que"

Il s'agit de deux nouvelles conjonctions de subordination :
– de cause pour **da**, *comme*. Celle-ci introduit une cause connue contrairement à **weil**, *parce que*, qui introduit une cause inconnue : **Da es warm ist, gehen wir ins Schwimmbad**, *Comme il fait beau, on va à la piscine* ;
– de temps pour **sobald**, *dès que* : **Ich komme, sobald ich kann**, *Je viens dès que je peux.*

7 Les conjonctions doubles

Il y a des conjonctions en deux parties comme :
– **entweder … oder**, *soit… soit* : **Ich komme entweder heute oder morgen**, *Je viens soit aujourd'hui, soit demain.*
– **weder … noch**, *ni… ni* : **Er kennt weder meinen Bruder noch meine Schwester**, *Il ne connaît ni mon frère ni ma sœur.*
– **sowohl … als auch**, *aussi bien… que* : **Sowohl Lea als auch Tom sind gekommen**, *Aussi bien Léa que Tom sont venus.*
– **nicht nur … , sondern auch**, *non seulement… mais aussi* : **Er kann nicht nur Französisch, sondern auch Russisch**, *Il parle non seulement français mais aussi russe.*
N.B. La virgule est obligatoire devant **sondern**.

8 Le double infinitif

Il arrive que dans une proposition allemande on trouve deux infinitifs qui se suivent. Il s'agit du double infinitif. Il s'emploie avec certains verbes, notamment les verbes de modalité. Lorsqu'ils sont

Quatre-vingt-dix-huitième leçon / 98

conjugués à un temps composé (parfait ou plus-que-parfait), l'infinitif se substitue au participe passé. Exemples :
Er hat ihr helfen wollen (gewollt), *Il a voulu l'aider* ;
Du hättest mich anrufen sollen (gesollt), *Tu aurais dû m'appeler*.

Wiederholungsdialog

1 – Guten Tag, mein Name ist Peter Schmidt. Ich hätte gern einen Termin bei Doktor Bauer.
2 – Sie können entweder morgen um neun Uhr oder heute um elf kommen.
3 – Ich komme heute.
4 – Perfekt! Könnten Sie bitte Ihren Namen wiederholen?
5 – Peter Schmidt mit dt.
6 *(beim Arzt)*
7 – Guten Tag, nehmen Sie bitte Platz. Was kann ich für Sie tun?
8 – Ich habe seit heute Nacht starke Bauchschmerzen.
9 – Leiden Sie oft an Bauchschmerzen?
10 – Nein, nicht oft.
11 – Haben Sie vielleicht zu viel gegessen oder getrunken?
12 – Na ja, jetzt mit dem Oktoberfest …
13 – Legen Sie sich bitte hierhin. Tut's weh, wenn ich hier drücke?
14 – Ein bisschen.
15 – Sie können sich wieder anziehen. Es ist nichts Schlimmes. In den nächsten Tagen sollten Sie aber leicht essen und viel trinken.
16 – Viel trinken?!
17 – Ja, also ich meine Wasser.

Traduction

1 Bonjour, mon nom est Peter Schmidt. J'aimerais un rendez-vous avec le docteur Bauer. **2** Vous pouvez venir soit demain à neuf heures, soit aujourd'hui à onze [heures]. **3** Je viens aujourd'hui. **4** Parfait ! Vous pourriez [me] répéter votre nom s'il vous plaît ? **5** Peter Schmidt avec *d t*. **6** *(chez le médecin)* **7** Bonjour, prenez place. Que puis-je faire pour vous ? **8** J'ai de forts maux de ventre depuis cette nuit. **9** Vous souffrez souvent de maux de ventre ? **10** Non, pas souvent. **11** Vous avez peut-être mangé ou bu un peu de trop ? **12** Oui, enfin maintenant avec la fête de la bière… **13** Allongez-vous ici s'il vous plaît. Ça vous fait mal quand j'appuie ici. **14** Oui, un peu. **15** Vous pouvez vous rhabiller. Ce n'est rien de grave mais ces jours-ci vous devriez manger léger et boire beaucoup. **16** Boire beaucoup ?! **17** Oui, enfin je veux dire [de l'] eau.

Neunundneunzigste Lektion

Fleißig lernen

1 – **Bev**or ich's ver**ge**sse: die Fran**zo**sen **ko**mmen am **Do**nnerstag um **12** Uhr in **Frank**furt ¹ an. **Wür**den Sie **bi**tte die **Ho**telzimmer reser**vie**ren? ²

2 – Ja, **selbst**verständlich.

3 – **Wür**den Sie **bi**tte dann ³ **die**sen Text auf **Eng**lisch über**se**tzen und wenn **mög**lich auch auf Franz**ö**sisch?

4 – Mein Franz**ö**sisch ist ein **biss**chen **ein**gerostet. **Un**ser französischer **Trai**nee **könn**te mir **a**ber **hel**fen. **Sei**ne **Deutsch**kenntnisse sind jetzt gut ge**nug**.

5 – Ja, das ist **rich**tig ⁴. Er hat **vie**le **Fort**schritte ge**macht**. Ach, da sind Sie ja schon Herr Du**bois**! Wir **ha**ben **ei**ne **klei**ne **Auf**gabe für Sie.

Übersetzen Sie bitte!

❶ Ich rufe dich an, sobald ich etwas weiß. ❷ Er sagt, er sei nicht mehr in Deutschland. ❸ Dieser Schlüssel ist nicht eurer, sondern meiner. ❹ Wir können nicht darauf verzichten. ❺ Sie ist nicht nur sehr gut in Sport, sondern auch in Musik.

Corrigé
❶ Je t'appelle dès que je sais quelque chose. ❷ Il dit qu'il n'est plus en Allemagne. ❸ Cette clé n'est pas la vôtre mais la mienne. ❹ Nous ne pouvons pas y renoncer. ❺ Elle est non seulement très bonne en sport mais aussi en musique.

Deuxième vague : 49e leçon

Quatre-vingt-dix-neuvième leçon

Apprendre avec assiduité

1 – Avant que je n'oublie : les Français arrivent demain à douze heures à Francfort. Pourriez-vous réserver les chambres d'hôtel s'il vous plaît ?
2 – Oui, bien sûr.
3 – Pourriez-vous ensuite traduire ce texte en anglais et si possible aussi en français ?
4 – Mon français est un peu rouillé. Mais notre stagiaire français pourrait m'aider. Il a d'assez bonnes connaissances d'allemand maintenant. *(ses allemand-connaissances sont maintenant bonnes assez)*
5 – Oui, c'est juste. Il a fait beaucoup de progrès. Ah, vous voilà M. Dubois ! Nous avons un travail *(tâche)* pour vous.

99 / Neunundneunzigste Lektion

6 – Das **ha**be ich ge**hö**rt. Ich **ma**che es gern.
  (...)
7 – **Dan**ke für **Ih**re **Hil**fe Herr Du**bois**. **Oh**ne Sie **hät**te ich es nicht ge**schafft** [5]. Darf ich Sie auf ein Bier **ein**laden? [6]
8   Ich bin mit den Kol**le**gen der Ex**port**abteilung im **Brau**haus ver**ab**redet. [7]
9 – Ja **ger**n, aber zu**erst** muss ich **mei**ne Deutsch-**Auf**gaben **ma**chen. Ich bin bei der **vor**letzten Lek**tion**.
10 – Kein Pro**blem**, ich **hal**te **Ih**nen **ei**nen Platz frei und gratu**lie**re **Ih**nen für **Ih**re Diszi**plin**. Sie **ha**ben **vie**le **Fort**schritte ge**macht**.

Prononciation
2 ... zèlpst-févrchtèntlich 4 ... aïnguérostët ... trè:ni ...

Notes

1. La place des compléments circonstanciels peut varier selon l'importance d'une information et/ou l'intention du locuteur mais, en règle générale, l'ordre est le suivant : temps (te) avant cause/condition (ca) avant mode (mo) avant lieu (li). Retenez ce moyen mnémotechnique : "tecamoli". La phrase 1 comporte un complément de temps (**am Donnerstag um 12 Uhr**, *jeudi à 12 heures*) suivi d'un complément de lieu (**in Frankfurt**, *à Francfort*). Autres exemples : **Sie will wegen des schlechten Wetters** (cause) **mit dem Zug fahren** (moyen), *Elle veut y aller en train à cause du mauvais temps* ; **Sie sind gestern** (temps) **mit dem Auto** (moyen) **nach Wien** (lieu) **gefahren**, *Ils sont partis à Vienne hier en train*.

2. Pour exprimer une demande polie, équivalent de *tu voudrais / vous voudriez bien* en français, on emploie le **Konjunktiv II** en allemand. Voir aussi la phrase 3.

3. Pour exprimer la chronologie, vous emploierez les adverbes **zuerst**, *d'abord* ; **dann**, *ensuite* ; **danach**, *puis/après* et **zum Schluss** ("à-la fin") *finalement / pour terminer* : **Zuerst bin ich zur Bank gegangen. Dann bin ich einkaufen gegangen. Danach hatte ich einen Termin beim**

Quatre-vingt-dix-neuvième leçon / 99

6 – J'ai entendu. Je le fais volontiers.
(...)
7 – Merci pour votre aide M. Dubois. Sans vous, je n'y serais pas arrivée. Puis-je vous inviter [à boire] *(sur)* une bière ?
8 J'ai rendez-vous à la brasserie avec les collègues du service export.
9 – Oui volontiers, mais d'abord je dois faire mes devoirs d'allemand. J'[en] suis à l'avant-dernière leçon.
10 – Pas de problème, je vous garde une place et félicitations pour votre discipline. Vous avez fait beaucoup de progrès.

Zahnarzt und zum Schluss habe ich den Wagen in die Werkstatt gebracht, *D'abord, je suis allée à la banque. Ensuite je suis allée faire des courses. Puis j'avais rendez-vous chez le dentiste. Pour finir, j'ai apporté la voiture au garage.*

4 Le contraire de **richtig**, *juste*, est **falsch**, *faux* : **Ich habe eine falsche Nummer**, *J'ai un faux numéro*.

5 Mémorisez cette tournure qui vous permet de dire que vous avez réussi / y arrivez ou non : **Ich hab's geschafft!**, *J'ai réussi !* ; **Hilf mir bitte! Ich schaffe es nicht**, *Aide-moi s'il te plaît ! Je n'y arrive pas*.

6 Notez bien cette tournure à l'accusatif : **auf einen Kaffee, ein Bier einladen** ("inviter sur un café, une bière"), *inviter à boire un café, une bière* : **Er hat mich auf einen Kaffee eingeladen**, *Il m'a invité à boire un café*.

7 **mit jdm verabredet sein** signifie *avoir rendez-vous avec qqn* : **Ich bin mit meinem Freund verabredet**, *J'ai rendez-vous avec mon ami*.

Übung 1 – Übersetzen Sie bitte!

❶ Es ist falsch. ❷ Würdest du mir bitte helfen, den Brief zu schreiben? ❸ Mit wem sind sie verabredet? ❹ Ich hab's geschafft! ❺ Zum Schluss möchte ich sagen, dass…

***

Übung 2 – Ergänzen Sie bitte!

❶ D'abord on mange, ensuite on travaille.
…… essen wir, …. arbeiten wir.

❷ J'ai rendez-vous avec son père.
Ich bin … seinem Vater ……….

❸ Il va à Berlin demain.
Er fliegt …… … …….

❹ Il va en voiture à Berlin.
Er fährt …… … …….

Hundertste Lektion

Letzter Tag, letzte Lektion

1 – Sie **ha**ben das **Schwie**rigste **hin**ter sich. **Herz**lichen **Glück**wunsch! Nun **so**llen Sie die **The**men wieder**ho**len und ver**tie**fen.

2 Und was **hal**ten Sie von **ei**nem **Auf**enthalt in **Deutsch**land ⁽¹⁾? **O**der bei **un**seren **Nach**barn in **Ös**terreich?

3 **Bei**de **Län**der **bie**ten **ei**ne **Viel**falt an Na**tur** und Kul**tur**:

4 **fri**sche **Mee**resluft und **wun**derschöne **Strän**de an der **Ost-** und **Nord**see,

5 **pracht**volle **Schlö**sser und **Ber**ge in **Ba**yern,

6 Ba**rock** und **Fest**spiele in **Salz**burg,

Corrigé de l'exercice 1
❶ C'est faux. ❷ Tu voudrais bien m'aider à écrire la lettre ? ❸ Avec qui ont-elles/ils rendez-vous ? ❹ J'y suis arrivée ! ❺ Pour terminer, j'aimerais dire que…

***

❺ Tu n'y arrives pas ?
………… es nicht?

Corrigé de l'exercice 2
❶ Zuerst – dann – ❷ – mit – verabredet ❸ – morgen nach Berlin ❹ – mit dem Auto nach Berlin ❺ Schaffst du –

Deuxième vague : 50ᵉ leçon

Centième leçon

Dernière journée, dernière leçon

1 – Le plus dur est derrière vous. Félicitations ! Maintenant vous devez réviser et approfondir les thèmes.
2 Et que pensez-vous d'un séjour en Allemagne ? Ou chez nos voisins en Autriche ?
3 Les deux pays offrent une diversité culturelle et naturelle *(diversité en nature et culture)* :
4 l'air frais marin et les plages magnifiques de la mer Baltique et de la mer du Nord,
5 de prestigieux châteaux et des montagnes en Bavière,
6 [art] baroque et festival à Salzbourg,

7 stimmungsvolle **Weih**nachtsmärkte in der **Ad**ventszeit, um nur **ei**nige **Bei**spiele zu **nen**nen.
8 Bei der Ge**le**genheit **könn**ten Sie **Ih**re **Sprach**kenntnisse **tes**ten.
9 Wir emp**feh**len **Ih**nen, so oft wie **mög**lich Deutsch zu **spre**chen.
10 Nun sind wir **fer**tig und die Zeit ist ge**ko**mmen, **Ab**schied zu **neh**men.
11 Wir **hof**fen, Sie **hat**ten Spaß beim **Ler**nen und **wer**den moti**viert wei**terarbeiten [2].
12 Auch wir **ha**ben es ge**no**ssen, **Ih**nen **un**sere **Spra**che **bei**zubringen.
13 Tschüss! Und viel**leicht** bis zu **ei**nem **nächs**ten **A**benteuer.

Notes

1 **etwas von etwas halten**, *penser qqch. de qqch.*, s'emploie pour connaître l'avis de qqn au sujet de qqch, ex.: **Was hältst du von** seinem neuen Auto / von seiner neuen Freundin?, *Que penses-tu de sa nouvelle voiture/amie ?*

2 Employé comme particule (séparable), **weiter** se traduit fréquemment par *continuer à* : **weiterschlafen**, *continuer à dormir* → **Ich möchte weiterschlafen**, *J'aimerais continuer à dormir* ; **weiterlesen**, *continuer à lire* → **Lies weiter**, *Continue à lire*. Notez que **weiter** est le comparatif de supériorité de **weit**, *loin*.

***

Übung 1 – Übersetzen Sie bitte!

❶ Super, Sie haben's geschafft! ❷ Aber es ist noch nicht fertig. ❸ Es geht weiter. ❹ Wir empfehlen Ihnen, jeden Tag Übungen zu machen. ❺ So werden Sie noch mehr Fortschritte machen.

7 des marchés de Noël enchanteurs pendant la période de l'Avent, pour ne citer que quelques exemples.
8 Par la même occasion, vous pourriez tester vos connaissances linguistiques.
9 Nous vous conseillons de parler allemand aussi souvent que possible.
10 Voilà, nous avons fini et le temps est venu de prendre congé.
11 Nous espérons que vous avez pris plaisir à apprendre [l'allemand] et que vous continuerez à travailler avec motivation *(motivé)*.
12 Nous aussi, nous avons apprécié vous enseigner notre langue.
13 Au revoir ! / Salut ! Et peut-être à une prochaine aventure.

***

Corrigé de l'exercice 1
❶ Super, vous y êtes arrivé ! ❷ Mais ce n'est pas encore fini. ❸ Ça continue. ❹ Nous vous conseillons de faire des exercices tous les jours. ❺ Comme ça vous ferez encore plus de progrès.

Übung 2 – Ergänzen Sie bitte!

❶ Si vous apprenez trois nouveaux mots par jour...
 .... jeden Tag drei neue Wörter lernen, ...

❷ ... vous connaîtrez *(connaissez)* plus de mille nouveaux mots en un an.
 ..., ... in einem Jahr mehr als tausend neue Wörter.

❸ Révisez aussi les mots que vous connaissez déjà.
 .... auch die Wörter, die Sie schon kennen.

❹ Il est important de parler allemand aussi souvent que possible.
 Es ist wichtig, so oft wie möglich Deutsch .. ..

❺ Amusez-vous bien !
 .... !

Centième leçon / 100

Corrigé de l'exercice 2
❶ Wenn Sie – ❷ – kennen Sie – ❸ Wiederholen Sie – ❹ – zu sprechen ❺ Viel Spaß

***

Votre méthode est terminée en phase d'imprégnation *mais il faut poursuivre la* phase d'activation *jusqu'à la 100ᵉ leçon. N'oubliez pas de reprendre une leçon chaque jour (demain ce sera la 52ᵉ et ainsi de suite) et vous aurez achevé votre apprentissage "sans peine" !*

Deuxième vague : 51ᵉ leçon

Appendice grammatical

1 Les tableaux de déclinaisons 466
1.1 Le groupe nominal défini 466
1.2 Le groupe nominal indéfini 467
1.3 Le groupe nominal sans article.. 467
1.4 Les pronoms personnels 468
1.5 Les pronoms réfléchis 468
1.6 Les pronoms interrogatifs **wer**, "qui" et **was**, "que/quoi"..... 468
2 Les quatre cas de la déclinaison 468
3 Les tableaux de conjugaison 469
3.1 Les auxiliaires, les verbes réguliers et irréguliers................. 469
3.2 Les verbes de modalité et le verbe **wissen**........................... **473**
3.3 Les verbes mixtes... 476
4 La syntaxe 476
4.1 La place des compléments accusatif et datif........................ 476
4.2 La proposition indépendante 477
4.3 La proposition principale 477
4.4 La proposition subordonnée 478

1 Les tableaux de déclinaisons

1.1 Le groupe nominal défini

N	der alte Mann	die schöne Frau	das kleine Kind	die großen Kinder
A	den alten Mann	die schöne Frau	das kleine Kind	die großen Kinder
D	dem alten Mann	der schönen Frau	dem kleinen Kind	den großen Kindern
G	des alten Mannes	der schönen Frau	des kleinen Kindes	der großen Kinder

Les déterminants démonstratifs **dieser, diese, dieses, diese** et les déterminants interrogatifs **welcher, welche, welches, welche** se déclinent comme **der, die, das, die** : **dieser** alt**er** Mann (N m.), **diese** schöne Frau (N et A f.), **welche** groß**en** Kinder (N et A pl.). Les déterminants **jeder, jede, jedes** se déclinent comme **der, die, das** au singulier et **alle** comme **die** au pluriel : **jedes** kleine Kind (N et A n.), **alle** groß**en** Kinder (N et A pl.).

1.2 Le groupe nominal indéfini

N	**ein** alt**er** Mann	**eine** schöne Frau	**ein** klein**es** Kind	groß**e** Kinder
A	**einen** alt**en** Mann	**eine** schöne Frau	**ein** klein**es** Kind	groß**e** Kinder
D	**einem** alt**en** Mann	**einer** schön**en** Frau	**einem** klein**en** Kind	groß**en** Kinder**n**
G	**eines** alt**en** Mann**es**	**einer** schön**en** Frau	**eines** klein**en** Kind**es**	groß**er** Kinder

Les déterminants possessifs **mein, dein, sein, ihr, unser, euer, ihr, Ihr** se déclinent comme **ein, eine** au singulier et comme **die** au pluriel : **mein** alt**er** Mann (N m.), **dein** klein**es** Kind (N et A n.), **unsere** groß**en** Kinder (N et A pl.).

1.3 Le groupe nominal sans article

N	alt**er** Mann	schön**e** Frau	klein**es** Kind	groß**e** Kinder
A	alt**en** Mann	schön**e** Frau	klein**es** Kind	groß**e** Kinder
D	alt**em** Mann	schön**er** Frau	klein**em** Kind	groß**en** Kinder**n**
G	alt**en** Mann**es**	schön**er** Frau	klein**en** Kind**es**	groß**er** Kinder

1.4 Les pronoms personnels

N	ich	du	er	sie	es
A	mich	dich	ihn	sie	es
D	mir	dir	ihm	ihr	ihm

N	wir	ihr	sie	Sie
A	uns	euch	sie	Sie
D	uns	euch	ihnen	Ihnen

1.5 Les pronoms réfléchis

	ich	du	er	sie	es
A	mich	dich	sich	sich	sich
D	mir	dir	sich	sich	sich

	wir	ihr	sie	Sie
A	uns	euch	sich	sich
D	uns	euch	sich	sich

1.6 Les pronoms interrogatifs *wer*, "qui" et *was*, "que/quoi"

N	wer	was
A	wen	was
D	wem	
G	wessen	

2 Les quatre cas de la déclinaison

Le nominatif

Il équivaut au sujet et à l'attribut du sujet :
Der Schüler macht seine Hausaufgaben, *L'élève fait ses devoirs* ;
Du bist der beste Schüler, *Tu es le meilleur élève*.

L'accusatif

Il équivaut au complément d'objet direct :
Ich schreibe eine Mail, *J'écris un e-mail.*
Il est introduit par les prépositions **durch**, *à travers / par* ; **für**, *pour* ; **gegen**, *contre* ; **ohne**, *sans*, et **um**, *autour de* :
Das ist für deine Eltern, *C'est pour tes parents.*

Le datif

Il équivaut au complément d'objet indirect :
Ich gebe es meiner Schwester, *Je le donne à ma sœur.*
Il est introduit par les prépositions **aus**, *de* ; **bei**, *chez* (loc.) ; **mit**, *avec* ; **nach**, *après* (temp.) ; **seit**, *depuis* ; **von**, *de / de la part de* ; **zu**, *chez* (dir.) : **Ich komme nach der Schule**, *Je viens après l'école*

Le génitif

Il exprime la possession :
Der Deutschlehrer der Kinder kommt aus Hamburg, *Le professeur d'allemand des enfants vient de Hambourg.*
Il est introduit par les prépositions **während**, *pendant* et **wegen**, *à cause de* :
Was machst du während der Woche?, *Que fais-tu pendant la semaine ?*

3 Les tableaux de conjugaison

3.1 Les auxiliaires, les verbes réguliers et irréguliers

• Le présent de l'indicatif

	haben	sein	werden	machen (VR)
ich	habe	bin	werde	mache
du	hast	bist	wirst	machst
er/sie/es	hat	ist	wird	macht
wir	haben	sind	werden	machen
ihr	habt	seid	werdet	macht
sie/Sie	haben	sind	werden	machen

	arbeiten (VR)	fahren (VI)	sehen (VI)	geben (VI)	lesen (VI)
ich	arbeite	fahre	sehe	gebe	lese
du	arbeitest	fährst	siehst	gibst	liest
er/sie/es	arbeitet	fährt	sieht	gibt	liest
wir	arbeiten	fahren	sehen	geben	lesen
ihr	arbeitet	fahrt	seht	gebt	lest
sie/Sie	arbeiten	fahren	sehen	geben	lesen

VR = verbe régulier / VI = verbe irrégulier

• **Le prétérit**

	haben	sein	werden	machen (VR)
ich	hatte	war	wurde	machte
du	hattest	warst	wurdest	machtest
er/sie/es	hatte	war	wurde	machte
wir	hatten	waren	wurden	machten
ihr	hattet	wart	wurdet	machtet
sie/Sie	hatten	waren	wurden	machten

	arbeiten (VR)	fahren (VI)	sehen (VI)	lesen (VI)
ich	arbeitete	fuhr	sah	las
du	arbeitetest	fuhrst	sahst	last
er/sie/es	arbeitete	fuhr	sah	las
wir	arbeiteten	fuhren	sahen	lasen
ihr	arbeitetet	fuhrt	saht	last
sie/Sie	arbeiteten	fuhren	sahen	lasen

• **Le parfait**

Le parfait se forme avec l'auxiliaire **haben** ou **sein** au présent de l'indicatif + participe passé.

	haben	sein	werden
ich	habe gehabt	bin gewesen	bin geworden
du	hast gehabt	bist gewesen	bist geworden
…	…	…	…

	machen (VR)	fahren (VI)
ich	habe gemacht	bin gefahren
du	hast gemacht	bist gefahren
…	…	…

• Le plus-que-parfait

Le plus-que-parfait se forme avec l'auxiliaire **haben** ou **sein** au prétérit + participe passé.

	haben	sein	werden	machen (VR)	fahren (VI)
ich	hatte gehabt	war gewesen	war geworden	hatte gemacht	war gefahren
du	hattest gehabt	warst gewesen	warst geworden	hattest gemacht	warst gefahren
…	…	…	…	…	…

• Le Futur I

Le **Futur I** se forme avec l'auxiliaire **werden** au présent de l'indicatif + infinitif.

	haben	sein	machen	fahren
ich	werde haben	werde sein	werde machen	werde fahren
du	wirst haben	wirst sein	wirst machen	wirst fahren
…	…	…	…	…

• L'impératif

	haben	sein	machen
(du)	Hab!	Sei!	Mach!
(wir)	Haben wir!	Seien wir!	Machen wir!
(ihr)	Habt!	Seid!	Macht!
(Sie)	Haben Sie!	Seien Sie!	Machen Sie!

	fahren	sehen	geben
(du)	Fahr!	Sieh!	Gib!
(wir)	Fahren wir!	Sehen wir!	Geben wir!
(ihr)	Fahrt!	Seht!	Gebt!
(Sie)	Fahren Sie!	Sehen Sie!	Geben Sie!

• Le conditionnel présent

	haben	sein	machen	fahren
ich	hätte	wäre	würde machen	würde fahren
du	hättest	wärst	würdest machen	würdest fahren
er/sie/es	hätte	wäre	würde machen	würde fahren
wir	hätten	wären	würden machen	würden fahren
ihr	hättet	wärt	würdet machen	würdet fahren
sie/Sie	hätten	wären	würden machen	würden fahren

• Le conditionnel passé

	haben	sein	machen	fahren
ich	hätte gehabt	wäre gewesen	hätte gemacht	wäre gefahen

du	hättest gehabt	wärst gewesen	hättest gemacht	wärst gefahren
er/sie/es	hätte gehabt	wäre gewesen	hätte gemacht	wäre gefahren
wir	hätten gehabt	wären gewesen	hätten gemacht	wären gefahren
ihr	hättet gehabt	wärt gewesen	hättet gemacht	wärt gefahren
sie/Sie	hätten gehabt	wären gewesen	hätten gemacht	wären gefahren

3.2 Les verbes de modalité et le verbe *wissen*

• **Le présent de l'indicatif**

	können	dürfen	müssen	sollen
ich	kann	darf	muss	soll
du	kannst	darfst	musst	sollst
er/sie/es	kann	darf	muss	soll
wir	können	dürfen	müssen	sollen
ihr	könnt	dürft	müsst	sollt
sie/Sie	können	dürfen	müssen	sollen

	wollen	mögen	wissen
ich	will	mag	weiß
du	willst	magst	weißt
er/sie/es	will	mag	weiß
wir	wollen	mögen	wissen
ihr	wollt	mögt	wisst
sie/Sie	wollen	mögen	wissen

• **Le prétérit**

Le prétérit se forme sur le radical du verbe au prétérit + les terminaisons **-te/-test/-te/-ten/-tet/-ten**.

	können	dürfen	müssen	sollen
ich	konnte	durfte	musste	sollte
du	konntest	durftest	musstest	solltest
…	…	…	…	…

	wollen	mögen	wissen
ich	wollte	mochte	wusste
du	wolltest	mochtest	wusstest
…	…	…	…

• Le parfait

	wissen
ich	habe gewusst
du	hast gewusst
…	…

• Le plus-que-parfait

	wissen
ich	hatte gewusst
du	hattest gewusst
…	…

Le parfait et le plus-que-parfait des verbes de modalité s'emploient moins fréquemment. Accompagnés d'un autre verbe, leur participe passé est identique à l'infinitif (= double infinitif) : **Er hat/hatte nicht kommen können**, *Il n'a/avait pas pu venir*.

• Le futur

	wissen
ich	werde wissen
du	wirst wissen
…	…

Le futur des verbes de modalité s'emploie peu. Accompagnés d'un autre verbe, ils régissent un double infinitif : **Er wird vielleicht mitkommen wollen**, *Il voudra peut-être venir* (sous-entendu *avec nous, toi…*).

• **Le conditionnel présent**

Le conditionnel présent se forme sur le radical du verbe au conditionnel présent + les terminaisons **-te/-test/-te/-ten/-tet/-ten**.

	können	dürfen	müssen	sollen
ich	könnte	dürfte	müsste	sollte
du	könntest	dürftest	müsstest	solltest
…	…	…	…	…

	wollen	mögen	wissen
ich	wollte	möchte	wüsste
du	wolltest	möchtest	wüsstest
…	…	…	…

• **Le conditionnel passé**

Le conditionnel passé se forme avec l'auxiliaire **haben** au conditionnel présent + participe passé.

	können	dürfen	müssen	sollen
ich	hätte gekonnt	hätte gedurft	hätte gemusst	hätte gesollt
du	hättest gekonnt	hättest gedurft	hättest gemusst	hättest gesollt
…	…	…	…	…

	wollen	mögen	wissen
ich	hätte gewollt	hätte gemocht	hätte gewusst
du	hättest gewollt	hättest gemocht	hättest gewusst
…	…	…	…

3.3 Les verbes mixtes

• **Le prétérit**

Le prétérit se forme sur le radical du verbe au prétérit + les terminaisons **-te**/**-test**/**-te**/**-ten**/**-tet**/**-ten**.

	brennen	bringen	denken
ich	brannte	brachte	dachte
du	branntest	brachtest	dachtest
…	…	…	…

	kennen	nennen	rennen
ich	kannte	nannte	rannte
du	kanntest	nanntest	ranntest
…	…	…	…

• **Les participes passés**

brennen	bringen	denken
gebrannt	gebracht	gedacht

kennen	nennen	rennen
gekannt	genannt	gerannt

4 La syntaxe

Il s'agit là d'un sujet très complexe et pour bien construire une phrase, il y a plusieurs points à respecter.

4.1 La place des compléments accusatif et datif

Le groupe nominal datif précède le groupe nominal accusatif :
Ich schicke meinem Vater eine Mail, *J'envoie un e-mail à mon père.*
Le pronom personnel précède le groupe nominal indépendamment du cas :
Ich schicke ihm eine Mail, *Je lui envoie un e-mail* ;
Ich schicke sie meinem Vater, *Je l'envoie à mon père.*

Le pronom personnel accusatif précède le pronom personnel datif :
Ich schicke sie ihm, Je le lui envoie.

4.2 La proposition indépendante

Dans la proposition indépendante, le verbe conjugué occupe la deuxième position et les autres éléments (sujet, complément(s)) gravitent autour de ce noyau. Dans le cas où le groupe verbal comporte un participe passé ou un infinitif, ceux-ci se placent en bout de phrase :

	Verbe conjugué		Infinitif / participe passé
Ich	arbeite	morgen	-
Ich	muss	morgen	arbeiten.
Ich	habe	gestern	gearbeitet.
Gestern	habe	ich	gearbeitet.

4.3 La proposition principale

Lorsqu'une proposition principale est placée en tête de phrase, sa syntaxe est la même que celle de la proposition indépendante :

Sujet	Verbe conjugué		Infinitif / participe passé
Er	lernt	Deutsch,	
Er	will	Deutsch	lernen,
Er	hat	Deutsch	gelernt

weil er nach Berlin geht.

Lorsque la proposition principale est placée derrière la proposition subordonnée, il y a inversion sujet/verbe conjugué :

Weil er nach Berlin geht, ...

Verbe conjugué	Sujet		Infinitif / participe passé
lernt	er	Deutsch.	
will	er	Deutsch	lernen.
hat	er	Deutsch	gelernt

4.4 La proposition subordonnée

Qu'elle soit placée devant ou derrière la proposition principale, la syntaxe de la proposition subordonnée est la même :

Er lernt Deutsch, … / …, lernt er Deutsch.

Conjonction de subordnation	Sujet		Infinitif / participe passé	Verbe conjugué
weil/Weil	er	nach Berlin	-	geht
weil/Weil	er	nach Berlin	gehen	will
weil/Weil	er	nach Berlin	gegangen	ist

Index grammatical et lexical

Le premier chiffre renvoie au numéro de la leçon, le second à la note ou au paragraphe s'il s'agit d'une leçon de révision. Les leçons de révision sont signalées en gras.

Cet index grammatical est divisé en quatre blocs principaux, eux-mêmes divisés en différents points de grammaire relatifs au thème du bloc en question :
- *groupes nominaux, pronoms et adverbes*
- *verbes et conjugaison*
- *déclinaison et prépositions*
- *phrase et syntaxe*

1 Groupes nominaux, pronoms et adverbes

Articles
- ~ définis et indéfinis **49,1**
- absence d'~ **56,1**
- **irgend-** + ~ indéfini *n'importe quel(le)* 92,3

Noms communs
- déclinaison du nom **49,1**
- le genre des noms communs **84,7**
- terminaisons au pluriel **91,8**
- noms des habitants **56,6**

Adjectifs qualificatifs
- ~ attributs et épithètes 2,1
- adjectif épithète dans un groupe nominal défini et indéfini **49,1**
- adjectif épithète dans un groupe nominal sans article **56,1**
- adjectif attribut et épithète au comparatif d'égalité et de supériorité **63,7**
- tournure comparative **je ... desto/umso** *plus ... plus* **91,7**
- adjectif attribut et épithète au superlatif **70,3**
- adjectif substantivé **84,3**
- adjectif à régime prépositionnel **98,5** (*cf.* aussi **77,4** ; **84,5**)

Déterminants

- ~ possessifs **mein** *mon*, **dein** *ton*, **sein** *son* (à lui), etc. **35,1** ; **49,1b**
- ~ démonstratifs **dieser**, **diese**, **dieses** et **diese** *ce(t)*, *cette*, *ces* **49,1a**
- **der**, **die**, **das** et **die** employés comme ~ démonstratifs **44,8**
- **derselbe, dieselbe, dasselbe** et **dieselben** *le/la/les même(s)* **94,7**
- **jeder, jede, jedes** *chaque* **56,4**
- **viel** *beaucoup de*, **wenig** *peu de*, **mehrere** *plusieurs* **77,5a/b**

Pronoms

- ~ personnels **14,2** ; **21,1** ; **42,1**
- ~ réfléchis **35,6** ; **70,6**
- ~ possessifs **meiner** *le mien*, **deiner** *le tien*, etc. **98,2**
- ~ **das** et **es** *c'/ce*
    es + tournures impersonnelles **9,3**
    das ist *c'est*, **das sind** *ce sont* **7,4**
    es explétif **91,6**
- ~ en **dar- 77,4**
- ~ relatifs **70,1**
- ~ indéfinis
    man *on* **28,3**
    einer/keiner, eine/keine, eins/keins et **welche/keine** *en, un, une, quelques-uns/pas* **84,6**

Pronoms et déterminants interrogatifs

- **woher, wohin**, *(d')où* **7,5**, *où* **14,6** (*cf.* particules **hin** et **her 63,8**)
- **wer** *qui* **63,2**
- **was** *que/quoi* au nominatif et à l'accusatif **21,1.3**
- **welcher, welche, welches** et **welche** *quel/le(s)* **35,3**
- **was für ein-** *quel genre de* **42,4**
- préposition + **wen/wem** ou **wo(r)** + préposition **84,5**
- **wie** + adjectif **49,6**
- **wozu** *pourquoi / à quelle fin* **91,5**
- **irgend-** + pronom interrogatif *n'importe-* **92,3**

Adverbes

- ~ de liaison **deshalb** *c'est pourquoi* et **trotzdem** *pourtant* **91,2.2**

- ~ de temps **gestern** *hier*, **heute** *aujourd'hui*, **morgen** *demain* + moments de la journée **63,9**
- ~ pour exprimer la chronologie **99,3**
- **viel** et **sehr** *beaucoup/très* **56,7**
- exprimer la répétition **70,5**
- exprimer le goût / la préférence avec **gern, lieber, am liebsten 70,4**
- **nur** et **erst** *que* **70,7**
- pronoms adverbiaux en **dar- 77,4**

2 Verbes et conjugaison

Auxiliaires/verbes *haben* "avoir", *sein* "être" et *werden* "devenir"

- présent de l'indicatif de **haben** et **sein 14,4**
- présent de l'indicatif et emploi de **werden 28,2**
- impératif **21,2**
- parfait **42,3**
- prétérit **49,3**
- plus-que-parfait **84,2**
- futur simple = **Futur I 56,5**
- conditionnel présent et passé = **Konjunktiv II 77,2**
- discours indirect = **Konjunktiv I 98,1**

Verbes réguliers ou faibles

- présent de l'indicatif **14,4**
- impératif **21,2**
- parfait **42,3**
- prétérit **49,3**
- plus-que-parfait **84,2**
- futur simple = **Futur I 56,5**
- conditionnel présent et passé = **Konjunktiv II 77,2**
- passif d'action et d'état **84,1**
- discours indirect = **Konjunktiv I 98,1**

Verbes irréguliers ou forts

- présent de l'indicatif **14,4**
- impératif **21,2**
- parfait **42,3**
- prétérit **49,3**

- plus-que-parfait **84,2**
- futur simple = **Futur I 56,5**
- conditionnel présent et passé = **Konjunktiv II 77,2**
- passif d'action et d'état **84,1**
- modèles de conjugaison au passé **91,1**
- discours indirect = **Konjunktiv I 98,1**

Verbes de modalité et *wissen* "savoir"

- présent de l'indicatif **28,1**
- prétérit **49,3**
- futur simple = **Futur I 56,5**
- conditionnel présent et passé = **Konjunktiv II 77,2**
- discours indirect = **Konjunktiv I 98,1**
- double infinitif **98,8**

Verbes à particules

- particules inséparables **42,2**
- particules séparables **42,2**
- particules **hin** et **her 63,8**
- particules mixtes **98,4**

Verbes

- ~ de position et verbes d'action **56,3**
- ~ mixtes **77,1**
- ~ à régime prépositionnel **77,4** ; **84,5** ; **98,5**

3 Déclinaison et prépositions

Nominatif

- emploi et déclinaison **14,1/2/3**

Accusatif

- emploi et déclinaison **21,1**
- prépositions accusatives **21,1**

Datif

- emploi et déclinaison **42,1**
- prépositions datives **42,1**

Génitif

- emploi et déclinaison **49,2**
- prépositions au génitif **49,2**
- génitif saxon **63,3**

Locatif ou directionnel

- prépositions mixtes **56,2**
- verbes de position et d'action **56,3**

Autres

- prépositions de lieu **aus**, **nach de**, *à/en* **7,5**
- préposition de lieu **in** *à/en* **14,6**
- prépositions de temps **bis** *jusqu'à* et **von ... bis** *de... à* **35,4**
- masculins faibles et mixtes **63,1**

4 Phrase et syntaxe

Proposition

- ~ indépendante **14,8** (*cf.* syntaxe avec un verbe de modalité ou un temps composé **28,1** ; **42,3** ; **56,5**)
- ~ principale et proposition subordonnée conjonctive **49,4**
- ~ subordonnée relative **70,1**
- ~ subordonnée infinitive
- **zu** *à/de*, **um ... zu** *pour / afin* de **63,6**
- **ohne ... zu** *sans* 80,9
- **(an)statt ... zu** *au lieu de* 85,2
- la tournure **zum** + verbe substantivé **91,4**

Conjonctions

- ~ de subordination
    wenn *si* et *quand* **35,5**
    als *quand*, **dass** *que*, **wenn** *quand* ou *si* **49,5**
    wenn *si* ou **ob** *si (ou non)* **63,5**
    bevor *avant que* et **nachdem** *après que* **84,4**
    obwohl *bien que* et **damit** *afin que* **91,2.1**
    da *comme* et **sobald** *dès que* **98,6**
- **denn** *car* et **weil** *parce que* **63,4**
- ~ de coordination **aber** ou **sondern** *mais* **91,2.3**

- ~ doubles **entweder ... oder** *soit... soit*, **weder ... noch** *ni... ni*, **sowohl ... als auch** *aussi bien... que* **98,7**

Phrase négative
- **kein** et **nicht 21,5**
- place de **nicht** dans la phrase **98,3**

Ordre des compléments
- ~ accusatifs et datifs **70,2**
- ~ circonstanciels 99,1

Pour la construction de phrases interrogatives *cf.* pronoms et déterminants interrogatifs.
Pour la construction de phrases injonctives ou impératives, *cf.* impératif.

5 Autres

Nombres
- chiffres et nombres cardinaux
    jusqu'à 99 **21,6**
    jusqu'à 999 **28,4**
    à partir de 1 000 **42,5**
- nombres ordinaux **42,6**

Temps
- heure **21,7** ; **28,5**
- date **42,6**

Bibliographie

Dictionnaire

Dictionnaire allemand Hachette Langenscheidt, Paris, Hachette Éducation, 2004

Méthodes de grammaire

Janitza (Jean) et Samson (Gunhild), *L'allemand de A à Z : grammaire, conjugaison et difficultés*, Paris, Hatier, 2011

Métrich (René) et Larrory-Wunder (Anne), *L'allemand pour tous*, coll. Bescherelle langues – allemand, Paris, Hatier, 2014

Littérature

Vous aimez lire et souhaitez parfaire vos connaissances de l'allemand. Nous vous recommandons les lectures suivantes :
Braucek (Brigitte), *Der Passagier und andere Geschichten*, Hueber, 2008

Peter (Claudia) et Wagner (Nina), *Zwei Katzen in Köln*, Munich, Circon Verlag GmbH, 2019

Internet

Grammaire

LINGOLIA, La grammaire allemande, In : *Lingolia* [en ligne], disponible sur : https://deutsch.lingolia.com/fr/grammaire

Vous souhaitez écouter d'autres dialogues avec d'autres locuteurs. Voici nos recommandations pour écouter parler allemand :
Podcasts

Super easy german (avec sous-titres en allemand et en anglais)
Il s'agit de différents podcasts abordant soit des sujets de grammaire comme les verbes être *et* avoir *ou bien des situations comme* se présenter. *Disponible sur : https://www.easygerman.org/podcast*

Vidéos

WEG (Nicos), *L'allemand dans la poche* [vidéos en ligne], disponible sur : https://learngerman.dw.com/fr/overview

Expressions et formules allemandes

Salutations et premiers contacts

Les chiffres qui suivent la traduction française renvoient au numéro de leçon puis à l'endroit où l'expression se situe dans la leçon (soit le titre, soit un numéro de phrase, soit N pour une note ou NC pour une notre culturelle, en fin de leçon).

Angenehm! *Enchanté !* 53,09
April, April! *Poisson d'avril !* 40,N2
Auf Wiederhören! *Au revoir !* (au téléphone) 97,NC
(Auf) Wiedersehen! *Au revoir !* 82,07
Grüß dich! *Salut !* 97,01
Guten Abend! *Bonsoir !* 75,01
Guten Morgen! *Bonjour !* (matin) 13,01
Gute Nacht! *Bonne nuit !* 19,08
Guten Tag! *Bonjour !* 05,01
Hallo! *Salut !* (bonjour) 01,01
Hallo! *Allô !* 17,titre
Herein! *Entre/z !* 10,N3
Hi! *Salut !* 06,01
Tschüs(s)! *Salut !* (au revoir) 06,NC
Willkommen! *Bienvenue !* 75,titre

En plus des formules classiques, vous pourrez entendre des expressions de salutations plus régionales (voir note culturelle, leçon 97) :
Grüezi mitenand, *bonjour* (suisse allemand)
Grüß dich!, Grüß Gott!, Grüß euch/Sie (Gott)! ("salue vous (Dieu)") (dans le sud de l'Allemagne)
Moin, Moin (dans le nord de l'Allemagne)
Servus, *bonjour, au revoir* (Autriche et Bavière)

Politesse

Bitte! *S'il te/vous plaît ! ; Je t'en/vous en prie !* 10,titre ; 18,05 ; 25,02
Bitte schön! *Je t'en/vous en prie !* 86,14
Danke! *Merci !* 06,02

Entschuldigung! *Pardon !* 05,03
Gratuliere! *Félicitations !* 29,titre
Guten Appetit! *Bon appétit !* 57,titre
Mahlzeit! *Bon appétit !* 86,01
Verzeihung! *Pardon !* 80,02
Viel Spaß! *Amuse-toi / Amusez-vous bien !* 97,N5

Mise en garde

Achtung! *Attention !* 25,04 ; 46,08
Feuer! *Au feu !* 25,N2
Hilfe! *Au secours !* 25,N2
Nur keine Panik! *Pas de panique !* 73,04

Ordres

Aufstehen! *Debout !* 13,titre
Hände hoch! *Haut les mains !* 25,N2
Bitte leise! *Silence s'il vous plaît !* 39,02
Keine Wiederrede! *Pas de discussion !* 95,07
Los! *Allez !* 93,05
Weg mit dir/euch! *Ouste !* 93,N1

Exclamations et interjections

Ach! *Ah !* 11,04
Also... *Bon ben...* 71,09
Du Ärmster/Ärmste! *Mon/Ma pauvre !* 40,06
Du Glückspilz! *Quel/le veinard/e !* 06,04
In Ordnung! *D'accord !* 33,08
Junge, Junge! *Bigre !* 79,06
Kein Wunder! *Pas étonnant !* 15,03
Manometer! *Nom d'un chien !* 86,15
Mensch! *Mince !* 11,04
Mist! *Zut !* 15,titre
Na... *Ben...* 16,06
Pech gehabt! *Pas de chance !* 83,10
Quatsch! *N'importe quoi !* 16,05
Sag bloß! *C'est pas vrai !* 89,06

Scheiße! / Ach du Scheiße! *Merde ! / Eh merde !* 92,10
Super! *Super !* 06,03
Tja! *Eh oui !* 21,07
Uff! *Ouf !* 40,08
Wow! *Wouah !* 34,01

Autres tournures idiomatiques

April, April, der macht was er will. / April, April, der weiß nicht was er will. *En avril ne te découvre pas d'un fil.* 85,10/NC
auf Hochtouren arbeiten *travailler à plein régime* 82,02
bekannt wie ein bunter Hund *connu comme le loup blanc* 57,N2
das Feinste vom Feinsten *le fin du fin* 74,07
das Handtuch werfen *jeter l'éponge* 90,02
Das kannst du laut sagen! *Ça tu peux le dire !* 85,07
Das sieht ihm/ihr ähnlich. *C'est bien lui/elle.* 47,07
den Jackpot knacken *gagner le jackpot* 61,05
Drum und Dran *tralala* 34,04
einen Bärenhunger haben *avoir une faim de loup* 57,07
einen Frosch im Hals haben *avoir un chat dans la gorge* 57,N2
einen Tapetenwechsel brauchen *avoir besoin de changer d'air* 83,02
im Eimer sein *être bouzillé ; être crevé (épuisé)* 92,N5
sich in Schale werfen/schmeißen *se mettre sur son trente et un* 76,N6
Was zu viel ist, ist zu viel! *Trop c'est trop !* 66,04

Lexiques

Ces lexiques (allemand-français et français-allemand) contiennent les mots employés dans le contexte des leçons (dialogues et notes). Pour les mots employés dans différents contextes, vous trouverez donc plusieurs traductions. Chaque traduction est accompagnée d'un numéro renvoyant à la leçon où apparaît le mot pour la première fois. Dans certains cas, vous trouverez plusieurs renvois, notamment concernant les verbes très irréguliers. Attention ! Ces lexiques ne sont pas exhaustifs et les mots étudiés peuvent avoir d'autres significations.

Les verbes sont donnés à l'infinitif et les verbes à particule séparable sont indiqués avec une barre oblique entre la particule et le verbe : **an/fangen**, *commencer*. Notez bien que ces verbes s'écrivent sans barre oblique. Les pronoms personnels sont indiqués à tous les cas. Pour les autres pronoms, les articles définis/indéfinis et les déterminants, seule la forme au nominatif est indiquée.

Les adjectifs qualificatifs ne pouvant être utilisés que comme épithètes (et prenant donc automatiquement une terminaison) sont systématiquement indiqués avec les terminaisons nominatives **-e(r/s)**.

Et pour finir, voici la liste des abréviations utilisées dans ces lexiques :

ab. abréviation
acc. accusatif
adv. adverbe
adj. qual. adjectif qualificatif
adj. subst. adjectif substantivé
aff. affirmatif
all. allemand
art. article
art. déf. article défini
art. ind. article indéfini
cond. conditionnel
conj. sub. conjonction de subordination
cp. comparatif
cp. sup. comparatif de supériorité
compl. de tps complément de temps

dat. datif
dir. directionnel
excl. exclamatif
fam. familier
f. féminin
g. généralement
gén. génitif
idiom. idiome/idiomatique
inf. infinitif
inf. subst. infinitif substantivé
litt. littéralement
loc. locatif
m. masculin
n. nom
nég. négation
nom. nominatif
part. sép. particule séparable
pl. pluriel
pol. politesse
prép. préposition
p. ind. pronom indéfini
p. int. pronom interrogatif
p. pers. pronom personnel
p. rel. pronom relatif
sing. singulier
subj. II subjonctif II
subst. substantif
tps temps
v. verbe
vs versus

Lexique allemand-français

A

ab (+ *dat.* voire *acc.* ou *dat.*)	à partir de 71
ab/biegen (rechts/links ~)	tourner (à droite/à gauche) 60
Abend (e) (der ~)	soir 41, 43
Abendessen (-) (das ~)	dîner *(n.)* 69
abends	le/tous les soir(s) 66
aber	mais 3, 10
ab/hängen von (+ *dat.*)	dépendre de 96
ab/holen	passer prendre 22
Abi (das ~) *(sing.)*	bac (diplôme) 40
Abitur (das ~) *(sing.)*	baccalauréat 40
Abkürzung (en) (die ~)	abréviation 78
ab/nehmen	maigrir 29
Abreise (die ~) *(sing.)*	départ 75
Abschied nehmen	prendre congé 100
Abteilung (en) (die ~)	service (département) 75
Adresse (n) (die ~)	adresse 88
Advent (im ~)	pendant l'Avent 100
Adventszeit (die ~) *(sing.)*	période de l'Avent 100
Afghane (n) (der ~)	afghan 59
ähnlich	semblable 47
Ahnung (die ~) *(sing.)*	pressentiment 40
Ahnung haben (keine ~) *(idiom.)*	n'avoir aucune idée, ne pas savoir 40
Akademie (n) (die ~)	académie 97
alle	tous/toutes 11, 38 ; tout le monde 13 ; tous les 43
allein	seul 62
allerdings	cependant 73
alles	tout *(p. ind.)* 9 ; tout *(p. ind.)* 44
Alltag (der ~) *(sing.)*	quotidien 73
Alltagsgespräch (e) (das ~)	conversation courante 73
als	en tant que 37
als (+ *cp. sup.*)	que (+ *cp. sup.*) 26, 48
als *(conj. sub. + v. passé)*	quand 44
also	alors 11, 20
alt	vieux 10 ; âgé 11 ; ancien 66
alt (wie ~)	quel âge 10
Alter (das ~) *(sing.)*	âge 29, 58
Alterserscheinungen (die ~) *(pl.)*	signes de l'âge 58
altmodisch	vieux jeu 38
am (= an + dem)	*pour les jours de la semaine* 20 ; au 22
am (date)	le (date) 24

am liebsten	préférer *(superlatif)* 65
Amerikaner (-) (der ~)	Américain 54
Ampel (n) (die ~)	feu tricolore 60
an *(acc. ou dat.)*	à, au bord de 55
an … entlang *(+ dat.)*	le long de 85
an/bieten	offrir (proposer) 44
andere (r/s)	autre 22
ändern (sich ~)	changer (modifier, devenir autre) 44
anders	autre(ment) 47
anderthalb	un et demi 22
Anfang (¨e) (der ~)	début 51
an/fangen	commencer 11, 25
an/gehen	s'allumer 92
angenehm	agréable 53, 75
angesehen	renommé 73
Angst (¨e) (die ~)	peur 33
an/halten	s'arrêter 60
an/hören (sich gut/nicht gut ~)	avoir l'air (bien/pas bien) 79
an/kommen	arriver 46
an/kommen auf *(+ acc.)*	dépendre de 46
Ankunft (¨e) (die ~)	arrivée 87
Anlass (¨e) (der ~)	occasion (événement) 74
an/locken	attirer 54 ; allécher 88
an/machen	allumer 72
an/rufen	appeler (téléphoner) 17
an/schalten	allumer 72
anscheinend	apparemment 61
an/sehen (sich etw. ~)	regarder (avec attention/intérêt), visiter 74
an/sprechen	aborder 62
(an)statt … zu *(+ inf.)*	au lieu de 85
(an)statt dass	au lieu que 85
an/stoßen	trinquer 52
anstrengend	fatigant 66
Antwort (en) (die ~)	réponse 46
antworten	répondre 48
an/ziehen (jdn ~)	habiller (qqn) 72
an/ziehen (sich ~)	s'habiller 72, 93
Apfel (¨) (der ~)	pomme 18
Appetit (der ~) *(sing.)*	appétit 57
April (der ~) *(sing.)*	avril 24
Aprilwetter (das ~)	giboulées de mars 85
Arbeit (en) (die ~)	travail 65
arbeiten	travailler 3
Arbeiter (-) (der ~)	travailleur 68
Arbeitsmentalität (die ~) *(sing.)*	mentalité de travail 80
Architekt (en) (der ~)	architecte 61

Ärger (der ~) *(sing.)*	ennuis 68
ärgern	énerver 76
arm	pauvre 81
Armut (die ~) *(sing.)*	pauvreté 81
Arzt (¨e) (der ~)	médecin 12
auch	aussi 9, 18
auf *(+ acc. ou dat.)*	sur 17 ; au cours de 37
Aufenthalt (e) (der ~)	séjour 51
Aufenthaltsgenehmigung (en) (die ~)	permis de séjour 51
auf/essen	finir son assiette 72
Aufgabe (n) (die ~)	exercice 76 ; tâche 99
aufgeregt	énervé 76
auf/haben	être ouvert 41
auf/hören	arrêter, s'arrêter 95
auf/legen	raccrocher (téléphone) 72
auf/machen	ouvrir 72
auf/räumen	ranger 15
auf/regen (sich ~)	s'énerver 68, 94
auf/regen (sich über jdn/etw. ~)	s'énerver contre qqn/qqch. 68
Aufregung (die ~) *(sing.)*	énervement 60
auf/stehen	se lever 13, 19, 68, 72
auf/stellen	placer 95
Auftrag (¨e) (der ~)	contrat 71
Aufzug (¨e) (der ~)	ascenceur 22
Auge (n) (das ~)	œil 26
August (der ~) *(sing.)*	août 24
Auktion (en) (die ~)	enchères 39
aus *(+ dat.)*	de (provenance) 2
Ausdruck (¨e) (der ~)	expression 50, 92
aus/drücken	exprimer 73
außer *(+ dat.)*	sauf (excepté/à part) 76
außerdem	en plus 69
Außerirdische (n) (der ~)	extra-terrestre 79
Ausflug (¨e) (der ~)	excursion 66
aus/führen	emmener 57
Ausgang (¨e) (der ~)	sortie 22
aus/geben	dépenser (argent) 74
aus/gehen	sortir (soir) 40 ; s'éteindre 92
aus/gehen (mit jdm ~)	sortir (avec qqn) 61
aus/laden	décharger 23
Ausland (das ~) *(sing.)*	étranger (pays) 37
aus/machen	éteindre 72
aus/reichen	suffire 73
aus/schalten	éteindre 47
aus/schlafen	faire la grasse matinée 72
aus/sehen	avoir l'air 30

aus/sprechen	prononcer 51
aus/steigen	descendre (véhicule) 72
aus/trinken	finir son verre 72
Ausverkauf (der ~) *(sing.)*	soldes 38
Auto (s) (das ~)	voiture 15 ; auto 23
Autobahn (en) (die ~)	autoroute 25
Automat (en) (der ~)	automate 64
Autopapiere (die ~) *(pl.)*	papiers de (la) voiture 15
Autor (en) (der ~)	auteur 73

B

Baby (s) (das ~)	bébé 60
backen	faire (pâtisserie, pain) 44
Bäcker (-) (der ~)	boulanger 82
Bäckerei (en) (die ~)	boulangerie 82
Bäckergeselle (n) (der ~)	apprenti boulanger 82
Bäckermeister (-) (der ~)	maître boulanger 82
Backofen (¨) (der ~)	four (de cuisine) 82
Bad (¨er) (das ~)	salle de bains 55 ; bain 86
baden	se baigner 27
baden (sich ~)	se baigner 27
Baguette (s) (das ~)	baguette 64
Bahn (en) (die ~)	voie 25 ; train 31
Bahnhof (¨e) (der ~)	gare 31
bald	bientôt 40
Bank (en) (die ~)	banque 64
Bankautomat (en) (der ~)	distributeur automatique de billets 64
Bär (en) (der ~)	ours 57
barock	baroque *(adj. qual.)* 39
Barock (der ~) *(sing.)*	baroque *(n.)* 100
Bauch (¨) (der ~)	ventre 58
bauen	construire 78
Baum (¨e) (der ~)	arbre 52
Bayern *(g. sans art.)*	Bavière 67
bedienen	faire fonctionner 74
beeilen (sich ~)	se dépêcher 33
beeindrucken	impressionner 76
befinden (sich ~)	se trouver 51
befragen	interroger 51
beginnen	commencer 33, 36
begleiten	accompagner 83
begrüßen	saluer (bienvenue) 97
bei *(+ dat.)*	chez *(loc.)* 37 ; en cas de 87, 96 ; à 96
bei/bringen	enseigner 50, 92
beim (bei dem) (+ *v. subst.*)	en train de (+ *v. inf.*) 83
beim (= bei + dem)	*voir* bei 38 ; 96

beim (= bei dem + *v. subst.*)	en train de *(+ inf.)* 96
Bein (e) (das ~)	jambe 68
beisammen	réuni *(adv.)* 52
Beispiel (e) (das ~)	exemple 31
Beispiel (zum ~) *(ab.* z. B.)	par exemple 31
bekannt	connu 57
bekommen	recevoir 37
Belohnung (en) (die ~)	récompense 95
benutzen	employer 31, 79
beobachten	observer 79
berechnen	calculer 74
bereit	prêt (fini, fait) 82
Berg (e) (der ~)	montagne 66
Bericht (e) (der ~)	communiqué 32
Berliner (-) (der ~)	Berlinois 43
besichtigen	visiter 67
besondere (r/s)	particulier *(adj. qual.)* 52
besonders	particulier *(adv.)* 52 ; particulièrement 85
besser	mieux 17, 22
Besseres (es gibt ~)	il y a mieux 83
beste (der, die, das ~)	le/la meilleur/e 40
bestellen	commander 54
besten (am ~)	le/de mieux 53
bestimmt	certainement 24
Besuch (der ~) *(sing.)*	visite (invités) 93
besuchen	rendre visite 93
Bett (en) (das ~)	lit 39, 48
Beute (n) (die ~)	proie 88
bevor	avant que 23, 68
Bewegung (die ~) *(sing.)*	exercice (physique) 85
Bewerbung (en) (die ~)	candidature 80
Bewerbungsunterlagen (die ~) *(pl.)*	dossier de candidature 80
Bewohnerin (nen) (die ~)	habitante 97
Bier (e) (das ~)	bière 33
Biersorte (n) (die ~)	sorte de bière 54
bieten	proposer 39 ; offrir (proposer/ permettre) 79
Bikini (s) (der ~)	bikini 36
Bikini-Diät (en) (die ~)	régime bikini 36
Bild (er) (das ~)	dessin, photo, tableau 86
billig	bon marché 92
Birne (n) (die ~)	poire 18
bis	jusque 23
bis *(+ acc.)*	jusqu'à 32
bis zu *(+ dat.)*	jusqu'à 40
bisschen (ein ~)	un peu 62

bitte	s'il te/vous plaît 10
blau	bleu 38
bleiben	rester 11
bleiben (liegen ~)	rester couché 72
Blick (e) (der ~)	regard 61
Blog (s) (das ~)	blog 64
bloß	donc 72
bloß nicht	surtout pas 72
Blume (n) (die ~)	fleur 53
Boden (¨) (der ~)	sol 52
Bord (an ~)	à bord 75
böse	méchant 94
Braten (-) (der ~)	rôti 71
Bratwurst (¨e) (die ~)	saucisse grillée 76
brauchen	avoir besoin de 22
Brauhaus (¨er) (das ~)	brasserie 54
braun	bronzé, marron (couleur) 34
braun werden	bronzer 34
Brief (e) (der ~)	lettre (courrier) 93
Brille (die ~) *(sing.)*	lunettes 89
bringen	apporter 15
Brite (n) (der ~)	Britannique 54
Brot (e) (das ~)	pain 13
Brötchen (-) (das ~)	petit pain 13 ; 53
brotlos	sans travail 97
Bruder (¨) (der ~)	frère 11
Buch (¨er) (das ~)	livre 31
buchen	réserver 34
Buchhandlung (en) (die ~)	librairie 69
Buchstabe (n) (der ~)	lettre (de l'alphabet) 59
buchstabieren	épeler 59
Bundesland (¨er) (das ~)	État fédéral 40
Bundesrepublik Deutschland (die ~) *(sing.)* (*ab.* BRD)	République fédérale d'Allemagne (RFA) 78
bunt	bariolé 57
Burger (-) (der ~)	hamburger 41
Büro (s) (das ~)	bureau 68
Bus (se) (der ~)	bus 79
Buße (die ~) *(sing.)*	pénitence 83
Bußgeld (das ~) *(sing.)*	amende 83
Butter (die ~) *(sing.)*	beurre 13

C

Café (s) (das ~)	café (établissement) 96
Camping (das ~) *(sing.)*	camping 69
Campingplatz (¨e) (der ~)	camping (terrain) 69

Cape (s) (das ~)	cape 85
charmant	charmant 61
Chef (s) (der ~)	chef 47
Cola (s) (die ~)	cola 64
Computer (-) (der ~)	ordinateur 44
cool	zen 11 ; cool 38
Countdown (der ~) *(sing.)*	compte à rebours 82
Cousin (s) (der ~)	cousin 67
Cousine (n) (die ~)	cousine 67

D

da	là 9, 16, 20 ; comme (étant donné que) 94
dabei	sur soi *(adv.)* 9
dabei/haben	avoir sur soi 9
Dach (¨er) (das ~)	toit 61
dahin	y *(dir.)* 65
dahin (bis ~)	jusque-/d'ici-là *(temporel)* 67
dahinter	derrière *(adv.)* 75
damalig	d'alors 78
damals	à l'époque 43
Dame (n) (die ~)	dame 30, 39
damit	afin que 85
danach	ensuite 22 ; après *(adv.)* 75
daneben	à côté *(adv.)* 75
dann	alors 19, 23
darunter	parmi (eux/elles) 81
das	ce 2 ; la *(art. déf. neutre sujet = nom.)*, le *(art. déf. neutre sujet = nom.)* 4 ; ça 15
dass	que *(conj. sub.)* 27
Datum (Daten) (das ~)	date 78
dauern	durer 33
davor	avant *(adv.)*, devant *(adv.)* 75
dazu	pour cela 39
decken (den Tisch ~)	mettre la table 93
dein/e	ton/ta/tes 8, 17, 26
deiner/deine/deins	le/la/les tien(s)/tienne(s) 92
dem	le *(art. déf. neutre dat.)* 25
denken an *(+ acc.)*	penser à 27
denn	donc 12 ; car 57
der	le *(art. déf. m. sujet = nom.)* 4
derjenige/diejenige/dasjenige/ diejenigen	celui/celle/ceux 73
derselbe/dieselbe/dasselbe/ dieselbe(n)	le/la/les même(s) 94
deshalb	c'est pourquoi 89
Design (das ~) *(sing.)*	design *(n.)* 74

deutsch	allemand *(adj. qual.)* 25
Deutsch (das ~) *(sing.)*	allemand (langue) 1, 18
Deutsche Demokratische Republik (die ~) *(sing.)* *(ab.* DDR)	République démocratique allemande (RDA) 78
Deutschland	Allemagne 54
Dezember (der ~) *(sing.)*	décembre 24
Diamant (en) (der ~)	diamant 74
Diamanthochzeit (die ~) *(sing.)*	noces de diamant 74
Diät (en) (die ~)	régime 36
dich	te *(p. pers. acc.)* 17, 20
dick	gros 93
die	la *(art. déf. f. sujet = nom.)* 2, 4 ; les *(art. déf. pl. sujet = nom.)* 4
Dienstag (e) (der ~)	mardi 20
dieser/diese/dieses	ce/cette/ces 45 ; celui/celle(s)/ceux-ci 48
Ding (e) (das ~)	machin 79
dir	à toi *(p. pers. dat.)* 6 ; à toi 20 ; te *(p. pers. dat.)* 38
direkt	directement 55
Dirigent (en) (der ~)	chef d'orchestre 68
Disko (s) (die ~)	boîte (de nuit) 89
Disziplin (die ~) *(sing.)*	discipline 51, 99
doch	quand même 16 ; donc 19 ; tout de même 26 ; si *(aff.)* 36
Doktor (en) (der ~)	docteur (médecin) 95
Doktor (titre)	docteur (titre) 95
Donnerstag (e) (der ~)	jeudi 20
dort	là-bas 39
downloaden	télécharger 6
dran kommen	être au tour de 82
dran sein	être au tour de 82
draußen	dehors 75
dringend	d'urgence 83
drinnen	dedans 75
drücken	appuyer 74
du	tu *(p. pers. sujet = nom.)* 1, 8 ; toi (équivalent du p. tonique en français) 15
dumm	bête *(adj. qual.)* 94
dunkel	sombre 60, 93
Dunkles (ein ~) *(neutre)*	une brune (bière) 54
dünn	fin *(adj. qual.)* 90
durch *(+ acc.)*	par, à travers 18
durch *(+ voix passive)*	à cause de, grâce à 83
durch/fallen	échouer 94
durch/lesen	lire (en entier) 94
dürfen	avoir le droit 18, 23

Durst (der ~) *(sing.)*	soif 41
Düsseldorf	Düsseldorf 87
duzen	tutoyer 5

E

eben *(+ v. passé)*	à l'instant, venir de 64
Ecke (n) (die ~)	coin 80
egal (jdm ~ sein)	être égal / sans importance pour qqn 33
egal in welch- *(+ dat.)*	quel/le/s que soit/soient le/la/les 50
eher	plutôt 79
ehrlich	honnêtement, sincèrement 66
Ei (er) (das ~)	œuf 13
eigentlich	au fait 24 ; au juste 32
Eimer (-) (der ~)	seau 65
ein	un *(art. ind. m. et neutre sujet = nom.)*, un *(art. ind. m. sujet = nom.)* 12
einander *(ou prép. + einander)*	se... (mutuellement) 79
Eindruck (¨e) (der ~)	impression 79
eine	une *(art. ind. f. sujet = nom.)* 10
eineinhalb	un et demi 22
einfach	simple 16 ; simple (facile) 74 ; simplement 85
Eingang (¨e) (der ~)	entrée 22
eingerostet	rouillé 99
Einheit (die ~) *(sing.)*	unité (union) 78
einige	quelques 100
einkaufen gehen	faire les courses 99
ein/laden	inviter 20, 99
ein/laden (auf ein Bier, einen Kaffee ~)	inviter à boire une bière, un café 99
einmal *(contraction* : mal)	une fois 12, 15
eins	un *(p. ind.)* 69
einverstanden	d'accord 89
Eisen (das ~) *(sing.)*	fer 74
Eltern (die ~) *(pl.)*	parents 20
E-Mail (s) (die ~)	e-mail 64
Empfang *(sing.)* haben (der ~)	avoir du réseau 66
empfangen	accueillir 43, 59
Ende (n) (das ~)	fin *(n.)* 27
Ende sein (zu ~)	être fini 27
enden	finir 54
endlich	enfin 9, 19, 25
Energie (die ~) *(sing.)*	énergie 90
Englisch (das ~) *(sing.)*	anglais (langue) 23
Enkel (-) (der ~)	petit-fils 52
Enkelin (nen) (die ~)	petite-fille (*vs* petit-fils) 44

vierhundertachtzig • 480

Enkelkind (er) (das ~)	petits-enfants (aussi : "le petit-enfant" en all.) 52
Entschädigung (die ~) *(sing.)*	dédommagement 87
entschuldigen	excuser 69
entweder ... oder	soit..., soit... 62
er	il 12
Erde (die ~) *(sing.)*	Terre 79
Erdkunde (die ~) *(sing.)*	géographie 46
erhalten	obtenir 74 ; recevoir 81
erhitzen	chauffer 82
erinnern an (jn an jn/etwas ~) *(+ acc.)*	rappeler (se remémorer) 61
erinnern an (sich ~) *(+ acc.)*	se souvenir 61
Erinnerung (en) (die ~)	souvenir *(n.)* 37
erklären	expliquer 37 ; 95
erleben	vivre (un événement/qqch.) 65
ernsthaft	sérieux(-sement) 65
erraten	deviner 81
erreichen	joindre 71 ; atteindre 87
Erscheinung (en) (die ~)	apparition 58
erst	ne... que (pas plus tôt/tard ; pas avant) 69
erste (r/s)	premier 30
erstellen	créer 93
Ersten (zum ~)	une fois (enchères) 39
erstmal	d'abord 71
erwarten	attendre 80
erwischen	prendre (attraper) 83
erzählen	raconter 45
es	il/elle *(p. pers. neutre sujet = nom.)* 4 ; ça 6 ; il *(dans tournure impersonnelle)* 9 ; ce 16 ; la *(p. pers. acc.)*, le *(p. pers. acc.)* 17
es ist	il est (+ heure) 19
Eskimo (s) (der ~)	esquimau 37
essen	manger 12, 13
Essen (das ~) *(sing.)*	repas 12 ; nourriture 85
etwa	à peu près 88
etwas	un peu 11 ; un peu de 50
etwas *(contraction* : was)	quelque chose 24, 62
etwas später	un peu plus tard 11
eu(e)r/e	votre/vos 30
euch	vous *(tutoiement pl. - p. pers. acc.)* 17 ; vous *(tutoiement - p. pers. dat.)* 30, 52
Euro (der ~) (s)	euro 4, 18
Europa *(gén. sans art.)*	Europe 33
Europameisterschaft (en) (die ~) *(ab.* EM)	championnat d'Europe 33
Examen (das ~) *(pl.* Examina)	examen 60

Export (der ~) *(sing.)*	export 99
Exportabteilung (en) (die ~)	service export 99

F

fahren	aller (véhicule à roues), conduire, partir 6 ; rouler (conduire) 6, 25
fahren (über Rot ~)	passer au rouge 83
Fahrprüfer (-) (der ~)	inspecteur du permis de conduire 94
Fahrprüfung (en) (die ~)	examen de conduite 94
Fahrrad ("er) (das ~)	vélo 71, 85
Fahrstunde (n) (die ~)	heure de conduite 94
Fall ("e) (der ~)	chute 43
fallen	tomber 94
falsch	faux 99
Familie (n) (die ~)	famille 8
Familiengruppe (n) (die ~)	groupe famille 93
Familienname (n) (der ~)	nom de famille 8
fangen	attraper 88
fantastisch	fantastique 58
Farbe (n) (die ~)	couleur 53
Fasching (der ~) *(sing.)*	carnaval 87
Fasnacht (die ~)	carnaval 87
fast	presque 53
Fast Food (das ~) *(sing.)*	restauration rapide 41
Fastnacht (die ~)	carnaval 87
faul	paresseux *(adj. qual.)* 3 ; feignant 44
Februar (der ~) *(sing.)*	février 24
fehlen	manquer 86
Fehler (-) (der ~)	erreur, faute 68
feiern	faire la fête 43 ; fêter 43, 50
fein	fin *(adj. qual.)* 74
Felsen (-) (der ~)	rocher 67
Fenster (-) (das ~)	fenêtre 94
Ferien (die ~) *(pl.)*	vacances 6, 25
Ferien (in die ~ fahren)	partir en vacances 6
Ferienhaus ("er) (das ~)	maison de vacances 55
Fernsehen (das ~) *(sing.)*	télévision (média) 51
Fernseher (-) (der ~)	télévision (poste) 80
Fernzug ("e) (der ~)	train grandes lignes 87
fertig	prêt (fini, fait), terminé 66
fertig machen	achever (sens figuré), tuer (sens figuré) 66
Fest (e) (das ~)	fête 54, 100
Festnetz (das ~) *(sing.)*	téléphone fixe 47
Festspiele (die ~) *(pl.)*	festival 100
Fete (n) (die ~)	fête 61
fettig	gras *(adj. qual.)* 90

Feuer (das ~) *(sing.)*	feu 25, 87
finden	trouver 15, 26
Firma (die ~) (*pl.* Firmen)	société (travail) 34
Fisch (e) (der ~)	poisson 53
Fischbrötchen (-) (das ~)	petit pain au poisson 53
Fischer (-) (der ~)	pêcheur 10, 65
Fischerhäuschen (-) (das ~)	petite maison de pêcheur 65
fit	en forme 90
Flasche (n) (die ~)	bouteille 86
Fleisch (das ~) *(sing.)*	viande 79
fleischlos	sans viande 79
fleißig	assidûment 99
fliegen	aller (en avion), voler 6
Flieger (-) (der ~)	avion 26
Flöte (n) (die ~)	flûte 81
fluchen	jurer, pester 50
Flug (¨e) (der ~)	vol (avion) 60
Flughafen (¨) (der ~)	aéroport 60
Fluss (¨e) (der ~)	fleuve 85
folgen	suivre 29
folgend	suivant 71
formulieren	formuler 73
Fortschritt (e) (der ~)	progrès 50
Foto (s) (das ~)	photo 52
Fotograf (en) (der ~)	photographe 53
Frage (n) (die ~)	question 10
fragen	demander 16
fragen (jdn nach dem Weg, der Uhrzeit ... fragen)	demander le chemin, l'heure à qqn 60
Frankreich *(g. sans art.)*	France 65
Franzose (n) (der ~)	Français 54
Französisch (das ~) *(sing.)*	français (langue) 23
Frau	madame 29
Frau (en) (die ~)	femme 2, 19
Fräulein (-) (das ~)	demoiselle 19
frei	libre 39
frei/halten (Platz, Tisch)	garder (place, table) 71
frei/nehmen (sich den Tag ~)	prendre sa journée 96
Freitag (e) (der ~)	vendredi 20
Freude (die ~) *(sing.)*	joie 52
freuen (sich ~ auf) *(+ acc.)*	se réjouir de qqch. à venir 82
freuen (sich ~ über) *(+ acc.)*	se réjouir de qqch. qui a (eu) lieu 82
freuen (sich ~)	être content 25 ; se réjouir 25, 30
Freund (e) (der ~)	ami 20
Freundin (nen) (die ~)	amie 38
freundlich	aimable 30

frisch	frais *(adj. qual.)* 100
Frisur (en) (die ~)	coiffure 58
Frosch (¨e) (der ~)	grenouille 57
Frucht (¨e) (die ~)	fruit 13
früh	tôt 9
Frühaufsteher (-) (der ~)	lève-tôt 72
früher	avant 44
Frühling (der ~) *(sing.)*	printemps 75
Frühstück (e) (das ~)	petit-déjeuner 13
Frühstück (zum ~)	au petit-déjeuner 13
Frühstücksei (er) (das ~)	œuf à la coque 13
Fuchs (¨e) (der ~)	renard 88
fühlen (sich ~)	se sentir 24, 30
für *(+ acc.)*	pour 18
Fürst (e) (der ~)	prince 81
Fürstenhof (¨e) (der ~)	cour princière 81
Fuß (¨e) (der ~)	pied 61
Fußball (der ~) *(sing.)*	football 89
futsch	foutu 92

G

Gabel (n) (die ~)	fourchette 93
ganz	très 16
gar *(+ nég.)*	absolument 62, 96
garantieren	garantir 90
Garten (¨) (der ~)	jardin 4
Gasse (n) (die ~)	ruelle 81
Gast (¨e) (der ~)	hôte (amphitryon), hôte (invité) 86
geben	donner 18
geboren sein	être né 37
Geburt (en) (die ~)	naissance 24, 81
Geburtshaus (¨er) (das ~)	maison natale 81
Geburtstag (e) (der ~)	anniversaire 24
Gedanke (n) (der ~)	pensée (idée) 59
geehrt	honoré 30
geeignet (für) *(+ acc.)*	adapté (à) 90
gefährlich	dangereux 87
gefallen	plaire 38
Gefieder (das ~) *(sing.)*	plumage 88
gegen *(+ acc.)*	contre 18
Gegend (en) (die ~)	région 55
Gehalt (¨er) (das ~)	salaire 34, 80
Gehaltsvorstellungen (die ~) *(pl.)*	prétentions salariales 80
gehen	aller *(v.)* 6, 15
gehören	appartenir à 55
gehören zu *(+ dat.)*	faire partie de 55

Geige (n) (die ~)	violon 30
Geigenunterricht (der ~) *(sing.)*	cours de violon 30
Geiger (-) (der ~)	violoniste 68
gelaunt sein (gut/schlecht ~)	être bien/mal luné 68
gelb	jaune 38
Geld (das ~) *(sing.)*	argent 46 ; 73
gelegen	situé 55
Gelegenheit (en) (die ~)	occasion 29, 100
gelten	valoir 93
gemeinsam	ensemble 81
Gemeinschaft (en) (die ~)	communauté 30
Gemüse (das ~) *(sing.)*	légumes 93
genau	exactement 8 ; précis 74
(genau)so	tout aussi 45
Genehmigung (en) (die ~)	autorisation 51
genießen	savourer 27
genug	assez 68
geöffnet	ouvert 87
Gepäck (das ~) *(sing.)*	bagages 23
gerade	précisément 80
gerade *(+ v. au parfait)*	à l'instant, venir de + *inf.* 93
gerade *(+ v. au présent)*	en train de 93
geradeaus	tout droit 16
Gerät (e) (das ~)	appareil 90
Gericht (e) (das ~)	plat (mets) 71
gern	volontiers 36
gern *(v. + ~)*	aimer *(+ v. inf.)* 54
Geruch (¨e) (der ~)	odeur 88
Gesang (der ~) *(sing.)*	chant 88
Geschäft (e) (das ~)	magasin 69
Geschenk (e) (das ~)	cadeau 74
Geschichte (n) (die ~)	histoire 78
geschlossen	fermé 66
Geschmack (der ~) *(sing.)*	goût 38
Geschwister (die ~) *(pl.)*	frères et sœurs 93
Geselle (n) (der ~)	apprenti 82
Gesicht (er) (das ~)	visage 83
Gespräch (e) (das ~)	conversation 73, 79 ; entretien 76
gestern	hier 30
gestylt	stylé 76
gesund	sain, sainement 18
Getränk (e) (das ~)	boisson 57
Getreide (das ~) *(sing.)*	céréales 81
gewagt	audacieux 80
gewinnen	gagner 34
Glas (¨er) (das ~)	verre 15, 57

glauben	croire 43
gleich	tout de suite 33
Gleiche (das ~) *(sing.)*	même chose 58
gleichzeitig	simultanément 74
Globetrotterin (nen) (die ~)	globe-trotteuse 37
Glück (das ~) *(sing.)*	chance 6, 12, 15
glücklich	heureux 15, 37, 43
Glückspilz (e) (der ~)	chanceux *(n.)*, veinard *(n.)* 6
Glückstag (e) (der ~)	jour de chance 72
Glückwunsch ("e) (die ~)	félicitation 60
Gold (das ~) *(sing.)*	or (métal) 74
Goldhochzeit (die ~) *(sing.)*	noces d'or 74
Grammatik (die ~) *(sing.)*	grammaire 95
Grad (e) (das ~)	degré 64
gratulieren	féliciter 24, 29
Grau (das ~) *(sing.)*	gris *(n.)* 58
Grenze (n) (die ~)	frontière 74
grenzenlos	sans frontières 79
griechisch	grec 65
groß	grand 45 ; 58
Größe (n) (die ~)	taille (vêtement) 29
großes (A, B ...)	A, B... majuscule 59
grün	vert *(adj. qual.)* 61
gründen	fonder 45
Gruppe (n) (die ~)	groupe 66
Gruß ("e) (der ~)	salutation 30
grüßen	saluer (bonjour) 97
gut	bon *(adj. qual.)* 5, 12 ; bien *(adv.)* 6
gut (nicht ~)	pas bon 12
gut (sehr ~)	très bon 12

H

Haar (e) (das ~)	cheveu(x) *(sing. et pl.)* 90
haben	avoir *(v.)* 9, 11, 15, 20, 30
Hafen (") (der ~)	port (bateau) 60
halb	demi, et demi (heure) 19
halbtags	à mi-temps 72
Hals ("e) (der ~)	cou 57
halten	tenir 50
halten von (etw. von etw. ~) *(+ dat.)*	penser (qqch. de qqch.) 100
Hand ("e) (die ~)	main 25
handeln (sich ~ um) *(+ acc.)*	s'agir de 71
Handtuch ("er) (das ~)	serviette de toilette 90
Handumdrehen (im ~)	en un tour de main 90
Handy (s) (das ~)	portable (téléphone) 17
Handynummer (n) (die ~)	numéro de portable 17

Handyverbot (das ~) (sing.)	interdiction d'utiliser les portables 93
hängen	être accroché, être suspendu 53
(Hasel)Nuss (¨e) (die ~)	noisette 61
Hauptbahnhof (¨e) (der ~)	gare principale 73
Hauptsache (sans art.)	le plus important, le principal (l'essentiel) 73
Hauptstadt (¨e) (die ~)	capitale 78
Haus (¨er) (das ~)	maison 4, 15
Häuschen (-) (das ~)	maisonnette 65
Hause (zu ~)	à la maison (loc.) 55
Hause (nach ~)	à la maison (dir.) 55
Hausschlüssel (-) (der ~)	clé de la maison 15
heben	soulever 91
Heimat (en) (die ~)	patrie 37
heiraten	marié (adj.) 2 ; se marier 29
heiß	très chaud 64
heißen	s'appeler (se nommer) 5, 8
helfen	aider 26
Helles (ein ~) (neutre)	une blonde (bière) 54
her	par ici 62
heran/wachsen (litt.)	grandir 48
Herberge (n) (die ~) (vieilli)	auberge, gîte 69
Herbst (der ~) (sing.)	automne 75
herein/kommen	entrer 10
Herr (en) (der ~)	monsieur 16, 31, 39
herrlich	magnifique 27
herüber/reichen (contraction : rüberreichen)	passer (tendre/donner) 86
Herz (en) (das ~)	cœur 52
herzlich	chaleureux 30
heute	aujourd'hui 6, 27
heutig	d'aujourd'hui 78
hier	ici 2, 23
hierher	ici (rapprochement) 23, 86
Hightech (das ou die ~)	haute technologie 74
Hilfe (die ~) (sing.)	aide 25
Himmel (der ~) (sing.)	ciel 93
hin	y 62
hinten	derrière (adv.) 39
hinter (+ acc. ou dat.)	derrière (prép.) 56
Hitze (die ~) (sing.)	canicule, chaleur 64
Hitzefrei (g. sans art., sing.)	droit au congé canicule 64
Hobby (s) (das ~)	loisirs 72
hoch	haut 25, 46
hoch (wie ~)	quelle altitude 46 ; quelle hauteur 49
Hochzeit (en) (die ~)	mariage 74

Hof (¨e) (der ~)	cour 31, 81
hoffen	espérer 58
hoffentlich	espérons (j'espère) que 83
höflich	poli 80
Höflichkeit (die ~) *(sing.)*	politesse 80
Höhepunkt (e) (der ~)	point culminant 87
holen	aller chercher 68
Holz (¨er) (das ~)	bois 61
hören	entendre 17
hören (auf jdn ~)	écouter qqn (obéir) 88
hören (etw.)	écouter qqch. 88
Hose (n) (die ~)	pantalon 94
Hotel (s) (das ~)	hôtel 34, 69
Hotelzimmer (-) (das ~)	chambre d'hôtel 99
hübsch	ravissant 45
Hund (e) (der ~)	chien 57
Hunderttausend (e) (das ~)	centaine de milliers 87
Hunger (der ~) *(sing.)*	faim 41
Hunger sterben (vor ~)	mourir de faim 41

I

ich	je *(p. pers. sujet = nom.)* 1
Idee (n) (die ~)	idée 33
ihm	lui (à lui) *(p. pers. m. dat.)* 47
ihn	le *(p. pers. m. acc.)* 17
Ihnen	vous *(pol. - p. pers. dat.)* 29
ihr	vous *(tutoiement plusieurs personnes ; p. pers. sujet = nom.)* 9, 16 ; lui (à elle) *(p. pers. f. dat.)* 47
Ihr/e	votre/vos *(vouvoiement)* 10 ; 25
ihr/e	son/sa/ses (à elle) 11
im (= in + dem)	*voir* in 37
immer	toujours 5, 11, 16
in *(+ acc. ou dat.)*	en 6, 10 ; à 10 ; dans 20
inbegriffen	inclus 83
indisch	indien *(adj. qual.)* 41
indiskret	indiscret 10
Innenstadt (die ~) *(sing.)*	centre-ville 51
Insel (n) (die ~)	île 65
insgesamt	en tout 81
interessant	intéressant 51
Internet (das ~) *(sing.)*	Internet 55
Internetseite (n) (die ~)	page web 97
inzwischen	entre-temps 95
irdisch	terrestre 79
irgend-	n'importe 92

irgendein/e	n'importe quel/le, un/e quelconque 92
irgendwann	n'importe quand 92
irgendwer	n'importe qui 92
Italien *(g. sans art.)*	Italie 65
italienisch	italien 41

J

ja	oui 1, 9 ; bien 12
Jackpot (s) (der ~)	jackpot 61
Jahr (e) (die ~)	année 18
Jahreszeit (en) (die ~)	saison 65
Jahrhundert (e) (das ~)	siècle 39
Januar (der ~) *(sing.)*	janvier 24
Japaner (-) (der ~)	Japonais 54
japanisch	japonais *(adj. qual.)* 45
je + *cp.* desto/umso + *cp.*	plus... plus... 87
je besser ... desto/umso besser	mieux... mieux 87
je weniger ... desto/umso weniger	moins... moins 87
jeder/jede/ jedes	chaque 54
jein	oui et non 50
jemand	quelqu'un 47
jemand anders	quelqu'un d'autre 47
jetzig	actuel 78
jetzt	maintenant 11, 17
Job (s) (der ~)	job 34
Jugend (die ~) *(sing.)*	jeunesse 44, 69
Jugendherberge (n) (die ~)	auberge de jeunesse 69
Jugendliche (n) (der ~)	jeune *(n.)* 44
Juli (der ~) *(sing.)*	juillet 24
jung	jeune *(adj.)* 11
Junge (n) (der ~)	garçon 60
Jungs *(pl.) (fam.)*	les gars 79
Juni (der ~) *(sing.)*	juin 24

K

Kaffee (s) (der ~)	café (boisson) 13
Kaffeehaus (¨er) (das ~)	café (établissement) 57
Kalorie (n) (die ~)	calorie 74, 86
kalorienarm	hypocalorique 86
Kalorienverbrauch (der ~) *(sing.)*	dépense calorique 74
kalt	froid *(adj. qual.)* 24
kämpfen	se battre 87
kämpfen (für)	se battre pour 87
Kandidat (en) (der ~)	candidat 76
Kandidatin (nen) (die ~)	candidate 76
kaputt	cassé *(adj. qual.)* 15

kaputt machen	casser 15
Karneval (der ~) (*pl.* e *ou* s)	carnaval 87
Karriere (n) (die ~)	carrière 80
Karriere machen	faire carrière 72
Karte (n) (die ~)	carte 73
Käse (-) (der ~)	fromage 13
Katze (n) (die ~)	chat 57
Kauf (¨e) (der ~)	achat 39
kaufen	acheter 33
kein/e	pas de/un/e 5, 15, 20
kein/e ... mehr	ne... plus (de) 20
keineswegs	aucunement 69
kennen	connaître 1, 16
kennen/lernen	connaître (faire connaissance) 61
Kenntnisse (die ~) *(pl.)*	connaissances (savoir) 99
Kilo (s) (das ~)	kilo 18
Kilometer (-) (der ~)	kilomètre 25, 46
Kind (er) (das ~)	enfant 31, 37
Kino (s) (das ~)	cinéma 89
Kirschbaum (¨e) (der ~)	cerisier 52
Kirsche (n) (die ~)	cerise 18, 52
Klappe (n) (die ~)	clapet 50
klappen *(fam.)*	marcher (fonctionner) 96
klasse	super 30
Kleid (er) (das ~)	robe 29
Kleidung (die ~) *(sing.)*	vêtements 75
Kleine (n) (der/die/das ~)	petit *(n.)* 52
kleines (a, b ...)	a, b... minuscule 59
Kleinigkeit (en) (die ~)	petit détail 86
klingeln	sonner (téléphone, porte) 72
klingen	sonner (son, voix) 72
klingen (gut ~)	avoir l'air, sonner bien 55
Klo (s) (das ~)	toilettes 94
knacken	casser, craquer 61
Kneipe (n) (die ~)	bar 97
Koch (¨e) (der ~)	cuisinier 10
kochen	cuisiner 12
Koffer (-) (der ~)	valise 23
Kollege (n) (der ~)	collègue 99
Köln	Cologne 87
komisch	bizarre 27
kommen	venir 2, 20 ; arriver 9
Kommunikation (die ~) *(sing.)*	communication 79
Kommunikationsmittel (-) (das ~)	moyen de communication 79
komponieren	composer 81
Komponieren (das ~) *(sing.)*	composition 81

Komponist (en) (der ~)	compositeur 81
König (e) (der ~)	roi 80
Königin (nen) (die ~)	reine 48
können	pouvoir *(v.)* 5, 9, 17 ; savoir *(v.)* 23
Konstanz	Constance (ville) 10, 51
Konstanzer (-) (der ~)	habitant de Constance 51
Konzern (e) (der ~)	groupe (entreprise) 87
Konzert (e) (das ~)	concert 81
Kopf (¨) (der ~)	tête 58
Korsika	Corse 34
kosten	coûter 4, 18
Kraft (¨e) (die ~)	force 90
krank	malade *(adj. qual.)* 89
Kranke (n) (der ~)	malade *(n.)* 60
Krankenhaus (¨er) (das ~)	hôpital 60
Kreuzung (en) (die ~)	croisement 60
Krieg (e) (der ~)	guerre 78
Kübel (-) (der ~)	seau 65
Küche (n) (die ~)	cuisine 4, 15
Kuchen (-) (der ~)	gâteau 36
kühlen	rafraîchir 92
Kühlschrank (¨e) (der ~)	réfrigérateur 92
Kultur (die ~) *(sing.)*	culture 100
kündigen	démissionner 45, 96
kündigen *(+ dat.)*	licencier 96
Kündigung (en) (die ~)	démission, licenciement 96
Kunst (die ~) *(sing.)*	art 97
Kunstakademie (n) (die ~)	Académie des beaux arts 97
Kur (en) (die ~)	cure 86
kurz	court *(adj. qual.)* 38 ; vite fait 68
kurzum	bref 53

L

lächeln	sourire 52
lachen	rire 88
Lampe (n) (die ~)	lampe 95
Land (¨er) (das ~)	pays 37
Land (auf dem ~)	à la campagne 69
lang	long 29, 46
lang (wie ~)	quelle longueur 46
lange	longtemps 24, 58
lange (wie ~)	combien de temps 47
langsam	lentement 25
lassen	laisser 15
laufen	courir 57, 60 ; marcher (vite) 60
laufen (gut/schlecht ~)	bien/mal marcher, bien/mal se passer 76

Laune (n) (die ~)	humeur 68
laut	fort (bruyant), à haute voix 85
lauten	être *(v.)* (numéro, adresse) 17 ; être (adresse, numéro de tél., réponse), s'intituler 50
leben	vivre 57
Leben (das ~) *(sing.)*	vie 45, 69
Lebensmittelgeschäft (e) (das ~)	épicerie 69
Lebensversicherungsvertrag (¨e) (der ~)	contrat d'assurance vie 51
lecker	bon (plat, aliment) 44
leer	vide 71
Lehre (n) (die ~)	leçon (enseignement) 88
Lehrer (-) (der ~)	professeur 20, 30
Lehrerin (nen) (die ~)	professeure 2
leicht	facile, facilement, léger, légèrement 76
leid/tun	être désolé 20, 50 ; faire de la peine 50
leiden an *(+ dat.)*	souffrir de 90
leider	malheureusement 17
leise	silencieux *(adj. qual.)* 39
Leiter (-) (der ~)	chef 76
Lektion (en) (die ~)	leçon 50, 99
lernen	apprendre 1, 18
lesen	lire 23
Leser (-) (der ~)	lecteur 72
letzte (r/s)	dernier 27
Leute (die ~) *(pl.)*	gens 51
Licht (er) (das ~)	lumière 72
lieb	gentil 94
Liebe (die ~) *(sing.)*	amour 61
liebe (r/s)	cher (lettre, discours) 24, 30
lieben	aimer 53
lieber *(v. inf. + ~)*	préférer *(+ v. inf.)* 54
Liebling (e) (der ~)	chéri/e 55
Lieblingsreiseziel (e) (das ~)	destination préférée 55
Lied (er) (das ~)	chanson 86
liefern	livrer 41
Lieferservice (der ~) *(sing.)*	service de livraison 41
liegen	être allongé, être couché, être posé (à plat / à l'horizontale) 55
links	à gauche 16
Liste (n) (die ~)	liste 67
Löffel (-) (der ~)	cuillère 86
los (was ist ~?) *(idiom.)*	qu'est-ce qui se passe ? 26
los *(+ v. modalité)*	y aller 26
los *(part. sép.)*	y aller, partir 9

los/fahren	partir 24
los/kommen	pouvoir partir 85
Lotterie (n) (die ~)	loterie 34
Lotterieschein (e) (der ~)	billet de loterie 72
Löwenzahn (der ~) *(sing.)*	pissenlit 62
Luft (die ~) *(sing.)*	air 100
Lust (die ~) *(sing.)*	envie 20

M

machen	faire 9, 15
Mädchen (-) (das ~)	fille 19
Magen (¨) (der ~)	estomac 71
Mahlzeit (en) (die ~)	repas 86
Mai (der ~) *(sing.)*	mai 24
Mainz	Mayence 87
Mal (e) (das ~)	fois 32, 41, 53
Mal (zum ersten ~)	pour la première fois 53
Mama (s) (die ~)	maman 33
Mami (s) (die ~)	maman 33
man	on 12
Management (das ~) *(sing.)*	direction (entreprise) 64
manche *(pl.)*	certain(e)s 73
manchmal	parfois 89
Mann (¨er) (der ~)	mari 12 ; homme (monsieur) 19
Männchen (-) (das ~)	petit homme, bonhomme 19
Männlein (-) (das ~)	petit homme, bonhomme 19
Manometer (-) (das ~)	manomètre 86
Mantel (¨) (der ~)	manteau 58
Märchen (-) (das ~)	conte 48
märchenhaft	féérique 67
Margerite (n) (die ~)	marguerite 62
Markt (¨e) (der ~)	marché 51
Marktplatz (¨e) (der ~)	place du marché 51
März (der ~) *(sing.)*	mars 24
Maschine (n) (die ~)	machine 92
Matratze (n) (die ~)	matelas 90
Mauer (n) (die ~)	mur (extérieur) 43
Mauerfall (der ~) *(sing.)*	chute du mur de Berlin 43
Maul (¨er) (das ~)	gueule 69
Maultasche (n) (die ~)	raviole 69
Maus (¨e) (die ~)	souris 95
Meer (e) (das ~) *(sing.)*	mer 83
Meeresluft (die ~) *(sing.)*	air marin 100
mehr	plus 26
mehrere	plusieurs 31
mein/e	mon/ma/mes 8, 18, 20, 26

meinen	penser 38, 55 ; vouloir parler de 67
meinen (damit ~)	vouloir dire (par là) 96
meiner/meine/meins	le/la/ les mien(s)/mienne(s) 92
Meinung (en) (die ~)	avis (opinion) 44
meisten (am ~)	le plus 66
meistens	la plupart du temps 59
Meister (-) (der ~)	maître (contremaître) 82 ; maître 88
Meisterschaft (en) (die ~)	championnat 33
melden (sich ~)	se manifester 66
Mensch (en) (der ~)	homme (personne) 11, 43
Menschen (die ~) *(pl.)*	gens 43
Mentalität (en) (die ~)	mentalité 80
merken (sich etwas ~)	retenir qqch. (mémoire) 88
Messer (-) (das ~)	couteau 93
Meter (-) (der ~)	mètre 46
Methode (n) (die ~)	méthode 90
mich	me *(p. pers. acc.)* 17
mieten	louer (prendre en location) 55
Milch (die ~) *(sing.)*	lait 76
Milchkaffee (s) (der ~)	café au lait 76
Minute (n) (die ~)	minute 33
mir	(à) moi *(p. pers. dat.)* 18, 26 ; me *(p. pers. dat.)* 38
Mist (der ~) *(sing.)*	fumier 15
mit *(+ dat.)*	avec 13, 17
Mitarbeiter (-) (der ~)	collaborateur 68
Mitbewohnerin (nen) (die ~)	colocataire *(f.)* 97
mit/kommen	venir avec qqn 24
mit/kommen (gut/nicht gut ~)	bien/pas bien suivre 78
Mittag (e) (der ~)	midi 43
Mittel (-) (das ~)	moyen 69, 79
Mittwoch (e) (der ~)	mercredi 20
mobil	mobile *(adj. qual.)* 79
Modell (e) (das ~)	modèle 74
modisch	à la mode 38
mögen	aimer 58
mögen (möcht-)	souhaiter *(au subj. II = cond.)*, vouloir 17
möglich	possible 65
Moment (e) (der ~)	moment 27
Monat (e) (der ~)	mois 41
Mond (der ~) *(sing.)*	Lune 78
Montag (e) (der ~)	lundi 20
morgen	demain 19
Morgen (-) (der ~)	matin 13, 43
morgens	le/tous les matin(s) 66
morgens bis abends (von ~)	du matin au soir 66

motivieren	motiver 66
motiviert	motivé 100
müde	fatigué 3, 19
Mühe (n) (die ~)	peine 1
Müller (-) (der ~)	meunier 10
München	Munich 51
Mund (¨er) (der ~)	bouche 57
Musik (die ~) *(sing.)*	musique 81
Musikunterricht (der ~) *(sing.)*	cours de musique 81
müssen	devoir *(v.)* 16
Mutter (¨) (die ~)	mère 31
Muttersprachler (-) (der ~)	locuteur natif 73

N

nach	vers/à *(direction)* 6 ; à *(direction)* 16
nach (heure)	après (heure) 22
nach (+ dat.)	après *(prép.)* 8 ; après *(prép.)* 40
Nachbar (n) (der ~)	voisin 69
nachdem	après que 78
nach/denken	réfléchir 65
nach/denken (über) (+ acc.)	réfléchir à 65
nachher	après *(adv.)*, ensuite 57
Nachmittag (e) (der ~)	après-midi 43
Nachname (n) (der ~)	nom de famille 8, 59
Nachrichten (die ~) *(pl.)*	informations (nouvelles) 64
nächste (r/s)	prochain 20
Nacht (¨e) (die ~)	nuit 19
Nachtisch (e) (der ~)	dessert 36
nah	proche *(adj. qual.)* 70
Name (n) (der ~)	nom 8, 16
nämlich	en effet 50
Nase (n) (die ~)	nez 50
nass	humide *(tps)*, mouillé 32
Natur (die ~) *(sing.)*	nature 65
natürlich	bien sûr 59
ne *ou* nee	non 50
neben (+ acc. ou dat.)	à côté de 52
negativ	négatif 96
nehmen	prendre 10
nein	non 11
Nelke (n) (die ~)	œillet 62
Nerv (en) (der ~)	nerf 50
nerven	énerver 50
nervös	nerveux 94
nett	sympathique 30
neu	nouveau 2, 18

nicht	ne... pas 13, 15
nicht mehr	ne plus 24
nicht nur ... sondern auch	non seulement... mais aussi 93
Nichtdeutsche (n) (der ~)	non-allemand 54
nichts	rien 1, 15
nie(mals)	jamais 62
niemand	personne *(p. ind.)* 53
Nikolaus (der ~) *(sing.)*	saint Nicolas 82
Nil (der ~)	le Nil 46
nö	non 50
noch	encore 40 ; encore (une fois) 46, 55
noch nicht	pas encore 55
Nordeuropa *(g. sans art.)*	Europe du Nord 87
Nordsee (die ~) *(sing.)*	mer du Nord 66
Note (n) (die ~)	note (scolaire) 82
nötig	nécessaire 85
notwendig	nécessaire 58
November (der ~) *(sing.)*	novembre 24
null	zéro 18
Nummer (n) (die ~)	numéro 17 ; 32
nur	que (seulement) 23 ; seulement 31
nur noch	ne... (plus) que 82
nutzen	profiter de 81

O

ob	si *(interrogation)* 62
oben	en haut 67, 75
Obst (das ~) *(sing.)*	fruits *(pl.)* 13, 18
Obstkuchen (-) (der ~)	gâteau aux fruits 36
Obstsaft (¨e) (der ~)	jus de fruits 90
obwohl	bien que 89
oder	ou 3, 31
Ofen (¨) (der ~)	four 82
offen	ouvert 55
offiziell	officiel 78
öffnen	ouvrir 78, 87
oft	souvent 12
ohne *(+ acc.)*	sans 1, 18
ohne dass	sans que 80
ohne zu *(+ inf.)*	sans *(+ inf.)* 80
Ohr (en) (das ~)	oreille 58
Oktober (der ~) *(sing.)*	octobre 24
Oktoberfest (e) (das ~) *(sing.)*	fête de la bière 54
Oma (s) (die ~)	mamie 48
Omi (s) (die ~)	mamie 48
Onkel (-) (der ~)	oncle 86

Opa (s) (der ~)	papy 48
Oper (n) (die ~)	opéra (œuvre et bâtiment) 81
Operation (en) (die ~)	opération (chirurgicale) 83
Opi (s) (der ~)	papy 48
Orange (n) (die ~)	orange (fruit) 18
Ordnung (die ~) *(sing.)*	ordre 15, 33
original	original *(adj. qual.)* 57
Original (im ~)	en version originale 73
Ort (e) (der ~)	endroit 40, 55
Ostern (-) *(g. sans art.)*	Pâques 67
Österreich	Autriche 100
Ostsee (die ~) *(sing.)*	mer Baltique 100

P

Paar (e) (das ~)	paire 52
paar (ein ~)	quelques 52
Panik (die ~) *(sing.)*	panique 73
Panorama (das ~) *(pl.* Panoramen)	panorama 61
Panoramadach (¨er) (das ~)	toit panoramique 61
Papa (s) (der ~)	papa 33
Papi (s) (der ~)	papa 33
Papiere (die ~) *(pl.)*	papiers 15 ; papiers (documentation en général) 25
parken	stationner 23
Parken *(g. sans art.)*	stationnement 23
Pass (¨e) (der ~)	passeport 26
Passagier (e) (der ~)	passager 75
passieren	se passer 68 ; arriver (événement) 94
Pause (n) (die ~)	récréation 95
Pech (das ~) *(sing.)*	poisse 32, 83
Pech haben	avoir la poisse 32
perfekt	parfait *(adj.)* 22
Person (en) (die ~)	personne (individu) 31, 67
Personalleiter (-) (der ~)	directeur des ressources humaines (DRH) 76
persönlich	personnellement 64
Pfeffer (der ~) *(sing.)*	poivre 86
Pfeiffer (-) (der ~)	fifre 10
Pfingsten (-) *(g. sans art.)*	Pentecôte 67
Phönix (e) (der ~)	phénix 88
Pilz (e) (der ~)	champignon 6
Pizza (-) (s) (die ~)	pizza 41
Planet (en) (der ~)	planète 79
Platz (¨e) (der ~)	place 10, 51
Plätzchen (-) (das ~)	biscuit 82
Polizei (die ~) *(sing.)*	police 23

Polizist (en) (der ~)	policier 60
Polterabend (e) (der ~)	veille des noces / soirée polter 15
poltern	faire du vacarme 15
Poltern (das ~) *(sing.)*	vacarme 15
Pommes Frites (die ~) *(pl.)*	pommes frites 57
Positive (das ~) *(sing.)*	positif *(n.)* 79
Post (die ~) *(sing.)*	bureau de poste ou poste 96
prachtvoll	somptueux 100
praktisch	pratique 41, 94
Präsident (en) (der ~)	président 61
Preis (e) (der ~)	prix (coût) 66 ; prix (lauréat) 68
Preisvorstellung (en) (die ~)	idée du prix 74
privat	privé 34
Privatstrand (¨e) (der ~)	plage privée 34
probieren	goûter *(v.)* 12, 18
Problem (e) (das ~)	problème 4
Profil (e) (das ~)	profil 80
Projektor (en) (der ~)	projecteur 95
Prüfer (-) (der ~)	examinateur 94
Prüfung (en) (die ~)	examen 94
Pulli (s) (der ~)	pull 38
Punkt (e) (der ~)	point 83
pünktlich	ponctuel 80
Pünktlichkeit (die ~) *(sing.)*	ponctualité 47

Q

Quatsch (der ~) *(sing.)*	bêtise 16
Quiz (-) (das ~)	quiz 46

R

Rabe (n) (der ~)	corbeau 88
Rad (¨er) (das ~)	roue 71 ; vélo 85
Radler (-) (das *ou* der ~)	panaché 54
Radweg (e) (der ~)	piste cyclable 85
rauchen	fumer (cigarette) 23
Realität (die ~) *(sing.)*	réalité 65
rechnen mit *(+ dat.)*	s'attendre à 87
Recht (e) (das ~)	droit 64
recht haben	avoir raison 11
rechts	à droite 16
rechtschreiben	orthographier 73
Rechtschreibwörterbuch (¨er) (das ~)	dictionnaire orthographique 73
Rede (n) (die ~)	discours 88
reden	parler 68
Regen (der ~) *(sing.)*	pluie 32
Regencape (s) (das ~)	cape de pluie 85

Regenfall (¨e) (der ~)	chute de pluie 32
regnen	pleuvoir 50
reich	riche 61
rein/kommen	entrer 83
Reise (n) (die ~)	voyage 26, 37
Reisegruppe (n) (die ~)	groupe de voyage 66
reisen	voyager 8, 45
Reisende (n) (der ~)	voyageur 87
Reisepass (¨e) (der ~)	passeport 26
Reparatur (en) (die ~)	réparation 92
reservieren	réserver 59, 99
Reservierung (en) (die ~)	réservation 59
retten	sauver 83
Rhein (der ~) *(sing.)*	Rhin 10, 59
rheinisch	rhénan 87
richtig	juste 46 ; juste (adapté/qu'il faut) 74 ; correctement 95
riechen	sentir 86
Rom	Rome 45
Rose (n) (die ~)	rose 62
Rosenmontag(e) (der ~)	lundi des Roses (précédant Mardi Gras) 87
Rosenmontagsumzug (¨e) (der ~)	défilé du lundi des Roses (précédant Mardi Gras) 87
rot	rouge *(adj. qual.)* 38
Rotwein (e) (der ~)	vin rouge 57
Rücken (-) (der ~)	dos 58
Rückenschmerzen (die ~) *(pl.)*	mal au dos 58
rufen	clamer 87
Ruhe (die ~) *(sing.)*	silence 3
Runde (n) (die ~)	tour (jeu, endroit) 46
runter *(fam.)*	à bas 90
Russisch (das ~) *(sing.)*	russe (langue) 2
Russischlehrerin (nen) (die ~)	professeure de russe 2

S

Sache (n) (die ~)	chose 73
Sachertorte (n) (die ~)	*Sachertorte* 57
Sack (¨e) (der ~)	sac 82
Saft (¨e) (der ~)	jus 90
sagen	dire 5, 12, 15
Sahne (die ~) *(sing.)*	chantilly 36
Salz (das ~) *(sing.)*	sel 86
Salzburg	Salzbourg 81
Salzkammergut (das ~) *(sing.)*	terre domaniale du sel 81
Samstag (e) (der ~)	samedi 20
Sand (der ~) *(sing.)*	sable 65

Sandstrand (¨e) (der ~)	plage de sable 65
Sankt Petersburg	Saint-Pétersbourg 2
Satz (¨e) (der ~)	phrase 73
Sauberkeit (die ~) *(sing.)*	propreté 51
sauer	acide, aigre 71
Sauerbraten (-) (der ~)	rôti de bœuf mariné (dans du vinaigre) 71
schade	dommage 27
schaden	nuire 85
Schaf (e) (das ~)	mouton 19
Schäfchen (-) (das ~)	petit mouton 19
schaffen	réussir 99
Schale (n) (die ~)	coquille 76
Schande *(sing.)* (die ~)	honte 43
Schatz (¨e) (der ~)	chéri *(n.)*, trésor 60
schauen	regarder 31, 55
Schein (e) (der ~)	billet 72
scheinen	avoir l'air, briller, paraître, sembler 53
Scheiße (die ~) *(sing.)*	merde 92
Scherben (die ~) *(pl.)*	débris 15
schief/gehen	aller de travers 89
schief/laufen	aller de travers 89
Schiff (e) (das ~)	bateau 78
Schild (er) (das ~)	panneau 25
schlafen	dormir 3, 19
Schlafzimmer (-) (das ~)	chambre à coucher 4
schlagen	battre (au jeu), frapper 85
schlecht	mal *(adj. qual.)* 17
schlicht	sobre 74
schließen	fermer 87
schlimm	grave 73
Schlimmeres (es gibt ~)	il y a pire 83
Schloss (¨er) (das ~)	château 67
Schluss (¨e) (der ~)	conclusion 73
Schluss (zum ~)	pour finir, pour terminer 99
Schlüssel (-) (der ~)	clé 15
schmecken	avoir le/un goût de 12 ; être bon 41
schmecken (gut ~)	être bon 12
Schmeichler (-) (der ~)	flatteur 58
schmeißen	jeter 76
Schmerzen haben	avoir mal 58
Schmerz (en) (der ~)	douleur 58
Schnabel (¨) (der ~)	bec 88
schnappen	saisir 88
Schnaps (der ~) *(sing.)*	schnaps 86
Schnee (der ~) *(sing.)*	neige 67
Schneeglöckchen (-) (das ~)	perce-neige 62

Schneewittchen	Blanche-Neige 48
Schneider (-) (der ~)	tailleur 10
schneien	neiger 67
schnell	vite 23, 33
Schnitzel (-) (das ~)	escalope 57
Schokolade (n) (die ~)	chocolat 36
Schokoladenkuchen (-) (der ~)	gâteau au chocolat 36
Schokonikolaus (¨e) (der ~)	saint Nicolas en chocolat 82
schon	déjà 9, 19
schön	beau *(adj. qual.)* 2 ; bien 55
schon wieder	encore (une fois) 36, 72
Schönste (n) (die ~)	la plus belle 48
Schrank (¨e) (der ~)	armoire 92
schreiben	écrire 71
Schuh (e) (der ~)	chaussure 93
Schuld (die ~) *(sing.)*	faute (culpabilité) 44
Schulden (die ~) *(pl.)*	dettes 81
Schule (n) (die ~)	école 40
Schüler (~) (der ~)	élève (garçon) 87
Schülerin (nen) (die ~)	élève (fille) 87
Schwaben *(g. sans art.)*	Souabe (région) 69
schwäbisch	souabe 69
Schwarz (das ~) *(sing.)*	noir *(n.)* 39
Schweiz (die ~)	Suisse 89
schwer	difficile 31 ; difficilement 71 ; lourd 82
Schwester (n) (die ~)	sœur 11, 31
schwierig	difficile 100
Schwierigste (das ~) *(sing.)*	le plus difficile 100
Schwimmbad (¨er) (das ~)	piscine 89
schwimmen	nager 23
schwören	jurer 88
See (n) (der ~)	lac 66
See (n) (die ~)	mer 66
sehen	voir 13
sehenswert	à voir 55
Sehenswürdigkeit (en) (die ~)	curiosité touristique 66
sehr	très 9, 12, 30
sein	être *(v.)* 2, 3, 4, 9, 10, 11, 15, 16, 18, 22, 27, 38
sein/e	son/sa/ses (à lui) 11, 17
seit *(+ dat.)*	depuis 30, 41
Seite (n) (die ~)	côté 60
Sekt (e) (der ~)	mousseux 43
Sekunde (n) (die ~)	seconde 46
selbst	même(s) (en personne) 48
selbständig	autonome 96

selbständig (sich ~ machen)	se mettre à son compte 96
selbstverständlich	bien sûr 99
selten	rarement 65
September (der ~) *(sing.)*	septembre 24
Service (der ~) *(sing.)*	service 41
Sessel (-) (der ~)	fauteuil 95
setzen (sich ~)	s'asseoir 52
Seychellen (die ~) *(pl.)*	les Seychelles 83
Shampoo (s) (das ~)	shampoing 90
shoppen	faire du shopping 38
sich	se *(p. réciproque acc.)* 33 ; se *(p. réciproque dat.)* 68
sicher	certain (sûr) 16 ; sûr 16, 32
sie	elle *(p. pers. f. sujet = nom.)* 2 ; elles *(p. pers. pl. sujet = nom.)*, ils *(p. pers. pl. sujet = nom.)* 11 ; la *(p. pers. f. acc.)*, les *(p. pers. pl. acc.)* 17
Sie	vous *(pol. - p. pers. sujet = nom.)* 5, 10 ; vous *(pol. - p. pers. acc.)* 17
siezen	vouvoyer 31
Silber (das ~) *(sing.)*	argent (métal) 74
Silberhochzeit (die ~) *(sing.)*	noces d'argent 74
singen	chanter 46, 88
sinken	baisser 32
sitzen	être assis 52
Smartphone (s) (das ~)	smartphone 79
Sneewittchen (bas-allemand)	Blanche-Neige 48
so	si (tellement) 16, 31 ; aussi, comme ça 24
so etwas *(contraction :* sowas)	quelque chose comme ça 24
sobald	dès que 94
Sofa (s) (das ~)	canapé 95
sofort	tout de suite 9, 27
sogar	même 34
Sohn (¨e) (der ~)	fils 29
sollen	devoir *(v.)* 22
Sommer (-) (der ~)	été 32
sondern *(après nég.)*	mais (au contraire) 87
Sonne (die ~) *(sing.)*	soleil 53 ; 83
Sonntag (e) (der ~)	dimanche 20
sonntags	le dimanche / tous les dimanche 66
sonst	sinon 22, 26
Sorte (n) (die ~)	sorte 54
sowohl … als auch …	aussi bien… que… 81
Spanisch (das ~) *(sing.)*	espagnol (langue) 23
spät	tard 9
spät (wie ~)	quelle heure 19

Spätaufsteher (-) (der ~)	lève-tard 72
später	plus tard 11
Spaß (der ~) *(sing.)*	divertissement 78
Spaß machen	être amusant, amuser, plaire 97
Spezialität (en) (die ~)	spécialité 69
speziell	spécialement 44
Spiegel (-) (der ~)	miroir 48
Spieglein (-) (das ~)	miroir *(diminutif)* 48
Spiele (e) (das ~)	jeu 100
spielen	jouer 89
spinnen	débloquer 50
Sport (der ~) *(sing.)*	sport 58
Sprachbuch (¨er) (das ~)	livre de langues 36
Sprache (n) (die ~)	langue 50
Sprachwissenschaftler (-) (der ~)	linguiste 73
sprechen	parler 17
sprechen über *(+ acc.)*	parler de 93
Sprichwort (¨er) (das ~)	dicton 85
spülen	laver (vaisselle) 92
Spülmaschine (n) (die ~)	lave-vaisselle 92
spüren	sentir 72
Staat (en) (der ~)	État 78
Staaten (die ~) *(pl.) (fam.)*	États-Unis 89
Stadt (¨e) (die ~)	ville 78
stark	fort *(adj. qual.)* 32
starten	commencer 80
statt/finden	avoir lieu 87
staunen	être étonné 93
stehen	être écrit 23 ; être mis (droit/debout), être (droit/debout), être posé (droit/debout), se tenir (droit/debout) 52
stehen (jm (gut) ~)	aller (bien) à qqn (vêtement, coiffure) 38
steigen	monter (augmenter) 66
steigen (auf einen Berg ~)	escalader (une montagne) 66
steigen (aus dem Bett, Bus, Zug ~)	descendre (du lit, bus, train) 66
steigen (in den Bus, Zug ~)	monter (dans le bus, train) 66
Stelle (n) (die ~)	endroit 69, 80
stellen (sich ~)	se mettre (droit/debout) 52
sterben	mourir 41, 81
Stichwort (¨er) (das ~)	entrée (dictionnaire) 73
Stiefel (-) (der ~)	botte 82
Stift (e) (der ~)	stylo 92
Stil (e) (der ~)	style 74
Stimme (n) (die ~)	voix 72
stimmen	être juste 15
Stimmung (die ~) *(sing.)*	ambiance 100

stimmungsvoll	enchanteur 100
Stock (der ~) (*pl.* Stockwerke)	étage 80
stören	déranger 69
Strand (¨e) (der ~)	plage 34, 55
Straße (n) (die ~)	route, rue 10
Straßenbahn (en) (die ~)	tramway 79
streiten	discuter 38 ; se disputer 82
streiten (sich mit jdm ~)	se disputer avec qqn 94
Strömen (in ~)	à flots 65
Strumpf (¨e) (der ~)	chaussette 52
Stück (e) (das ~)	morceau 13, 44
Student (en) (der ~)	étudiant 97
Studentenkneipe (n) (die ~)	bar étudiant 97
studieren	étudier 94
Stuhl (¨e) (der ~)	chaise 95
Stunde (n) (die ~)	heure (60 minutes) 19
Stunde ((die) halbe ~)	demi-heure 19
Stundenkilometer *(sans art.) (pl.)*	kilomètre par heure 25
Sturheit (die ~) *(sing.)*	obstination 51
Sturm (¨e) (der ~)	tempête 87
suchen	chercher 29
Süden (der ~) *(sing.)*	Sud 32
Südsee (die ~) *(sing.)*	mers du Sud 83
Südseeinsel (n) (die ~)	île des mers du Sud 83
Supermarkt (¨e) (der ~)	supermarché 41
surfen	surfer 55
süß	sucré 82 ; doux 90
Süßigkeiten (die ~) *(pl.)*	friandises 82
Symphonie (n) (die ~)	symphonie 81

T

Tag (e) (der ~)	jour 5
Tagebuch (¨er) (das ~)	journal intime 94
Tagesgericht (e) (das ~)	plat du jour 71
Tahiti	Tahiti 34
tanken	prendre de l'essence 69
Tankstelle (n) (die ~)	station-service 69
Tante (n) (die ~)	tante 86
tanzen	danser 45
Tapete (n) (die ~)	papier peint 83
Tasche (n) (die ~)	sac 69
Tasse (n) (die ~)	tasse 15
Taste (n) (die ~)	touche (clavier) 74
Tat (en) (die ~)	action 87
Tausend (e) (das ~)	millier 87
Taxi (s) (das ~)	taxi 66

Tee (s) (der ~)	thé 13
Teelöffel (-) (der ~)	petite cuillère 86
Teig (e) (der ~)	pâte (appareil) 82
Teil (e) (das ~)	pièce (élément) 50
Teil (e) (der ~)	partie 50
teilen	diviser 78
Teilung (en) (die ~)	division 78
Telefon (e) (das ~)	téléphone 17
telefonieren	téléphoner 74
Telefonnummer (n) (die ~)	numéro de téléphone 17
Teller (-) (der ~)	assiette 15
Tempel (-) (der ~)	temple 66
Temperatur (en) (die ~)	température 32
Termin (e) (der ~)	rendez-vous 47
Terrasse (n) (die ~)	terrasse 59
testen	tester 46, 78
Text (e) (der ~)	texte 99
Theater (-) (das ~)	théâtre 89
Thema (das ~) (*pl.* Themen)	sujet (thème) 40 ; thème 100
Thermalbad ("er) (das ~)	bain thermal 86
Tipp (s) (der ~)	conseil 81
Tisch (e) (der ~)	table 53, 59
Tischreservierung (en) (die ~)	réserver une table 59
Tochter (¨) (die ~)	fille (*vs* fils) 29
Toilette (n) (auf die ~ gehen)	aller aux toilettes 95
Toilette (n) (die ~)	toilettes 95
toll	super 24 ; superbe 45
top	super 76
Tourist (en) (der ~)	touriste 54
traditionell	traditionnel 57
tragen	porter 23, 29
Trainee (s) (der ~)	stagiaire 99
trauen (sich ~)	oser 62
Traum ("e) (der ~)	rêve 27
träumen	rêver 72, 83
traurig	triste 96
treffen	rencontrer 20
trinken	boire 13
trocken	sec 64
trotzdem	pourtant 90
Tulpe (n) (die ~)	tulipe 62
tun	faire 20, 50
tun (gut ~)	faire du bien 50
tun (weh ~)	faire mal 50
Tür (en) (die ~)	porte 55, 82
typisch	typique(ment) 51

U

U-Bahn (die ~) *(sing.)*	métro 79
über	plus de 94
über (+ *acc.*, dans ce sens là)	au sujet de 38
über *(+ acc. ou dat.)*	au-dessus de 37, 53
über (+ *n.* de fête, *compl. de tps*)	à, pendant, pour *(compl. de tps)* 67
überall	partout 79
überfüllt	bondé 55
überglücklich	très/tellement heureux 43
überhaupt *(+ nég.)*	absolument 96
überholen	dépasser (un véhicule), doubler (un véhicule) 59
über/kochen	déborder 59
überlegen	réfléchir 59
übermorgen	après-demain 30
überprüfen	contrôler 82
überraschen	surprendre, étonner 59
Überraschung (en) (die ~)	surprise 22
übersetzen	traduire 59
übersetzen (auf ~)	traduire (en...) 99
Übersetzung (en) (die ~)	traduction 71
übertreiben	exagérer 32
übrigens	au fait 53
Uhr	heure(s) 19
Uhr (en) (die ~)	montre 74
Uhr (wie viel ~)	quelle heure 19, 22
Uhrzeit (en) (die ~)	heure (horaires) 60 ; horaires 69
Uhrzeit (um die ~)	à cette heure 69
um	à (+ heure) 19
um (herum) *(+ acc.)*	autour de 18, 37
um ... zu	afin de, pour *(+ inf.)* 50
umarmen (sich ~)	s'embrasser 43
um/bauen	transformer (édifice) 90
um/drehen	faire demi-tour 90
um/drehen (sich ~)	se retourner 80
Umfrage (n) (die ~)	sondage 51
Umgang (der ~) *(sing.)*	contact, fréquentations 50
Umgangssprache (die ~) *(sing.)*	langage familier, langage parlé 50
umgekehrt	inversé 8
umso besser	d'autant mieux 57
umsonst	gratuitement 67
Umwelt (die ~) *(sing.)*	environnement 87
um/ziehen	déménager 75
Umzug (¨e) (der ~)	défilé 87
und	et 1, 8

unerträglich	insupportable 64
unerwartet	inattendu 86
ungefähr	environ 22
Unglück (das ~) *(sing.)*	malchance 15, 65 ; malheur 65
unglücklich	malheureux 15
unmöglich	impossible 65
Unordnung (die ~) *(sing.)*	désordre 15
uns	nous *(p. réciproque)* 5 ; nous *(p. pers. acc.)* 15 ; nous *(p. pers. dat.)* 37
unser/e	notre/nos 29, 46
Unsinn (der ~) *(sing.)*	absurdité 25
unten	en bas 75
unter *(+ acc. ou dat.)*	sous *(prép.)* 56
unter/gehen	se coucher (astres), sombrer 78
Untergrundbahn (die ~) *(sing.)*	métropolitain 79
Unterlagen (die ~) *(pl.)*	documents 80
Unterricht (der ~) *(sing.)*	cours (étude) 30
Unterschied (e) (der ~)	différence 75, 86
unterschreiben	signer 78
unterstreichen	souligner 78
unterwegs sein	être parti, être en route 66
unvernünftig	déraisonnable 65
unwiderstehlich	irrésistible 85
updaten	mettre à jour (données) 6
Urenkel (-) (der ~)	arrière-petit-fils 52
Urenkelin (nen) (die ~)	arrière-petite-fille 52
Urenkelkind (er) (das ~)	arrière-petits-enfants (aussi : "l'arrière-petit-enfant" en all.) 52
Urlaub (e) (der ~)	congé, vacances 6, 27
Urlaub (in ~ fahren)	partir en vacances 6

V

Vater (¨) (der ~)	père 31
verabredet (mit jdm ~ sein)	avoir rendez-vous avec qqn 99
verändern (sich ~)	changer (modifier, devenir autre) 45
Verbot (e) (das ~)	interdiction 93
verboten	interdit 23, 33
Verbrauch (der ~) *(sing.)*	dépense 74
verbringen	passer (vacances, journée) 55
verdienen	gagner (argent) 81
Vereinigten Staaten (die ~) *(pl.)*	États-Unis 89
verfahren (sich ~)	se tromper de route 60
Vergangenheit (die ~) *(sing.)*	passé 75
vergehen	passer *(tps)* 40, 45
vergessen	oublier 13
Vergnügen (das ~) *(sing.)*	plaisir 57

Verkäufer (-) (der ~)	vendeur 80
verkauft	vendu 39
Verkehr (der ~) *(sing.)*	circulation 96
verlangen	exiger 87
verlassen	quitter 89
verlaufen (sich ~)	se perdre, se tromper de chemin 60
verlieben (sich ~ in) *(+ acc.)*	tomber amoureux de 37
verlieren	perdre 73, 88
vermieten	louer (donner en location) 55
vermissen (jdn ~)	manquer (à qqn) 86
Vernissage (n) (die ~)	vernissage 53
vernünftig	raisonnable 65
verpassen	rater (vol, train, film…) 26
verschieden	différent *(adj.)* 54
verschlafen	dormir trop longtemps 47
verschwenderisch	gaspilleur *(adj.)* 81
Versicherung (en) (die ~)	assurance 51
Verspätung (die ~) *(sing.)*	retard 80
verständlich	compréhensible 73
Verständnis (das ~) *(sing.)*	compréhension 64
verständnisvoll	compréhensif 64
verstehen	comprendre 1
verstopft	bouché 55
versuchen	essayer 19
vertiefen	approfondir 100
Vertrag (¨e) (der ~)	contrat 51
Verwaltung (die ~) *(sing.)*	gestion 97
verzichten auf *(+ acc.)*	renoncer à 90
viel	beaucoup 3, 13, 18
viel (so ~)	autant (de) 18, 65
viel (zu ~)	trop 66
vieles	beaucoup de choses 73
Vielfalt (en) (die ~)	variété 54 ; diversité 100
vielversprechend	prometteur 80
Viertel (-) (das ~)	quart 22
Viertelstunde (n) (die ~)	quart d'heure 47
Vitamin (e) (das ~)	vitamine 90
vitaminreich	riche en vitamines 90
Volk (¨er) (das ~)	peuple 43
Volkspolizei (die ~) *(sing.)*	police populaire 43
voll	plein *(adj. qual.)* 23
vollgeparkt	plein (voitures) 23
von *(+ dat.)*	de, de la part de 32
von *(+ dat. - voix passive)*	par 83
von … bis …	de… à … 32
vor	moins (heure) 22 ; de *(causal)* 41

vor *(+ acc. ou dat.)*	avant *(prép.)*, devant *(prép.)* 8
vor *(+ dat.)*	il y a *(prép. de temps)* 45
vor allem	avant tout 55
vor/bereiten	préparer 69
vor/kommen (jdm ~)	arriver (à qqn) 88
vor/lesen	lire (à haute voix) 95
vorletzte (r/s)	avant-dernier 99
Vormittag (e) (der ~)	matinée 43
Vorname (n) (der ~)	prénom 8
vorne *(adv.)*	devant 39
Vorsatz (¨e) (der ~)	résolution 18
Vorschlag (¨e) (der ~)	proposition 41
vor/schlagen	proposer 41, 85
vorsichtig	prudent 96
vor/stellen	présenter 97
Vorstellung (en) (die ~)	idée (représentation/image) 74 ; présentation 76
Vorstellungsgespräch (e) (das ~)	entretien d'embauche 76
Vorteil (e) (der ~)	avantage 73

W

wachsen	grandir 48
wagen	risquer 62
Wagen (-) (der ~)	voiture 99
Wagner (-) (der ~)	charron 10
wahr	vrai 26
während *(conj. sub.)*	pendant que 82
während *(prép. + gén.)*	pendant 49
Wahrheit (en) (die ~)	vérité 48
Wald (¨er) (der ~)	bois (forêt) 88
(Wal)Nuss (¨e) (die ~)	noix 61
Wand (¨e) (die ~)	mur (intérieur) 48
wann	quand 20
warm	chaud 24
warten	attendre 22
warten auf *(+ acc.)*	attendre qqn/qqch. 22
warum	pourquoi 16
was	qu'est-ce que, quoi 9 ; que 9, 18
was *(contraction* : etwas, *fam.)*	quelque chose 71
was *(p. rel.)*	ce que 73
was für ein/e	quel/le *(excl.)* 12 ; quel genre de 36
waschen	laver 92
Waschen (das ~) *(sing.)*	lavage 90
Waschmaschine (n) (die ~)	lave-linge 92
Wasser (das ~) *(sing.)*	eau 27
Wechsel (der ~) (*pl.* rare)	changement 83

wechseln (Arbeit, Geld ...)	changer (travail, argent ...) 34, 40
Wecker (-) (der ~)	réveil 72
weder ... noch ...	ni... ni... 50
weg	parti *(adv.)*, tombé (mur) 43
Weg (e) (der ~)	chemin 16
wegen *(+ gén.)*	à cause de 49
weg/gehen	partir 93
weg/legen	poser (de côté) 93
Weihnachten (-) *(g. sans art.)*	Noël 67
Weihnachtsbäckerei (en) (die ~)	boulangerie de Noël 82
Weihnachtsmarkt (¨e) (der ~)	marché de Noël 100
weil	parce que *(conj. sub.)* 58
Wein (e) (der ~)	vin 51
weinen	pleurer 88
weit	loin 89
weiter/arbeiten	continuer à travailler 100
weiter/gehen	continuer 47
Weiß (das ~) *(sing.)*	blanc *(n.)* 39
welch-	quel *(adj. int.)* 29 ; lequel *(p. int.)* 83
Welt (en) (die ~)	monde 33, 37
Weltmeisterschaft (en) (die ~) *(ab.* WM)	championnat du monde 33
wem	à qui *(p. int. dat.)* 44
wen	qui *(p. int. acc.)* 17
wenig	peu 3, 13
wenig (zu ~)	trop peu 3
wenn *(conj. sub.)*	si 29 ; quand 31
wer	qui *(p. int. nom.)* 2, 12
wer *(p. rel.)*	celui qui *(p. rel.)* 90
werden	devenir 24, 48
werden *(+ inf.)*	*forme du futur* 40
werfen	lancer 76
Werk (e) (das ~)	œuvre 81
Werkstatt (¨e) (die ~)	garage 99
wert (etw. + *acc.* ~ sein)	valoir qqch. 88
wessen	à/de qui 61
Westberlin	Berlin-Ouest 43
Westberliner (-) (der ~)	habitant de Berlin-Ouest 43
Westen (der ~) *(sing.)*	ouest 43
Wetter (das ~) *(sing.)*	temps (météo) 32
Wetterbericht (e) (der ~)	bulletin météo 32
wichtig	important 71
widersprechen	contredire 69, 94
wider/spiegeln (sich ~)	se refléter 94
wie	comment 5, 8, 17 ; que 24 ; comme 27, 57 ; que 58

wie + *adj. qual.*	comme c'est... *(excl.)*, que c'est... *(excl.)* 27
wie viel	combien 4
wie viel/e	combien de 46
wieder	de nouveau 36, 72
wieder los/gehen	recommencer 82
wieder/finden	retrouver 89
wiederholen	répéter 89 ; réviser 100
wieder/kommen	revenir 89
wieder/sehen	revoir 89
Wiedervereinigung (die ~) *(sing.)*	réunification 78
Wiener *(adj. subst.)*	viennois *(adj. subst.)* 57
Wiener Schnitzel (-) (das ~)	escalope viennoise 57
Wiese (n) (die ~)	prairie 54
wieso	pourquoi 36
Wievielte (der ~)	le combien (date) 40
Wille (der ~) *(sing.)*	volonté 96
Winter (der ~) *(sing.)*	hiver 75
wir	nous *(p. pers. sujet = nom.)* 5, 9
wirken	faire effet 90
wirklich	vraiment 8
wissen	savoir *(v.)* 26, 46
Wissen (das ~) *(sing.)*	savoir *(n.)* 78
Wissenschaftler (-) (der ~)	scientifique 73
witzig	drôle 23
wo	où *(loc.)* 10
wo(r)- *(+ prép.)*	que, quoi *(prép.)* 62
Woche (n) (die ~)	semaine 20, 41
Wochenende (n) (das ~)	fin de semaine 67
woher	d'où 2
wohin	vers où (direction) 6
wohl	à l'aise, bien 30
wohnen	habiter 10, 15
Wohngemeinschaft (en) (die ~) *(ab.* WG)	colocation 30
Wohnzimmer (-) (das ~)	salon 15
Wolf (¨e) (der ~)	loup 57
Wolke (n) (die ~)	nuage 37
wollen	vouloir 18, 23
Wort (¨er) (das ~)	mot 50
Wort (e) (das ~)	parole 51
Wörterbuch (¨er) (das ~)	dictionnaire 73
wozu	pourquoi (dans quel but) 85
Wunder (-) (das ~)	miracle 15
Wunderkind (er) (das ~)	enfant prodige 81
wunderschön	magnifique 53

wünschen	désirer 57
Wurst (¨e) (die ~)	saucisse 76
Wurst (die ~) *(sing.)*	charcuterie 13

Z

zahlen	payer 25, 34
zählen	compter 19
Zahn (¨e) (der ~)	dent 58
Zahnarzt (¨e) (der ~)	dentiste 99
Zauberflöte (die ~) *(sing.)*	*La Flûte enchantée* 81
zeigen	montrer 94
Zeit (die ~) *(sing.)*	temps 20 ; moment 55
Zeit (en) (die ~)	époque 81
Zeiten (die ~) *(pl.)*	les temps 44
Zeitung (en) (die ~)	journal 92
Ziel (e) (das ~)	but, objectif, destination 55
Zimmer (-) (das ~)	chambre 4 ; pièce 15
zögern	hésiter 80
zu	trop 3, 11, 24 ; à (+ *inf.*) 26
zu *(+ dat.)*	chez *(dir.)* 37
zu *(+ inf.)*	à/de (+ *inf.*) 13, 26
zu + dem (= zum)	au 13 ; à (+ *inf. subst.*), de (+ *inf. subst.*), pour *(+ inf. subst.)* 20
zu viel	trop 3
zuerst	d'abord 64
Zufall (¨e) (der ~)	hasard 59
zufrieden	content 48 ; satisfait 90
zufrieden (mit) *(+ dat.)*	satisfait (de) 90
Zug (¨e) (der ~)	train 66
zu/geben	reconnaître 41
zu/haben	être fermé 41
zu/hören	écouter 47
zumindest	du moins 57
zu/nehmen	grossir 29
zurück	de retour 89
zurück/kommen	revenir 39
zusammen	ensemble 37
Zuschauer (-) (der ~)	spectateur, téléspectateur 51
Zuschauerin (nen) (die ~)	spectatrice, téléspectatrice 51
Zuverlässigkeit (die ~) *(sing.)*	fiabilité 51
Zweifel (-) (der ~)	doute 88
Zweig (e) (der ~)	branche 80
Zweigstelle (n) (die ~)	filiale 80
zweimal	deux fois 57
Zweiten (zum ~)	deux fois (enchères) 39
zwischen *(+ acc. ou dat.)*	entre 52

Lexique français-allemand

A

à	in *(+ acc. ou dat.)* 10 ; an *(acc. ou dat.)* 55 ; über *(+ n. de fête, compl. de tps)* 67 ; bei *(+ dat.)* 96
à (+ heure)	um 19
à (direction)	nach 16
à *(+ inf. subst.)*	zu + dem (= zum) 20
à *(+ inf.)*	zu 26
à/de *(+ inf.)*	zu *(+ inf.)* 13, 26
à cause de	durch *(+ voix passive)* 83
aborder	an/sprechen 62
abréviation	die Abkürzung (en) 78
absolument	gar *(+ nég.)* 62, 96 ; überhaupt *(+ nég.)* 96
absurdité	der Unsinn *(sing.)* 25
académie	die Akademie (n) 97
Académie des beaux arts	die Kunstakademie (n) 97
accompagner	begleiten 83
accroché (être ~)	hängen 53
accueillir	empfangen 43, 59
achat	der Kauf (¨e) 39
acheter	kaufen 33
achever (sens figuré)	fertig machen 66
acide	sauer 71
action	die Tat (en) 87
actuel	jetzig 78
adapté (à)	geeignet (für) *(+ acc.)* 90
adresse	die Adresse (n) 88
aéroport	der Flughafen (¨) 60
afghan	der Afghane (n) 59
afin de	um ... zu 50
afin que	damit 85
âge	das Alter *(sing.)* 29, 58
âgé	alt 11
âge (quel ~)	wie alt 10
agir (s'~ de)	sich handeln um *(+ acc.)* 71
agréable	angenehm 53, 75
aide	die Hilfe *(sing.)* 25
aider	helfen 26
aigre	sauer 71
aimable	freundlich 30
aimer	lieben 53 ; mögen 58
aimer *(+ v. inf.)*	*v.* + gern 54

air	die Luft *(sing.)* 100
air marin	die Meeresluft *(sing.)* 100
aise (à l'~)	wohl 30
allécher	an/locken 88
Allemagne	Deutschland 54
allemand (langue)	das Deutsch *(sing.)* 1, 18
allemand (non-~)	der Nichtdeutsche (n) 54
allemand *(adj. qual.)*	deutsch 25
aller *(v.)*	gehen 6, 15
aller (bien) à qqn (vêtement, coiffure)	jm (gut) stehen 38
aller (en avion)	fliegen 6
aller (véhicule à roues)	fahren 6
aller (y ~)	los *(part. sép.)* 9 ; los *(+ v. modalité)* 26
allongé (être ~)	liegen 55
allumer	an/machen, an/schalten 72
allumer (s'~)	an/gehen 92
alors	also 11, 20 ; dann 19, 23
altitude (quelle ~)	wie hoch 46
ambiance	die Stimmung *(sing.)* 100
amende	das Bußgeld *(sing.)* 83
Américain	der Amerikaner (-) 54
ami	der Freund (e) 20
amie	die Freundin (nen) 38
amour	die Liebe *(sing.)* 61
amoureux (tomber ~ de)	sich verlieben in *(+ acc.)* 37
amusant (être ~)	Spaß machen 97
amuser	Spaß machen 97
ancien	alt 66
anglais (langue)	das Englisch *(sing.)* 23
année	die Jahr (e) 18
anniversaire	der Geburtstag (e) 24
août	der August *(sing.)* 24
appareil	das Gerät (e) 90
apparemment	anscheinend 61
apparition	die Erscheinung (en) 58
appartenir à	gehören 55
appeler (s'~) (se nommer)	heißen 5, 8
appeler (téléphoner)	an/rufen 17
appétit	der Appetit *(sing.)* 57
apporter	bringen 15
apprendre	lernen 1, 18
apprenti	der Geselle (n) 82
approfondir	vertiefen 100
appuyer	drücken 74
après (heure)	nach (heure) 22
après *(prép.)*	nach *(+ dat.)* 40

après *(adv.)*	nachher 57 ; danach 75
après *(prép.)*	nach *(+ dat.)* 8
après que	nachdem 78
après-demain	übermorgen 30
après-midi	der Nachmittag (e) 43
arbre	der Baum (¨e) 52
architecte	der Architekt (en) 61
argent	das Geld *(sing.)* 46 ; 73
argent (métal)	das Silber *(sing.)* 74
armoire	der Schrank (¨e) 92
arrêter	auf/hören 95
arrêter (s'~)	an/halten 60 ; auf/hören 95
arrière-petite-fille	die Urenkelin (nen) 52
arrière-petit-fils	der Urenkel (-) 52
arrière-petits-enfants (aussi : "l'arrière-petit-enfant" en all.)	das Urenkelkind (er) 52
arrivée	die Ankunft (¨e) 87
arriver	kommen 9 ; an/kommen 46
arriver (à qqn)	jdm vor/kommen 88
arriver (événement)	passieren 94
art	die Kunst *(sing.)* 97
ascenceur	der Aufzug (¨e) 22
asseoir (s'~)	sich setzen 52
assez	genug 68
assidûment	fleißig 99
assiette	der Teller (-) 15
assis (être ~)	sitzen 52
assurance	die Versicherung (en) 51
atteindre	erreichen 87
attendre	warten 22 ; erwarten 80
attendre (s'~ à)	rechnen mit *(+ dat.)* 87
attendre qqn/qqch.	warten auf *(+ acc.)* 22
attirer	an/locken 54
attraper	fangen 88
au	zu + dem (= zum) 13 ; am (= an + dem) 22
auberge	die Herberge (n) (vieilli) 69
auberge de jeunesse	die Jugendherberge (n) 69
aucunement	keineswegs 69
audacieux	gewagt 80
au-dessus de	über *(+ acc. ou dat.)* 37, 53
aujourd'hui	heute 6, 27
aujourd'hui (d'~)	heutig 78
aussi	auch 9, 18 ; so 24
aussi bien... que...	sowohl ... als auch ... 81
autant (de)	so viel 18, 65
auteur	der Autor (en) 73

auto	das Auto (s) 23
automate	der Automat (en) 64
automne	der Herbst *(sing.)* 75
autonome	selbständig 96
autorisation	die Genehmigung (en) 51
autoroute	die Autobahn (en) 25
autour *(prép. de lieu)*	um (herum) *(+ acc.)* 18
autour de	um (herum) *(+ acc.)* 37
autre	andere (r/s) 22
autre(ment)	anders 47
Autriche	Österreich 100
avant	früher 44
avant *(adv.)*	davor 75
avant *(prép.)*	vor *(+ acc. ou dat.)* 8
avant-dernier	vorletzte (r/s) 99
avant que	bevor 23, 68
avant tout	vor allem 55
avantage	der Vorteil (e) 73
avec	mit *(+ dat.)* 13, 17
avion	der Flieger (-) 26
avis (opinion)	die Meinung (en) 44
avoir *(v.)*	haben 9, 11, 15, 20, 30
avoir l'air	aus/sehen 30 ; scheinen 53 ; klingen 55
avoir l'air (bien/pas bien)	sich gut/nicht gut an/hören 79
avoir lieu	statt/finden 87
avoir sur soi	dabei/haben 9
avril	der April *(sing.)* 24

B

bac (diplôme)	das Abi *(sing.)* 40
baccalauréat	das Abitur *(sing.)* 40
bagages	das Gepäck *(sing.)* 23
baguette	das Baguette (s) 64
baigner (se ~)	baden, sich baden 27
bain	das Bad (¨er) 86
bain thermal	das Thermalbad (¨er) 86
baisser	sinken 32
banque	die Bank (en) 64
bar	die Kneipe (n) 97
bar étudiant	die Studentenkneipe (n) 97
bariolé	bunt 57
baroque *(adj. qual.)*	barock 39
baroque *(n.)*	der Barock *(sing.)* 100
bas (à ~)	runter *(fam.)* 90
bas (en ~)	unten 75
bateau	das Schiff (e) 78

battre (au jeu)	schlagen 85
battre (se ~)	kämpfen 87
battre (se ~ pour)	kämpfen (für) 87
Bavière	Bayern *(g. sans art.)* 67
beau *(adj. qual.)*	schön 2
beaucoup	viel 3, 13, 18
beaucoup de choses	vieles 73
bébé	das Baby (s) 60
bec	der Schnabel (¨) 88
belle (la plus ~)	die Schönste (n) 48
Berlinois	der Berliner (-) 43
Berlin-Ouest	Westberlin 43
Berlin-Ouest (habitant de ~)	der Westberliner (-) 43
besoin (avoir ~ de)	brauchen 22
bête *(adj. qual.)*	dumm 94
bêtise	der Quatsch *(sing.)* 16
beurre	die Butter *(sing.)* 13
bien	ja 12 ; wohl 30 ; schön 55
bien *(adv.)*	gut 6
bien (faire du ~)	gut tun 50
bien que	obwohl 89
bien sûr	natürlich 59 ; selbstverständlich 99
bientôt	bald 40
bière	das Bier (e) 33
bière (fête de la ~)	das Oktoberfest (e) 54
bikini	der Bikini (s) 36
billet	der Schein (e) 72
billet de loterie	der Lotterieschein (e) 72
biscuit	das Plätzchen (-) 82
bizarre	komisch 27
blanc *(n.)*	das Weiß *(sing.)* 39
Blanche-Neige	Schneewittchen, Sneewittchen (bas-allemand) 48
bleu	blau 38
blog	das Blog (s) 64
blonde (une ~) (bière)	ein Helles *(neutre)* 54
boire	trinken 13
bois	das Holz (¨er) 61
bois (forêt)	der Wald (¨er) 88
boisson	das Getränk (e) 57
boîte (de nuit)	die Disko (s) 89
bon *(adj. qual.)*	gut 5, 12
bon (plat, aliment)	lecker 44
bon (pas ~)	nicht gut 12
bon (très ~)	sehr gut 12
bon (être ~)	gut schmecken 12 ; schmecken 41

bon marché	billig 92
bondé	überfüllt 55
bonhomme	das Männchen (-), das Männlein (-) 19
bord (à ~)	an Bord 75
bord (au ~ de)	an *(acc. ou dat.)* 55
botte	der Stiefel (-) 82
bouche	der Mund (¨er) 57
bouché	verstopft 55
boulanger	der Bäcker (-) 82
boulanger (apprenti ~)	der Bäckergeselle (n) 82
boulanger (maître ~)	der Bäckermeister (-) 82
boulangerie	die Bäckerei (en) 82
bouteille	die Flasche (n) 86
branche	der Zweig (e) 80
brasserie	das Brauhaus (¨er) 54
bref	kurzum 53
briller	scheinen 53
Britannique	der Brite (n) 54
bronzé	braun 34
bronzer	braun werden 34
brune (une ~) (bière)	ein Dunkles *(neutre)* 54
bureau	das Büro (s) 68
bus	der Bus (se) 79
but	das Ziel (e) 55

C

ça	es 6, das 15
cadeau	das Geschenk (e) 74
café (boisson)	der Kaffee (s) 13
café (établissement)	das Kaffeehaus (¨er) 57 ; das Café (s) 96
café au lait	der Milchkaffee (s) 76
calculer	berechnen 74
calorie	die Kalorie (n) 74, 86
campagne (à la ~)	auf dem Land 69
camping	das Camping *(sing.)* 69
camping (terrain)	der Campingplatz (¨e) 69
canapé	das Sofa (s) 95
candidat	der Kandidat (en) 76
candidate	die Kandidatin (nen) 76
candidature	die Bewerbung (en) 80
canicule	die Hitze *(sing.)* 64
cape	das Cape (s) 85
cape de pluie	das Regencape (s) 85
capitale	die Hauptstadt (¨e) 78
car	denn 57

carnaval	der Fasching *(sing.)*, die Fasnacht, die Fastnacht, der Karneval *(pl.* e *ou* s) 87
carrière	die Karriere (n) 80
carrière (faire ~)	Karriere machen 72
carte	die Karte (n) 73
cas (en ~ de)	bei *(+ dat.)* 87, 96
cassé *(adj. qual.)*	kaputt 15
casser	kaputt machen 15 ; knacken 61
cause (à ~ de)	wegen *(+ gén.)* 49
ce	das 2 ; es 16
ce que	was *(p. rel.)* 73
ce/cette/ces	dieser/diese/dieses 45
celui/celle/ceux	derjenige/diejenige/dasjenige/diejenigen 73
celui/celle(s)/ceux-ci	dieser/diese/dieses 48
celui qui *(p. rel.)*	wer *(p. rel.)* 90
centaine de milliers	das Hunderttausend (e) 87
centre-ville	die Innenstadt *(sing.)* 51
cependant	allerdings 73
céréales	das Getreide *(sing.)* 81
cerise	die Kirsche (n) 18, 52
cerisier	der Kirschbaum (¨e) 52
certain (sûr)	sicher 16
certain(e)s	manche *(pl.)* 73
certainement	bestimmt 24
chaise	der Stuhl (¨e) 95
chaleur	die Hitze *(sing.)* 64
chaleureux	herzlich 30
chambre	das Zimmer (-) 4
chambre à coucher	das Schlafzimmer (-) 4
chambre d'hôtel	das Hotelzimmer (-) 99
champignon	der Pilz (e) 6
championnat	die Meisterschaft (en) 33
championnat d'Europe	die Europameisterschaft (en) *(ab.* EM) 33
championnat du monde	die Weltmeisterschaft (en) *(ab.* WM) 33
chance	das Glück *(sing.)* 6, 12, 15
chance (jour de ~)	der Glückstag (e) 72
chanceux *(n.)*	der Glückspilz (e) 6
changement	der Wechsel *(pl.* rare) 83
changer (modifier, devenir autre)	sich ändern 44 ; sich verändern 45
changer (travail, argent …)	wechseln (Arbeit, Geld …) 34, 40
chanson	das Lied (er) 86
chant	der Gesang *(sing.)* 88
chanter	singen 46, 88
chantilly	die Sahne *(sing.)* 36
chaque	jeder/jede/ jedes 54

charcuterie	die Wurst *(sing.)* 13
charmant	charmant 61
charron	der Wagner (-) 10
chat	die Katze (n) 57
château	das Schloss (¨er) 67
chaud	warm 24
chaud (très ~)	heiß 64
chauffer	erhitzen 82
chaussette	der Strumpf (¨e) 52
chaussure	der Schuh (e) 93
chef	der Chef (s) 47 ; der Leiter (-) 76
chef d'orquestre	der Dirigent (en) 68
chemin	der Weg (e) 16
cher (lettre, discours)	liebe (r/s) 24, 30
chercher	suchen 29
chercher (aller ~)	holen 68
chéri *(n.)*	der Schatz (¨e) 60
chéri/e	der Liebling (e) 55
cheveu(x) *(sing. et pl.)*	das Haar (e) 90
chez *(dir.)*	zu *(+ dat.)* 37
chez *(loc.)*	bei *(+ dat.)* 37
chien	der Hund (e) 57
chocolat	die Schokolade (n) 36
chose	die Sache (n) 73
chute	der Fall (¨e) 43
chute du mur de Berlin	der Mauerfall *(sing.)* 43
ciel	der Himmel *(sing.)* 93
cinéma	das Kino (s) 89
circulation	der Verkehr *(sing.)* 96
clamer	rufen 87
clapet	die Klappe (n) 50
clé	der Schlüssel (-) 15
clé de la maison	der Hausschlüssel (-) 15
cœur	das Herz (en) 52
coiffure	die Frisur (en) 58
coin	die Ecke (n) 80
cola	die Cola (s) 64
collaborateur	der Mitarbeiter (-) 68
collègue	der Kollege (n) 99
colocataire *(f.)*	die Mitbewohnerin (nen) 97
colocation	die Wohngemeinschaft (en) *(ab.* WG) 30
Cologne	Köln 87
combien	wie viel 4
combien (le ~) (date)	der Wievielte 40
combien de	wie viel/e 46
commander	bestellen 54

comme	wie 27 ; 57
comme (étant donné que)	da 94
comme c'est... *(excl.)*	wie + *adj. qual.* 27
comme ça	so 24
commencer	an/fangen 11, 25 ; beginnen 33, 36 ; starten 80
comment	wie 5, 8, 17
communauté	die Gemeinschaft (en) 30
communication	die Kommunikation *(sing.)* 79
communication (moyen de ~)	das Kommunikationsmittel (-) 79
communiqué	der Bericht (e) 32
composer	komponieren 81
compositeur	der Komponist (en) 81
composition	das Komponieren *(sing.)* 81
compréhensible	verständlich 73
compréhensif	verständnisvoll 64
compréhension	das Verständnis *(sing.)* 64
comprendre	verstehen 1
compte (se mettre à son ~)	sich selbständig machen 96
compte à rebours	der Countdown *(sing.)* 82
compter	zählen 19
concert	das Konzert (e) 81
conclusion	der Schluss (¨e) 73
conduire	fahren 6
congé	der Urlaub (e) 6, 27
congé (prendre ~)	Abschied nehmen 100
congé canicule (droit au ~)	Hitzefrei *(g. sans art., sing.)* 64
connaissances (savoir)	die Kenntnisse *(pl.)* 99
connaître	kennen 1, 16
connaître (faire connaissance)	kennen/lernen 61
connu	bekannt 57
conseil	der Tipp (s) 81
Constance (habitant de ~)	der Konstanzer (-) 51
Constance (ville)	Konstanz 10, 51
construire	bauen 78
contact	der Umgang *(sing.)* 50
conte	das Märchen (-) 48
content	zufrieden 48
content (être ~)	sich freuen 25
continuer	weiter/gehen 47
contrat	der Vertrag (¨e) 51 ; der Auftrag (¨e) 71
contrat d'assurance vie	der Lebensversicherungsvertrag (¨e) 51
contre	gegen *(+ acc.)* 18
contredire	widersprechen 69, 94
contrôler	überprüfen 82
conversation	das Gespräch (e) 73, 79

conversation courante	das Alltagsgespräch (e) 73
cool	cool 38
coquille	die Schale (n) 76
corbeau	der Rabe (n) 88
correctement	richtig 95
Corse	Korsika 34
côté	die Seite (n) 60
côté (à ~) *(adv.)*	daneben 75
côté (à ~ de)	neben *(+ acc. ou dat.)* 52
cou	der Hals (¨e) 57
couché (être ~)	liegen 55
coucher (se ~) (astres)	unter/gehen 78
couleur	die Farbe (n) 53
cour	der Hof (¨e) 31, 81
cour princière	der Fürstenhof (¨e) 81
courir	laufen 57, 60
cours (au ~ de)	auf *(+ acc. ou dat.)* 37
cours (étude)	der Unterricht *(sing.)* 30
cours de musique	der Musikunterricht *(sing.)* 81
courses (faire les ~)	einkaufen gehen 99
court *(adj. qual.)*	kurz 38
cousin	der Cousin (s) 67
cousine	die Cousine (n) 67
couteau	das Messer (-) 93
coûter	kosten 4, 18
craquer	knacken 61
créer	erstellen 93
croire	glauben 43
croisement	die Kreuzung (en) 60
cuillère	der Löffel (-) 86
cuillère (petite ~)	der Teelöffel (-) 86
cuisine	die Küche (n) 4, 15
cuisiner	kochen 12
cuisinier	der Koch (¨e) 10
culture	die Kultur *(sing.)* 100
cure	die Kur (en) 86
curiosité touristique	die Sehenswürdigkeit (en) 66

D

d'abord	zuerst 64 ; erstmal 71
d'accord	einverstanden 89
dame	die Dame (n) 30, 39
dangereux	gefährlich 87
dans	in *(+ acc. ou dat.)* 20
danser	tanzen 45
date	das Datum (Daten) 78

de	von *(+ dat.)* 32
de (provenance)	aus *(+ dat.)* 2
de *(+ inf. subst.)*	zu + dem (= zum) 20
de *(causal)*	vor 41
de... à ...	von ... bis ... 32
débloquer	spinnen 50
déborder	über/kochen 59
débris	die Scherben *(pl.)* 15
début	der Anfang (¨e) 51
décembre	der Dezember *(sing.)* 24
décharger	aus/laden 23
dedans	drinnen 75
dédommagement	die Entschädigung *(sing.)* 87
défilé	der Umzug (¨e) 87
degré	das Grad (e) 64
dehors	draußen 75
déjà	schon 9, 19
demain	morgen 19
demander	fragen 16
demander (~ le chemin, l'heure à qqn)	fragen (jdn nach dem Weg, der Uhrzeit ... fragen) 60
déménager	um/ziehen 75
demi	halb 19
demi (et ~) (heure)	halb 19
demi-heure	(die) halbe Stunde 19
demi-tour (faire ~)	um/drehen 90
démission	die Kündigung (en) 96
démissionner	kündigen 45, 96
demoiselle	das Fräulein (-) 19
dent	der Zahn (¨e) 58
dentiste	der Zahnarzt (¨e) 99
départ	die Abreise *(sing.)* 75
dépasser (un véhicule)	überholen 59
dépêcher (se ~)	sich beeilen 33
dépendre de	an/kommen auf *(+ acc.)* 46 ; ab/hängen von *(+ dat.)* 96
dépense	der Verbrauch *(sing.)* 74
dépense calorique	der Kalorienverbrauch *(sing.)* 74
dépenser (argent)	aus/geben 74
depuis	seit *(+ dat.)* 30, 41
déraisonnable	unvernünftig 65
déranger	stören 69
dernier	letzte (r/s) 27
derrière *(adv.)*	hinten 39 ; dahinter 75
derrière *(prép.)*	hinter *(+ acc. ou dat.)* 56
dès que	sobald 94

descendre (du lit, bus, train)	aus dem Bett, Bus, Zug steigen 66
descendre (véhicule)	aus/steigen 72
design *(n.)*	das Design *(sing.)* 74
désirer	wünschen 57
désolé (être ~)	leid/tun 20, 50
désordre	die Unordnung *(sing.)* 15
dessert	der Nachtisch (e) 36
dessin	das Bild (er) 86
destination	das Ziel (e) 55
détail (petit ~)	die Kleinigkeit (en) 86
dettes	die Schulden *(pl.)* 81
devant	vorne *(adv.)* 39
devant *(adv.)*	davor 75
devant *(prép.)*	vor *(+ acc. ou dat.)* 8
devenir	werden 24, 48
deviner	erraten 81
devoir *(v.)*	müssen 16 ; sollen 22
diamant	der Diamant (en) 74
dictionnaire	das Wörterbuch (¨er) 73
dicton	das Sprichwort (¨er) 85
différence	der Unterschied (e) 75, 86
différent *(adj.)*	verschieden 54
difficile	schwer 31 ; schwierig 100
difficile (le plus ~)	das Schwierigste *(sing.)* 100
difficilement	schwer 71
dimanche	der Sonntag (e) 20
dimanche (le ~ / tous les ~)	sonntags 66
dîner *(n.)*	das Abendessen (-) 69
dire	sagen 5, 12, 15
directement	direkt 55
directeur des ressources humaines (DRH)	der Personalleiter (-) 76
direction (entreprise)	das Management *(sing.)* 64
discipline	die Disziplin *(sing.)* 51, 99
discours	die Rede (n) 88
discuter	streiten 38
disputer (se ~ avec qqn)	sich mit jdm streiten 94
disputer (se ~)	streiten 82
distributeur automatique de billets	der Bankautomat (en) 64
diversité	die Vielfalt (en) 100
divertissement	der Spaß *(sing.)* 78
diviser	teilen 78
division	die Teilung (en) 78
docteur (médecin)	der Doktor (en) 95
docteur (titre)	Doktor (titre) 95
documents	die Unterlagen *(pl.)* 80

dommage	schade 27
donc	denn 12 ; doch 19 ; bloß 72
donner	geben 18
dormir	schlafen 3, 19
dos	der Rücken (-) 58
dos (mal au ~)	die Rückenschmerzen *(pl.)* 58
dossier de candidature	die Bewerbungsunterlagen *(pl.)* 80
doubler (un véhicule)	überholen 59
douleur	der Schmerz (en) 58
doute	der Zweifel (-) 88
doux	süß 90
droit (avoir le ~)	das Recht (e) 64
droit (tout ~)	dürfen 18, 23
droit (tout ~)	geradeaus 16
droite (à ~)	rechts 16
drôle	witzig 23
durer	dauern 33
Düsseldorf	Düsseldorf 87

E

eau	das Wasser *(sing.)* 27
échouer	durch/fallen 94
école	die Schule (n) 40
écouter	zu/hören 47
écouter qqch.	hören (etw.) 88
écouter qqn (obéir)	auf jdn hören 88
écrire	schreiben 71
écrit (être ~)	stehen 23
effet (en ~)	nämlich 50
effet (faire ~)	wirken 90
élève (fille)	die Schülerin (nen) 87
élève (garçon)	Schüler (der Schüler) 87
elle *(p. pers. f. sujet = nom.)*	sie 2
elles *(p. pers. pl. sujet = nom.)*	sie 11
e-mail	die E-Mail (s) 64
embrasser (s'~)	sich umarmen 43
emmener	aus/führen 57
employer	benutzen 31, 79
en	in *(+ acc. ou dat.)* 6, 10
en train de *(+ inf.)*	beim (= bei dem + *v. subst.*) 96
enchanteur	stimmungsvoll 100
enchères	die Auktion (en) 39
encore	noch 40
encore (une fois)	schon wieder 36, 72 ; noch 46, 55
endroit	der Ort (e) 40, 55 ; die Stelle (n) 69, 80
énergie	die Energie *(sing.)* 90

énervé	aufgeregt 76
énervement	die Aufregung *(sing.)* 60
énerver	nerven 50 ; ärgern 76
énerver (s'~)	sich auf/regen 68, 94
énerver (s'~ contre qqn/qqch.)	sich über jdn/etw. auf/regen 68
enfant	das Kind (er) 31, 37
enfant prodige	das Wunderkind (er) 81
enfin	endlich 9, 19, 25
ennuis	der Ärger *(sing.)* 68
enseigner	bei/bringen 50, 92
ensemble	zusammen 37 ; gemeinsam 81
ensuite	danach 22 ; nachher 57
entendre	hören 17
entre	zwischen *(+ acc. ou dat.)* 52
entrée	der Eingang (¨e) 22
entrée (dictionnaire)	das Stichwort (¨er) 73
entrer	herein/kommen 10 ; rein/kommen 83
entre-temps	inzwischen 95
entretien	das Gespräch (e) 76
entretien d'embauche	das Vorstellungsgespräch (e) 76
envie	die Lust *(sing.)* 20
environ	ungefähr 22
environnement	die Umwelt *(sing.)* 87
épeler	buchstabieren 59
épicerie	das Lebensmittelgeschäft (e) 69
époque	die Zeit (en) 81
époque (à l'~)	damals 43
erreur	der Fehler (-) 68
escalader (une montagne)	auf einen Berg steigen 66
escalope	das Schnitzel (-) 57
espagnol (langue)	das Spanisch *(sing.)* 23
espérer	hoffen 58
espérons (j'espère) que	hoffentlich 83
esquimau	der Eskimo (s) 37
essayer	versuchen 19
essence (prendre de l'~)	tanken 69
estomac	der Magen (¨) 71
et	und 1, 8
étage	der Stock *(pl.* Stockwerke) 80
État	der Staat (en) 78
État fédéral	das Bundesland (¨er) 40
États-Unis	die Staaten *(pl.) (fam.)*, die Vereinigten Staaten *(pl.)* 89
été	der Sommer (-) 32
éteindre	aus/schalten 47 ; aus/machen 72
éteindre (s'~)	aus/gehen 92

étonné (être ~)	staunen 93
étonner	überraschen 59
étranger (pays)	das Ausland *(sing.)* 37
être (adresse, numéro de tél., réponse)	lauten 50
être (droit/debout)	stehen 52
être *(v.)*	sein 2, 3, 4, 9, 10, 11, 15, 16, 18, 22, 27, 38
être *(v.)* (numéro, adresse)	lauten 17
étudiant	der Student (en) 97
étudier	studieren 94
euro	der Euro (s) 4, 18
Europe	Europa *(gén. sans art.)* 33
Europe du Nord	Nordeuropa *(g. sans art.)* 87
exactement	genau 8
exagérer	übertreiben 32
examen	das Examen *(pl.* Examina) 60 ; die Prüfung (en) 94
examen de conduite	die Fahrprüfung (en) 94
examinateur	der Prüfer (-) 94
excursion	der Ausflug (¨e) 66
excuser	entschuldigen 69
exemple	das Beispiel (e) 31
exemple (par ~)	zum Beispiel *(ab.* z. B.) 31
exercice	die Aufgabe (n) 76
exercice (physique)	die Bewegung *(sing.)* 85
exiger	verlangen 87
expliquer	erklären 37 ; 95
export	der Export *(sing.)* 99
expression	der Ausdruck (¨e) 50, 92
exprimer	aus/drücken 73
extra-terrestre	der Außerirdische (n) 79

F

facile	leicht 76
facilement	leicht 76
faim	der Hunger *(sing.)* 41
faire	machen 9, 15 ; tun 20, 50
faire (pâtisserie, pain)	backen 44
fait (au ~)	eigentlich 24 ; übrigens 53
famille	die Familie (n) 8
fantastique	fantastisch 58
fatigant	anstrengend 66
fatigué	müde 3, 19
faute	der Fehler (-) 68
faute (culpabilité)	die Schuld *(sing.)* 44
fauteuil	der Sessel (-) 95

faux	falsch 99
féérique	märchenhaft 67
feignant	faul 44
félicitation	die Glückwunsch (¨e) 60
féliciter	gratulieren 24, 29
femme	die Frau (en) 2, 19
fenêtre	das Fenster (-) 94
fer	das Eisen *(sing.)* 74
fermé	geschlossen 66
fermé (être ~)	zu/haben 41
fermer	schließen 87
festival	die Festspiele *(pl.)* 100
fête	das Fest (e) 54, 100 ; die Fete (n) 61
fête (faire la ~)	feiern 43
fêter	feiern 43, 50
feu	das Feuer *(sing.)* 25, 87
feu tricolore	die Ampel (n) 60
février	der Februar *(sing.)* 24
fiabilité	die Zuverlässigkeit *(sing.)* 51
fifre	der Pfeiffer (-) 10
filiale	die Zweigstelle (n) 80
fille	das Mädchen (-) 19
fille *(vs* fils)	die Tochter (¨) 29
fils	der Sohn (¨e) 29
fin *(adj. qual.)*	fein 74 ; dünn 90
fin *(n.)*	das Ende (n) 27
fini (être ~)	zu Ende sein 27
finir	enden 54
finir (pour ~)	zum Schluss 99
finir son assiette	auf/essen 72
finir son verre	aus/trinken 72
flatteur	der Schmeichler (-) 58
fleur	die Blume (n) 53
fleuve	der Fluss (¨e) 85
flots (à ~)	in Strömen 65
flûte	die Flöte (n) 81
Flûte enchantée (La ~)	die Zauberflöte *(sing.)* 81
fois	das Mal (e) 32, 41, 53
fois (deux ~)	zweimal 57
fois (deux ~) (enchères)	zum Zweiten 39
fois (pour la première ~)	zum ersten Mal 53
fois (une ~)	einmal *(contraction* : mal) 12, 15
fois (une ~) (enchères)	zum Ersten 39
fonctionner (faire ~)	bedienen 74
fonder	gründen 45
football	der Fußball *(sing.)* 89

force	die Kraft (¨e) 90
forme (en ~)	fit 90
formuler	formulieren 73
fort (bruyant)	laut 85
fort *(adj. qual.)*	stark 32
four	der Ofen (¨) 82
four (de cuisine)	der Backofen (¨) 82
fourchette	die Gabel (n) 93
foutu	futsch 92
frais *(adj. qual.)*	frisch 100
Français	der Franzose (n) 54
français (langue)	das Französisch *(sing.)* 23
France	Frankreich *(g. sans art.)* 65
frapper	schlagen 85
fréquentations	der Umgang *(sing.)* 50
frère	der Bruder (¨) 11
frères et sœurs	die Geschwister *(pl.)* 93
friandises	die Süßigkeiten *(pl.)* 82
froid *(adj. qual.)*	kalt 24
fromage	der Käse (-) 13
frontière	die Grenze (n) 74
frontières (sans ~)	grenzenlos 79
fruit	die Frucht (¨e) 13
fruits *(pl.)*	das Obst *(sing.)* 13, 18
fumer (cigarette)	rauchen 23
fumier	der Mist *(sing.)* 15

G

gagner	gewinnen 34
gagner (argent)	verdienen 81
garage	die Werkstatt (¨e) 99
garantir	garantieren 90
garçon	der Junge (n) 60
garder (place, table)	frei/halten (Platz, Tisch) 71
gare	der Bahnhof (¨e) 31
gars (les ~)	Jungs *(pl.)* *(fam.)* 79
gaspilleur *(adj.)*	verschwenderisch 81
gâteau	der Kuchen (-) 36
gâteau au chocolat	der Schokoladenkuchen (-) 36
gâteau aux fruits	der Obstkuchen (-) 36
gauche (à ~)	links 16
gens	die Menschen *(pl.)* 43 ; die Leute *(pl.)* 51
gentil	lieb 94
géographie	die Erdkunde *(sing.)* 46
gestion	die Verwaltung *(sing.)* 97
giboulées de mars	das Aprilwetter 85

gîte	die Herberge (n) (vieilli) 69
globe-trotteuse	die Globetrotterin (nen) 37
goût	der Geschmack (sing.) 38
goût (avoir le/un ~ de)	schmecken 12
goûter *(v.)*	probieren 12, 18
grâce à	durch *(+ voix passive)* 83
grammaire	die Grammatik *(sing.)* 95
grand	groß 45 ; 58
grandir	heran/wachsen *(litt.)*, wachsen 48
gras *(adj. qual.)*	fettig 90
grasse matinée (faire la ~)	aus/schlafen 72
gratuitement	umsonst 67
grave	schlimm 73
grec	griechisch 65
grenouille	der Frosch (¨e) 57
gris *(n.)*	das Grau *(sing.)* 58
gros	dick 93
grossir	zu/nehmen 29
groupe	die Gruppe (n) 66
groupe (entreprise)	der Konzern (e) 87
groupe de voyage	die Reisegruppe (n) 66
guerre	der Krieg (e) 78
gueule	das Maul (¨er) 69

H

habiller (qqn)	jdn an/ziehen 72
habiller (s'~)	sich an/ziehen 72, 93
habitante	die Bewohnerin (nen) 97
habiter	wohnen 10, 15
hamburger	der Burger (-) 41
hasard	der Zufall (¨e) 59
haut	hoch 25, 46
haut (en ~)	oben 67, 75
hauteur (quelle ~)	wie hoch 49
hésiter	zögern 80
heure (60 minutes)	die Stunde (n) 19
heure (horaires)	die Uhrzeit (en) 60
heure(s)	Uhr 19
heure (à cette ~)	um die Uhrzeit 69
heure (quelle ~)	wie spät 19 ; wie viel Uhr 19, 22
heure de conduite	die Fahrstunde (n) 94
heureux	glücklich 15, 37, 43
heureux (très/tellement ~)	überglücklich 43
hier	gestern 30
histoire	die Geschichte (n) 78
hiver	der Winter *(sing.)* 75

homme (monsieur)	der Mann (¨er) 19
homme (personne)	der Mensch (en) 11, 43
honnêtement	ehrlich 66
honoré	geehrt 30
honte	die Schande *(sing.)* 43
hôpital	das Krankenhaus (¨er) 60
horaires	die Uhrzeit (en) 69
hôte (amphitryon)	der Gast (¨e) 86
hôte (invité)	der Gast (¨e) 86
hôtel	das Hotel (s) 34, 69
humeur	die Laune (n) 68
humide (tps)	nass 32
hypocalorique	kalorienarm 86

I

ici	hier 2, 23
ici *(rapprochement)*	hierher 23, 86
ici (par ~)	her 62
idée	die Idee (n) 33
idée (représentation/image)	die Vorstellung (en) 74
idée (n'avoir aucune ~)	keine Ahnung haben *(idiom.)* 40
il	er 12
il *(dans tournure impersonnelle)*	es 9
il/elle *(p. pers. neutre sujet = nom.)*	es 4
il est (+ heure)	es ist 19
il y a *(prép. de temps)*	vor *(+ dat.)* 45
île	die Insel (n) 65
ils *(p. pers. pl. sujet = nom.)*	sie 11
important	wichtig 71
important (le plus ~)	Hauptsache *(sans art.)* 73
impossible	unmöglich 65
impression	der Eindruck (¨e) 79
impressionner	beeindrucken 76
inattendu	unerwartet 86
inclus	inbegriffen 83
indien *(adj. qual.)*	indisch 41
indiscret	indiskret 10
informations (nouvelles)	die Nachrichten *(pl.)* 64
inspecteur du permis de conduire	der Fahrprüfer (-) 94
instant (à l'~)	eben *(+ v. passé)* 64 ; gerade *(+ v. au parfait)* 93
insupportable	unerträglich 64
interdiction	das Verbot (e) 93
interdit	verboten 23, 33
intéressant	interessant 51

Internet	das Internet *(sing.)* 55
interroger	befragen 51
intituler (s'~)	lauten 50
inversé	umgekehrt 8
inviter	ein/laden 20, 99
inviter à boire une bière, un café	auf ein Bier, einen Kaffee ein/laden 99
irrésistible	unwiderstehlich 85
Italie	Italien *(g. sans art.)* 65
italien	italienisch 41

J

jackpot	der Jackpot (s) 61
jamais	nie(mals) 62
jambe	das Bein (e) 68
janvier	der Januar *(sing.)* 24
Japonais	der Japaner (-) 54
japonais *(adj. qual.)*	japanisch 45
jardin	der Garten (¨) 4
jaune	gelb 38
je *(p. pers. sujet = nom.)*	ich 1
jeter	schmeißen 76
jeu	das Spiele (e) 100
jeudi	der Donnerstag (e) 20
jeune *(adj.)*	jung 11
jeune *(n.)*	der Jugendliche (n) 44
jeunesse	die Jugend *(sing.)* 44, 69
job	der Job (s) 34
joie	die Freude *(sing.)* 52
joindre	erreichen 71
jouer	spielen 89
jour	der Tag (e) 5
journal	die Zeitung (en) 92
journal intime	das Tagebuch (¨er) 94
journée (prendre sa ~)	sich den Tag frei/nehmen 96
juillet	der Juli *(sing.)* 24
juin	der Juni *(sing.)* 24
jurer	fluchen 50 ; schwören 88
jus	der Saft (¨e) 90
jus de fruits	der Obstsaft (¨e) 90
jusqu'à	bis *(+ acc.)* 32 ; bis zu *(+ dat.)* 40
jusque	bis 23
juste	richtig 46
juste (adapté/qu'il faut)	richtig 74
juste (au ~)	eigentlich 32
juste (être ~)	stimmen 15

fünfhundertzweiunddreißig • 532

K

kilo	das Kilo (s) 18
kilomètre	der Kilometer (-) 25, 46
kilomètre par heure	Stundenkilometer *(sans art.) (pl.)* 25

L

la *(art. déf. f. sujet = nom.)*	die 2, 4
la *(art. déf. neutre sujet = nom.)*	das 4
la *(p. pers. acc.)*	es 17
la *(p. pers. f. acc.)*	sie 17
là	da 9, 16, 20
là (jusque-/d'ici-~) *(temporel)*	bis dahin 67
là-bas	dort 39
lac	der See (n) 66
laisser	lassen 15
lait	die Milch *(sing.)* 76
lampe	die Lampe (n) 95
lancer	werfen 76
langage familier	die Umgangssprache *(sing.)* 50
langage parlé	die Umgangssprache *(sing.)* 50
langue	die Sprache (n) 50
langues (livre de ~)	das Sprachbuch (¨er) 36
lavage	das Waschen *(sing.)* 90
lave-linge	die Waschmaschine (n) 92
laver	waschen 92
laver (vaisselle)	spülen 92
lave-vaisselle	die Spülmaschine (n) 92
le (date)	am (date) 24
le *(art. déf. m. sujet = nom.)*	der 4
le *(art. déf. neutre dat.)*	dem 25
le *(art. déf. neutre sujet = nom.)*	das 4
le *(p. pers. acc.)*	es 17
le *(p. pers. m. acc.)*	ihn 17
leçon	die Lektion (en) 50, 99
leçon (enseignement)	die Lehre (n) 88
lecteur	der Leser (-) 72
léger	leicht 76
légèrement	leicht 76
légumes	das Gemüse *(sing.)* 93
lentement	langsam 25
lequel *(p. int.)*	welch- 83
les *(art. déf. pl. sujet = nom.)*	die 4
les *(p. pers. pl. acc.)*	sie 17
lettre (courrier)	der Brief (e) 93
lettre (de l'alphabet)	der Buchstabe (n) 59

lever (se ~)	auf/stehen 13, 19, 68, 72
lève-tard	der Spätaufsteher (-) 72
lève-tôt	der Frühaufsteher (-) 72
librairie	die Buchhandlung (en) 69
libre	frei 39
licenciement	die Kündigung (en) 96
licencier	kündigen *(+ dat.)* 96
lieu (au ~ de)	(an)statt ... zu *(+ inf.)* 85
lieu (au ~ que)	(an)statt dass 85
linguiste	der Sprachwissenschaftler (-) 73
lire	lesen 23
lire (à haute voix)	vor/lesen 95
lire (en entier)	durch/lesen 94
liste	die Liste (n) 67
lit	das Bett (en) 39, 48
livraison (service de ~)	der Lieferservice *(sing.)* 41
livre	das Buch (¨er) 31
livrer	liefern 41
locuteur natif	der Muttersprachler (-) 73
loin	weit 89
loisirs	das Hobby (s) 72
long	lang 29, 46
long (le ~ de)	an ... entlang *(+ dat.)* 85
longtemps	lange 24, 58
longueur (quelle ~)	wie lang 46
loterie	die Lotterie (n) 34
louer (donner en location)	vermieten 55
louer (prendre en location)	mieten 55
loup	der Wolf (¨e) 57
lourd	schwer 82
lui (à elle) *(p. pers. f. dat.)*	ihr 47
lui (à lui) *(p. pers. m. dat.)*	ihm 47
lumière	das Licht (er) 72
lundi	der Montag (e) 20
Lune	der Mond *(sing.)* 78
luné (être bien/mal ~)	gut/schlecht gelaunt sein 68
lunettes	die Brille *(sing.)* 89

M

machin	das Ding (e) 79
machine	die Maschine (n) 92
madame	Frau 29
magasin	das Geschäft (e) 69
magnifique	herrlich 27 ; wunderschön 53
mai	der Mai *(sing.)* 24
maigrir	ab/nehmen 29

main	die Hand (¨e) 25
maintenant	jetzt 11, 17
mais	aber 3, 10
mais (au contraire)	sondern *(après nég.)* 87
maison	das Haus (¨er) 4, 15
maison (à la ~) *(dir.)*	nach Hause 55
maison (à la ~) *(loc.)*	zu Hause 55
maison de vacances	das Ferienhaus (¨er) 55
maison natale	das Geburtshaus (¨er) 81
maisonnette	das Häuschen (-) 65
maître	der Meister (-) 88
maître (contremaître)	der Meister (-) 82
majuscule (A, B... ~)	großes (A, B ...) 59
mal *(adj. qual.)*	schlecht 17
mal (faire ~)	weh tun 50
mal (avoir ~)	Schmerzen haben 58
malade *(n.)*	der Kranke (n) 60
malade *(adj.)*	krank 89
malchance	das Unglück *(sing.)* 15, 65
malheur	das Unglück *(sing.)* 65
malheureusement	leider 17
malheureux	unglücklich 15
maman	die Mama (s), die Mami (s) 33
mamie	die Oma (s), die Omi (s) 48
manger	essen 12, 13
manifester (se ~)	sich melden 66
manomètre	das Manometer (-) 86
manquer	fehlen 86
manquer (à qqn)	jdn vermissen 86
manteau	der Mantel (¨) 58
marché	der Markt (¨e) 51
marché de Noël	der Weihnachtsmarkt (¨e) 100
marcher (fonctionner)	klappen *(fam.)* 96
marcher (bien/mal ~)	gut/schlecht laufen 76
marcher (vite)	laufen 60
mardi	der Dienstag (e) 20
marguerite	die Margerite (n) 62
mari	der Mann (¨er) 12
mariage	die Hochzeit (en) 74
marié *(adj.)*	heiraten 2
marier (se ~)	heiraten 29
marron (couleur)	braun 34
mars	der März *(sing.)* 24
matelas	die Matratze (n) 90
matin	der Morgen (-) 13, 43
matin au soir (du ~)	von morgens bis abends 66

535 • fünfhundertfünfunddreißig

matin(s) (le/tous les ~)	morgens 66
matinée	der Vormittag (e) 43
Mayence	Mainz 87
me *(p. pers. acc.)*	mich 17
me *(p. pers. dat.)*	mir 38
méchant	böse 94
médecin	der Arzt (¨e) 12
meilleur/e (le/la ~)	der, die, das beste 40
même	sogar 34
même chose	das Gleiche *(sing.)* 58
même(s) (en personne)	selbst 48
même(s) (le/la/les ~)	derselbe/dieselbe/dasselbe/dieselbe(n) 94
mentalité	die Mentalität (en) 80
mer	die See (n) 66 ; das Meer (e) *(sing.)* 83
mer Baltique	die Ostsee *(sing.)* 100
mer du Nord	die Nordsee *(sing.)* 66
mercredi	der Mittwoch (e) 20
merde	die Scheiße *(sing.)* 92
mère	die Mutter (¨) 31
mers du Sud	die Südsee *(sing.)* 83
météo (bulletin ~)	der Wetterbericht (e) 32
méthode	die Methode (n) 90
mètre	der Meter (-) 46
métro	die U-Bahn *(sing.)* 79
métropolitain	die Untergrundbahn *(sing.)* 79
mettre (se ~) (droit/debout)	sich stellen 52
mettre à jour (données)	updaten 6
mettre la table	den Tisch decken 93
meunier	der Müller (-) 10
midi	der Mittag (e) 43
mien(s)/mienne(s) (le/la/ les ~)	meiner/meine/meins 92
mieux	besser 17, 22
mieux (il y a ~)	es gibt Besseres 83
mieux (le/de ~)	am besten 53
mieux... mieux	je besser ... desto/umso besser 87
millier	das Tausend (e) 87
minuscule (a, b... ~)	kleines (a, b ...) 59
minute	die Minute (n) 33
miracle	das Wunder (-) 15
miroir	der Spiegel (-) 48
miroir *(diminutif)*	das Spieglein (-) 48
mi-temps (à ~)	halbtags 72
mobile *(adj. qual.)*	mobil 79
mode (à la ~)	modisch 38
modèle	das Modell (e) 74
(à) moi *(p. pers. dat.)*	mir 18, 26

moins (heure)	vor 22
moins… moins	je weniger … desto/umso weniger 87
moins (du ~)	zumindest 57
mois	der Monat (e) 41
moment	der Moment (e) 27 ; die Zeit *(sing.)* 55
mon/ma/mes	mein/e 8, 18, 20, 26
monde	die Welt (en) 33, 37
monde (tout le ~)	alle 13
monsieur	der Herr (en) 16, 31, 39
montagne	der Berg (e) 66
monter (augmenter)	steigen 66
monter (dans le bus, train)	in den Bus, Zug steigen 66
montre	die Uhr (en) 74
montrer	zeigen 94
morceau	das Stück (e) 13, 44
mot	das Wort (¨er) 50
motivé	motiviert 100
motiver	motivieren 66
mouillé	nass 32
mourir	sterben 41, 81
mourir de faim	vor Hunger sterben 41
mousseux	der Sekt (e) 43
mouton	das Schaf (e) 19
mouton (petit ~)	das Schäfchen (-) 19
moyen	das Mittel (-) 69, 79
Munich	München 51
mur (extérieur)	die Mauer (n) 43
mur (intérieur)	die Wand (¨e) 48
musique	die Musik *(sing.)* 81

N

nager	schwimmen 23
naissance	die Geburt (en) 24, 81
nature	die Natur *(sing.)* 65
né (être ~)	geboren sein 37
ne… pas	nicht 13, 15
ne… (plus) que	nur noch 82
ne… plus (de)	kein/e … mehr 20
ne… que (pas plus tôt/tard ; pas avant)	erst 69
nécessaire	notwendig 58 ; nötig 85
négatif	negativ 96
neige	der Schnee *(sing.)* 67
neiger	schneien 67
nerf	der Nerv (en) 50
nerveux	nervös 94

nez	die Nase (n) 50
ni... ni...	weder ... noch ... 50
Nil (le ~)	der Nil 46
n'importe	irgend- 92
n'importe quand	irgendwann 92
n'importe quel/le	irgendein/e 92
n'importe qui	irgendwer 92
noces d'argent	die Silberhochzeit *(sing.)* 74
noces d'or	die Goldhochzeit *(sing.)* 74
noces de diamant	die Diamanthochzeit *(sing.)* 74
Noël	Weihnachten (-) *(g. sans art.)* 67
noir *(n.)*	das Schwarz *(sing.)* 39
noisette	die (Hasel)Nuss (¨e) 61
noix	die (Wal)Nuss (¨e) 61
nom	der Name (n) 8, 16
nom de famille	der Familienname (n) 8 ; der Nachname (n) 8, 59
non	nein 11 ; ne *ou* nee, nö 50
non seulement... mais aussi	nicht nur ... sondern auch 93
note (scolaire)	die Note (n) 82
notre/nos	unser/e 29, 46
nourriture	das Essen *(sing.)* 85
nous *(p. pers. acc.)*	uns 15
nous *(p. pers. dat.)*	uns 37
nous *(p. pers. sujet = nom.)*	wir 5, 9
nous *(p. réciproque)*	uns 5
nouveau	neu 2, 18
nouveau (de ~)	wieder 36, 72
novembre	der November *(sing.)* 24
nuage	die Wolke (n) 37
nuire	schaden 85
nuit	die Nacht (¨e) 19
numéro	die Nummer (n) 17 ; 32
numéro de portable	die Handynummer (n) 17
numéro de téléphone	die Telefonnummer (n) 17

O

objectif	das Ziel (e) 55
observer	beobachten 79
obstination	die Sturheit *(sing.)* 51
obtenir	erhalten 74
occasion	die Gelegenheit (en) 29, 100
occasion (événement)	der Anlass (¨e) 74
octobre	der Oktober *(sing.)* 24
odeur	der Geruch (¨e) 88
œil	das Auge (n) 26

œillet	die Nelke (n) 62
œuf	das Ei (er) 13
œuf à la coque	das Frühstücksei (er) 13
œuvre	das Werk (e) 81
officiel	offiziell 78
offrir (proposer)	an/bieten 44
offrir (proposer/permettre)	bieten 79
on	man 12
oncle	der Onkel (-) 86
opéra (œuvre et bâtiment)	die Oper (n) 81
opération (chirurgicale)	die Operation (en) 83
or (métal)	das Gold *(sing.)* 74
orange (fruit)	die Orange (n) 18
ordinateur	der Computer (-) 44
ordre	die Ordnung *(sing.)* 15, 33
oreille	das Ohr (en) 58
original *(adj. qual.)*	original 57
orthographier	rechtschreiben 73
oser	sich trauen 62
ou	oder 3, 31
où (vers ~) (direction)	wohin 6
où *(loc.)*	wo 10
où (d'~)	woher 2
oublier	vergessen 13
ouest	der Westen *(sing.)* 43
oui	ja 1, 9
oui et non	jein 50
ours	der Bär (en) 57
ouvert	offen 55 ; geöffnet 87
ouvert (être ~)	auf/haben 41
ouvrir	auf/machen 72 ; öffnen 78, 87

P

page web	die Internetseite (n) 97
pain	das Brot (e) 13
paire	das Paar (e) 52
panaché	das *ou* der Radler (-) 54
panique	die Panik *(sing.)* 73
panneau	das Schild (er) 25
panorama	das Panorama *(pl.* Panoramen) 61
pantalon	die Hose (n) 94
papa	der Papa (s), der Papi (s) 33
papier peint	die Tapete (n) 83
papiers	die Papiere *(pl.)* 15
papiers (documentation en général)	die Papiere *(pl.)* 25
papiers de (la) voiture	die Autopapiere *(pl.)* 15

papy	der Opa (s), der Opi (s) 48
Pâques	Ostern (-) *(g. sans art.)* 67
par	durch *(+ acc.)* 18 ; von *(+ dat. - voix passive)* 83
paraître	scheinen 53
parce que *(conj. sub.)*	weil 58
parents	die Eltern *(pl.)* 20
paresseux *(adj. qual.)*	faul 3
parfait *(adj.)*	perfekt 22
parfois	manchmal 89
parler	sprechen 17 ; reden 68 ; sprechen über *(+ acc.)* 93
parmi (eux/elles)	darunter 81
parole	das Wort (e) 51
part (de la ~ de)	von *(+ dat.)* 32
parti *(adv.)*	weg 43
parti (être ~)	unterwegs sein 66
particulier *(adj. qual.)*	besondere (r/s) 52
particulier *(adv.)*	besonders 52
particulièrement	besonders 85
partie	der Teil (e) 50
partie (faire ~ de)	gehören zu *(+ dat.)* 55
partir	fahren 6 ; los *(part. sép.)* 9 ; los/fahren 24 ; weg/gehen 93
partir (à ~ de)	ab *(+ dat.* voire *acc.* ou *dat.)* 71
partir (pouvoir ~)	los/kommen 85
partout	überall 79
pas de/un/e	kein/e 5, 15, 20
pas encore	noch nicht 55
passager	der Passagier (e) 75
passé	die Vergangenheit *(sing.)* 75
passeport	der Pass ("e), der Reisepass ("e) 26
passer (tendre/donner)	herüber/reichen *(contraction :* rüberreichen) 86
passer *(tps)*	vergehen 40, 45
passer (vacances, journée)	verbringen 55
passer (se ~)	passieren 68
passer (bien/mal se ~)	gut/schlecht laufen 76
passer prendre	ab/holen 22
pâte (appareil)	der Teig (e) 82
patrie	die Heimat (en) 37
pauvre	arm 81
pauvreté	die Armut *(sing.)* 81
payer	zahlen 25, 34
pays	das Land ("er) 37
pêcheur	der Fischer (-) 10, 65

peine	die Mühe (n) 1
peine (faire de la ~)	leid/tun 50
pendant	während *(prép. + gén.)* 49 ; über (+ *n. de fête, compl. de tps*) 67
pendant que	während *(conj. sub.)* 82
pénitence	die Buße *(sing.)* 83
pensée (idée)	der Gedanke (n) 59
penser	meinen 38, 55
penser (qqch. de qqch.)	etw. von etw. halten von *(+ dat.)* 100
penser à	denken an *(+ acc.)* 27
Pentecôte	Pfingsten (-) *(g. sans art.)* 67
perce-neige	das Schneeglöckchen (-) 62
perdre	verlieren 73, 88
perdre (se ~)	sich verlaufen 60
père	der Vater (¨) 31
permis de séjour	die Aufenthaltsgenehmigung (en) 51
personne (individu)	die Person (en) 31, 67
personne *(p. ind.)*	niemand 53
personnellement	persönlich 64
pester	fluchen 50
petit *(n.)*	der/die/das Kleine (n) 52
petit pain	das Brötchen (-) 13 ; 53
petit-déjeuner	das Frühstück (e) 13
petit-déjeuner (au ~)	zum Frühstück 13
petite-fille (*vs* petit-fils)	die Enkelin (nen) 44
petit-fils	der Enkel (-) 52
petits-enfants (aussi : "le petit-enfant" en all.)	das Enkelkind (er) 52
peu	wenig 3, 13
peu (à ~ près)	etwa 88
peu (trop ~)	zu wenig 3
peu (un ~)	etwas 11 ; ein bisschen 62
peu (un ~ de)	etwas 50
peuple	das Volk (¨er) 43
peur	die Angst (¨e) 33
phénix	der Phönix (e) 88
photo	das Foto (s) 52 ; das Bild (er) 86
photographe	der Fotograf (en) 53
phrase	der Satz (¨e) 73
pièce	das Zimmer (-) 15
pièce (élément)	das Teil (e) 50
pied	der Fuß (¨e) 61
pire (il y a ~)	es gibt Schlimmeres 83
piscine	das Schwimmbad (¨er) 89
pissenlit	der Löwenzahn *(sing.)* 62
piste cyclable	der Radweg (e) 85

pizza	die Pizza (-) (s) 41
place	der Platz (¨e) 10, 51
place du marché	der Marktplatz (¨e) 51
placer	auf/stellen 95
plage	der Strand (¨e) 34, 55
plage de sable	der Sandstrand (¨e) 65
plage privée	der Privatstrand (¨e) 34
plaire	gefallen 38 ; Spaß machen 97
plaisir	das Vergnügen *(sing.)* 57
planète	der Planet (en) 79
plat (mets)	das Gericht (e) 71
plat du jour	das Tagesgericht (e) 71
plein (voitures)	vollgeparkt 23
plein *(adj. qual.)*	voll 23
pleurer	weinen 88
pleuvoir	regnen 50
pluie	der Regen *(sing.)* 32
pluie (chute de ~)	der Regenfall (¨e) 32
plumage	das Gefieder *(sing.)* 88
plus	mehr 26
plus (en ~)	außerdem 69
plus (le ~)	am meisten 66
plus (ne ~)	nicht mehr 24
plus... plus...	je + *cp.* desto/umso + *cp.* 87
plus de	über 94
plusieurs	mehrere 31
plutôt	eher 79
point	der Punkt (e) 83
point culminant	der Höhepunkt (e) 87
poire	die Birne (n) 18
poisse	das Pech *(sing.)* 32, 83
poisse (avoir la ~)	Pech haben 32
poisson	der Fisch (e) 53
poivre	der Pfeffer *(sing.)* 86
poli	höflich 80
police	die Polizei *(sing.)* 23
policier	der Polizist (en) 60
politesse	die Höflichkeit *(sing.)* 80
pomme	der Apfel (¨) 18
pommes frites	die Pommes Frites *(pl.)* 57
ponctualité	die Pünktlichkeit *(sing.)* 47
ponctuel	pünktlich 80
port (bateau)	der Hafen (¨) 60
portable (téléphone)	das Handy (s) 17
porte	die Tür (en) 55, 82
porter	tragen 23, 29

posé (être ~) (à plat / à l'horizontale)	liegen 55
posé (être ~) (droit/debout)	stehen 52
poser (de côté)	weg/legen 93
positif *(n.)*	das Positive *(sing.)* 79
possible	möglich 65
poste (bureau de ~ ou poste)	die Post *(sing.)* 96
pour	für *(+ acc.)* 18
pour *(compl. de tps)*	über (+ n. de fête, *compl. de tps*) 67
pour *(+ inf. subst.)*	zu + dem (= zum) 20
pour *(+ inf.)*	um … zu 50
pourquoi	warum 16 ; wieso 36
pourquoi (c'est ~)	deshalb 89
pourquoi (dans quel but)	wozu 85
pourtant	trotzdem 90
pouvoir *(v.)*	können 5, 9, 17
prairie	die Wiese (n) 54
pratique	praktisch 41, 94
précis	genau 74
précisément	gerade 80
préférer *(+ v. inf.)*	*v. inf.* + lieber 54
préférer *(superlatif)*	am liebsten 65
premier	erste (r/s) 30
prendre	nehmen 10
prendre (attraper)	erwischen 83
prénom	der Vorname (n) 8
préparer	vor/bereiten 69
présentation	die Vorstellung (en) 76
présenter	vor/stellen 97
président	der Präsident (en) 61
presque	fast 53
pressentiment	die Ahnung *(sing.)* 40
prêt (fini, fait)	fertig 66 ; bereit 82
prétentions salariales	die Gehaltsvorstellungen *(pl.)* 80
prince	der Fürst (e) 81
principal (le ~) (l'essentiel)	Hauptsache *(sans art.)* 73
printemps	der Frühling *(sing.)* 75
privé	privat 34
prix (coût)	der Preis (e) 66
prix (lauréat)	der Preis (e) 68
problème	das Problem (e) 4
prochain	nächste (r/s) 20
proche *(adj. qual.)*	nah 70
professeur	der Lehrer (-) 20, 30
professeure	die Lehrerin (nen) 2
profil	das Profil (e) 80

profiter de	nutzen 81
progrès	der Fortschritt (e) 50
proie	die Beute (n) 88
projecteur	der Projektor (en) 95
prometteur	vielversprechend 80
prononcer	aus/sprechen 51
proposer	bieten 39 ; vor/schlagen 41, 85
proposition	der Vorschlag (¨e) 41
propreté	die Sauberkeit *(sing.)* 51
prudent	vorsichtig 96
pull	der Pulli (s) 38

Q

quand	wann 20 ; wenn *(conj. sub.)* 31 ; als *(conj. sub. + v. passé)* 44
quand même	doch 16
quart	das Viertel (-) 22
quart d'heure	die Viertelstunde (n) 47
que	was 9, 18 ; wie 24 ; 58 ; wo(r)- *(+ prép.)* 62
que (seulement)	nur 23
que *(+ cp. sup.)*	als *(+ cp. sup.)* 26, 48
que *(conj. sub.)*	dass 27
que c'est... *(excl.)*	wie + *adj. qual.* 27
quel *(adj. int.)*	welch- 29
quel genre de	was für ein/e 36
quel/le *(excl.)*	was für ein/e 12
quel/le/s que soit/soient le/la/les	egal in welch- *(+ dat.)* 50
quelconque (un/e ~)	irgendein/e 92
quelqu'un	jemand 47
quelqu'un d'autre	jemand anders 47
quelque chose	etwas *(contraction* : was) 24, 62 ; was *(contraction* : etwas, *fam.)* 71
quelque chose comme ça	so etwas *(contraction* : sowas) 24
quelques	ein paar 52 ; einige 100
qu'est-ce que	was 9
question	die Frage (n) 10
qui *(p. int. acc.)*	wen 17
qui *(p. int. nom.)*	wer 2, 12
qui (à ~) *(p. int. dat.)*	wem 44
qui (à/de ~)	wessen 61
quitter	verlassen 89
quiz	das Quiz (-) 46
quoi	was 9
quoi *(prép.)*	wo(r)- *(+ prép.)* 62
quotidien	der Alltag *(sing.)* 73

R

raccrocher (téléphone)	auf/legen 72
raconter	erzählen 45
rafraîchir	kühlen 92
raison (avoir ~)	recht haben 11
raisonnable	vernünftig 65
ranger	auf/räumen 15
rappeler (se remémorer)	jn an jn/etwas erinnern an *(+ acc.)* 61
rarement	selten 65
rater (vol, train, film…)	verpassen 26
raviole	die Maultasche (n) 69
ravissant	hübsch 45
réalité	die Realität *(sing.)* 65
recevoir	bekommen 37 ; erhalten 81
recommencer	wieder los/gehen 82
récompense	die Belohnung (en) 95
reconnaître	zu/geben 41
récréation	die Pause (n) 95
réfléchir	überlegen 59 ; nach/denken 65
réfléchir à	nach/denken (über) *(+ acc.)* 65
refléter (se ~)	sich wider/spiegeln 94
réfrigérateur	der Kühlschrank (¨e) 92
regard	der Blick (e) 61
regarder	schauen 31, 55
regarder (avec attention/intérêt)	sich etw. an/sehen 74
régime	die Diät (en) 36
région	die Gegend (en) 55
reine	die Königin (nen) 48
réjouir (se ~)	sich freuen 25, 30
réjouir (se ~ de qqch. à venir)	sich freuen auf *(+ acc.)* 82
réjouir (se ~ de qqch. qui a (eu) lieu)	sich freuen über *(+ acc.)* 82
renard	der Fuchs (¨e) 88
rencontrer	treffen 20
rendez-vous	der Termin (e) 47
rendez-vous (avoir ~ avec qqn)	mit jdm verabredet sein 99
renommé	angesehen 73
renoncer à	verzichten auf *(+ acc.)* 90
réparation	die Reparatur (en) 92
repas	das Essen *(sing.)* 12 ; die Mahlzeit (en) 86
répéter	wiederholen 89
répondre	antworten 48
réponse	die Antwort (en) 46
République démocratique allemande (RDA)	die Deutsche Demokratische Republik *(sing.)* *(ab.* DDR) 78

République fédérale d'Allemagne (RFA)	die Bundesrepublik Deutschland *(sing.)* *(ab.* BRD) 78
réseau (avoir du ~)	der Empfang *(sing.)* haben 66
réservation	die Reservierung (en) 59
réserver	buchen 34 ; reservieren 59, 99
réserver une table	die Tischreservierung (en) 59
résolution	der Vorsatz (¨e) 18
restauration rapide	das Fast Food *(sing.)* 41
rester	bleiben 11
retard	die Verspätung *(sing.)* 80
retenir qqch. (mémoire)	sich etwas merken 88
retour (de ~)	zurück 89
retourner (se ~)	sich um/drehen 80
retrouver	wieder/finden 89
réuni *(adv.)*	beisammen 52
réunification	die Wiedervereinigung *(sing.)* 78
réussir	schaffen 99
rêve	der Traum (¨e) 27
réveil	der Wecker (-) 72
revenir	zurück/kommen 39 ; wieder/kommen 89
rêver	träumen 72, 83
réviser	wiederholen 100
revoir	wieder/sehen 89
rhénan	rheinisch 87
Rhin	der Rhein *(sing.)* 10, 59
riche	reich 61
rien	nichts 1, 15
rire	lachen 88
risquer	wagen 62
robe	das Kleid (er) 29
rocher	der Felsen (-) 67
roi	der König (e) 80
Rome	Rom 45
rose	die Rose (n) 62
rôti	der Braten (-) 71
roue	das Rad (¨er) 71
rouge *(adj. qual.)*	rot 38
rouge (passer au ~)	über Rot fahren 83
rouillé	eingerostet 99
rouler (conduire)	fahren 6, 25
route	die Straße (n) 10
route (être en ~)	unterwegs sein 66
rue	die Straße (n) 10
ruelle	die Gasse (n) 81
russe (langue)	das Russisch *(sing.)* 2

S

sable	der Sand *(sing.)* 65
sac	die Tasche *(n)* 69 ; der Sack (¨e) 82
Sachertorte	die Sachertorte *(n)* 57
sain	gesund 18
sainement	gesund 18
saint Nicolas	der Nikolaus *(sing.)* 82
Saint-Pétersbourg	Sankt Petersburg 2
saisir	schnappen 88
saison	die Jahreszeit *(en)* 65
salaire	das Gehalt (¨er) 34, 80
salle de bains	das Bad (¨er) 55
salon	das Wohnzimmer (-) 15
saluer (bienvenue)	begrüßen 97
saluer (bonjour)	grüßen 97
salutation	der Gruß (¨e) 30
Salzbourg	Salzburg 81
samedi	der Samstag *(e)* 20
sans	ohne *(+ acc.)* 1, 18
sans *(+ inf.)*	ohne zu *(+ inf.)* 80
sans que	ohne dass 80
satisfait	zufrieden 90
satisfait (de)	zufrieden (mit) *(+ dat.)* 90
saucisse	die Wurst (¨e) 76
saucisse grillée	die Bratwurst (¨e) 76
sauf (excepté/à part)	außer *(+ dat.)* 76
sauver	retten 83
savoir *(n.)*	das Wissen *(sing.)* 78
savoir *(v.)*	können 23 ; wissen 26, 46
savoir (ne pas ~)	keine Ahnung haben *(idiom.)* 40
savourer	genießen 27
schnaps	der Schnaps *(sing.)* 86
scientifique	der Wissenschaftler (-) 73
se *(p. réciproque acc.)*	sich 33
se *(p. réciproque dat.)*	sich 68
seau	der Eimer (-), der Kübel (-) 65
sec	trocken 64
seconde	die Sekunde *(n)* 46
séjour	der Aufenthalt *(e)* 51
sel	das Salz *(sing.)* 86
semaine	die Woche *(n)* 20, 41
semaine (fin de ~)	das Wochenende *(n)* 67
semblable	ähnlich 47
sembler	scheinen 53
sentir	spüren 72 ; riechen 86

sentir (se ~)	sich fühlen 24, 30
septembre	der September *(sing.)* 24
sérieux(-sement)	ernsthaft 65
service	der Service *(sing.)* 41
service (département)	die Abteilung (en) 75
service export	die Exportabteilung (en) 99
serviette de toilette	das Handtuch (¨er) 90
seul	allein 62
seulement	nur 31
Seychelles (les ~)	die Seychellen *(pl.)* 83
shampoing	das Shampoo (s) 90
shopping (faire du ~)	shoppen 38
si	wenn *(conj. sub.)* 29
si *(aff.)*	doch 36
si (interrogation)	ob 62
si (tellement)	so 16, 31
siècle	das Jahrhundert (e) 39
signer	unterschreiben 78
silence	die Ruhe *(sing.)* 3
silencieux *(adj. qual.)*	leise 39
s'il te/vous plaît	bitte 10
simple	einfach 16
simple (facile)	einfach 74
simplement	einfach 85
simultanément	gleichzeitig 74
sincèrement	ehrlich 66
sinon	sonst 22, 26
situé	gelegen 55
smartphone	das Smartphone (s) 79
sobre	schlicht 74
société (travail)	die Firma *(pl.* Firmen) 34
sœur	die Schwester (n) 11, 31
soif	der Durst *(sing.)* 41
soir	der Abend (e) 41, 43
soir(s) (le/tous les ~)	abends 66
soit..., soit...	entweder ... oder 62
sol	der Boden (¨) 52
soldes	der Ausverkauf *(sing.)* 38
soleil	die Sonne *(sing.)* 53 ; 83
sombre	dunkel 60, 93
sombrer	unter/gehen 78
somptueux	prachtvoll 100
son/sa/ses (à elle)	ihr/e 11
son/sa/ses (à lui)	sein/e 11, 17
sondage	die Umfrage (n) 51
sonner (bien ~)	gut klingen 55

sonner (son, voix)	klingen 72
sonner (téléphone, porte)	klingeln 72
sorte	die Sorte (n) 54
sortie	der Ausgang (¨e) 22
sortir (avec qqn)	mit jdm aus/gehen 61
sortir (soir)	aus/gehen 40
souabe	schwäbisch 69
Souabe (région)	Schwaben *(g. sans art.)* 69
souffrir de	leiden an *(+ dat.)* 90
souhaiter *(au subj. II = cond.)*	mögen (möcht-) 17
soulever	heben 91
souligner	unterstreichen 78
sourire	lächeln 52
souris	die Maus (¨e) 95
sous *(prép.)*	unter *(+ acc. ou dat.)* 56
souvenir (se ~)	sich erinnern an *(+ acc.)* 61
souvenir *(n.)*	die Erinnerung (en) 37
souvent	oft 12
spécialement	speziell 44
spécialité	die Spezialität (en) 69
spectateur	der Zuschauer (-) 51
spectatrice	die Zuschauerin (nen) 51
sport	der Sport *(sing.)* 58
stagiaire	der Trainee (s) 99
stationnement	Parken *(g. sans art.)* 23
stationner	parken 23
station-service	die Tankstelle (n) 69
style	der Stil (e) 74
stylé	gestylt 76
stylo	der Stift (e) 92
sucré	süß 82
Sud	der Süden *(sing.)* 32
suffire	aus/reichen 73
Suisse	die Schweiz 89
suivant	folgend 71
suivre	folgen 29
suivre (bien/pas bien ~)	gut/nicht gut mit/kommen 78
sujet (thème)	das Thema *(pl.* Themen) 40
sujet (au ~ de)	über (+ *acc.,* dans ce sens là) 38
super	toll 24 ; klasse 30 ; top 76
superbe	toll 45
supermarché	der Supermarkt (¨e) 41
sur	auf *(+ acc. ou dat.)* 17
sur soi *(adv.)*	dabei 9
sûr	sicher 16, 32
surfer	surfen 55

surprendre	überraschen 59
surprise	die Überraschung (en) 22
surtout pas	bloß nicht 72
suspendu (être ~)	hängen 53
sympathique	nett 30
symphonie	die Symphonie (n) 81

T

table	der Tisch (e) 53, 59
tableau	das Bild (er) 86
tâche	die Aufgabe (n) 99
Tahiti	Tahiti 34
taille (vêtement)	die Größe (n) 29
tailleur	der Schneider (-) 10
tant (en ~ que)	als 37
tante	die Tante (n) 86
tard	spät 9
tard (plus ~)	später 11
tard (un peu plus ~)	etwas später 11
tasse	die Tasse (n) 15
taxi	das Taxi (s) 66
te *(p. pers. acc.)*	dich 17, 20
te *(p. pers. dat.)*	dir 38
technologie (haute ~)	das *ou* die Hightech 74
télécharger	downloaden 6
téléphone	das Telefon (e) 17
téléphone fixe	das Festnetz *(sing.)* 47
téléphoner	telefonieren 74
téléspectateur	der Zuschauer (-) 51
téléspectatrice	die Zuschauerin (nen) 51
télévision (média)	das Fernsehen *(sing.)* 51
télévision (poste)	der Fernseher (-) 80
température	die Temperatur (en) 32
tempête	der Sturm (¨e) 87
temple	der Tempel (-) 66
temps	die Zeit *(sing.)* 20
temps (les ~)	die Zeiten *(pl.)* 44
temps (combien de ~)	wie lange 47
temps (la plupart du ~)	meistens 59
temps (météo)	das Wetter *(sing.)* 32
tenir	halten 50
tenir (se ~) (droit/debout)	stehen 52
terminé	fertig 66
terminer (pour ~)	zum Schluss 99
terrasse	die Terrasse (n) 59
Terre	die Erde *(sing.)* 79

terrestre	irdisch 79
tester	testen 46, 78
tête	der Kopf (¨) 58
texte	der Text (e) 99
thé	der Tee (s) 13
théâtre	das Theater (-) 89
thème	das Thema (*pl.* Themen) 100
tien(s)/tienne(s) (le/la/les ~)	deiner/deine/deins 92
toi (à ~)	dir 20
toi (à ~) *(p. pers. dat.)*	dir 6
toi *(équivalent du p. tonique en français)*	du 15
toilettes	das Klo (s) 94 ; die Toilette (n) 95
toilettes (aller aux ~)	auf die Toilette (n) gehen 95
toit	das Dach (¨er) 61
toit panoramique	das Panoramadach (¨er) 61
tombé (mur)	weg 43
tomber	fallen 94
ton/ta/tes	dein/e 8, 17, 26
tôt	früh 9
touche (clavier)	die Taste (n) 74
toujours	immer 5, 11, 16
tour (être au ~ de)	dran kommen, dran sein 82
tour (jeu, endroit)	die Runde (n) 46
tour de main (en un ~)	im Handumdrehen 90
touriste	der Tourist (en) 54
tourner (à droite/à gauche)	rechts/links ab/biegen 60
tous/toutes	alle 11, 38
tous les	alle 43
tout *(p. ind.)*	alles 44
tout *(p. ind.)*	alles 9
tout (en ~)	insgesamt 81
tout aussi	(genau)so 45
tout de même	doch 26
tout de suite	sofort 9, 27 ; gleich 33
traditionnel	traditionell 57
traduction	die Übersetzung (en) 71
traduire	übersetzen 59
traduire (en…)	auf übersetzen 99
train	die Bahn (en) 31 ; der Zug (¨e) 66
train (en ~ de)	gerade *(+ v. au présent)* 93
train (en ~ de) (+ *v. inf.*)	beim (bei dem) (+ *v. subst.*) 83
train grandes lignes	der Fernzug (¨e) 87
tramway	die Straßenbahn (en) 79
transformer (édifice)	um/bauen 90
travail	die Arbeit (en) 65

travailler	arbeiten 3
travailler (continuer à ~)	weiter/arbeiten 100
travailleur	der Arbeiter (-) 68
travers (à ~)	durch (+ acc.) 18
travers (aller de ~)	schief/gehen, schief/laufen 89
très	sehr 9, 12, 30 ; ganz 16
trésor	der Schatz (¨e) 60
trinquer	an/stoßen 52
triste	traurig 96
tromper de chemin (se ~)	sich verlaufen 60
tromper de route (se ~)	sich verfahren 60
trop	zu viel 3 ; zu 3, 11, 24 ; zu viel 66
trouver	finden 15, 26
trouver (se ~)	sich befinden 51
tu *(p. pers. sujet = nom.)*	du 1, 8
tuer *(sens figuré)*	fertig machen 66
tulipe	die Tulpe (n) 62
tutoyer	duzen 5
typique(ment)	typisch 51

U

un *(art. ind. m. et neutre sujet = nom.)*	ein 12
un *(p. ind.)*	eins 69
un et demi	anderthalb, eineinhalb 22
une *(art. ind. f. sujet = nom.)*	eine 10
unité (union)	die Einheit *(sing.)* 78
urgence (d'~)	dringend 83
un *(art. ind. m. sujet = nom.)*	ein 12

V

vacances	die Ferien *(pl.)* 6, 25 ; der Urlaub (e) 6, 27
vacances (partir en ~)	in die Ferien fahren, in Urlaub fahren 6
vacarme	das Poltern *(sing.)* 15
vacarme (faire du ~)	poltern 15
valise	der Koffer (-) 23
valoir	gelten 93
valoir qqch.	etw. + *acc.* wert sein 88
variété	die Vielfalt (en) 54
veinard *(n.)*	der Glückspilz (e) 6
vélo	das Fahrrad (¨er) 71, 85 ; das Rad (¨er) 85
vendeur	der Verkäufer (-) 80
vendredi	der Freitag (e) 20
vendu	verkauft 39
venir	kommen 2, 20
venir avec qqn	mit/kommen 24

venir de	eben *(+ v. passé)* 64
venir de + *inf.*	gerade *(+ v. au parfait)* 93
ventre	der Bauch (¨) 58
vérité	die Wahrheit (en) 48
vernissage	die Vernissage (n) 53
verre	das Glas (¨er) 15, 57
vers/à (direction)	nach 6
version originale (en ~)	im Original 73
vert *(adj. qual.)*	grün 61
vêtements	die Kleidung *(sing.)* 75
viande	das Fleisch *(sing.)* 79
viande (sans ~)	fleischlos 79
vide	leer 71
vie	das Leben *(sing.)* 45, 69
viennois *(adj. subst.)*	Wiener *(adj. subs.)* 57
vieux	alt 10
vieux jeu	altmodisch 38
ville	die Stadt (¨e) 78
vin	der Wein (e) 51
vin rouge	der Rotwein (e) 57
violon	die Geige (n) 30
violon (cours de ~)	der Geigenunterricht *(sing.)* 30
violoniste	der Geiger (-) 68
visage	das Gesicht (er) 83
visite (invités)	der Besuch *(sing.)* 93
visite (rendre ~)	besuchen 93
visiter	besichtigen 67 ; sich etw. an/sehen 74
vitamine	das Vitamin (e) 90
vite	schnell 23, 33
vite fait	kurz 68
vivre	leben 57
vivre (un événement/qqch.)	erleben 65
voie	die Bahn (en) 25
voir	sehen 13
voir (à ~)	sehenswert 55
voisin	der Nachbar (n) 69
voiture	das Auto (s) 15 ; der Wagen (-) 99
voix	die Stimme (n) 72
voix (à haute ~)	laut 85
vol (avion)	der Flug (¨e) 60
voler	fliegen 6
volonté	der Wille *(sing.)* 96
volontiers	gern 36
votre/vos	eu(e)r/e 30
votre/vos *(vouvoiement)*	Ihr/e 10, 25
vouloir	mögen (möcht-) 17 ; wollen 18, 23

vouloir dire (par là)	damit meinen 96
vouloir parler de	meinen 67
vous *(tutoiement pl. - p. pers. acc.)*	euch 17
vous *(pol. - p. pers. acc.)*	Sie 17
vous *(pol. - p. pers. dat.)*	Ihnen 29
vous *(pol. - p. pers. sujet = nom.)*	Sie 5, 10
vous *(tutoiement - p. pers. dat.)*	euch 30, 52
vous *(tutoiement plusieurs personnes ; p. pers. sujet = nom.)*	ihr 9, 16
vouvoyer	siezen 31
voyage	die Reise (n) 26, 37
voyager	reisen 8, 45
voyageur	der Reisende (n) 87
vrai	wahr 26
vraiment	wirklich 8

Y

y	hin 62
y *(dir.)*	dahin 65

Z

zen	cool 11
zéro	null 18

L'allemand
chez Assimil, c'est également :

Perfectionnement Allemand*
Apprendre l'allemand - Niveau A2
Cahier d'exercices Allemand - débutants
Cahier d'exercices Allemand - faux débutants
Cahier d'exercices Allemand - intermédiaire
Cahiers d'exercices Collège : niveaux 6e, 5e, 4e et 3e
QCM : 300 tests d'allemand
Guide et Kit de conversation Allemand*

* existe aussi en version numérique

N° édition 4384 : L'allemand
Imprimé en France - septembre 2024
408639